KB265788

독어학 연구 방법론

— 인문학적 발견의 변증법 —

독어학 연구 방법론

—인문학적 발견의 변증법 —

이 민 행 저

도서출판 역락

미국 동부 보스톤에 인접한 대학도시 케임브리지에는 세계 최고의 명문 대학인 하버드와 MIT가 자리잡고 있다. MIT는 공과대학으로 매우 유명하지만, 이 대학의 몇몇 인문사회계열 학과들도 세계적인 명성을 자랑한다. 여기에는 노벨경제학상을 수상한 폴 새뮤엘슨이 가르치는 경제학과와 『언어본능』이라는 대중적인 책을 통해 선풍적인 인기를 누리는 언어심리학자 스티븐 핑커가 오랫동안 가르쳤던 인지과학과와 언어학과가 속한다. 특히 MIT의 언어학과는 형식문법 이론 분야에서 수십 년 전부터 세계언어학계의 흐름을 주도하는 여러 이론들을 생산하는 전초기지로 평가되는 기관이다. 변형문법을 창시한 촘스키가 여기에서 자신의 이론을 발전시키면서 후학을 양성하고 있으며, 독일 출신의 Irene Heim 교수는 일군의 학자들과 함께 논리의미론 분야를 이끌고 있다.

필자는 2002년 2학기와 2003년 1학기에 하버드-옌칭 연구소의 초청을 받아 하버드대학에서 연구활동을 하는 동안, 지하철로 두 정거장 거리에 위치한 MIT 언어학과의 여러 세미나에도 참석하여 형식의미론의 주요 이슈들에 대해 정리할 수 있는 기회를 가졌다. 이 기간중에 방문한 세미나에서 Kai von Fintel 교수가 의미론적인 발견과 발명의 지식사회학적인 가치에 대해 매우 자주 언급한 것에 필자는 큰 자극을 받았다. 왜냐하면, 1984년 '독일어 수동문의 어휘적 분석-몬테규 문법에 의한 의미기술을 중심으로'라는 주제로 석사학위를 취득함으로써 학계에 데뷔한 이래 40여 편에 가까운 학술논문을 써 오는 동안 필자는 내 자신이 언어학적인 '발견'

내지 '발명'을 하고 있다는 생각을 해 본 적이 한 번도 없기 때문이었다. 독일과 미국에서 각각 석사학위와 박사학위를 취득해 MIT에서 가르치고 있는 von Fintel 교수는 소위 형식의미론 및 형식화용론 분야에서 촉망받는 중견 학자이다. 그는 자신의 세미나에서 "Irene Heim 교수는 이러이러한 현상을 새로 발견을 해서…"라든가 "바로 이 기제는 독일의 Arnim von Stechow 교수가 발명한 형식으로…"라든가 하는 논평을 즐겨 하곤 했다. 이러한 논평을 통해 언급되는 이들은 이미 오래 전부터 소위 국제적인 명성을 얻은 학자들임에 틀림없다. 그러나 이러한 논평이 함의하는 바는 모든 언어학적인 연구성과들이—논문의 형태로 학술지에 게재가 되든, 저술의 형태로 출판이 되든 간에—사실은 '발견'이나 '발명'의 범주에 속해야 한다는 기준을 제시하는 것이다. 이러한 낯선 경험을 계기로 필자는 정성적인 평가에서 최고 수준의 연구성과를 내는 학자들의 발견이나 발명과는 그 정도에 있어 차이를 보일지언정 나의 모든 학술적인 성과들도 사실은 '발견'이나 '발명'의 범주에 속해야 하는 것이 아닌가 하는 생각을 하게 되었다. 그러한 새로운 인식에 이른 후에 필자는 연구성과를 정리하여 논문을 집필할 때에 반드시 "나의 새로운 학술적인 성과물은 어떠한 발견 혹은 발명 범주에 속하는가?"라는 질문을 통해 내 스스로의 업적을 평가하는 습관을 갖게 되었다.

'발견'과 '발명'이라는 명시적인 잣대에 의해 내 자신의 업적을 스스로 평가함으로써 과거의 학문적인 활동을 점검하고 앞으로의 연구방향을 정하는 기회로 삼기 위해 필자는 1986년부터 2005년까지 20여 년에 걸쳐 집필되고 출판이 된 논문들 중 15편을 선별하여 단행본으로 엮기로 결심을 했다. 여기에 실린 논문들은 주로 『독일문학』 지와 『독일언어문학』 지에 게재된 논문들로서 앞서 언급한 두 가지 기준에 비교적 잘 부합하는 연구성과들이다. 각 논문은 '이론언어학', '응용언어학', '대조언어학'이라는 세 가지 하위분야 중 어느 하나에 속할 수 있는 것으로 판단을 해서 각 논문의 내용에 따라 각각 5편씩 배치를 했다. 이 중 이론언어학 분야의 연구들은 통사론, 문장의미론, 담화의미론, 대화분석, 음운론 등의 세부 영역에 속한 주제들을 다루고 있으며, 응용언어학 분야의 논문들은 전산통사론, 전산형태론, 기계번역, 광고언어학 및 독일어 교육 등의 세부 영역에 속하는 주제들을 다룬다. 마지막으로, 대조언어학 분야에서는 보편문법론, 대조어휘론, 대조의미론, 대조음운론, 대조문법론 등의 주제들이 논의되고 있다. 또한 이 저술에 포함된 연구들을 그 성과의 속성을 기준으로 하여 분류해 보면, '응용언어학' 분야에 속하는 성과물들은 대체적으로 '발명'이라는 기준을 충족시키는 것으로 이해되었으며, '대조언어학'에 속하는 성과물들은 대체적으로 '발견'이라는 기준을 충족시키는 것으로 파악되었고, '이론언어학'에 속하는 성과물들도 주로 '발견'이라는 기준에 부합되지만 더러는 '발명'에 속하는 기제를 제안한 것들도 없지 않았다. 독어학 연구방법론에 대한 안내서가 국내에서는 전무하고, 국외에서도 Perry(1980)와 Green et. al.(2001) 등 언어학적인 논증방법에 대해 논의한 저술이 손에 꼽을 정도이다. 이러한 국내외 학계의 동향을 배경으로 판단할 때 독어학적인 논증방법을 추론하는 데 있어 도움이 될 연구서가 절실히 필요하다. 이에 필자는 논증이론을 토대로 한 본격적인 연구방법론 연구서를 구상하고 저술하기에 앞서 임시방편적으로 『독어학 연구 방법론—인문학적 발견의 변증법』이라는 제목으로 본 연구서를 기획하게 되었다. 이 저술에 포함된 개별 연구들의 수행과정에서 수집·정리한 독일어 코퍼스를 후속 연구자들이 필요에 따라 활용할 수 있도록 웹사이트(http://www.coling.info/method/)에 공개한다.

몇 편의 논문은 원래 출판언어가 독일어나 영어로 되어 있어서 통일성을 기하기 위해 이 저술의 편집과정에서 우리말로 번역될 필요가 있었다. 이와 관련하여 박사과정의 양 현 군이 해당 논문들을 정확하고 명시적인 우리 언어로 번역하는 힘겨운 작업을 대신 맡아줌으로써 필자에게 큰 힘이 되었다. 이에 양 군에게 고마움을 전한다. 또한 어려운 출판사정에도 불구하고 독자층이 제한될 수밖에 없는 학술서적의 출판을 흔쾌히 결정해 주신 도서출판 역락의 이대현 사장님과 언제나 아름다운 편집으로 모든 수고를 마무리하는 편집부의 권분옥 선생님께 깊은 감사를 드린다.

정리하자면, 무릇 모든 학술적인 성과물은 발명이나 발견이라는 기준에 의해 평가되어야 할 것이다. 이 점에서 인문학적인 연구성과도 예외가 될 수 없다고 보는데, 이를테면 겉으로 보기에 발명이나 발견과는 거리가 있어 보이는 문학적인 연구성과조차도 최소한 '해석의 발견'이라는 기준에는 부합해야 하는 것이 아닌가 한다. 이 저술이 독어학을 연구하는 대학원생을 비롯한 후학들이 학자의 길을 가는데 있어 조금이라도 길잡이 역할을 할 수 있다면 더 없는 보람이겠다. 이를 통해 개별 연구자들이 체계화된 연구공정 절차를 스스로 창조해 가는 계기가 되기를 바란다. 이와 관련하여 [부록]에 '논증절차 평가 양식'을 실었다.

끝으로, 지난 10년 동안 좋은 환경에서 자유로운 연구활동을 할 수 있도록 지원과 격려를 아끼지 않으신 고영석 교수님, 김수용 교수님과 지광신 교수님을 비롯한 학과의 모든 선생님들께 깊이 감사드린다. 아울러 연세 독어독문학이 무궁히 발전하기를 기원한다.

2005년 9월
외솔관에서 이 민 행

차 례

제 2 부 응용언어학

차 례

서론 : 언어학적 논증

Ⅰ. 문제제기

언어학이 경험과학이라는 사실을 부인하는 언어학자는 아무도 없을 것이다. 그러나 모든 언어학적인 연구가 엄밀한 경험과학적인 연구방법에 따라 이루어진다고 단언하기도 쉽지 않다. 이 사실은 독어학에도 그대로 적용된다. 독어학이 경험과학임에는 틀림없으나, 모든 독어학적인 연구성과가 경험과학적인 표준을 따르고 있지는 않다. 연구의 수행과정은 말할 것도 없거니와 심지어 학술지에 게재되는 논문들에서조차도 과학적인 방법론이 적용되어 그 연구결과가 산출되었다는 흔적을 찾기 어려운 경우가 적지 않다.

일반적으로 경험적인 연구성과에서 제안되는 것은 특정한 현상과 관련한 가설이고 이 가설을 증명하기 위해 그 가설을 뒷받침하는 증거가 제시된다. 이런 맥락에서 볼 때에 언어학적인 연구는 언어현상과 관련된 가설을 수립하고 이를 입증하기 위한 적절한 증거를 제시하는 것이어야 한다. 그리고 이 성과가 '발견'이라는 기준을 충족시키기 위해서는 가설이나 증거가 새로워야 할 것이다. 곧 특정한 현상과 관련하여 한편으로는 새로운 증거를 바탕으로 기존의 가설을 뒤엎는 새로운 가설을 수립하는 방향이거나, 다른 한편으로는 새로운 증거를 바탕으로 기존의 가설을 강화하는 방향일 수도 있을 것이다. 어떤 가설이 통사론적인 속성을 가지면, 이 가설을 뒷받침하는 증거는 통사론적인 증거로 분류될 것이며, 다른 가설의 속성이 의미론적인 것이라면, 이를 뒷받침하는 증거는 의미론적인 증거로 간주될 것이다. 이처럼 가설이 속하는 하위영역에 따라 증거의 유형도 달라지는데, 예를 들어 언어습득이나 사람에 의한 언어처리와 관련되어 그 영역의 가설을 입증하기 위해서는 심리언어학적인 증거가 발견되어야 한다.

　언어학 이론의 발전 및 개발과 관련하여 학문의 발전에 기여하는 방법에도 여러 가지가 있을 수 있는데, 가장 간단한 방법은 기존의 이론적인 틀에서 설명하지 못하는 새로운 언어현상을 발견하여 이를 기술하기 위한 가설을 수립하는 것이다. 이러한 방향의 연구는 새로운 언어학 이론의 초기 발전단계에서 많이 발견된다. 1980년대 초 촘스키에 의해 '원리와 매개변수 이론(PPT)'이 제안되었을 때에 다양한 언어를 다루는 언어학자들이 이러한 유형의 연구를 통해 기여를 할 수 있었다. 하버드대 언어학과의 중국인 James Huang 교수가 대표적인 케이스이다. 그밖에도 1980년대 후반에 개발된 새로운 문법형식인 핵심어-기반 문법(HPSG)의 발전과정에서도 이러한 유형의 연구가 주종을 이룬다. 이 이론에 종사하는 연구자들은 이미 표준이론 판본의 변형문법이나 PPT에서 잘 기술되거나 설명이 된 언어현상들을 새로운 이론적 틀 안에서 기술하기 위한 여러 가지 기제들을 발명하여 제안하는 방식으로 이론의 발전에 기여했다. HPSG의 이론적인 틀에 적합한 언어현상으로는 의문문과 같은 무한 의존구조나 등위접속구문 등이 있다. 또한 본 저술의 제3장에서 논의하는 '통제 정보포장이론'도 이러한 방향의 연구 결과인데, 이 이론은 Vallduvi에 의해 제안된 '정보포장이론'을 담화분석을 위한 의미론으로 발전시키는 과정에서 만들어진 이론으로 이 이론은 담화상에서의 대명사의 선행사를 탐색하는 이론으로 알려진 '중심화 이론'의 한계를 극복하기 위해 '통제 카드'라는 새로운 기제를 발명하여 제안한 것이 특징이다. 외에도 1990년에 들어서서 다양한 음운현상의 기술에 적합한 것으로 평가된 '최적성 이론'의 틀 안에서 잘 알려진 음운현상들을 새로운 시각에서 조명하는 연구들이 봇물 터지듯이 쏟아져 나왔다. 국내에서 활동하는 독어학자들 중 독일에서 발행되는 학술지에 논문을 게재한 성과를 올린 학자들이 드물게 나마 나타날 수 있는 것도 '헌 술도 새 부대에'라는 모토가 학계에서는 통하기 때문이다.

역설적으로 언어학자들에게 가장 접근하기 어려운 연구방법 중의 하나는 언어학적인 증거나 가설 모두 다른 연구자들이 이미 발견한 것을 재활용하는 유형이다. 다시 말하여 증거나 가설의 발견에 새로운 기여를 하지 않고서도 증거와 가설간의 인과관계의 오류를 발견하여 지적함으로써 통합적으로는 새로운 기여를 하게 되는 것이다. 그러나 이러한 유형의 연구가 성공하기 위해서는 증거와 가설간의 논리적인 연관성을 뒤집기 위해 정치한 논리적인 검증절차를 통과해야 한다. 소위 문헌학이라는 이름으로 알려진 유럽의 전통적인 인문학적 방법론이 일찍이 그리스에서 발달된 수사학을 바탕으로 하는 것도 이런 맥락에서 이해되어야 할 것이다. 이러한 유형에 속하는 것으로 평가될 만한 논문들이 국내 학술지에서 상대적으로 많이 발견되는데, 이는 역설이다. 왜냐하면, 국내 연구자들의 논증과정에 대한 이해나 논증절차에 대한 훈련이 부족해서, 많은 경우 논증과정의 오류를 범하기 쉽기 때문이다. 더욱 아쉬운 사실은 많은 연구성과들이 다루고자 하는 주제와 관련된 기존의 국내외 연구성과들을 수집하고 정리하는 수준에 머무름으로써 궁극적으로 새로운 지식의 창출에 아무런 기여를 하지 못한다는 점일 것이다. 물론 이러한 연구성과들이 국내에서 탐구된 바가 없는 언어현상이나 언어이론을 다룬 것이라고 한다면, 학술적인 측면은 아니더라도 새로운 정보의 제공이라는 관점에서나 교육적인 측면에서는 일정한 기여를 하는 것이라 평가될 수도 있겠다.

새로운 언어학적인 증거 제시나 새로운 가설의 제안은 커뮤니케이션의 개념에서 '피드백'을 통해 간접적으로 증명된다. 학술적인 커뮤니케이션에서의 피드백은 전형적으로 '인용(zitieren)'이라는 형식으로 나타나는데, 증거나 가설의 새로움이나 가치가 높을수록 인용의 빈도가 높다. 따라서 아무리 좋은 논문도 다른 연구자들에 의해 인용이 되지 않는다면 지식사회학적인 관점에서는 학술적인 가치가 없는 자기만족적인 성과에 불과하다. 곧 시장이 학술적인 성과의 가치를 결정한다고 할 수 있다. 이론독어학의 경우, 독일에서는 Wuppertal 대학에서 가르치는 Joachim Jacobs의 논문들이 인용도가 가장 높은 것으로 평가되는데, 이들 논문들의 경우 새로운 언어학적인 증거들을 많이 제시하고 대부분 탄탄한 논증구조를 가지고 있는 것으로 관찰되었다. 반면, 국내에서 발행되는 학술적인 연구성과는 그것이 아무리 새로운 것이라 하더라도 독어학계에서 인용되는 빈도가 상대적으로 미미한 편인데, 이는 다음과 같은 세 가지 원인에 기인한 것으로 생각된다.

> 첫째, 국내 독어학계의 연구층이 두텁지 못하다.
> 둘째, 국내에는 이름할 만한 학파들이 형성되어 있지 않다.
> 셋째, 국내 연구자들은 서로의 연구성과에 대해 불신 내지 '복제'의 의혹을 갖
> 고 있다.

위의 세 가지 원인 중 첫째와 둘째는 상호 연관성이 높고 인문학의 사회적인 평가가 바닥을 치고 있는 현실에서 비롯된 당연한 귀결이다. 그러나 세 번째 원인에 의한 인용의 빈곤은 바람직하지 않아 연구자들의 노력을 통해 극복해야 할 과제 중의 하나이다. 인용이나 소통이라는 시각에서 필자의 논문들을 살펴보면, 응용언어학 분야에 속하는 논문들은 인용빈도가 상대적으로 높은 반면, 이론 언어학 분야나 대조언어학 분야에 속하는 논문들은 인용빈도가 낮은 편이다. 이 저술에는 포함되어 있지 않으나 한국어를 다룬 논문들 중 일반 언어학계에 알려진 논문들의 경우 이론언어학 분야에 속하더라도 인용빈도가 상대적으로 높은 것은 독어학계에 비해 일반 언어학계의 연구자층이 더 두터움에 기인하는 것으로 보인다. 정리하자면, 모든 학술적인 활동은 절대적인 진리를 찾은 결과에 대한 일회적인 보고에 그치는 것이 아니다. 오히려 학술행위를 수행하는 연구자가 학술지나 학술서적을 기저매체로 하는 학술 커뮤니케이션을 수단으로 해서 특정한 언어 현상에 대한 통찰력 있는 관찰과 정치한 논증작업을 통해 획득한 상대적인 진리를 소통함으로써 새로운 진리를 발견하는 과정에 참여하는 것이다. 따라서 학술적인 커뮤니케이션에 참여하는 연구자들이 모두 진솔하고 열린 마음으로 다른 연구자들의 연구성과를 재평가하는 분위기가 조성

되어야 한다고 본다. 진리도 화폐와 마찬가지로 소통을 통해 그 가치를 더해간다.

Ⅱ. 내용요약

이 절에서는 본 연구서의 내용을 장별로 요약하여 정리한다.

제1장 통사론 – 독일어 동사복합체 내의 어순

이 장은 독일어의 동사복합체 내에서의 동사들간의 어순을 어떻게 원리와 매개변수 이론의 하위이론인 핵계층 이론(X-bar Theorie)의 틀 안에 소위 어휘론적인 접근을 도입하여 기술할 수 있는지에 대해 논의한다. 이 과정에서 동사들간의 어순이 핵심어 매개변수와 투사원리를 통해 포착될 수 있음을 보인다. 이와 관련하여 독일어의 경우 두 가지 핵심어 매개변수의 설정이 필요함을 논증하며, 이에 따라 동사의 경우 보충어의 뒤에 나타나는 소위 핵심어-후행 범주임을 주장한다. 이러한 입장에 설 경우에 당연히 얻게 되는 성과 중 하나는 조동사라는 통사범주를 동사 범주와 구분지어 설정할 필요가 없다는 사실을 확인한다. 곧, 조동사도 동사 범주에 속하는 여러 하위부류 중 하나로 간주하고, 소위 미래 조동사는 굴절소 범주 I에 속하는 것으로 규정한다. 또한 동사 범주의 개별 하위부류들이 동일한 동사부류나 상이한 동사부류가 이끄는 동사구를 자신의 보충어로 취한다는 사실이 가정된다. 외에도 동사를 핵심어로 하는 핵심어-보충어 관계에서 양자간에 성립하는 일정한 제약을 포착할 필요성이 제기되어, 이 문제를 해결하기 위해 개별 동사들의 어휘기재항을 어떻게 구성하는 것이 적합한지가 구체적으로 논의된다.

제2장 의미론 – 심리동사의 의미표상

이 장에서는 독일어 심리동사구문에 대한 새로운 의미표상을 제안한다.

심리동사의 의미표상과 관련하여 기존의 연구들에서 관심의 초점이 되었던 주된 이슈는 다음의 몇 가지로 정리될 수 있다고 한다.

> 첫째, 경험주-주어 구문과 경험주-목적어 구문이 동일한 논항구조를 갖는가? 그렇지 않는가?
> 둘째, 심리동사 구문은 어떠한 동작상을 나타내는가? 이와 관련하여, 모든 심리동사 구문이 일관된 태도를 보이는가? 그렇지 않는가?
> 셋째, 사건의미론의 관점에서 볼 때, 경험주-주어 구문과 경험주-목적어 구문 모두 사역성을 지닌다고 보는 것이 타당한가 아니면, 경험주-목적어 구문만이 사역구문의 일종으로 간주되는 것이 바람직한가?

위에 정리된 세 가지 이슈는 상호연관된 이슈들로서 이들 문제에 대한 해답을 구하는 과정을 통해 궁극적으로 독일어의 심리동사 구문에 대한 적절한 의미표상이 어떤 모습이어야 하는가 라는 물음에 대한 해답을 구한다. 이러한 탐구의 과정에서 얻어진 성과들이 아래와 같이 정리된다.

> (1) 경험주-주어 심리동사의 논항구조와 경험주-목적어 심리동사의 논항구조는 상이하게 설정되는 것이 타당하다.
> (2) 독일어 심리동사 구문은 심리동사가 시간지속 부사어의 수식을 받을 수 있기 때문에 달성 동작상을 나타내는 것으로 이해된다.
> (3) 생성어휘론의 틀 안에서 심리동사 구문의 사건구조는 후행하는 하위사건에 사건의 중심이 놓이게 함으로써 적절하게 표상될 수 있다.

제3장 대화분석 – 독일어 한정표현의 쓰임

이 장에서는 독일어의 일정협의(Terminabsprache) 대화에 나타나는 대명사를 포함한 여러 가지 한정표현의 다양한 쓰임에 대해 논의한다. 일정협의 대화의 자료로는 1994년부터 7년 동안 독일에서 수행되어 2000년 7월에 종료된 언어공학 프로젝트 VERBMOBIL의 연구진들에 의해 구축된 코퍼스에서 추출하여 그 중 105개의 대화를 분석대상으로 한다. 이렇게 선택한 105개의 대화로부터 가장 출현빈도가 높은 4가지 한정표현, 곧 정관사가 이끄는 명사구, da, dann, das를 중심으로 한정표현의 쓰임을 기술한다. 이를 위해서 '조응적 쓰임', '발화상황적 쓰임', '광역상황적 쓰임'

그리고 '연상적 쓰임' 등 한정표현의 네 가지 쓰임을 제안한 Hawkins
(1978)의 이론을 구체적인 자료분석의 토대로 삼는다. 통계적인 분석에 기
대어 한정표현의 쓰임에 관한 분포를 제시하고, 이를 기초로 하여 한정표
현에 관한 두 가지 일반화를 이끌어낸다.

> (1) 정관사가 이끄는 명사구와 das만이 '광역상황적 쓰임'과 '연상적 쓰임'을 허
>   용하며, 이는 두 유형의 한정표현이 명사적인 속성을 가진다는 사실과 연
>   관된다.
> (2) 명사적인 속성을 지니는 한정표현은 '발화상황적 쓰임'을 매우 드물게 실현
>   하는 반면, 부사적 속성을 지니는 한정표현 da와 dann은 '발화상황적 쓰
>   임'을 상대적으로 많이 나타낸다.

한정표현의 상이한 쓰임들을 담화의미론적인 틀내에서 기술하기 위하여
통제정보 포장이론(CIPT)을 수용하여, 이 이론에 의해 각각의 쓰임이 어떻
게 기술될 수 있는지를 보인다. 그 결과 한정표현의 의미기술을 위해서는
CIPT에 추가적인 장치가 필요하지 않음을 확인한다.

제4장 담화의미론 – 시간관계 결정요소들의 상호작용

독일어의 담화를 분석대상으로 하여 담화상에서 시간관계 결정에 관여
하는 여러 요인들이 어떻게 상호작용하는지를 밝히는 것을 목적으로 하는
이 장에서는 독일어의 담화에 나타난 다양한 유형의 시간관계를 적절히 설
명하기 위한 시도의 하나로 최적성이론을 분석틀로 도입할 것을 제안하고,
이러한 시도의 타당성을 여러 가지 유형의 독일어 담화를 분석함으로써 검
증한다. 이 작업의 결과, 최적성이론이 다양한 제약들이 관여하는 담화상
에서의 시간관계 분석에 적절하다는 것을 확인할 수 있게 된다. 시간관계
의 분석에 최적성이론을 도입함으로써 생기는 장점중의 하나는 심리적인
실재성을 발견하기 어려운 Reichenbach의 지시시 개념이나 Klein(1992)
에서 제안된 토픽시 개념을 사용할 필요가 없다는 점이 지적된다.

최적성이론적인 분석을 뒷받침하기 위해 두 사태간의 세 가지 시간관계,
곧 선행관계, 포함관계, 중첩관계가 설정되었으며, 담화상에서의 시간관계

해석에 직접 관련되는 네 가지 제약, 곧 특이시제의 해석제약, 시간표현 해석제약, 담화관계 해석제약 그리고 동작상 해석제약이 형식화된다. 이를 통해 최적성이론적인 관점을 받아들임으로써 담화상에서의 시간관계가 언어보편적인 의미-화용 해석원리들간의 서열에 의해 결정됨을 보인다.

또한 이들 제약들간에 다음과 같은 서열이 새로이 제안된다.

■**제약들간의 서열**
특이시제의 해석제약(IBIT) > 시간표현 해석제약(IBTA) >
담화관계 해석제약(IBDR) > 동작상 해석제약(IBAA)

제5장 음운론 – 독일어의 초점표지 결정이론

이 장에서는 Jacobs(1991, 1993, 1994)에 의해 제안되어진 개념구조 기반의 초점표지 결정이론이 이론적으로 함축하는 바가 무엇이고 또한 거기에 어떤 문제점이 있는지를 살펴본다. 이 개념구조 기반이론에 대하여, Uhmann(1991)의 논항구조에 기반한 이론에 예외적으로 초점표지이동을 허용하는 방향에서 하나의 대안을 모색하고, 이 대안적인 이론이 경제적인 관점에서 보다 타당한 이론임을 논증한다. 그 결과로서 논항구조 기반의 초점표지 결정이론의 단점을 보완하는 초점표지 이동제약을 제안한다.

먼저, 여러 가지 유형의 자료를 살펴봄으로써 표층 통사구조에 기초한 초점표지 결정이론의 한계를 논의한다. 다음으로 Jacobs(1993)를 중심으로 개념구조 기반의 초점표지 결정이론을 살펴보고, 그 이론의 이론적인 함축과 그 문제점을 논의한다. 이어서 개념구조 기반 이론의 문제점을 극복할 수 있는 하나의 대안으로 Uhmann(1991)에서 제안된 논항구조에 기반한 초점표지이론에 초점표지 이동제약을 부가한 하나의 대안이론을 제안한다.

제6장 전산통사론 – 등위접속구문의 기계적인 분석

이 장에서는 독일어 등위접속구문을 기계적으로 분석하기 위한 효율적인 방안을 제안한다. 등위접속구문은 자연어처리에 있어 가장 중요한 문제

중의 하나이다. 그러나 일반적으로 그 구조의 좌측순환성으로 인해, 하향식 분석 방법에 의한 기계적인 처리가 어렵다고 알려져 있다. Lee(1992)에서는 한국어 등위접속구문의 기계적인 처리를 위한 좌측코너 문장분석방법이 제안되고 그 타당성이 검증되었다. 그러나 독일어 등위접속구문에 대한 기계적인 분석은 지금껏 본격적으로 시도된 바가 없다. 독일어 등위접속구문의 특징 중의 하나는 명사구내의 일치관계가 보존된다는 점인데, 이 때문에 독일어의 등위접속구문은 한국어와 비교하여 그 기계적인 처리가 보다 까다롭다. 이 장에서 제안된 새로운 방안은 Lehner(1988)에서 논의된 메타프로그래밍 기법을 하향식 문장분석기(Parser)의 구축에 도입한 것이다.

제7장 전산형태론—독일어의 어휘부

이 장에서는 어휘기재항을 자동으로 생성하기 위한 생성기를 인공지능 언어인 프롤로그(PROLOG)로 구현하는 방법론을 제시한다. 이 연구에서는 제한적으로 독일어의 형용사 wert가 다른 어휘들과 결합하여 생성된 합성어(이하 wert-합성어라 함)의 어휘기재항을 대상으로 한다. 이 연구는 독일어 wert-합성어의 어휘구조에 대한 이론언어학적인 분석작업으로부터 출발한다. 이를 위해서 wert-합성어에 관여하는 동사들을 그들의 형태통사적 혹은 의미적 기준에 따라 하위분류하는 작업을 먼저 수행한다. 그 결과로서 독일어 동사의 형태통사적인 분류체계와 의미론적인 분류체계를 얻는다. 이러한 분류체계를 Bieler(1981)에 등재된 1,000여 개의 기본동사들을 대상으로 격지배관계라는 형태통사적인 기준에 의거하여 동사들을 하위분류하여 그 분포를 얻는다. 또한, 이 분류체계에 의거해서 형용사 wert와 결합하여 wert-합성어를 형성하는 독일어의 동사들을 분석한 결과 형태통사적, 의미적 제약들을 밝혀낸다. 이 제약들을 고려해 넣으면서, 기존의 어휘부내에서 wert-합성어를 형성하는 동사의 어휘기재항 정보를 입력으로 하여, 새로운 어휘에 대한 어휘기재항을 자동으로 생성하는 자동 어휘기재항 생성기를 프롤로그로 구현하는 방법을 고안한다.

제8장 기계번역 – 격 및 시제정보 표상을 중심으로

이 장에서는 부착어의 하나인 한국어와 굴절어에 속하는 독일어의 형태
–통사론상의 대조적인 성격에도 불구하고 실험적인 한국어–독일어 기계번
역시스템의 구축이 어떻게 가능한지를 보이려 한다. 이 논의는 격정보와 시
제정보를 표현하는 방식이 한국어와 독일어간에 차이가 난다는 관찰로부터
출발한. 두 언어에서 관찰되는 이러한 대조적인 성격에도 불구하고 우리가
보편문법을 지향하는 원리와 매개변수의 연구결과를 수용하여 언어보편적
인 구조를 상정함으로써 한국어에서 독일어로의 기계번역이 가능하다는 것
을 보인다. 여기서 소개한 기계번역시스템은 극히 제한된 통사구조의 한국
어와 독일어문장을 대상으로 하는 실험적인 연구목적의 시스템이다. 격정
보와 시제정보를 표현하는 방식이 한국어와 독일어간에 차이가 난다는 관
찰로부터 출발했다. 이 시스템을 위해 설정된 몇 가지 언어학적인 가정, 예
컨대 'agent', 'goal'과 'theme' 등의 의미기능들간에 일정한 위계성이 성립
한다는 가정과 한국어에서 관사가 나타나지 않을 때에 일반규칙을 통해서
부정관사를 삽입할 수 있다는 가정 등은 좀 더 구체적인 검토가 필요하다.

제9장 광고언어학 – 광고카피와 대화함축

이 장에서는 광고카피에 대한 여러 가지 해석방법론을 비판적으로 검토
하고, 광고카피에 대한 하나의 해석모형으로서 그라이스(Grice)의 대화함
축 이론에 기초한 광고카피의 해석방법을 제안하고 광고카피의 함축의미
가 추론되는 절차를 구체적으로 보인다. 이 모형의 강점은 별도의 추가적
인 장치없이 그라이스의 대화함축이론을 광고카피의 분석에 이용할 수 있
다는 데서 찾을 수 있다. 또한 의문문이나 명령문과 같은 문장형식을 통해
표현되는 광고카피의 해석에도 적절히 사용될 수 있다는 점이 이 모형의
다른 강점이다.

제10장 독어교육 – 멀티미디어를 이용한 독일어 교육의 통합모형

이 장에서는 '텍스트 이해' 중심의 전통적인 외국어 교육방법에 대한 하

나의 대안으로서 외국어 교육의 통합모형을 제안한다. 이 모형은 인지주의적인 교육방법론을 토대로 하는 것으로, '말하기', '듣기', '쓰기', '텍스트 이해' 등 외국어 교육의 네 가지 영역을 유기적으로 연관지어 교육할 수 있는 체계성을 지니고 있는 것으로 평가된다. 이 연구에서는 멀티미디어를 이용한 독일어 교육의 실제 운영방법에 대해서 논의한다.

제11장 보편문법론 – 보편문법과 언어학적 상상력

이 장에서는 언어보편적인 가설로 여겨졌던 핵계층 원리의 수정변천이 한국어와 영어, 독일어의 통사현상들에 의해 어떻게 뒷받침되어 왔는가를 살피고, 그 원리의 폐기가 어떻게 이론 내적으로 설명될 수 있는지를 보인다. 이렇게 함으로써 연역적 보편문법의 본질적인 속성을 밝히는 한편, 세 언어가 보편문법의 구축에 기여하는 바가 무엇인지를 규명한다. 이를 위해 구체적으로 핵계층 이론과 밀접히 연관되는 세 가지 언어보편성, 곧 핵이동, 핵심어 매개변수, 형상성을 검토한다. 핵이동은 독일어에 명시적으로 나타나 있는 성질로서, 독일어가 보편문법에 기여하는 바이고, 핵심어 매개변수에 의해 규정되는 핵심어 위치의 일관성은 한국어에 명시적으로 나타나 있는 성질로서 한국어가 보편문법에 기여하는 바이며, 형상성은 영어에 명시적으로 나타나는 속성으로서 영어가 보편문법에 기여하는 부분이라는 것이 이 연구의 결론이다.

제12장 어휘의미론 – 독일어와 영어의 감정명사군의 의미관계

이 장에서는 의미자질의 일반성 결여라는 한계를 지닌 성분분석 방법론에 대한 대안으로서 제안된 의미망(Semantisches Netzwerk) 개념을 토대로 하여 독일어 감정명사들 상호간의 의미관계를 기술한다. 이를 위해서, Mel′cuk · Wanner(1996)에서 논의된 명사 40개 중에서 사용 빈도수가 상대적으로 높은 것으로 평가된 30개의 독일어 감정명사군과 그에 대응하는 영어 감정명사군에 대한 어휘정보들을 독일어 어휘의미망인 게르마넷(GermaNet 4.0)과 영어 워드넷(WordNet 2.0)으로부터 추출한다. 이렇게 추

출된 두 언어의 감정명사군에 속하는 개별명사들간의 의미관계를 상호비
교함으로써 두 언어의 공통점과 차이점을 밝혀낸다. 두 언어의 의미망에는
개별 어휘가 갖는 의미적 다의성과 그 어휘의 동의어와, 상위어 그리고 하
위어 등에 대한 정보들이 포함되어 있다. 이 연구의 성과는 다음과 같은
몇 가지 사실로 정리될 수 있다.

(1) 독일어와 영어의 감정명사류는 동일한 의미를 가지는 'Gefühl'과 'emotion'
을 공통 상위어로 한다.
(2) 독일어는 영어에 비해 개별 감정명사로부터 공통 상위어에 이르는 '의미적
인 거리'가 절반 수준에 지나지 않은 것으로 분석되는데, 이 사실은 감정
명사류에 관한 한 독일어가 영어보다 의미분화가 덜 이루어짐을 의미한다.
(3) 독일어의 감정명사들 중 하위어를 갖지 않는 어휘들이 영어의 두 배에 근
접하는데, 이 사실도 마찬가지로 독일어 감정명사류가 영어에 비해 의미
분화가 덜 되었다는 사실을 뒷받침한다.
(4) 독일어와 영어의 '노여움'과 '두려움'의 어휘장을 비교해 볼 때, 두 언어가
계층구조에 있어 차이를 보인다.

제13장 대조음운론 – 독일어와 한국어에서의 초점투사

이 장에서는 독일어와 한국어의 초점투사 현상을 대조언어학적인 시각
에서 논의한다. 일반적으로 강세언어로 알려져 있는 독일어나 영어를 중심
으로 논의가 진행되어 왔던 초점투사 현상이 강세가 변별적인 기능을 갖지
못하는 한국어에서도 관찰가능한지를 확인하는 것이 본 연구의 주된 동기
인데, 연구의 결과 한국어에서도 초점투사가 규칙성을 보이는 것으로 확인
된다. 먼저, 독일어의 초점투사 현상을 비교적 잘 설명하는 것으로 평가될
뿐만 아니라, 외국어로서의 독일어 교육에도 응용가치가 높은 Uhmann
(1988·1991)의 논항구조에 기반한 초점투사 이론을 비판적으로 검토한다.
이어서 독일어와 한국의 초점투사 현상을 적절히 기술하기 위해서는 술어
논항 구조를 세 가지 유형, 곧 술어/논항-구조, 수식어/중심어-구조 그리
고 주어/술어-구조로 확대하여 이해할 필요가 있음을 주장하고, 독일어의
초점투사와 관련한 보다 포괄적인 언어자료를 설명할 수 있는 방향으로 새

로운 이론을 제안한다. 그런 다음, Uhmann의 화자중심의 초점투사 이론을 분석의 틀로 삼아 한국어의 여러 유형의 논항구조에 나타난 초점투사 현상을 독일어의 대응구조와 비교한다. 한국어 초점투사의 논의는 118개의 질의-응답 쌍으로 구성된 초점코퍼스의 음성분석결과에 기초하고 있다. 음성분석의 경우, 표준한국어를 구사하는 남녀 아나운서에게 읽게 한 후 녹음을 한 디지털 음성자료를 음성분석프로그램 Praat를 이용하여 강세분석을 시도한다. 초점투사 현상과 관련하여 독일어와 한국어는 공통점과 차이점을 보이는데, 술어/논항-구조가 관여된 구문의 경우 두 언어 모두 논항에 강세가 주어지며, 능격술어가 나타나는 주어/술어-구조가 관여된 구문의 경우 두 언어 모두 주어에 강세가 주어진다는 공통점을 가진다. 반면, 수식어/중심어-구조의 경우 독일어에서는 후행하는 요소에 강세가 주어지지만 한국어에서는 중심어에 강세가 주어진다는 차이점을 보인다. 두 언어간의 다른 차이점들을 들자면 다음과 같다. 첫째, 개체층위의 술어가 나타나는 주어/술어-구조가 관여된 구문의 경우 독일어에서는 술어에 강세가 주어지나 한국어의 경우 주어에 강세가 부여된다. 둘째, 무대층위의 술어가 나타나는 주어/술어-구조가 관여된 구문의 경우 독일어와 한국어 모두 주어에 강세가 주어진다.

제14장 대조의미론 – 결과구문의 의미표상 방법

이 장에서는 대조언어학적 관점에서 결과구문의 통사적·의미적 속성들을 조명하고 결과구문의 의미표상을 위한 새로운 표상방법을 제안한다. 논의의 대상이 되는 전형적인 결과구문은 원인 행위를 가리키는 문장과 행위의 결과를 가리키는 XP로 구성된다고 알려져 있다. 여기서는 두 언어 사이의 유사점과 차이점에 초점이 맞추어진다. 이와 관련하여 세 가지 의문이 제기된다. 첫 번째 문제, 한국어 결과구문과 독일어 결과구문이 통사적으로 얼마나 다른가? 두 번째 문제, 결과구문의 형성에 있어 두 언어 각각 어떠한 허가조건이 관여하는가? 마지막으로, 어떠한 사건의미론적 표상이 결과구문에 적합한가? 첫 번째 문제에 해답을 구하기 위해

Wechsler·Noh(2001)에서 제안된 통사적 분류에 기반하여 두 언어 결과 구문 분포의 기술을 시도한다. 두 번째 문제에 관해서는, '직접목적어 제약', '영향받은 대상 제약'(Goldberg, 1995 / Wechsler, 1997), '무대층위 술어 제약'(Gumiel Molina et al., 1999 / Boas 2000)의 세 가지 허가조건을 검토한다. 세 번째 문제와 관련하여 우리는 두 종류의 의미적 템플릿이 언어 보편적으로 결과구문의 의미적 속성을 충분히 포착할 수 있을 것이라는 Wunderlich(2000)의 제안에 반론을 제기한다. 대신 신 데이비슨학파의 사건구조의 입장을 주장한다.

제15장 대조문법론 – 통사관계 기술의 다양성

이 장에서는 여러 문법이론들에서 사용되는 개념정의들을 살펴보고 그들 상호간의 연관관계를 밝힌다. 어떤 문장에서든 그 안의 모든 언어표현은 다른 언어표현들과 서로 긴밀한 관계를 가진다. 달리 말하자면 한 문장 내에서 어떤 표현도 고립되어 있지 않다. 이 사실을 고려하기 위하여 전통적으로 문법이론에서는 구성관계(Konstituenz)와 의존관계(Dependenz)라는 개념들을 사용하고 있다. 각 문법이론은 이 두 가지 개념의 기술을 위하여 독자적인 방법론들을 채택하고 있다. 구성관계의 직접적인 기술에 주안점을 두는가 아니면 의존관계의 직접적인 기술에 주안점을 두는가는 문법이론에 따라 달라진다. 비교적 새로운 문법이론들인 원리와 매개변수이론(PPT), 어휘기능문법이론(LFG), 일반구구조문법(GPSG)에서 채택하고 있는 핵계층 이론은 구성관계와 의존관계를 핵심어관계라는 개념으로써 설명한다. 이 경우에 구성관계는 명시적으로 기술되는 반면 의존관계는 암묵적으로 표현되어진다. 의존문법은 의존소-지배소 관계개념을 사용하는데, 여기에서 의존관계가 명시적으로, 구성관계는 암묵적으로 표현된다. 범주문법은 수식사-수식대상 관계를 설정하여 구성관계와 의존관계를 모두 명시적으로 기술한다. 이 장에서 얻어진 연구성과는 여러 개념들에 대한 올바른 이해와 독일어 통사론의 교육에 기여할 수 있을 것으로 기대된다.

Ⅲ. 평가 및 분류

총 열 다섯 개의 장으로 구성된 개별 장에서 언급된 언어학적인 증거 혹은 발명의 내용 및 소통성 등에 대해 정리하자면 다음의 표와 같다.

〈표〉 평가 및 분류

장	분야	세부영역	성과 유형	증거	가설	발명의 내용
제1장	이론언어학	통사론	발견	지위지배	어휘론적인 접근 가능성	-
제2장		의미론	발견	심리동사는 달성 동작상	새로운 의미표상 방법	
제3장		대화분석	발명	광역담화	-	통제카드
제4장		담화의미론	발견	시간관계 결정요인	우선순위 설정	-
제5장		음운론	발견	초점 표지 이동의 존재	초점표지 결정원리 설정	-
제6장	응용언어학	전산통사론	발명	등위접속구문	-	문장 분석기
제7장		전산형태론	발명	미등록 합성어의 존재	-	형태소 생성기
제8장		기계번역	발명	독일어와 한국어의 차이	-	실험적인 기계번역 시스템
제9장		광고언어학	발견	광고카피에서의 함축의미	함축이론의 적용 가능성	-
제10장		독어교육	발명	상호작용의 중요성	-	웹기반 언어교육 통합모형
제11장	대조언어학	보편문법론	발견	세 언어의 보편성과 개별성	보편문법에 대한 개별 언어의 기여도	-
제12장		어휘의미론	발견	어휘분포의 차이	독일어와 영어의 의미분화정도의 차이	-
제13장		대조음운론	발견	초점투사 현상	초점투사 결정 원리의 차이	-
제14장		대조의미론	발명	결과구문에서의 인과관계의 존재	-	결과구문의 의미표상 방법
제15장		대조문법론	발견	문법이론들간의 차이	개념적인 대응관계	-

제1부

이론언어학

제1장 통사론

독일어 동사복합체 내의 어순

이 장은 독일어 동사복합체 내에서의 동사들간의 어순문제를 다룬다.[1] 아래의 예 (1a)-(1c)가 보여주듯이 독일어에서는 여러 가지 동사형태들간의 순서에 있어 일정한 규칙성이 존재한다.

   (1) a. weil die Aufgabe bis 3 Uhr gemacht werden muss
       b. weil die Aufgabe gestern bis 3 Uhr gemacht worden ist
       c. weil die Aufgabe gestern bis 3 Uhr gemacht worden sein mußte

이 연구는 이러한 동사들 상호간의 어순적 규칙성을 원리와 매개변수 이론의 하위이론인 핵계층 이론(X-bar Theorie)의 틀 안에서 기술하는 것을 목적으로 삼는다. 이를 위해 제 I 절에서는 우선 Chomsky(1986)에서 제안된 핵계층 이론을 자세히 논의하고, 이 이론을 독일어에 적용할 수 있는 가능성을 검토하기 위해 전통적인 위상적 장이론(Theorie der Topologischen Felder, 이하 TTF)과의 비교를 시도한다.

통사론 연구의 중요한 과제들 중 하나는 문장 내 성분들간의 통사적인 관계를 정의하고 포착하는 일이다.[2] 우리가 동사복합체 내에 나타나는 조

---

1) 이 연구에서는 다음 예들에 나타난 바와 같은 전역에서의 동사들의 어순문제는 다루지 않는다.

  A1) a. <u>Erzählen können</u> hat er seiner Tochter ein Märchen.
       b. + <u>Können</u> hat er seiner Tochter ein Märchen erzählen.

동사들 상호간의 관계나 조동사와 본동사간의 관계를 규정함으로써 우리는 본동사에 대한 조동사의 통사적 지위를 보다 명확하게 이해할 수 있다.3) 이처럼 조동사의 지위를 확정함으로써 제Ⅱ절에서는 동사복합체 내의 어순문제에 대한 해답의 실마리를 찾을 수 있다. 이어서 우리는 중역(Mittelfeld)에서의 동사들의 어순을 어휘론적으로 예측할 수 있으며 조동사의 지위와 관련하여 이러한 어휘론적인 입장이 원리와 매개변수 이론의 철학과도 양립가능하다는 사실을 논증하고자 한다.

어휘론적인 입장을 뒷받침하기 위해 우리는 먼저 일반동사와 조동사의 어휘기재항을 적절하게 구성해야 한다. 이 문제는 제Ⅲ절에서 다루어진다. 제Ⅳ절에서는 거기까지 얻어진 성과들을 정리하고 남은 문제들을 제시한다.

Ⅰ. 핵계층 이론을 독일어에 적용하기

Chomsky(1970, 1982, 1986), Bresnan(1976), Jackendoff(1977)과 Stowell(1981) 등 여러 문헌에서 약간씩 차이를 보인 여러 핵계층 이론 판본이 제안되었는데, 그 중에서 Chomsky(1986)에서 제안된 핵계층 이론이 독일어의 기술에는 가장 적합하다. 그 이유는 다음의 두 가지이다.

첫째, 이 이론에 이르러 비로소 문장층위를 모든 층위의 표현체에 대해 내심성 개념이 적용가능하게 되었다.

둘째, 이 이론은 전통적인 독일어 통사론의 표준이론으로 알려진 '위상적 장이론(TTF)'과 완전히 양립가능하다.

---

2) 이와 관련하여 의문문법에서는 지배소-의존소 관계가, 범주문법에서는 연산자-연산대상 관계가 설정되어 있다. 이에 대해서는 Jacobs(1982) 참조.
3) '본동사' 혹은 '조동사'라는 용어도 논란의 여지가 없는 것은 아니지만, 이 용어들이 Heidolph et al.(1981)에서 사용되어 있음.

이러한 두 가지 관점에서 출발하여 이제 Chomsky(1986)의 핵계층 이론에 대한 논의를 시작하려고 한다. 먼저 다음의 핵계층(X-bar) 도식을 살펴보자.

(2) i . X′ −→ X YP*
    ii. XP −→ YP* X′

여기서 X, Y = N, A, V, P, COMP, INFL

(2i)의 기호 YP*는 핵심어 X의 가능한 보충어로서 최대투사범주인 YP가 여러 개 나타날 수 있음을 뜻하고, (2ii)의 기호 YP*는 바-층위의 핵심어인 X′의 지정어로서 최대투사범주가 여러 개 나타날 수 있음을 의미한다. 그래서 (2i)에 제시된 관계를 핵심어-보충어 관계라 명명하고, (2ii)에 제시된 관계를 핵심어-지정어 관계라 명명한다. 더 나아가 여기에서 우리는 심층구조, 곧 D-구조에서 모든 구성성분들간의 관계는 이들 두 관계 중의 어느 하나에 속하는 것으로 가정한다.4) 이런 맥락에서 핵계층 이론은 심층구조, 곧 D-구조를 형성하는 기본 틀을 제공하는 것이라 할 수 있다. 도식 (2)의 특성 중의 하나는 촘스키 문법의 전통에 비추어 최상위 범주로 간주되는 S′가 이 도식에 따르면 XP-층위에 속하는 CP라는 사실을 보증한다는 점이다.5) 그럼으로써 이 도식은 모든 구범주에 대한 내심적인 일반화를 구현하고 있는 셈이다. 도식 (2)에 따라 최상위범주 CP는 다음과 같이 핵심어인 C′와 그 지정어(Spez. C′)로 구성된다.

(3) CP −→ (Spez. C′) · C′
                |
              XP

---

4) 논리형태(Logische Form) 층위에서는 제3의 관계도 설정이 가능하다. 왜냐하면, 이 층위에서는 연접(Adjunktion)이라는 연산이 허용되기 때문이다. Chomsky(1986) 참조

5) Chomsky(1981)나 Stowell(1981)에서는 다음에 제시되는 바와 같은 구구조규칙이 접속사와 문장을 결합시키기 위한 목적에서 별도로 설정되어 있다.

  A5) S′ −→ Comp · S

　여기에서 핵심어 범주인 C′는 다시 (4)에서 보는 바와 같이 핵심어 C와 그의 보충어 IP로 확장된다.

　(4) C′ —→ C · IP

　이제까지 살펴본 도식에 따르자면, 보문소 C를 위해 마련되어 있는 자리 앞에도 C′의 지정어가 나타나는 자리가 하나 존재한다는 사실을 인정할 수 없다는 점에 주목을 할 필요가 있다. 이런 이유 때문에 Chomsky (1986)에서 제안된 핵계층 이론이 독일어 통사구조 기술에 적합한 이론으로 자리매김된다. 실제로 Drach(1937), Boost(1955), Engel(1973) 등에 의해 제안된 위상적 장이론(TTF)은 dass, ob, weil, da 등과 같은 접속사가 채워지는 자리인 좌측 문장괄호(Satzklammer) 앞에 전역(Vorfeld)이라는 영역이 하나 존재하는 것으로 가정하고 있다. 지금까지의 논의를 바탕으로 두 이론을 비교하여 도식화하면 다음의 (5)와 같다.

(5)

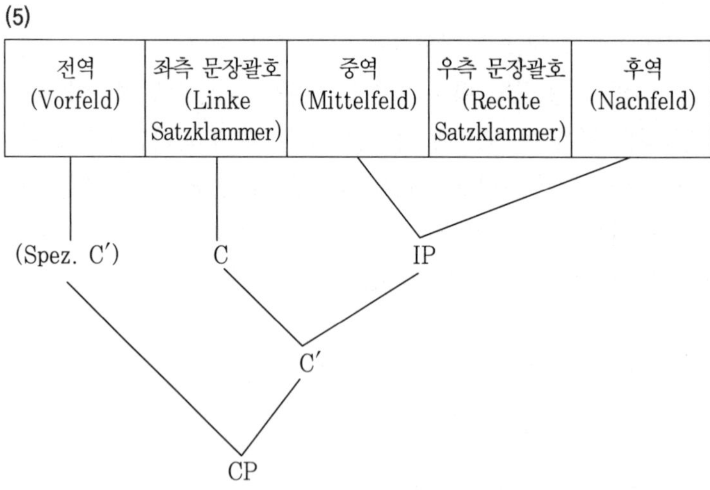

　TTF에서는 '좌측 문장괄호' 위치가 부문장에서 특정한 접속사들이 나타나는 자리일 뿐만 아니라 주문장에서 정동사가 나타나는 자리로도 간주된

다. 우리가 이 입장을 받아들이면, 전역에 나타나는 요소들에는 어떤 구성성분들이 있는지를 파악하는 것이 훨씬 수월해진다. 다음의 예들을 살펴보자.

(6)

a.	Hans	ging	früher nach Hause.
b.	Nach Hause	ging	Hans früher.
c.		, dass	Hans früher nach Hause ging
d.		Ist	Hans früher nach Hause gegangen?
e.	Warum	ist	Hans so früh nach Hause gegangen?

(7) a.　　전역　　｜좌측 문장괄호｜　　⋯
　　b.　(Spez. C′)　｜　　C　　｜　　IP

　　위의 예 (6a)-(6e)를 통해 확인할 수 있듯이, 주제-성분들이나 의문사구들이 전역에 나타날 수 있다.6) 이제 여기에서 제기되는 질문은 부문장에서의 접속사들과 주문장에서의 정동사들간의 상호관련성을 어떻게 적절히 기술할 수 있는가이다. 왜냐하면 두 종류의 성분들이 '좌측 문장괄호'라는 영역을 상보적으로 차지하기 때문이다. 이 물음과 관련하여 촘스키(1986 : 68) 자신은 S-구조에서 INFL-자리가 정동사에 의해 채워지며 COMP-자리와 INFL-자리가 문장의 시제와 공통적으로 연관성을 갖는다는 입장을 취한다. 이 입장을 따라 우리는 주문장에서뿐만 아니라 부문장에서도 정동사는 기저위치로부터 INFL-자리로 이동하고 주문장에서는 이 INFL-자리로부터 정동사가 한번 더 COMP-자리로 이동한다고 설명할 수 있다. 여기에서는 외견상 이동이 발생하지 않을 것처럼 보이는 부문장에서도 정동사가 INFL-자리로 이동한다는 사실을 가정한다는 사실이 특이하게 평가될 수 있다. 결과적으로는 S-구조에서 정동사가 차지하는 자

---

6) 이러한 주장이 혼동을 야기할 염려도 없지 않은데, 이는 다음의 예를 보듯이 의문사 (WH)-구가 부문장에서는 접속사와 동일한 태도를 보이기 때문이다.

　A6)　a. Ich bin unsicher, <u>bis wann</u> ich die Aufgabe fertig machen kann.

　　　b. Ich bin sicher, <u>dass</u> ich bis 9 Uhr die Aufgabe fertig machen kann.

리가 D-구조에서 INFL이 나타나는 결정적인 위치로 간주된다. 이에 따라
D-구조상에서 문장의 끝자리가 독일어의 INFL-자리라고 간주할 수 있겠
다. 예를 들자면, 다음 문장 (8a)의 수형도가 (8b)와 같이 그려질 수 있다.

(8) a. dass ich heute nicht mehr dazu komme.

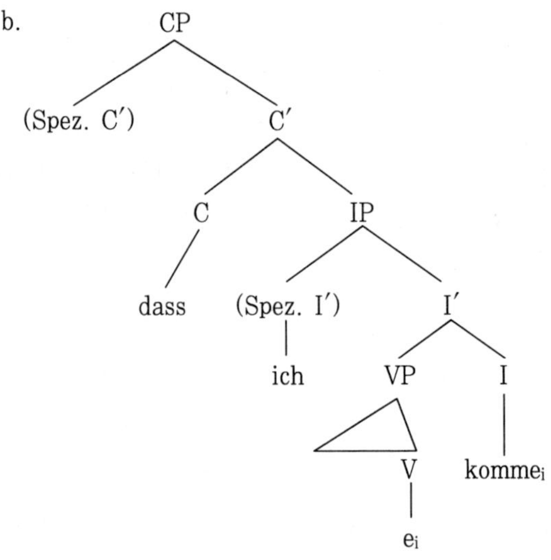

  이제 우리는 설득력을 획득하기 위해 정동사의 이동에 대한 동기를 찾
아내야 하는데, 주어와 정동사간에 일치관계가 성립해야 한다는 일반적 원
리에서 동기의 단초를 발견할 수 있을 것으로 보인다. 원리와 매개변수 이
론에서는 INFL-자리가 소위 일치자질들을 지니고 있는 것으로 간주된다.
다시 말하여, INFL-자리에 나타나는 정동사의 굴절형태가 주어의 인칭과
수 자질과 관련하여 어떤 값을 지니는가에 의해 결정된다고 가정해 볼 수
있겠다. 이러한 이동이론이 가진 하나의 장점은 핵계층 이론에 의해 부정
어 nicht를 포함한 문장의 구조도 적절히 기술할 수 있다는 사실이다. 예
를 하나 살펴보자.

(9) weil er das Buch nicht las.

겉으로 보기에 이 문장은 핵계층 도식과 양립할 수 없는 것처럼 보인다.
왜냐하면 부정어 nicht가 핵심어인 동사와 보충어인 명사구 사이에 위치
하고 있고 이러한 구성은 핵계층 도식에 의해 허용되지 않기 때문이다. 그
렇지만, 우리가 문장 (9)의 S-구조를 앞서 논의한 이동이론에 따라 다음
과 같이 설정할 경우에는 문제가 사라진다.

(10)

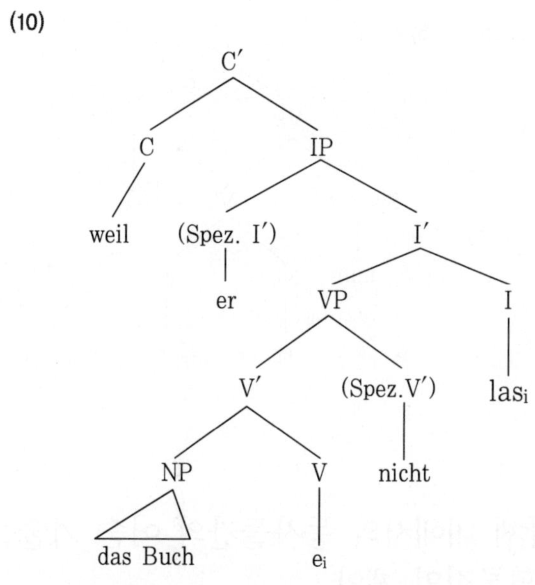

또 한 가지 주목할 사항은 INFL-자리로의 정동사의 이동이 공범주 원
리(ECP)를 위반하지 않는다는 사실이다. 예를 들어 (10)에 나타난 흔적 e_i
는 선행사와의 공지표 관계를 통해 INFL-자리에 있는 선행사 las_i에 의해
적정하게 지배된다. 이제까지의 논의를 통해 얻어진 중요한 결과는 독일어
의 INFL은 기저구조에서 문장의 끝자리에 위치한다는 사실이다. 반면,
D-구조에서 동사의 보충어들에 대한 상대적인 위치에 대한 논쟁이 끝이
난 것은 아니나, 이 글에서는 설명의 편의를 위해 보충어-동사 어순을 기
저어순으로 가정하겠다. 논의를 요약하는 의미에서 문장 (11a)의 S-구조
를 수형도로 나타내면 (11b)와 같다.

(11) a. Was machst du nun?
      b.

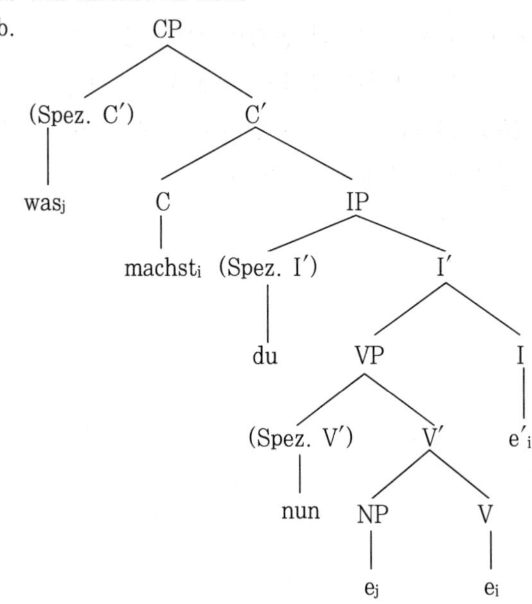

Ⅱ. 동사복합체 내에서의 동사들간의 어순 기술을 위한 어휘론적인 제안

원리와 매개변수 이론내에서 핵계층 이론만이 문장 내 여러 성분들간의 순서를 결정하는 것은 아니다. 오히려 문장 내의 어순이 어휘부와 핵심어 매개변수 및 격이론과 같은 다른 원리들간의 상호작용에 의해 결정된다고 보는 것이 타당할 것이다.7)

---

7) 이런 맥락에서 원리와 매개변수 이론을 단원적인 통사론이라 명명한다. 이 경우, 문법은 여러 가지 원리들로 구성된 하나의 복합체계로 간주되기 때문이다. 다시 말하여, 어떤 원리에서의 조그만 변화가 다른 원리들에 영향을 미치는 것으로 이해된다.

영어의 예를 살펴보자.

> **(12)** a. *He put in the garage the car.
>   b. He put the car in the garage.

위의 두 문장간의 차이는 그들의 문장성분들간의 어순의 차이에서 비롯된다. (12a)의 비문법성은 명사구 *the car*에 격이 할당되지 못한 데에 기인한다. 소위 인접성 제약 때문에 핵심어인 동사 *put*이 명사구 *the car*에 격을 할당하지 못한다. 이 경우 우리는 문장 (12a)가 격이 없는 어휘적인 명사구가 포함된 문장은 비문법적이라는 격여과(Kasusfilter) 원리를 어긴 것으로 판정할 수 있다. 따라서 (12b)에서와 같이 V-NP-PP 어순이 확정될 수밖에 없는데, 이는 두 개의 보충어를 지닌 동사구가 인접성 제약을 준수함으로써 격여과 원리에 위배되지 않기 때문이다. 이들 예에서 핵심어 매개변수는 어순과 관련하여 (12a)와 (12b)에 대해 동일한 결과를 산출한다. 왜냐하면, 어휘부의 정보에 따라 두 보충어, 곧 NP와 PP가 동사 *put*에 의해 하위범주화되는 것으로 규정되어 있고, 영어의 핵심어 매개변수는 동사 *put*이 핵심어로서 보충어 *the car*와 *in the garage*에 선행하여 나타나는 것으로 규정하고 있기 때문이며 이런 유형의 언어는 핵심어-선행 (head-initial) 언어로 분류된다.

동사복합체 내에서의 동사들의 어순과 관련해서는 격이론이, 보다 정확히 말하자면 격할당을 위한 인접조건이 아무런 기능을 수행하지 못한다. 왜냐하면, 동사구는 격을 할당받을 의무가 없기 때문이다. 이제 우리의 주제로 넘어가 보자. 예문 (13)의 동사복합체 내에서 본동사-양태조동사 어순이 성립한다.

> **(13)** weil der Bundeskanzler kommen kann

Chomsky(1986)의 핵계층 도식에 따라 우리는 문장 (13)에 대해 (14a) 혹은 (14b)와 같은 수형도를 상정해 볼 수 있다.

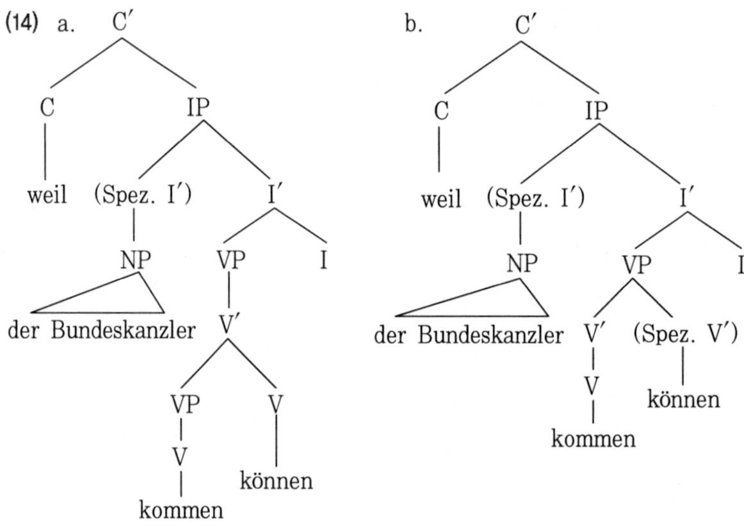

(14a)와 (14b)간의 차이는 동사복합체 *kommen können* 이 (14a)에서는 X′-층위에 속하는 것으로 간주되는 반면, (14b)에서는 XP-층위에 속하는 것으로 간주된다는 점이다. 두 동사간의 관계가 따라서 (14a)에서는 핵심어-보충어 관계로, (14b)에서는 핵심어-지정어 관계로 포착된다. 일반적으로, 동사복합체의 구조와 관련하여 우리는 두 가지 입장을 설정할 수가 있는데, 하나는 본동사가 이끄는 동사구와 조동사의 관계를 핵심어-보충어 관계로 파악하는 것이고, 다른 하나는 이들간의 관계를 핵심어-지정어 관계로 파악하는 것이다.

여기서 우리가 주목하고자 하는 사실은 조동사 체계와 관련하여 앞서 언급된 두 가지 입장이 생성문법의 전통에서 발견되는 두 가지 기술방법론과 평행관계를 이룬다는 점이다. 이 두 가지 전통적인 입장을 편의상 어휘적인 해결과 통사적인 해결로 명명할 수도 있겠다. Chomsky(1957), Jackendoff(1972), Huber·Kummer(1975), Akmajian·Wasow(1975), Emonds(1976) 등에서 옹호된 바 있는 통사적인 입장은 조동사들에 대해 AUX라는 독립적인 범주를 부여한다. 이 접근방법론에서는 하나의 동사복합체 내에 나타나는 여러 조동사들간의 어순이 다음의 (15a)-(15c)에 제

시된 바와 같은 구구조 규칙들을 통해 결정된다(Huber · Kummer, 1975).[8]

(15) a. VP ─→ ··· (NP) VB
b. VB ─→ V (AUX)
c. AUX ─→ (Passiv) (Modal) $\left(\left\{ \begin{array}{l} \text{(Futur)} \\ \text{(Perfekt)} \end{array} \right\} \right)$

이러한 통사적 접근은 그 기술가능성의 단순성 때문에 동사복합체 내에서의 어순과 관련해서 상대적으로 선호되고 있다. 그러나 이러한 해결책을 원리와 매개변수 이론의 틀 안으로 끌어들일 경우 몇 가지 어려움이 생긴다. 그 첫째 이유는 앞서 논의한 바와 같이 이 이론에서는 어순이 구구조 규칙들에 의해 규정되지 않기 때문이다.[9] 따라서 우리는 이 이론의 틀 안에서 위 (15c)와 같은 구구조 규칙을 상정할 수가 없는 것이다. 그럼에도 불구하고, 우리는 여전히 통사적 접근의 잔재를 핵계층 이론의 발전과정에서 찾아볼 수가 있다. 예를 들어 Chomksy(1970)에서는 범주 AUX가 동사 범주에 대한 지정어로 간주되고 있다. 또한, Chomsky(1981, 1986)에서도 범주 AUX를 범주 INFL과 동일시하려는 시도가 이루어진 바 있다. 하지만 이러한 입장이 필자에게는 매우 근거가 희박한 것처럼 보인다. 왜냐하면, 국지적인 기능을 지닌 범주 AUX와는 달리 범주 INFL은 문장 전체의 속성을 규정하는 광역적인 기능을 수행하기 때문이다. 하지만 실제로 Chomsky(1981, 1986)에서 범주 AUX의 지위에 대해 구체적으로 논의의 진전이 이루어진 바는 없다.

이제 Ross(1967), Pullum · Wilson(1979), Lapointe(1980), Gazdar · Pullum · Sag(1982) 등에서 주장된 어휘적인 접근에 대해 논의해 보자. 이 입장은 AUX라는 범주를 독자적인 범주로 인정하기보다는 동사 범주의 하위범주 중 하나로 간주한다. 이런 맥락에서 범주 AUX는 어휘부내에만 존

---

8) 이 규칙들은 독일어의 기저어순이 SOV라는 가정에 기초하고 있다.
9) Stowell(1981) 이래 구구조 부문에서 구성성분들의 순서를 규정하는 구구조 규칙들을 제거하려는 시도가 있어 왔다. 이런 맥락에서 구구조 규칙의 기능이 문장성분들의 결합관계에 관여하는 데 그친다고 말할 수 있다.

재하고 동사의 어휘기재항의 구성에만 중요하다고 할 수 있다. 따라서 우리는 어휘적인 접근을 큰 어려움 없이 원리와 매개변수 이론 안에 수용할 수가 있게 된다. 여기서 우리는 본동사와 조동사간의 관계나 조동사와 다른 조동사간의 관계를 핵심어-보충어 관계로 포착하고자 하는 입장을 일반화하여 어휘적인 접근이라고 명명하는 것이다. 이에 따라 우리는 동사복합체 내의 여러 동사들간의 어순을 동사 범주에 대한 핵심어 매개변수의 확정과 동사에 적합한 어휘기재항의 구성을 통해 적절히 그리고 단순하게 기술할 수 있다는 입장이다. 구체적인 기술방안에 대해서는 다음 장에서 논의한다.

Ⅲ. 핵심어 매개변수의 확정과
독일어 동사의 어휘기재항

우선 핵심어 매개변수의 확정문제부터 논의를 시작해 보자. 독일어의 경우에 이 문제는 그리 간단하지가 않다. 왜냐하면 개별 통사범주들과 그들이 보충어들간의 순서가 고정되어 있지 않기 때문이다. 예들을 살펴보자.

(16) a. der <u>Kampf um die Freiheit</u>
          N   PP

b. die <u>Entdeckung Amerikas durch Kolumbus</u>
         N   NP   PP

(17) a. <u>für die Freiheit</u>
      P   NP

b. <u>die Wand entlang</u>
     NP   P

(18) a. die <u>des Kriegs müden</u> Soldaten
        NP   A

b. <u>reich von einer Erbschaft</u>
   A   PP

(19) a. , dass die Kinder <u>ihre Eltern</u> <u>lieben</u>
                  NP   V

     b. Hans <u>liest</u> <u>ein Buch.</u>
          V   NP

위의 (16a)로부터 (19b)에 이르는 여러 예들에서 알 수 있듯이, 명사 N
을 제외한 모든 통사범주들에 있어 적어도 S-구조에서는 핵심어와 보충어
들간의 어순이 다양하게 나타나고 있다. 비록 우리가 통사적인 범주에 따
라 어떠한 어순이 보다 빈번하게 출현한다는 사실을 알고 있고 핵심어 매
개변수의 확정이라는 문제가 D-구조에 관여되는 문제라는 사실을 충분히
이해하고 있다 하더라도, 전체 범주를 포괄하는 어떤 일반화된 핵심어 매
개변수를 고정하려는 시도는 상당히 위험스러워 보인다. 그럼에도 불구하
고 출현빈도라는 기준에 의거하여 개별 통사범주와 보충어들간의 기저어
순을 고정하려는 시도는 합목적적이라 할 수 있다. 이와 관련하여, 필자는
독일어에 대해 다음과 같은 두 가지 핵심어 매개변수를 설정할 수 있다는
입장이다.[10]

(20) a. 핵심어의 통사범주가 〔-V〕 자질을 지니면 핵심어는 보충어들에 선행한다.
      :: N 〔-V, +N〕, P 〔-V, -N〕
    b. 핵심어의 통사범주가 〔+V〕 자질을 지니면 보충어들이 핵심어에 선행한다.
      :: V 〔+V, -N〕, A 〔+V, +N〕

이 입장을 충실히 따르자면 우리는 I(NFL)과 C(OMP) 범주의 통사적인
자질들에 대해서도 예측을 할 수 있어야 한다. 앞서 제1장에서 우리는 접
속사 범주 C가 그의 보충어인 IP에 선행하고, 굴절소 범주 I는 그의 보충
어인 VP의 뒤에 나타난다고 가정한 바 있다. 따라서 위 (20b)에 의거하여
범주 I는 〔+V〕라는 자질을 지녀야 하고 반대로 범주 C는 위 (20a)에 의

---

10) 독일어의 핵심어 매개변수와 관련하여 Grewendorf(1988 : 52)에서도 동일한 결론에
    이르고 있다. 이 사실은 동일한 이론적 틀 내에서 진지하게 고민을 할 경우에 다다
    를 수 있는 논리적인 귀결이 누구나 같을 수밖에 없음을 보여주는 것이다. 시간적으
    로 보아도 본 연구가 1986년도에 완료된 것이므로 2년 뒤에 출판된 Grewendorf의 성
    과를 모방한 것이 결코 아니며, 그 역도 성립할 가능성이 매우 적다고 본다.

거하여 〔-V〕 자질을 가져야 한다. 직관적으로 필자는 한편으로 전치사 P 와 접속사 C 사이에 다른 한편으로 동사 V와 굴절소 I 사이에 친화력이 존재한다는 사실을 인식할 수 있다. 이미 논의한 바대로 또한 범주 I와 C 는 문장의 시제와 관련을 가진다. 이런 맥락에서 우리는 이 두 범주가 〔+ Tempus〕 혹은 〔- Tempus〕라는 자질을 서로를 구분짓는 자질로서 가지는 것으로 가정해 볼 수 있으며, 이 자질과 관련하여 남은 4가지 범 주, 곧 N, V, A, P는 중립적인 것으로 가정할 수 있다. 이러한 논의를 따 라서 우리는 6가지 통사적 범주들을 자질들의 조합에 의해 다음과 같이 서 로 구분할 수가 있다.

(21) a. N 〔+N, -V, —〕
      b. V 〔-N +V, —〕
      c. A 〔+N, +V, —〕
      d. P 〔-N, -V, —〕
      e. I 〔-N, +V, ± Tempus〕
      f. C 〔-N, -V, ± Tempus〕

이제 우리는 독일어에서 동사범주 V에 대한 핵심어 매개변수를 확정할 수가 있겠는데, 그 내용은 D-구조에서 동사가 그 보충어들 뒤에 나타난다 는 것이다. 이러한 동사 매개변수를 토대로 할 때, 조동사들도 보충어들을 뒤따르는 것으로 이해할 수 있다. 왜냐하면, 앞서 논의한 바대로 본 연구 에서는 조동사들도 포괄적인 의미에서 동사범주에 속하는 것으로 간주하 기 때문이다. 더 나아가 우리가 조동사를 포함하여 여러 가지 상이한 동사 들의 어휘기재항들을 수단으로 핵심어-보충어 관계를 포착할 수 있으면, 동사복합체 내에서의 동사들과 보충어들간의 어순도 동사에 대한 핵심어 매개변수에 의해 자연스럽게 포착이 될 수 있다.

그럼, 여기서 다시 동사들의 어휘기재항의 구조에 대한 논의로 돌아가 보기로 하자. 동사들에 대한 어휘기재항들을 적절히 기술하기 위해서 먼저 다양한 동사들을 명료하게 하위분류할 필요성이 제기된다. 우리는 일관성

이라는 기준을 토대로 다음과 같이 4 가지 하위부류의 동사들을 구분하려
고 한다(Heidolph et al., 1981 / Lapointe, 1980).[11]

    (22) a. Vollverb : kommen,lieben, machen, können, sein,…
          (V [+voll])
        b. Perfekt-Auxiliar : haben,sein
          (V [+Perfekt])
        c. Modal-Auxiliar : können, müssen, wollen, mögen, sollen
          (V [+modal])
        d. Passiv-Auxiliar : werden, sein.
          (V [+passiv])

위의 동사의 하위분류에서 소위 미래 조동사 werden이 고려되어 있지
않는 점이 이상하게 여겨질 수도 있겠는데, 그렇게 한 이유는 미래 조동사
가 굴절소 범주 I와 밀접히 연관되어 있다고 믿기 때문이다. 다시 말하여,
우리는 미래 조동사를 독립적인 의미를 갖는 동사로 간주하기보다는 '현
재', '과거'와 같은 시제의미를 나타내는 굴절소들과 마찬가지로 시간적인
의미를 갖는 기능범주로 여긴다. 이런 맥락에서 소위 미래 조동사는 굴절
소 범주 I에 속할 뿐만 아니라 D-구조에서 기능범주 I 자리에 실현되며
구체적으로는 '인칭'과 '수'에 따라 그 실현형태가 다음의 (23a)-(23d)에서
보는 바와 같이 달라진다.[12]

---

11) 이하의 논의는 신수송(1988)에서 서술된 독일어 동사구(VP)의 구조−II. 3. 3절−를
    적극 반영하는 입장에서 전개된다. 그 까닭은 17년 전에 필자가 연구보조원으로 상
    기 저술의 집필에 참여하는 과정에서 필자 자신의 완결된 논문−이 장의 원본−의
    일부 내용과 예문들을 재사용했던 데에 기인한다.
12) 범주 I(NFL)가 Chomsky(1981)에서는 [(± Tempus), (AGR)]라는 자질묶음으로 정의
    된다. 여기에서 AGR는 일종의 명사로서 인칭, 수와 같은 자질들을 지닌 것으로
    이해된다. Chomsky(1981)에서 정동사는 [+ Tempus] 자질을 가진 반면, 부정사는
    [− Tempus] 자질을 가지는 것으로 간주된다.

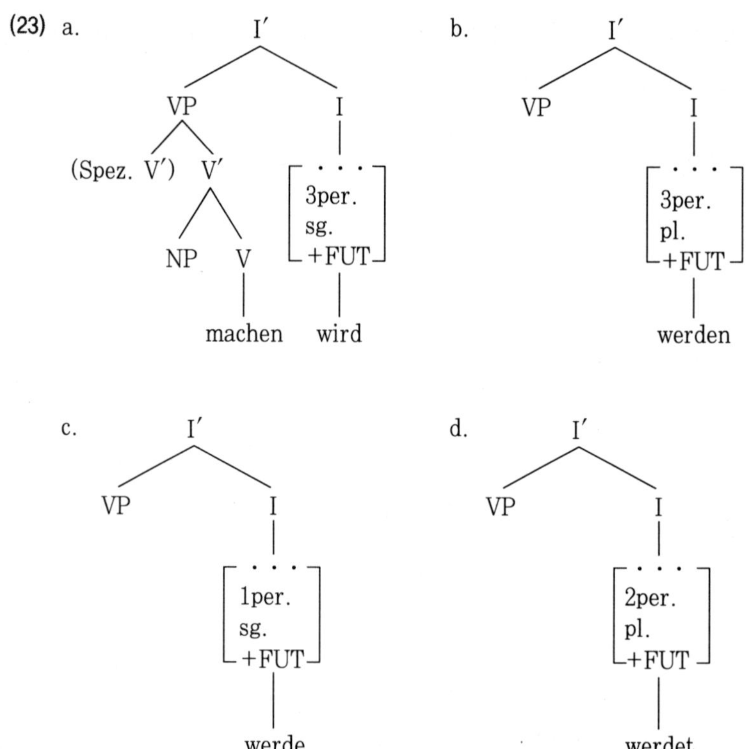

미래 조동사를 I 범주에 귀속시키는 또 다른 동인은 다음의 예
(24a)-(24d)에서 분명히 드러나듯이 미래조동사가 정동사로만 실현될
뿐 아니라 과거 시제와는 양립하지 않는다는 사실에 있다(Den Besten·
Edmondson, 1983).

> **(24)** a. +Hans muß wissen <u>werden</u>, dass ⋯
> b. +wissen <u>geworden</u> (?) hat / ist
> c. +um morgen rechtzeitig ankommen zu <u>werden</u>
> d. +wissen <u>wurde</u>

이제까지의 논의를 바탕으로 이제 독일어 동사에 대한 적절한 어휘기재항
의 구성을 시도해 보자. 먼저 다음의 예들을 보자(Den Besten·Edmondson,

1983 참조).

(25) a. weil Hans   <u>gegessen</u>   <u>hat</u>
               $(V[+voll])$ $(V[+perfekt])$

     b. weil Hans   <u>essen</u>   <u>muss</u>
               $(V[+voll])$ $(V[+modal])$

     c. weil Hans   <u>essen</u>   <u>müssen</u>   <u>hat</u>
               $(V[+voll])$ $(V[+modal])$ $(V[+perfekt])$

     d. weil Hans   <u>gegessen</u>   <u>haben</u>   <u>muss</u>
               $(V[+voll])$ $(V[+perfekt])$ $(V[+modal])$

     e. weil der Meister   <u>dirigieren</u>   <u>können</u>   <u>muss</u>
               $(V[+voll])$ $(V[+modal])$ $(V[+modal])$

     f. weil Hans   <u>gegangen</u>   <u>gewesen</u>   <u>ist</u>
               $(V[+voll])$ $(V[+perfekt])$ $(V[+perfekt])$

위 (25a)-(25f)에서 우리는 본동사가 완료 조동사나 양상 조동사의 보충어로 기능한다는 사실을 확인할 수 있다. 또한 완료 조동사는 양상 조동사나 다른 완료 조동사의 보충어 기능을 할 수 있으며 역으로 양상 조동사도 완료 조동사나 다른 양상 조동사의 보충어로 기능할 수 있다. 더 나아가 다음 예들이 보여주듯이 완료 조동사와 양상 조동사는 수동 조동사가 이끄는 동사구를 보충어로 취할 수 있다.

(26) a. weil die Aufgabe bis 3 Uhr   <u>gemacht</u>   <u>werden</u>   <u>muss</u>
               $(V[+voll])$ $(V[+passiv])$ $(V[+modal])$

     b. weil die Aufgabe bis 3 Uhr   <u>gemacht</u>   <u>worden</u>   <u>ist</u>
               $(V[+voll])$ $(V[+passiv])$ $(V[+perfekt])$

지금까지의 고찰을 일반화하여 우리는 완료 조동사와 양상 조동사의 하위범주화 속성을 이들이 다른 모든 동사 유형들을 보충어로 취할 수 있다는 명제로 형식화할 수 있겠다. 이에 따라 양상 조동사와 완료 조동사의 어휘기재항에 대한 도식 두 가지가 아래의 (27a), (27b)와 같이 생성된다.[13]

---

13) 여기에서 어휘기재항의 형식적인 틀은 Höhle(1978)을 따른다. 'KC'는 범주적 특성 **(Kategoriale Charakterisierung)**의 축약어로서 해당 어휘의 하위범주화 정보를 담는 자리이다.

(27) a. V[+modal] :

$$\begin{bmatrix} \cdots \\ KC : VP \_\_ \\ \cdots \end{bmatrix}$$

여기서, V[+modal]={können, müssen, sollen, wollen, dürfen, mögen}

b. V[+perfekt] :

$$\begin{bmatrix} \cdots \\ KC : VP \_\_ \\ \cdots \end{bmatrix}$$

여기서, V[+perfekt]={haben, sein}

그러나 수동 조동사는 다음의 예에서 보듯이 본동사에 의해 형성된 동사구만을 보충어로 취할 수 있다.

(28) a. +weil die Aufgabe <u>machen</u> <u>gesollt</u> <u>wird/ist</u>
                        (V[+voll]) (V[+modal]) (V[+passiv])

b. +weil die Aufgabe <u>gemacht</u> <u>gehabt</u> <u>wird/ist</u>
                        (V[+voll]) (V[+perfekt]) (V[+passiv])

c. +weil die Aufgabe <u>gemacht</u> <u>geworden</u> <u>wird/ist</u>
                        (V[+voll]) (V[+passiv]) (V[+passiv])

위 (28a)-(28c)의 비문법성을 소위 투사원리(Projektionsprinzip)를 통해 설명할 수 있는 것이 이 연구에서 취하는 어휘적인 접근의 장점이다. 그리고 이 투사원리를 뒷받침하는 수동 조동사의 어휘기재항 생성을 위한 도식은 다음과 같다.

(29) V[+passiv] :

$$\begin{bmatrix} \cdots \\ KC : VP \_\_ \\ [+voll] \\ \cdots \end{bmatrix}$$

여기서, V[+passiv]={sein, werden, bekommen, kriegen} 이고
V[+voll]={machen, sehen, lieben, $\cdots$}

더 나아가 본동사의 어휘기재항 구성을 위한 도식은 다음과 같이 구현될 수 있다.

(30) V[+voll] :
$$\left[\begin{array}{c} \cdots \\ KC : X_1P \cdots X_nP \ \_ \\ \cdots \end{array}\right]$$

여기서, X = {N, V, A, P, I, C} 이고
n ≦ 2

이제까지의 논의를 바탕으로 동사복합체를 포함한 문장 (31a)의 D-구조를 수형도로 나타내면 다음의 (31b)와 같다.

(31) a. weil die Aufgabe gestern bis 3 Uhr gemacht worden sein mußte

b.

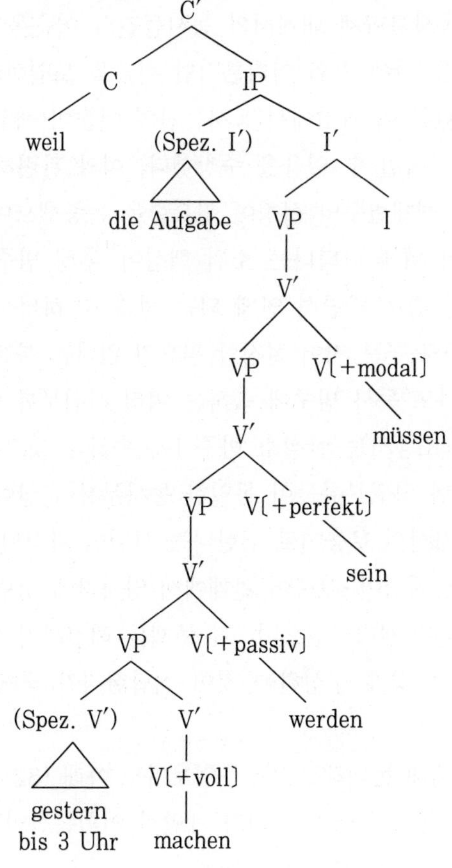

위 수형도 (31b)에서는 정동사 müssen을 제외한 machen, werden, sein 등 개별 동사들의 어휘형태가 핵심어와 보충어간의 지배관계(Rektionsrelation)를 기초로 적절히 결정된다고 가정된다.

Ⅳ. 성과와 남은 문제

지금까지 우리는 동사복합체 내에서의 동사들간의 어순을 어떻게 원리와 매개변수 이론의 틀 안에 소위 어휘론적인 접근을 도입하여 기술할 수 있는지에 대해 논의했다. 이 과정에서 동사들간의 어순이 핵심어 매개변수와 투사원리를 통해 포착될 수 있음을 주장했다. 이와 관련하여 독일어의 경우 두 가지 핵심어 매개변수의 설정이 필요함을 논증했으며, 이에 따라 동사의 경우 보충어의 뒤에 나타나는 소위 핵심어-후행 범주임을 주장했다. 이러한 입장에 설 경우 당연히 얻게 되는 성과 중 하나는 조동사라는 통사범주를 동사 범주와 구분 지어 설정할 필요가 없다는 사실의 확인이었다. 곧, 우리는 조동사도 동사 범주에 속하는 여러 하위부류 중 하나로 간주하였고, 소위 미래 조동사는 굴절소 범주 I에 속하는 것으로 규정했다. 또한 동사 범주의 개별 하위부류들이 동일한 동사부류나 상이한 동사부류가 이끄는 동사구를 자신의 보충어로 취한다는 사실이 가정되었다. 외에도 동사를 핵심어로 하는 핵심어-보충어 관계에서 양자간에 성립하는 일정한 제약을 포착할 필요성이 제기되었으며, 이 문제를 해결하기 위해 개별 동사들의 어휘기재항을 어떻게 구성하는 것이 적합한지가 구체적으로 논의되었다.

이제 남은 문제에 대해 논의해 보자. 무엇보다도 아래 (32)에 제시된 부정어 nicht를 가진 문장의 구조를 우리가 제안한 어휘론적인 접근에 따라 기술하기가 간단치 않아 보인다.

(32) dass er das Grundstück nicht verkaufen wird.

이 예에서는 정동사 wird가 D-구조에서 I 자리에 나타난다. 때문에 동사 verkaufen의 경우 이동이 일어나지 않아 부정어 nicht가 D-구조뿐만 아니라 S-구조에서도 핵심어인 verkaufen과 보충어 das Grundstück 사이에 위치해야 한다. 그런데, 이러한 결과는 바로 핵계층 도식에 의해 허용되지 않는 구조이다. 이러한 딜레마를 해결할 수 있는 대안은 앞서 D-구조에 대해 설정한 바 있는 미래 조동사만은 I 자리에서 생성된다는 가설을 포기하고 모든 동사의 굴절형태는 관련 자질을 지니고 있는 자리로의 이동을 통해 결정된다는 새로운 가설을 정립하는 것이다. 이러한 설명에 따라 위 문장 (32)의 수형도를 기술하면 다음의 (33)과 같다.

(33)

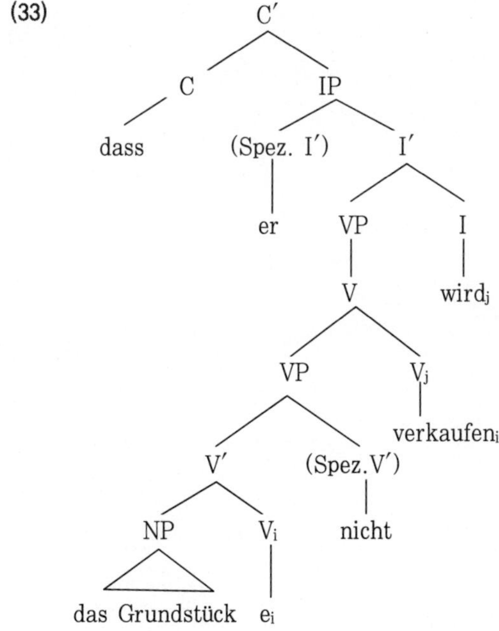

그러나 이러한 접근에 의해서도 이중-부정사(Doppel-Infinitive) 구문을 기술하기는 어렵다. 다음의 예들을 보자(Voyles, 1978 / Kunsmann, 1973).

(34) a. Karl meinte, dass Hans Marie <u>hat</u> kommen sehen.
     b. Karl meinte, dass Hans Marie
       i) +kommen sehen können <u>hat</u>.
       ii) hat kommen sehen können.
     c. Karl meinte, dass Hans Marie an der Straßenecke <u>hätte</u> stehen bleiben lassen mögen.
(35) a. Er wird schon immer <u>haben</u> kommen wollen.
     b. Heinz wird meinen Freund kennenlernen gewollt <u>haben</u> müssen sollen.

이 예들에 대해서는 이 글에서 구조기술을 시도하지 않고 해결하지 못한 문제로 남기겠다.

제 2 장 의미론

심리동사의 의미표상

I. 서 론

심리동사는 사람의 심리상태를 표현하거나 사람에게 어떤 심리상태를 유발시키는 행위를 기술하기 위해 사용되는데, 이러한 의미기능을 갖는 심리동사가 포함된 문장을 심리동사 구문이라 부른다. 다음은 독일어 심리동사구문의 예들이다(Härtl 2001 : 189).

> **(1)** a. Maria fürchtet den Wald.
>   b. Der Wald ängstigt Maria.

위의 (1a)는 '마리아'가 '두려움'이라는 심리상태에 있다는 사실을 표현하는 심리동사구문이고, (1b)는 '숲'에 의해 '마리아'에게 '두려움'이라는 심리상태가 유발된 사실을 나타내는 심리동사 구문이다. 기존의 논의들에서 일반적으로 (1a)는 경험주라는 의미기능역을 갖는 참여자—여기서는 '마리아'—가 통사적으로는 주어로 실현되다는 사실이 반영되어 '경험주-주어 구문'으로 명명되고 있다.[1] 반면, (1b)는 '경험주-목적어 구문'으로 명명

---

1) 경험주-주어 심리동사들에는 다음과 같은 것들이 있다.
   bereuen, bewundern, empfinden, fürchten, hassen, jubeln, leiden, lieben, trauern, verachten

되고 있는데,[2] 이는 경험주 의미기능역을 갖는 참여자, 곧 '마리아'가 통사적으로는 목적어로 실현되기 때문이다. 편의상 이 장에서도 상이한 두 부류의 심리동사구문을 지칭하기 위해 이들 명칭들을 사용하기로 한다.

본 연구는 독일어 심리동사구문에 대한 새로운 의미표상을 제안하는 것을 목적으로 하는데, 심리동사의 의미표상과 관련하여 기존의 연구들에서 관심의 초점이 되었던 주된 이슈는 다음의 몇 가지로 정리될 수 있다.

> 첫째, 경험주-주어 구문과 경험주-목적어 구문이 동일한 논항구조를 갖는가? 그렇지 않는가?
> 둘째, 심리동사 구문은 어떠한 동작상을 나타내는가? 이와 관련하여, 모든 심리동사 구문이 일관된 태도를 보이는가? 그렇지 않는가?
> 셋째, 사건의미론의 관점에서 볼 때, 경험주-주어 구문과 경험주-목적어 구문 모두 사역성을 지닌다고 보는 것이 타당한가 아니면, 경험주-목적어 구문만이 사역구문의 일종으로 간주되는 것이 바람직한가?

위에 정리된 세 가지 이슈는 상호연관된 이슈들로서 이들 문제에 대한 해답을 구하는 과정에서 궁극적으로는 심리동사 구문에 대한 바람직한 의미표상은 어떠한 모습이어야 하는가 라는 질문에 답하는 것이 본 연구의 목적이다.

이 장의 구성은 다음과 같다. 먼저 제II절에서는 심리동사 구문의 논항구조에 대해 살펴본다. 이 절에서는 두 가지의 상이한 심리동사 구문에서 실현되는 논항들의 의미역에 대해 검토한다. 제III절에서는 심리동사 구문의 상적 특성에 대한 논의로서, 심리동사 구문이 보이는 동작상의 유형에 대해 검토한다. 제IV절에서는 사역성의 문제와 관련하여, 심리동사 구문의 의미적 특성을 다룬다. 논의의 결과를 모아 심리동사 구문의 사건의미론적인 의미표상을 새로이 제안한다. 마지막으로 제V절에서는 앞서 세 절에 걸친 다양한 논의를 종합하고, 남은 문제를 살펴본다.

---

2) 다음과 같은 동사들이 경험주-목적어 심리동사들이다.
amüsieren, ärgern, bedrücken, begeistern, beglücken, belustigen, deprimieren, enttäuschen, entzücken, erfreuen, ergötzen, erheitern, frustrieren, langweilen, nerven

Ⅱ. 논항구조와 연결이론

앞서 논의한 대로, 심리동사 구문은 참여자인 경험주가 통사적으로 주어로 실현되느냐, 목적어로 실현되느냐에 따라 두 가지 유형으로 구분된다. 영어 심리동사의 논항구조에 대한 대표적인 연구인 Grimshaw(1990)에 따르면, 경험주-목적어 구문을 이끄는 심리동사 'frighten'이나 경험주-주어 구문을 이끄는 심리동사 'fear' 모두 동일한 논항구조(Experiencer, Theme)를 가지는 것으로 간주된다. 다음의 (2)를 살펴보자.

(2)   Exp Theme
x frightens y   frighten (y (x))
y fears x   fear   (y (x))

위에 제시된 도식에 따르면, 두 심리동사가 동일한 논항구조를 가지나 논항들이 통사적으로 실현되는 방식에서 차이가 난다. 심리동사 'frighten'의 경우, 경험주 Exp 논항인 y가 통사적으로는 목적어로 실현되고, 대상주 Theme 논항인 x는 통사적으로 주어로 실현되는 반면, 심리동사 'fear'의 경우, 경험주 논항인 y가 주어로 실현되고, 대상주 논항인 x는 목적어로 실현된다. 그런데, 경험주-목적어 구문에 나타난 논항들의 통사적인 실현방식은 소위 일반적인 연결이론과 양립할 수 없다.[3] 왜냐하면, 보편적인 연결이론을 따르면, 의미역 위계 Thematic hierarchy를 기준으로 하여 상대적으로 상위에 위치한 의미역이 주어로 실현되고 하위에 위치하는 의미역이 목적으로 실현되어야 하기 때문이다. 아래의 (3)은 Grimshaw (1990)에서 제안된 의미역 위계이다.

(3) Agent < Experiencer < Goal/Source/Location < Theme

---

[3] Klein et. al.(2002)에서는 최적성이론의 틀 안에서 독일어 심리동사 구문과 관련한 연결이론을 모색한다.

　위 의미역 위계에 따라 경험주 의미역이 대상 의미역보다 상위에 위치하므로 심리동사 'frighten'의 두 논항 '경험주'와 '대상주'는 각각 주어와 목적어로 실현될 것으로 기대가 된다. 그러나 다음의 예가 보여주듯이 언어적인 사실은 정반대이다.

　　(4) The dog frightened the child.

　위의 예문에서 경험주인 'the child'는 목적어로, 대상인 'the dog'은 주어로 실현되어 있다. 이처럼 경험주-목적어 구문이 연결이론에 배치된다는 사실을 인식하고서, Grimshaw는 의미역 위계와 별도로 인과 위계 Causal hierarchy를 설정하여 연결이론을 수정제안한다. 이때 인과 위계는 다음의 (5)와 같이 제시된다.

　　(5) (Cause (other (…)))

　수정된 연결이론에 따르면, 의미역 위계나 인과 위계에서 상대적으로 상위에 위치한 요소가 주어로 실현될 수 있으며 두 위계간에 갈등이 유발될 경우에는 인과 위계가 우선한다. 위 예문 (3)에서 'the dog'은 '원인 Cause'으로 간주되어 인과 위계상 최상위에 위치하는 것으로 여겨진다. 따라서 이 문장에서 'the dog'은 인과 위계를 고려하는 수정된 연결이론에 의거하여 주어로 실현될 수가 있으며, 경험주인 'the child'은 목적어로 실현된다.

　이러한 이원적인 설명방식은 독일어의 심리동사 구문에도 그대로 적용이 될 수 있다.

　　(6) a. Das Bild erschreckte Anna.
　　　　b. erschrecken (x (y))
　　　　　　　x = Experiencer, y = Theme
　　　　　　　y = Cause

위에서 (6b)는 심리동사 'erschrecken'의 논항구조를 나타내는데, 예문 (6a)에서 대상 의미역을 갖는 'das Bild'는 경험주 'Anna'보다 하위에 위치하므로 의미 위계에 따라 목적어로 실현될 것으로 기대가 된다. 그러나 다른 한편 '원인'이 되기도 하기 때문에 인과 위계에 의거하여 주어로 실현될 수가 있다.

그러나 Grimshaw의 수정된 연결이론은 인과 위계라는 부가 장치에 기반하고 있는데, 오랜 검증과정을 거쳐 언어적인 보편성을 갖는 것으로 간주되는 의미역 위계와는 달리 이 새로운 위계가 다른 언어나 다른 언어현상 기술에 있어 어떠한 유용성을 갖는지가 명확치 않다. 바로 여기에 Grimshaw의 수정된 연결이론이 지니는 이론적인 취약점이 있다고 할 수 있다. 다른 한편 과연 두 유형의 심리동사 구문을 이끄는 심리동사들이 동일한 논항구조를 갖는지에 대해서도 재검토가 필요하다.

독일어의 심리동사 구문의 논항구조를 탐구한 Büring(1992)은 Grimshaw와 달리, 두 유형의 심리동사구문이 상이한 논항구조를 가진다는 입장을 견지한다. 아래의 논항구조를 보자.

(7) a. fürchten [EXP feel TH]
   b. ängstigen [AG$_i$ cause [EXP feel TH$_i$]]
(8) a. bewundern [EXP feel TH]
   b. beeindrucken [AG$_i$ cause [EXP feel TH$_i$]]

위의 (7a)와 (8a)에서 보듯이 경험주-주어 심리동사 구문을 이끄는 'fürchten'이나 'bewundern'의 목적어는 '자극주'가 아닌 '대상주 Theme'로 간주되고, 경험주-목적어 심리동사 구문을 이끄는 'ängstigen'이나 'beeindrucken'의 목적어도 '자극주'가 아닌 '행위자주 Agent'로 다루어진다. 이러한 입장은 Belletti · Rizzi(1988)에서 제안된 접근을 토대로 한 어휘기재항 (9)을 통해 뒷받침되는데, 여기에는 논항정보와 격정보가 각각 'θ-grid'와 'Case-grid' 항목에 저장되어 있는 것으로 본다(Büring, 1992 : 86).

(9) a. fürchten, bewundern

θ-grid   〔Experiencer, Theme〕

Case-grid 〔   -   -   〕

b. ängstigen, beeindrucken

θ-grid   〔Experiencer, Theme〕

Case-grid 〔   ACC   -   〕

위 (9a)의 'θ-grid'를 통해 동사 'fürchten'이나 'bewundern'의 첫 번째 논항이 '경험주'이고 통사적으로는 외부논항이라는 사실을 알 수 있으며, (9b)의 'Case-grid'를 통해서 'ängstigen'이나 'beeindrucken'의 '경험주' 논항이 통사적으로는 목적어 'ACC'로 실현됨을 알 수 있다. 이러한 절차를 통해 논항구조와 통사구조간의 연결관계가 자연스럽게 설명되므로 별도의 연결이론이 필요하지 않다.

Ⅲ. 심리동사 구문과 동작상

문장의 의미기술과 관련하여 필수적으로 고려되는 문제는 동작상에 관한 것이다. 이 점에서 심리동사가 나타나는 구문도 예외가 될 수 없다.

동작상을 토대로 하여 동사를 하위분류하기 위하여, Dowty(1979)는 Vendler(1967)의 분류방법을 발전시켜서 다음의 (10)과 같이 네 가지 유형의 동작상을 제안한다.

(10) 동작상 분류
i . States(상태)
ii. Activities(행위)
iii. Accomplishments(완성)
iv. Achievements(달성)

위 네 가지 유형의 동작상은 상이한 유형의 시간부사어에 의한 수식가
능 및 불가능여부에 의해 서로 구분되는데, 독일어의 심리동사 구문에 관
한 선행연구들인 Rapp(1997)과 Wanner(1999)에서 논의된 내용을 정리하
면 아래의 (11)과 같다.

(11)

		Rapp (1997)	Wanner (1999)	예
경험주-주어 심리동사 구문		행위 동작상	상태 동작상	hassen, bewundern, lieben
경험주-목적어 심리동사 구문	faszinieren -류	상태 동작상	완성 동작상	faszinieren
	enttäuschen -류	달성 동작상		enttäuschen, erfreuen, verwundern

이제 본 연구에서는 동작상을 판별하는 여러 가지 검사방법을 이용하여
이들 선행연구와는 다른 결론에 다다를 수 있음을 보이려 한다.

*in einer Stunde*와 같은 시간틀부사어 Zeitrahmen-Adverbiale는 다
음의 예에서 분명히 나타나듯이 완성동작상과만 결합이 가능하고, 행위동
사를 수식하지 못한다(Lohnstein, 1996 / Rapp, 1997).[4]

(12) In einer Stunde …
      … reparierte er das Auto.
      … sank das Schiff.
      … malte er das Bild.(완성 동작상)

---

4) Ullmer-Ehrich(1976 : 123)에 따르면, 동사가 현재형으로 실현된 문장 "Leonardo malt das
   Bild in zwei Stunden."은 두 가지 해석을 가질 수 있다고 한다. 그 중 하나는 '그 그림
   을 그리는데 있어 두 시간 걸린다'는 해석이고, 다른 하나는 '두 시간이 지나서 그 그
   림을 그리기 시작한다'는 해석이다. 그리고 Glatz(2001 : 37)에서는 달성동사가 시간틀
   부사어에 의해 수식받을 수 있다는 주장이 제기되기도 한다.

(13) In einer Stunde …
     * … tanzte Clara.
     * … trank Peter.
     * … aß Otto.(행위 동작상)

　반면, *eine Stunde lang*이나 *seit einer Stunde*와 같은 시간지속 부사어 Zeitdauer-Adverbiale는 아래의 예에서 보듯이 달성동사와 완성동사를 수식하지 못한다(Lohnstein, 1996 / Glatz, 2001).

(14) Eine Stunde lang …
     * … plazte die Seifenblase.
     * … explodierte der Kracher.
     * … fand Peter eine Brieftasche.(달성 동작상)
(15) Seit einer Stunde …
     * … kommt Maria an.
     * … findet Clara ihr Kopftuch.
     * … platzt der Ballon.(달성 동작상)
(16) Seit einer Stunde …
     … scheint die Sonne.(상태 동작상)
     … schwimmt Maria.(행위 동작상)
(17) *Sie malte einen Kreis eine halbe Stunde lang.(완성 동작상)

　다른 한편, 상태 동작상을 보이는 동사들의 경우에 명령형으로 쓰일 수 없는 점에서 행위동사와 구분된다. 아래의 예가 두 유형간의 차이를 대조적으로 보여준다.

(18) *Kenne die Antwort!
     *Wisse das Wort!
     *Besitze ein Haus!
(19) Schlaf′ jetzt!
     Lauf′!
     Fahre nach Frankfurt!

　지금까지 논의된 내용을 종합하자면, 네 가지 유형의 동작상을 구분 짓는 기준들을 아래의 (20)과 같이 정리할 수 있다.

(20)

	상 태	행 위	완 성	달 성
시간틀 부사어와 공기 (in einer Stunde)	×	×	o.k.	×
시간지속 부사어와 공기 (eine Stunde lang)	o.k.	o.k.	×	×
명령형으로 사용	×	o.k.	o.k.	o.k.
예	wissen, besitzen	tanzen, trinken	reparieren, malen einen Kreis	explodieren, finden, blitzen

이제 위의 논의를 바탕으로 하여 독일어 심리동사군의 동작상에 대해 살펴보자. 아래의 예에서 확인할 수 있듯이, 심리동사들이 명령형을 형성하는데 있어 아무런 제약이 없다(Rapp, 1997 : 42ff, 70).

(21) a. Liebe deinen Nächsten!
      b. Verachte ihn nicht zu sehr!
      c. Enttäusche mich nicht!

따라서, 우리는 여기서 심리동사가 상태 동작상을 나타내지는 않는다는 결론을 내릴 수 있겠다. 다음의 예들은 심리동사가 시간틀 부사어의 수식을 받지 못한다는 사실을 보여준다(Härtl, 2001 / Rapp, 1997).

(22) a. *Peter ängstigte Ines innerhalb von nur 5 Minuten.
      b. *Der Bildband begeisterte Petra in einer Stunde.
      c. *Das Kind enttäuschte in einer halben Stunde seine Mutter.

이러한 연유로 심리동사를 완성동사로 분류하는 것도 무리가 있다. 또한, 다음의 예에서 보듯이, 이들 심리동사들은 시간지속 부사어들과 함께 쓰인다(Härtl, 2001).

(23) a. Peter ängstigte Ines nur eine gewisse Zeit.
      b. Der Bildband begeisterte Petra ganze zwei Stunden lang.
      c. Jens nervt Ines schon seit Montag mit seinem Autofimmel.

(24) a. Hans erschreckt Maria zwei Stunden lang.
　　　b. Peter verblüfft Anke eine gewisse Zeit.
　　　c. Peter überrascht Andrea eine halbe Stunde lang.

위의 (23a)-(24c)에 제시된 예를 통해, 심리동사가 시간지속 부사어의 수식을 받을 수 있다는 심리동사의 속성을 확인하게 되는데, 이는 곧 심리동사가 달성동사가 아닌 행위동사로 분류되어야 할 것처럼 보인다.5) 그러나, 위 예문들의 의미를 자세히 검토해 보면, 이 시간지속 부사어들이 심리동사에 의해 기술되는 행위가 지속되는 시간구간을 가리키지 않고, 행위로 인해 야기된 경험주의 심리적인 상태가 지속되는 시간을 나타냄을 어렵지 않게 알 수 있다. 예를 들어 (24a)의 경우, 자극주인 '페터'가 경험주인 '마리아'를 놀라게 한 행위자체가 두 시간동안 진행되었다고 이해하기는 상식적으로 매우 불가능한 반면, '마리아'에게 놀람을 유발한 어떤 행위를 통해 일어난 경험주의 변화된 심리상태가 두 시간동안 지속되었다고 이해하는 편이 합리적일 것이다.6) 다른 학자들도 달성 동작상을 나타내는 문장 내에서 시간지속 부사어가 행위후의 상태를 수식하는 것이 가능하다는 점을 지적한 바 있다(Ullmer-Ehrich, 1976 / Engelberg, 2000). 아래의 예를 보자.

(25) a. Peter entreißt Paul zwei Minuten lang das Buch.
　　　b. Peter geht zwei Minuten lang aus dem Zimmer.

위의 문장 (25a)는 '페터가 파울로부터 책을 뺏어서 지니고 있는' 시간

---

5) 아래의 문장들에서 심리동사들이 부사 gerade의 수식을 받을 수 있음을 보여 주기 때문에, 이러한 사실에 근거하여 심리동사가 행위 동작상을 가지는 것으로 판정하기도 하지만(Härtl 2001 : 191), 여기서는 gerade가 시간부사가 아닌, 강조의 의미를 나타내는 양상불변화사로 이해하는 편이 타당하다.

a. Petra bewundert gerade das Gemälde.

b. Hans amüsiert gerade Maria.

6) 다음의 예는 심리동사가 시간부사 'schnell'에 의해 수식받을 수 있음을 보여준다. 이 때 부사는 문맥상의 특정시점부터 감동을 시키기 시작한 시점까지 걸린 시간이 짧았다는 것을 의미한다. Die Grundschüler in der Außenstelle der Stadtbücherei auf der Schonau hat sie schnell für ihre Geschichte begeistert. Einer belohnt sie nach der Lesung sogar mit einem Lutscher.(COSMAS II)

이 2분간 지속됨을, 그리고 문장 (25b)는 '페터가 방으로부터 나가서 방밖에 머물러 있는' 시간이 2분간 지속됨을 의미한다.

이제까지의 논의를 통해 우리는 심리동사가 경험주-주어 부류에 속하든, 경험주-목적어 부류에 속하든 공히 달성동작상을 나타낸다는 사실을 확인할 수 있었다. 이러한 결론은 영어 심리동사 구문의 동작상에 관한 대표적인 연구로 평가받고 있는 Van Voorst(1994)의 결론과 일치한다. 또한 이러한 입장은 Croft(1993)이 취하는 심리동사 구문의 사역구조 Causative structure에 관한 통일적인 이론과도 맥이 닿는다.7)

Ⅳ. 심리동사 구문의 사건구조

이미 서론에서 언급한 바와 같이, 심리동사 구문의 의미표상과 연관하여 사건의미론의 관점에서 주요한 이슈는 경험주-주어 구문과 경험주-목적어 구문 모두 사역성을 지닌다고 보는 것이 타당한가 라는 물음이다. Härtl(2001)은 독일어 심리동사를 연구대상으로 삼아 이 문제를 집중적으로 탐구하여, 두 가지 구문유형 모두 사역성을 지닌다는 결론을 내린다. 이러한 결론을 도출하기 위해, 심리언어학적인 실험을 수행하여 그 결과를 증거로 제시한다. 그 증거의 핵심은 아래의 예에서 보듯이 두 구문 모두 원인 혹은 이유를 나타내는 부사절과의 결합이 자연스럽다는 사실이다 (Härtl, 2001 : 171).

    (26) a. Werner fürchtet Hilde, weil sie rational ist.
          b. Karl enttäuscht Heike, weil er unromantisch ist.

이처럼 심리동사가 나타나는 주절과 원인 부사절간에 인과관계가 성립

---

7) 한국어의 심리동사 구문과 관련하여 이익환·이민행(2004)도 Croft(1993)의 통일적인 이론이 한국어에도 무리없이 적용될 수 있음을 보인다.

한다는 사실 외에도, 아래의 예들이 보여주듯이 두 유형 모두 사역구문으로 대체되어 사용될 수 있다는 사실도 심리동사 구문이 일반적으로 사역성을 지닌다는 점을 뒷받침한다(Härtl, 2001 : 159).

(27)　a. Der Sturm ängstigt uns.
　　　b. Der Sturm verursachte, dass wir Furcht fühlten.
(28)　a. Wir fürchten den Sturm.
　　　b. Der Sturm verursachte, dass wir Furcht fühlten.

지금까지 논의한 Härtl의 입장은 제시된 논거들이 경험적으로 타당할 뿐만 아니라 앞 절에서 논의한 바 심리동사의 동작상에 관한 우리의 결론과 양립하고, 영어 심리동사 구문에 대한 Croft(1993)의 입장과도 동일하기 때문에 본 연구에서는 이 입장을 수용하여 독일어 심리동사 구문에 대한 사건구조를 제안하고자 한다.

동사의 논항구조와 달리, 문장의 사건구조는 그 문장이 나타내는 특정한 사건유형을 표상한다(Pustejovsky, 1991 : 56). 이 연구에서는 Pustejovsky의 이론을 따라, 세 가지 유형의 사건을 구분하고 이를 기반으로 한 심리동사의 사건구조에 대해 살펴보려고 한다. 세 가지 사건유형이란 상태 state, 과정 process 및 전이 transition를 가리키는 것으로 이들 세 유형은 앞 장에서 논의한 네 가지 유형의 동작상과 긴밀히 연결되는데 양자간의 대응관계를 보이면 아래의 (29)와 같다.

(29)

동 작 상	사건유형
상 태	상 태
행 위	과 정
완 성	전 이
달 성	

Pustejovsky에 따르면, 완성 동작상과 달성 동작상은 두 개의 하위사건

으로 구성된 복합사건이라는 점에서 공통점을 갖는다. 완성 동작상과 달성 동작상을 아우르는 사건유형 '전이'는 다음의 동사 'kill'에 대한 어휘항목 기술에서 알 수 있듯이 행위사건과 상태사건을 하위사건들로 가지는 복합 사건 유형이다(Pustejovsky, 1995).

$$
\begin{array}{l}
(30) \quad \text{kill} \\
\quad \text{EVENTSTR} = \begin{bmatrix} \text{E1} = e_1 : \text{process} \\ \text{E2} = e_2 : \text{state} \\ \text{RESTR} = \; < \; \propto \\ \text{HEAD} = e_1 \end{bmatrix} \\
\quad \text{ARGSTR} = \begin{bmatrix} \text{ARG1} = \boxed{1} [\,\text{top}\,] \\ \text{ARG2} = \boxed{2} \begin{bmatrix} \text{animate-ind} \\ \text{FORMAL} = \text{physobj} \end{bmatrix} \end{bmatrix} \\
\quad \text{QUALIA} = \begin{bmatrix} \text{dc\_lcp} \\ \text{FORMAL} = \text{dead}(e_2, \boxed{2}) \\ \text{AGENTIVE} = \text{kill\_act}(e_1, \boxed{1}, \boxed{2}) \end{bmatrix}
\end{array}
$$

일반적으로 하나의 어휘항목은 사건구조(EVENTSTR)와 논항구조(ARGSTR) 및 특질구조(QUALIA)로 구성되어 있는데, 사건구조는 사건유형에 대한 정보를 표상하고, 논항구조는 사건에 참여하는 논항들의 수와 속성을 나타내며, 특질구조는 해당어휘의 의미기술에 필수적인 여러 가지 정보를 담는다. 위 (30)에 제시된 'kill'의 어휘항목에서 우리에게 관심이 있는 사건구조를 자세히 검토해 보자면, 이 동사는 각각 행위 동작상과 상태 동작상을 나타내는 두 개의 하위사건으로 구성되고 이들 사건들간에는 선후관계 ($< \propto$ 표지)가 성립하며,[8] 사건의 중점이 선행하는 사건에 놓인다는 사실이 어휘항목에 표현되어 있다. Pustejovsky는 사건-중점 event-headedness 이 두 하위사건 중 어느 쪽에 놓이느냐에 따라 복합사건이 완성 동작상 혹은 달성 동작상을 나타내는 것으로 해석된다는 생각이다. 'kill'과 같이 사건중심이 선행하는 하위사건에 놓이면 완성 동작상이고, 뒤따른 하위사건

---

8) 이 이론에서 사건들간의 시간적인 관계는 아래와 같이 세 가지 유형으로 분류된다(이 예식 1999 : 570). 선후행 관계($< \; \propto$), 중복관계($\circ \propto$), 부분중복관계($< \circ \propto$)

에 사건중심이 놓이면 달성 동작상으로 간주된다. 예컨대, 달성 동작상을 보이는 동사 'arrive'의 어휘항목 중 사건구조만을 표상하면 아래의 (31)과 같게 될 것이다.

(31)
$$\begin{bmatrix} \text{arrive} \\ \text{EVENTSTR} = \begin{bmatrix} \text{E1} = e_1 : \text{process} \\ \text{E2} = e_2 : \text{state} \\ \text{RESTR} = <\propto \\ \text{HEAD} = e_2 \end{bmatrix} \end{bmatrix}$$

위의 (30)과 (31)에서 자질구조의 형식으로 표상된 사건구조를 편의상 약식으로 표기하면, 각각 다음의 (32a)나 (32b)와 같다.

(32) a. $E = e_1{}^*[\text{process}] + e_2[\text{state}]$
　　　 b. $E = e_1[\text{process}] + e_2{}^*[\text{state}]$

표기방식 (32a)와 (32b)에서 하위사건 e_1 혹은 e_2 뒤의 기호 '*'는 사건의 중점이 놓인 위치를 나타낸다.

심리동사의 의미표상과 관련하여, Pustejovsky는 사동적 심리동사가 나타나는 영어 문장 (33a)를 예로 들어, 심리동사 'anger'에 대한 의미표상을 (33b)와 같이 제시한다.

(33) a. The newspaper angered John.

b.
$$\begin{bmatrix} \text{anger} \\ \text{EVENTSTR} = \begin{bmatrix} \text{E1} = e_1 : \text{process} \\ \text{E2} = e_2 : \text{state} \\ \text{RESTR} = < \circ \propto \\ \text{HEAD} = e_1 \end{bmatrix} \\ \text{ARGSTR} = \begin{bmatrix} \text{ARG1} = \boxed{1} \, [\langle\, \boxed{2} \,,\, \langle\, e_1,\ t \,\rangle\, \rangle] \\ \text{ARG2} = \boxed{2} \begin{bmatrix} \text{animate-ind} \\ \text{FORMAL} = \text{physobj} \end{bmatrix} \end{bmatrix} \\ \text{QUALIA} = \begin{bmatrix} \text{experiencer-lcp} \\ \text{FORMAL} = \text{angry}(e_2, \boxed{2}) \\ \text{AGENTIVE} = \text{exp\_act}(e_1, \boxed{2}) \end{bmatrix} \end{bmatrix}$$

위의 의미표상 (33b)의 사건구조를 살펴보면, ‘$< \circ \propto$’ 표기에 의거하여 두 하위사건간에는 선행과 동시발생이 함께 적용된다는 것을 먼저 확인할 수 있는데, 이 점은 앞서 논의된 일반 사역구문과 다른 점이다. 위에 표상된 논항구조를 면밀히 살펴보면, 이 동사의 첫 번째 논항이 'newspaper'라는 대상유형이 아니라, 유형이 격상된 사건함수임을 확인할 수 있다. 이러한 유형전환은 이론적인 장치에 속하는 유형강제(Type Coercion)를 통해 이루어진다. 여기에서 논의되고 있는 'anger'의 의미를 반영하여 문장 (33a)의 사건구조만을 수형도로 표상하면 아래의 (34)와 같다.

(34)

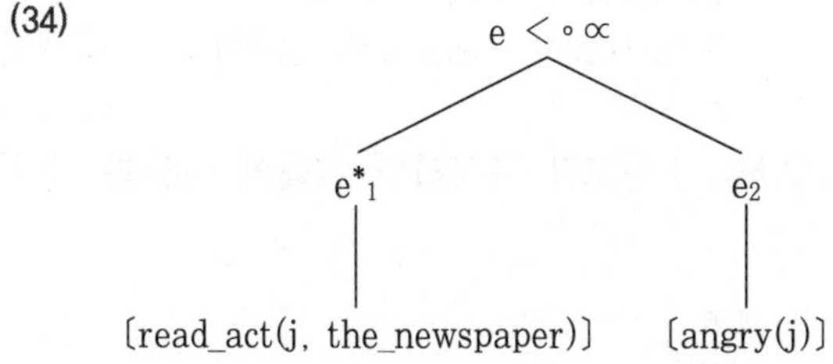

이제까지 논의한 바, 영어의 심리동사 구문에 대한 Pustejovsky의 접근방법을 독일어의 심리동사에 그대로 적용할 수는 없다. 왜냐하면, Pustejovsky는 영어의 심리동사가 완성 동작상을 나타낸다는 전제에서 출발하여 이론을 전개한 반면, 앞 절에서 논의한 바와 같이 독일어 심리동사 부류의 경우 달성 동작상을 보이기 때문이다.

다음의 예문들 (35a)와 같은 독일어 심리동사 구문이 달성 동작상을 보인다는 사실을 반영하기 위하여, 우리는 Pustejovsky의 설명방식을 수용하여 사건의 중심이 후행사건에 놓인다는 점을 아래의 (35b)에서와 같이 명시적으로 표상하면 될 것이다.9)

---

9) 아래의 예들에서 확인 가능하듯이 심리동사 'erstaunen'은 일반명사나 명제를 주어로 취할 수 있기 때문에, 이 사실을 반영하기 위하여 논항들의 속성에 대한 정보를 수정 보완할 필요가 있을 것이다(Engelberg 2000).
   a. Rebeccas Tat erstaunte mich.
   b. Dass Rebecca das getan hat, erstaunte mich.

(35) a. Rebecca erstaunte Peter.

b.
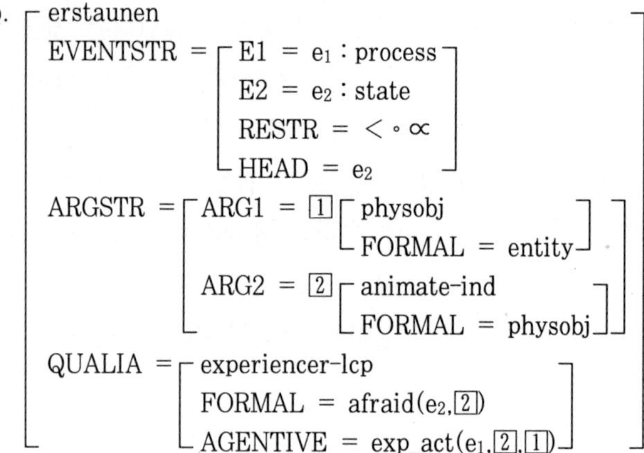

위 (35b)의 사건구조만을 수형도로 표상하면 아래의 (36)과 같다.

(36)
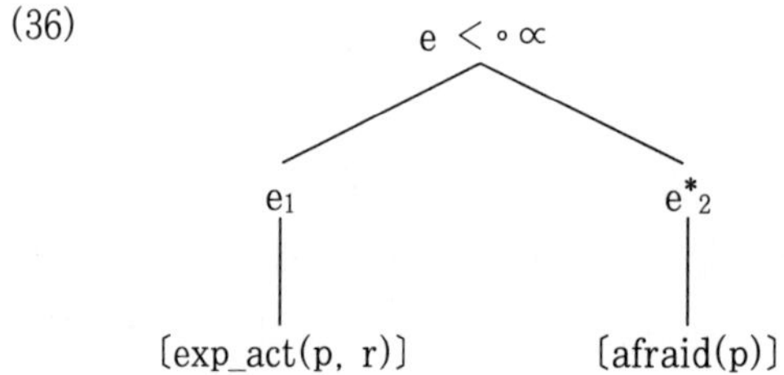

또한 경험주-주어 심리동사 구문에 속하는 아래의 (37a)와 같은 문장도 달성 동작상을 보이기 때문에 위의 (35a)의 경험주-목적어 구문의 경우와 동일하게 사건의 중점을 후행하는 사건에 두는 의미표상을 하면 된다.

(37) a. Rebecca fürchten den Sturm.

b. 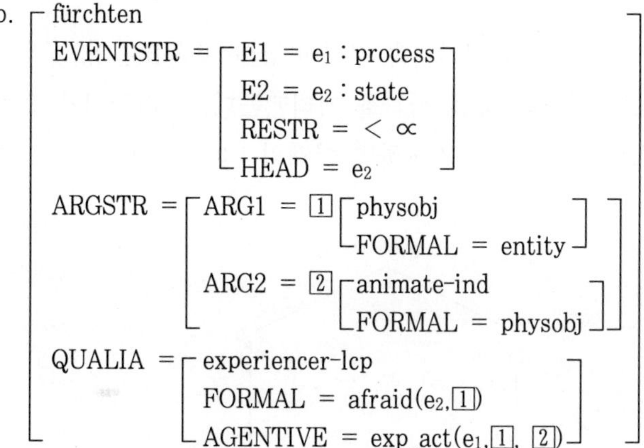

마찬가지로, 이 의미표상의 사건구조만을 수형도로 그리면 아래의 (38) 과 같다.

(38)

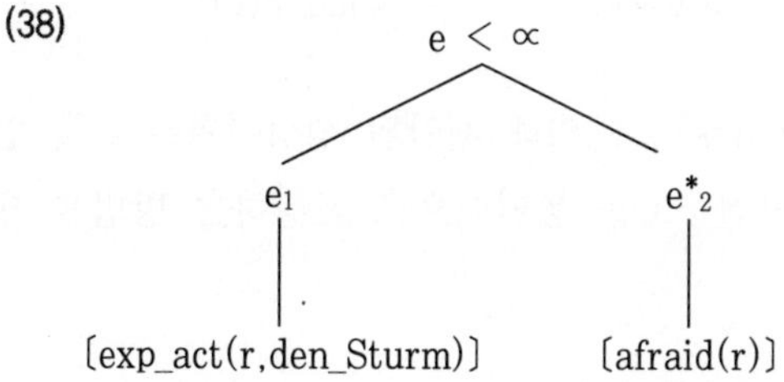

우리는 앞서 독일어의 심리동사가 시간지속 부사어에 의해 수식이 가능한 예들을 살펴보았고, 이 부사어가 의미적으로는 두 개의 하위사건 중 후행하는 상태 하위사건을 수식한다는 사실을 논의한 바가 있다. 다음의 예를 보자.

(39) a. Peter *bewunderte* Rebecca drei Wochen lang, dann hörte er damit auf.

b. Eine ganze Woche lang *bewundert* sie das "Meisterwerk", schätzt es auf Tausende von Francs, sichert ihm einen Platz im Museum zu etc. (COSMAS Ⅱ)

위 예문 (39a)에서 시간지속 부사어 'drei Wochen lang'은 '페터'가 '레베카'에 대해 감탄해 있던 시간을 가리키는데, 심리상태가 표현된 선행절의 사건구조를 수형도로 기술하면 아래의 (40)과 같다.

(40)

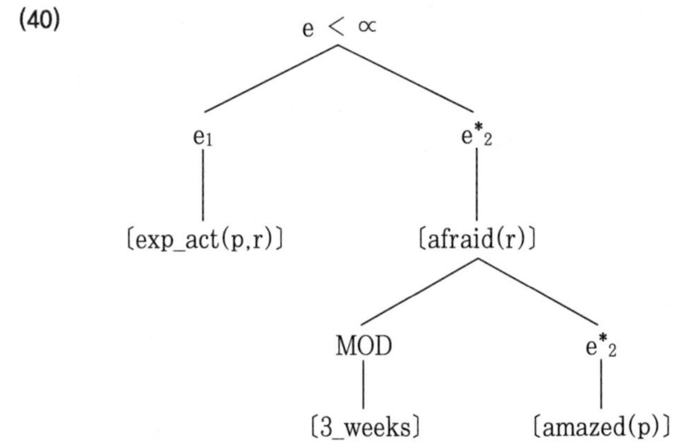

이 절에서 우리는 Pustejovsky에 의해 제안된 생성어휘론의 틀 안에서 독일어 심리동사 구문의 사건구조를 통일적으로 표상하는 방법을 새로이 제안했다.

V. 결 론

이 장에서는 궁극적으로 독일어의 심리동사 구문에 대한 적절한 의미표상이 어떤 모습이어야 하는가 라는 물음에 대한 해답을 구하고자 했다. 이러한 탐구의 과정에서 얻어진 성과들은 아래의 (41)과 같이 정리될 수 있다.

(41) （ⅰ） 경험주-주어 심리동사의 논항구조와 경험주-목적어 심리동사의 논
　　　 항구조는 상이하게 설정되는 것이 타당하다.
　　（ⅱ） 독일어 심리동사 구문은 심리동사가 시간지속 부사어의 수식을 받
　　　 을 수 있기 때문에 달성 동작상을 나타내는 것으로 이해된다.
　　（ⅲ） 생성어휘론의 틀 안에서 심리동사 구문의 사건구조는 후행하는 하
　　　 위사건에 사건의 중심이 놓이게 함으로써 적절하게 표상될 수 있다.

　이 연구는 제한된 언어적인 증거에 기초해서 새로운 주장을 펴고 그에
합당한 논증작업을 한 것인데, 이러한 주장은 보다 풍부한 언어적인 자료
를 통해 뒷받침될 경우에 보다 강한 설득력을 가지게 될 것이다. 따라서
'eine Stunde lang'과 같은 시간지속 부사어가 아주 다양한 심리동사와 함
께 쓰일 수 있는지를 대량의 코퍼스에 기대어 검증하는 작업과 같은 후속
연구가 필요하리라 본다.

I. 머리말

독일어의 한정표현(Definite Ausdrücke)에는 대명사(예 : das, dieser), 고유명사(예 : Jakob), 분류 표현(예 : drei Liter roter Wein), 한정적 기술(예 : die ersten beiden Tagen) 등이 속한다(Thrane, 1980 / Vater, 1986). 일반적으로 담화상에서의 한정표현은 언어적인 문맥, 직접적인 발화상황, 지시체의 연상물, 화자와 청자가 공유하는 지식 등 여러 가지 상황적인 지식을 배경으로 하여 사용된다(Hawkins, 1978 / Vater, 1979).

본 연구에서는 독일어의 일정협의(Terminabsprache) 대화에 나타나는 대명사를 포함한 여러 가지 한정표현의 다양한 쓰임에 대해 살펴보려 한다. 일정협의 대화의 자료로는 1994년부터 7년 동안 독일에서 수행되어 2000년 7월에 종료된 언어공학 프로젝트 VERBMOBIL의[1] 연구진들에 의해 구축된 코퍼스에서 추출하여 그 중 105개의 대화를 분석대상으로 한다.

일정협의 대화에 나타난 대명사와 기타 한정표현의 용례를 분석하여 이

---

1) 이 프로젝트는 독일 Saarland 대학의 컴퓨터언어학과를 중심으로 하여 총 12년 예정으로 1994년부터 시작된 연평균 80억 정도가 투입된 국가사업으로서, 당초 계획과 달리 두 번째 단계의 연구를 끝으로 2000년 7월에 종료되었다. 이 과제의 일반적인 성격에 관해서는 박혜은 · 이민행(1999) 참조.

를 담화의미론의 틀 안에서 기술하는 것이 본 연구의 목적이다. 이론적인 기술을 위해서는 영어와 한국어, 독일어의 효율적인 담화분석을 위해 제안된 통제 정보포장이론(The Controlled Information Packaging Theory)을 이론적인 틀로 삼는다(이익환 외, 1999 / Lee, 1999). 이처럼 독일어의 실제대화 자료의 분석을 함으로써, 통제 정보포장이론의 타당성을 검증하고, 필요에 따라 이 이론을 언어보편적인 이론의 하나로 수정발전시키는 것이 본 연구를 통해 기대되는 효과이다.

이 장의 구성은 다음과 같다. 제Ⅱ절에서는 기존논의를 검토하고 일정협의 대화의 특성 및 이 대화자료에서 출현하는 한정표현들의 통계적인 분포에 대해 논의한다. 제Ⅲ절에서는 한정표현들의 용례를 일정협의 대화의 일반적인 특성과 대화행위 흐름과의 연관성 속에서 고찰한다. 제Ⅳ절에서는 앞서의 논의를 바탕으로 하여 한정표현의 의미를 통제 정보포장이론 안에서 기술한다. 제Ⅴ절에서는 이제까지의 논의를 종합하여 결론을 제시한다.

Ⅱ. 일정협의대화에 나타난 한정표현들의 통계적 분포

본 연구는 앞서 서술한 바와 같이 VERBMOBIL 프로젝트를 통해 그 연구진들이 실제 대화를 녹음하고 전사하여 놓은 대화 105개를 분석대상으로 삼는다.2) 이 자료들은 CD-ROM 매체에 저장되어 있다(Bas, 1997). 2000년 7월에 종료된 VERBMOBIL은 기계번역 분야에서 이루어지고 있는 언어기술개발 프로젝트이며 동시에 과제수행 결과로서 개발된 자동번역 시스템의 이름이기도 하다. VERBMOBIL 프로젝트는 단기적으로는

---

2) 이 연구에서 분석대상으로 삼은 105개는 쌍방이 독일어로 대화를 나눈 대화 56개와 독일어 모국어화자와 영어 모국어화자의 대화 4개, 그리고 영어 모국어화자들간의 대화를 독일어로 번역한 대화 45개로 구성되어 있다.

독일어를 영어로, 일어를 영어로 바꾸는 번역 시스템을 개발하는 것을 그 목적으로 하고 있고, 장기적으로는 토의에서 진행되는 즉흥적인 대화와 같이 얼굴을 맞대고 하는 상황 대화의 번역 시스템을 개발하는 데에 있었다 (박혜은·이민행, 1999 : 28).

본 연구의 연구대상이 되는 VERBMOBIL 프로젝트의 일정협의 대화는 대부분 회사의 상이한 지점 직원들간의 회동을 위한 일정협의를 주제로 하고 있다. 때문에 이들 대화에서 합의가 도출되어야 하는 사항은 회동장소와 회동일시이다. 아래의 대화를 살펴보자.3)

> (1) 1 :   AED000 : Guten Tag, Frau Hochmu.
> 2 :   BEF001 : Grüß Gott.
> 3 :   AED002 : Wir sollten jetzt einen Termin fünftägiges Arbeitstreffen
> 4 :   in der Filiale in Hamburg ausmachen.
> 5 :   BEF003 : Wann soll dieses Arbeitstreffen stattfinden?
> 6 :   AED004 : Was halten Sie von März, vom siebenundzwanzigsten
> 7 :   bis zum einunddreißiges.
> 8 :   BEF005 : Das paßt wunderbar.
> 9 :   AED006 : Gut, dann wär′ es das.

위의 협의대화는 Frau Hochmu(BEF로 표기됨)와 다른 지점에 근무하는 동료(AED로 표기됨)간에 이루어지는 대화로서, 가장 수월하게 일정협의가 완수되는 내용을 담고 있다. 협의의 결과, 회동장소는 함부르크 지점으로

---

3) 원래 CD-ROM 매체를 통해 배포된 VERBMOBIL 대화는 음성적인 특성들에 대한 정보들을 담고 있는 음성코퍼스의 형태를 취하고 있으나 이 연구에서는 음성적인 특성이 중요한 기능을 하지 않으므로 가독성을 높이기 위하여 음성적인 특성과 관련된 태그들을 제거했다. 본문의 대화 (1)에 대한 원자료는 아래와 같은 형태를 지닌다.

```
AED000 : guten Tag , Frau Hochmu< ; T>
BEF001 : gr"u"s Gott .
AED002 : wir sollten < ; "ubersteuert> jetzt <!1 jetz'> einen <!1 ein'>
         Termin +/f"ur die f"unft"agige/+ f"ur ein < ; "ubersteuert>
         < : <#Mikrowind> f"unft"agiges : > Arbeitstreffen in der +/Fal=/+
         Filiale $M $E $C $P in Hamburg ausmachen .
......................
```

회동일은 3월 27일부터 31일까지(5일간의 일정)로 확정된다. Jakat et al.(1995)와 박혜은·이민행(1999)에서 제시된 대화행위(Dialogakte) 모형에 따르면, 첫 줄과 둘째 줄에서 '첫 인사'라는 대화행위가 수행되고, 3째 줄과 4째 줄에서 Hochmu의 동료가 대화행위 '협상의 목표'를 수행하며, 5째 줄에서 Hochmu가 '제안요청' 행위를 한다. 이에 대해 Hochmu의 동료가 6째 줄에서 '긍정적 제안'이라는 대화행위를 하며, 7째 줄에서 대화행위 '수락'이 이어지고 마지막 8째 줄에서 '확인' 대화행위가 수행된다. 이러한 대화의 흐름을 도표로 나타내자면 다음의 (2)와 같다.

(2)

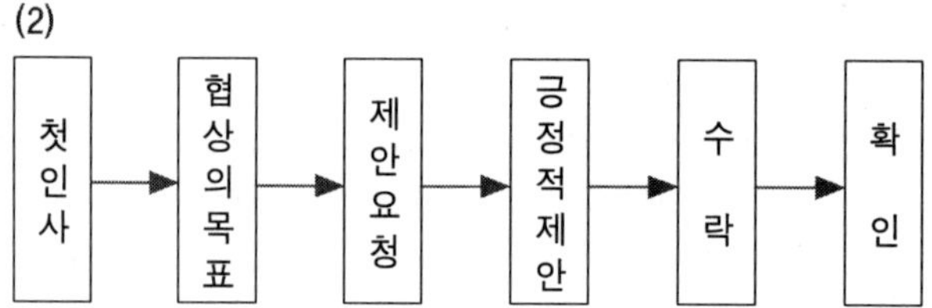

일정협의 대화에서의 대화 흐름을 '대화행위'의 연쇄유형을 통해 일반화한 연구로 박혜은·이민행(1999)을 들 수가 있는데, 이 연구를 통해 아래의 표 (3)과 같은 협의대화에 나타나는 대화행위 연쇄의 출현빈도가 밝혀진 바 있다.

(3)

출현 빈도수	대화행위 연쇄	
68	긍정적 제안	거절
47	긍정적 제안	수락
26	끝인사	끝인사
18	제안요청	긍정적 제안
	논평요청	수락
17	논평요청	거절
	해명질문	해명대답
12	긍정적 제안	긍정적 제안

10	확인	확인
9	첫인사	첫인사
8	첫인사	협상의 목표
	이유제시	긍정적 제안
7	확인	감사
6	제안요청	첫인사
	수락	확인
5	감사	감사
	감사	끝인사
	거절	긍정적 제안
…	…	…

위의 표에 나열된 행위연쇄 유형은 앞서 (2)에 제시된 대화흐름이 매우 보편적인 성격을 보이고 있다는 사실을 뒷받침하는 것으로 이해될 수 있다. 왜냐하면, 대화흐름 (2)에 나타난 몇 가지 대화행위 연쇄, 곧 첫인사-협상의 목표, 제안요청-긍정적 제안, 긍정적 제안-수락, 수락-확인 등은 비교적 출현빈도가 높은 행위연쇄들이기 때문이다.

앞서의 대화 (1)에는 한정표현들이 거의 모든 줄에 나타나 있다. 첫 줄에는 고유명사 Hochmu가, 4째 줄에 in der Filiale in Hamburg, 5째 줄에 dieses Arbeitstreffen, 6째 줄에 존칭 2인칭 대명사 Sie와 vom siebenundzwanzigsten, 7째 줄에 bis zum einunddreißiges,[4] 8째 줄에 지시대명사 das 그리고 마지막 줄에는 dann, es와 das가 나타난다. 하나의 대화에서 추출된 이러한 한정표현들은 일반적으로 협의대화에서 발견되는 거의 모든 유형의 한정표현을 포괄한 것으로서, 이들 외에는 'da'와 'diesmal', 'alles' 정도가 대화자료에 빈번히 나타나는 한정표현들이다. 아래의 표는 105개의 대화에 나타난 한정표현들을 출현빈도수에 따라 정리한 것이다.[5]

---

4) 원자료에 나타나는 표현 bis zum einunddreißiges은 bis zum einunddreißigsten을 잘못 발화한 화자의 말실수로 간주될 수 있을 것 같다.
5) 이 연구에서 분석대상으로 하는 105개의 일정협의 대화에 나타난 총 어휘수는 27,382

(4)

번 호	빈도수	분 포	표 현
⟨1⟩	433	1.5813%	das
⟨2⟩	427	1.5594%	da
⟨3⟩	406	1.4827%	dann
⟨4⟩	308	1.1248%	am
⟨5⟩	276	1.0079%	der
⟨6⟩	166	0.6062%	die
⟨7⟩	159	0.5807%	den
⟨8⟩	152	0.5551%	im
⟨9⟩	142	0.5186%	vom
⟨10⟩	131	0.4784%	es
⟨11⟩	117	0.4273%	zum
⟨12⟩	94	0.3433%	dem
⟨13⟩	31	0.1132%	alles
⟨14⟩	13	0.0475%	diesen
⟨15⟩	9	0.0329%	dieses
⟨16⟩	8	0.0292%	dieser
⟨17⟩	7	0.0256%	diese
⟨18⟩	7	0.0256%	diesmal
⟨19⟩	3	0.0110%	diesem

위의 표를 통해서 우리는 'das'가 가장 빈번히 나타나는 한정표현임을 알 수 있는데, 기계적인 처리의[6] 결과로 얻어진 이 빈도수에는 지시대명사로 쓰이는 'das'와 정관사로 쓰이는 'das'의 차이가 반영되어 있지 않다. 수작업을 통해 확인한 바에 따르면, 정관사 'das'는 433회 중에 29회 나타난다. 따라서 지시대명사 'das'는 404회(1.4754%) 출현한 것이다. 또한 이 표는 am, im, vom, zum 등 전치사와 정관사 dem의 융합형이 각기 분리되어 분석된 결과를 보여주고 있는데, 이들의 출현빈도를 ⟨12⟩의 정관사

개로 대화 하나당 평균 27개의 어휘가 출현하는 것으로 분석된다.

6) 빈도수에 따른 분포를 얻고 용례를 검색하기 위해 미국 Rice 대학의 Michael Barlow에 의해 개발된 용례추출 프로그램 MonoConc Pro 2.0을 사용했다.

dem의 빈도수에 모두 합산하면, dem의 빈도수는 총 813개(2.9691%)가 된다. 정관사는 das와 dem 외에도 der, die, den 등이 비교적 자주 출현하는 것으로 파악되는데, 이들 정관사들의 모든 출현빈도를 계산하면 1,443회(5.2699%)로서 정관사가 단연 출현빈도 1위를 차지한다. 그리고 〈14〉-〈17〉과 〈19〉에 제시된 'dies-'의 어휘형태들의 빈도수를 모두 합하면 40(0.1460%)이다. 이제 표 (4)의 내용을 한정표현의 문법적인 범주를 기준으로 재정리하면 다음의 표 (5)와 같다.

(5)

번 호	빈도수	분 포	범 주	표 현
〈1〉	1,443	5.2699%	정관사	der, die, das…
〈2〉	427	1.5594%	지시부사	da
〈3〉	406	1.4827%	지시접속사	dann
〈4〉	404	1.4754%	지시대명사	das
〈5〉	131	0.4784%	대명사	es
〈6〉	40	0.1460%	지시형용사	dies-
〈7〉	7	0.0256%	지시부사	diesmal

표 (5)에서 확인할 수 있는 바와 같이 가장 많이 사용되는 한정표현의 수단은 정관사이다.[7] 정관사 외에도 지시부사 da와 지시접속사 dann, 그리고 지시대명사 das도 한정표현으로서 빈번하게 쓰이는 표현들이다. 가장 빈번히 쓰이는 네 유형의 한정표현의 다양한 의미·화용 기능에 대해 다음 절에서 논의하고 대명사 es, 지시형용사 dies-와 지시부사 diesmal에 대해서는 더 이상 검토하지 않기로 한다.

---

7) 지시대명사 'alles'는 한정적 표현을 위해 사용되기보다는 아래의 용례에서 보듯이 주로 관용적인 표현으로 사용되기 때문에 이 연구에서는 앞으로 논의의 대상에서 제외한다.
AEF004 : Ja, März, siebenundzwanzigster bis einunddreißigster haben wir Zeit.
BEI005 : Okay, alles klar.

Ⅲ. 한정표현의 의미·화용 기능 및 용례

한정표현에 관한 기존의 논의에 따르면, 언어적 혹은 비언어적인 문맥상에서 한정표현은[8] 그것이 어떤 대상을 지시하는지가 화자와 청자에게 모두 분명해야 한다(Lyons, 1999 : 2). 이런 맥락에서 우리는 Christopherson (1939)이래 친숙성 가설(familiarity hypothesis)로 알려진 한정성에 대한 관점을 이해할 수 있게 된다(Hawkins, 1978 / 정재현, 1996). 친숙성 가설을 보다 구체적인 이론으로 발전시킨 Hawkins에 따르면 일반적으로 한정표현은 아래의 (6)-(9)에 제시된 네 가지 쓰임을 가진다.

> (6) • 조응적 쓰임
>> a. Ein Mann kam herein. Der/der Mann/er sah müde aus.
>> • 발화상황적 쓰임
>> b. Dies/jenes/das Buch (hier/da/dort) mußt du lesen !
>> • 광역상황적 쓰임
>> c. Der Präsident hat eine Rede gehalten.
>> • 연상적 쓰임
>> d. Es war ein hübsches Dorf. Die Kirche stand auf einer Anhöhe.
>>
>> —Vater 1979 : 81

위 (6)에 열거된 네 가지 쓰임 모두의 경우, 화자와 청자간에 공유되는 대상집합이 존재한다는 전제에서 출발한다. Hawkins는 공유집합이 형성되는 방식이 어떠냐에 따라 네 가지 쓰임이 구별될 수 있다고 본다. 조응적 쓰임은 화자와 청자간의 대화과정에서 공유집합이 생성되는 경우에 실현되는 것이며, 발화상황적 쓰임은 발화의 시공간적 상황 안에 공유집합이 존재하는 경우에 실현된다. 반면, 광역상황적 쓰임은 화자와 청자가 공통으로 속하는 어떤 세계 안에 공유집합이 존재하는 경우에 실현되는 것이

---

8) Thrane(1980)은 지시적 표현을 크게 두 가지 부류, 곧 한정표현(Definite Ausdrücke)과 비한정표현(Indefinite Ausdrücke)으로 나눈다.

며, 연상적 쓰임은 세계지식(Weltwissen)에 근거하여 공유집합이 생성되는 경우에 실현된다. 이러한 여러 유형의 쓰임 중 어떤 것이 일정협의 대화에서 주로 실현되는지에 대하여 개별 한정표현들의 용례를 중심으로 하여 이제부터 고찰하려 한다.

먼저 추출된 용례를 기반으로 하여 정관사의 쓰임부터 살펴보자. 아래의 (7)에 제시된 예는 일정협의 대화에서 발견된 정관사의 용례들이다.

> **(7) ANT000** : Grüß Gott, Frau Linn. Heut′ geht ′s ja um einen Termin für ein Treffen in Hannover, und zwar für eineinhalb Tage in der Filiale. Könnten Sie mir da einen Vorschlag machen, wann es Ihnen paßt?
> **AEK001** : Ich seh′ gerne mal in meinem Terminkalender nach. Wir müssen für den Termin ja auch die Anreise berücksichtigen. Was würden Sie lieber nehmen, den Zug oder das Flugzeug?

위의 예에서 정관사가 쓰인 한정표현 der Filiale는 앞서 나타난 Hannover를 지시하기 때문에 조응적 쓰임을 실현하는 것으로 볼 수 있으며, 동일한 맥락에서 화자 AEK001에 의해 발화된 den Termin도 조응적 쓰임을 실현한다. 반면, 한정표현 die Anreise는 발화문맥 내에 선행사를 갖지 않은 대신 다른 지점에서의 회동을 위해서는 여행이 수반되어야 한다는 세계지식에 기반하여 화자와 청자가 공유집합을 구성할 수 있으므로 연상적 쓰임을 실현한 것으로 분석될 수 있다. 같은 맥락에서 한정표현 den Zug와 das Flugzeug도 연상적 쓰임을 실현한다. 왜냐하면, 여행을 위해서는 교통수단을 이용해야 한다는 것이 세계지식에 속하기 때문이다. 이제 다른 예를 살펴보자.

> **(8) BEM010** : Wunderbar, Frau Müller, dann dank′ ich Ihnen für das Gespräch, und ja, wir hören voneinander. Wiederhören.
> **AEH011** : Danke schön, Wiederhören.

위의 예에서 한정표현 das Gespräch는 발화상황적 쓰임을 실현하고 있

다. 왜냐하면, 이 표현의 경우, 발화상황 내에서 다른 언어적인 대상을 지
시하기보다 대화참여자간의 대화자체를 지시하기 때문이다. 아래의 예에
서 한정표현 der Filiale in Bonn은 광역상황적 쓰임을 실현하는 것으로
보인다. 왜냐하면, 화자와 청자 모두 어떤 특정한 회사의 직원으로서
Bonn에 지점이 하나뿐이라는 사실을 공유하고 있기 때문이다.

> (9) BEI000 : Guten Tag, Herr Weizbauer, wir müssen noch einen
> Termin absprechen, und zwar für ein Arbeitstreffen, fünf Tage,
> der Filiale in Bonn und vielleicht könnten Sie überprüfen, wann
> Sie Zeit haben, um einen Termin abzusprechen.
> AEF001 : Und das gilt jetzt für das Quartal April, Mai, Juni, oder?

이상에서 살펴본 바와 같이 정관사 혹은 정관사가 이끄는 한정표현은
네 가지 쓰임을 모두 실현한다. 그런데 정관사가 이끄는 표현 중에서 상당
수는 한정적인 지시기능보다 관용적으로 사용되는 것이 관찰되고 있다. 다
음의 예를 보자.

> (10) BED001 : Grüß Gott, Frau Zendert. Ja, stimmt. Der für Stuttgart.
> Das wären ja eineinhalb Tage wann haben Sie denn da Zeit?
> AEB002 : Ich könnte zum Beispiel Mittwoch, Donnerstag, fünften
> und sechsten Juli.

이 예에서 zum Beispiel과 같은 표현은 정관사가 관용적인 표현에 나
타나는 대표적인 경우로서, 이 외에도 zur Auswahl, am besten, in der
Früh와 같은 관용적인 표현들이 발견된다.

지금까지 논의한 정관사의 네 가지 한정적 쓰임과 관용적 쓰임의 분포
를 살펴보기 위해서 30개의 대화를 표본으로 추출한 결과 441개의 정관사
가 출현하였고, 다음의 (11)과 같은 쓰임의 분포가 확인되었다.[9]

---

9) 표 (5)에서 보인 바와 같이 분석대상으로 삼고 있는 105개의 대화에서 총 1443회의
   정관사 출현이 관찰되지만, 편의상 전체 자료를 바탕으로 쓰임을 분석하는 대신 30개
   의 대화에 나타난 자료만을 대상으로 분포에 대한 분석을 시도했다.

(11)

쓰 임	빈 도 수	분 포
조응적 쓰임	144	32.7%
발화상황적 쓰임	9	2.0%
광역상황적 쓰임	207	46.9%
연상적 쓰임	36	8.2%
관용적 쓰임	45	10.2%

위의 표에 따르면, 한정적 용법에 속하는 네 가지 쓰임 중 광역상황적 쓰임과 조응적 쓰임이 상대적으로 빈번히 나타나는 것으로 분석된다. 상대적으로 광역상황적 쓰임이 두드러지는 것은 한편으로 날짜를 표현하는 'den dritten Juli'와 같은 표현이 광역상황적 쓰임을 보이는 것으로 분류한 결과이기도 하지만, 다른 한편으로 일정협의 대화자참여자가 한 회사에 소속되어 있음으로 해서 대화가 비교적 공유지식이 많은 대화참여자들간에 이루어지기 때문으로 풀이된다.

이제 한정표현 da의 쓰임에 대해 살펴보자. 먼저 다음의 용례를 검토하기로 한다.

(12) **BEE001** : Guten Tag, Frau Stern, ich kann Ihnen gleich einen Termin anbieten, und zwar in der Zeit vom dritten April bis einschließlich siebten April, da hätte ich Zeit. Würde das bei Ihnen gehen?
AEC002 : Nein, da sieht's bei mir wieder mal ganz schlecht aus, denn am dritten April fahr' ich nach Lindau.

대화참여자 BEE001의 발화에 출현한 da과 AEC004의 발화에 나타난 da는 모두 화자 BEE001이 발화한 in der Zeit vom dritten April bis einschließlich siebten April을 지시한다. 따라서 여기에서 한정표현 da는 시간표현에 대한 조응적 쓰임을 보이는 것으로 이해될 수 있다. 다음의 예는 한정표현 da가 장소에 대한 조응적 쓰임을 실현할 수 있음을 보여준다.

(13) AEC004 : Da sieht′s wieder ganz schlecht bei mir aus, und zwar
fahr′ ich am neunten nach Rothenburg und bleib′ da auch zwei
Tage. Ich hätt′ einen anderen Vorschlag. Wie wär′s vom
fünfzehnten Mai bis zum neunzehnten?

위의 예에서 밑줄 친 한정표현 da는 도시 Rothenburg을 지시한다. 이
와 같이 시간표현이나 장소표현을 지시하는 조응적 쓰임을 한정표현 da가
가장 빈번히 나타내는데, 드물게는 아래의 예에서 확인할 수 있듯이 발화
상황적 쓰임도 실현한다.

(14) BEE005 : Das wäre wunderbar, Frau Stern, weil zu dieser Zeit
bin ich da, da hab′ ich keinen Geschäftstermin. Das wäre ideal.

이 발화에 나타난 한정표현 da는 현재 발화자가 위치하고 있는 장소를
지시하기 때문에 발화상황적 쓰임을 실현하는 것으로 이해될 수 있다.

(15) AEC006 : Gut, dann machen wir ′s doch so, vom siebenundzwan-
zigsten dritten bis zum einunddreißigsten. Wir können dann noch
alles weitere besprechen. Ich verabschied′ mich, Wiederschauen.

아래의 예는 한정표현 da가 발화상황 쓰임을 보이는 것으로 간주될 수
있는데, 여기서는 '우리가 회동을 위해 출발하는 그 날'을 지시하는 것이라
고 볼 수 있다.

(16) AEB010 : Ja, gut, nehmen wir den Zug. Ich hab′ mich mal
erkundigt, da hätten wir einen um acht Uhr dreißig. Der fährt in
München weg. Wär′ Ihnen der recht?

정관사와 달리 한정표현 da는 광역상황적 쓰임이나 연상적 쓰임은 나타
내지 않은 것으로 관찰되었다. 협의 대화에 나타난 427개의 한정표현 da
의 쓰임별 분포는 다음의 표와 같이 정리될 수 있다.

(17)

쓰 임	빈 도 수	분 포
조응적 쓰임	329	77.0%
발화상황적 쓰임	98	23.0%

이제 한정표현 dann의 쓰임에 대해서 논의하자. 다음의 예는 dann이 조응적인 쓰임을 실현함을 보여준다.

(18) AEB012 : Ja, gut, ist recht. Dann treffen wir uns am besten am Bahnhof und dann fahren wir zusammen hin.

여기에서 두 번째 dann은 정거장에서 만나는 시간을 지시하는 의미기능을 갖는다고 볼 수 있다. 곧 dann이 시간적인 지시의미를 가진 '조응적 쓰임'을 나타내는 것으로 이해될 수 있다.

위의 발화 (18)에 나타나는 첫 번째 dann과 아래의 예는 한정표현 dann이 발황상황적 쓰임을 실현하는 것을 보여준다.

(19) AEB002 : Ja, die Woche wär′ eigentlich sehr gut, paßt mir auch rein, dann lassen wir ′s gleich auf der Woche.

이 발화에서 dann은 대화상황에서 얻어진 정보인 '협상의 타결'을 지시하며 그 의미를 '그렇다면 이제' 정도로 해석할 수 있다. 이러한 발화상황적인 쓰임은 한정표현 dann에 있어 전형적인 것으로서 대화행위 '수락'이나 '확인'을 수행하는 발화에 주로 나타나는 것으로 분석된다. 아래의 예도 동일한 용례를 보여준다.

(20) BEE005 : Das wäre wunderbar, Frau Stern, weil zu dieser Zeit bin ich da, da hab′ ich keinen Geschäftstermin. Das wäre ideal.
AEC006 : Gut, dann machen wir ′s doch so, vom siebenundzwanzigsten dritten bis zum einunddreißigsten. ……

위의 예 (화자 AEC006의 발화)도 dann의 '발화상황적 쓰임'을 실현하는 경우인데, 여기에서는 dann 이 '논의를 정리하자면' 정도의 의미를 갖는다.

이처럼 한정표현 dann은 대부분 '발화상황적 쓰임'을 실현하고 드물게 '조응적 쓰임'도 나타내지만, '광역상황적 쓰임'이나 '연상적 쓰임'은 전혀 보이지 않는 것으로 분석되었다. 총 406개의 분포를 표로 정리하자면 다음의 (21)과 같다.

(21)

쓰 임	빈도수	분 포
조응적 쓰임	94	23.1%
발화상황적 쓰임	312	76.9%

이상의 논의를 종합하자면, 한정표현 dann은 일반 한정표현과 달리 담화 불변화사(Diskurs Partikel)의 기능을 가지는 것으로 볼 수 있겠다. 앞서도 언급한 바와 같이 '발화상황적 쓰임'을 실현하는 dann은 협상이 타결된 다음의 대화차례에 자주 나타나는 것이 특징이다.

이제 네 번째로 한정표현 das의 쓰임에 대해 살펴보자. 아래의 예를 통해 한정표현 das가 '조응적 쓰임'을 나타냄을 알 수 있다.

(22) AEC002 : Moment bitte, da muß ich jetzt mal kucken. Dreißigster Januar bis zu… nein, da geht's bei mir nicht, am dritten Februar hab' ich was in Kaiserslautern, das ist das Problem.

이 발화에서 das는 바로 앞 문장을 지시하기 위해 사용되었기 때문에 '조응적 쓰임'을 가진다. 한정표현 das는 '광역상황적 쓰임'도 보이는데, 아래의 대화로부터 그러한 쓰임을 확인할 수 있다.

(23) BED007 : Ja, genau, dann können wir vielleicht sogar in der Früh gleich gemeinsam anreisen. Wo findet denn das überhaupt statt?
AEB008 : Das ist in der Stuttgarter Filiale und jetzt stellt sich

die Frage, ob wir lieber mit dem Zug fahren oder fliegen. Was wär′ Ihnen denn lieber?

위 대화에서 화자 BED007의 대화차례에 나타나는 한정표현 das는 대화참여자들이 소속된 회사에서 정례적으로 개최되는 '회의'를 지시하기 때문에 '광역상황적 쓰임'을 갖는 것으로 볼 수 있다. 한편, 다음 대화는 한정표현 das가 '연상적 쓰임'을 실현함을 보여주는 예이다.

(24) **BED009** : Ich mein′, nach Stuttgart, das sind ja nur eineinhalb Stunden oder zwei Stunden mit dem Zug von München aus. Ich glaub′, dass da fast einfacher ist, mit dem Zug, weil sonst müssen wieder zum Flughafen rausfahren und da würd′ ich fast für den Zug plädieren.

이 대화에 나타나는 한정표현 das는 발화내의 어떤 다른 표현을 지시한다기보다, 일반적으로 회동장소로의 이동－여기서는 뮌헨에서 슈튜트가르트－에 걸리는 시간을 가리키기 때문에 '연상적 쓰임'을 보이는 것이라고 이해할 수 있다. 다른 한편, 한정표현 das가 '발화상황적 쓰임'을 실현하는 예는 발견할 수가 없었다. 분석대상으로 삼은 협의대화에 나타난 총 404개의 das의 쓰임을 분석할 결과 아래의 (25)와 같은 분포를 얻을 수 있었다.

(25)

쓰 임	빈도수	분 포
조응적 쓰임	319	79.0%
발화상황적 쓰임	64	15.8%
연상적 쓰임	21	5.2%

이제까지 우리는 일정협의 대화에서 가장 빈번히 출현한 네 가지 유형의 한정표현, 곧 정관사가 이끄는 명사구, da, dann, das 들의 다양한 쓰임을 Hawkins에 의해 제안된 분류방법을 근간으로 하여 분석하였다. 이

러한 논의의 결과로 얻어진 한정표현의 쓰임 별 분포를 상호비교하기 위해 표로 정리하면 다음과 같다.

(26)

	정관사 표현	da	dann	das
조응적 쓰임	32.7%	77.0%	23.1%	79.0%
발화상황적 쓰임	2.0%	23.0%	76.9%	0%
광역상황적 쓰임	46.9%	0%	0%	15.8%
연상적 쓰임	8.2%	0%	0%	5.2%

위의 표에 기대어, 우리는 아래의 (27)과 같이 한정표현에 관한 두 가지 일반화를 범주적 속성과 관련지어 이끌어낼 수 있다.

(27) a. 정관사가 이끄는 명사구와 das만이 '광역상황적 쓰임'과 '연상적 쓰임' 을 허용하며, 이는 두 유형의 한정표현이 명사적인 속성을 가진다는 사실과 연관된다.
      b. 명사적인 속성을 지니는 한정표현은 '발화상황적 쓰임'을 매우 드물게 실현하는 반면, 부사적 속성을 지니는 한정표현 da와 dann은 '발화상 황적 쓰임'을 상대적으로 많이 나타낸다.

IV. 통제 정보포장이론에 의한 한정표현의 의미기술

이제까지의 경험적 자료를 기초로 한 논의를 바탕으로 하여 이 절에서 는 한정표현의 네 가지 쓰임을 어떻게 담화의미론의 틀 안에서 기술할 수 있는지에 대하여 논의한다. 이를 위해 이익환 외(1999·2000), Lee(1999)에 서 제안된 '통제 정보포장이론(The Controlled Information Packaging Theory, 이하 CIPT)'을 대화분석을 위한 이론적인 틀로 삼고자 한다.10) 이 이론은

---

10) 전산언어학에서는 80년대 초반부터, 담화상에서 대명사, 정관사가 이끄는 한정명사

정보의 흐름을 포착하기 위한 여러 가지 장치를 갖추고 있어, 대화분석에 적합하다.

한정 표현의 올바른 의미기술을 위해서는 한정표현이 대명사와 마찬가지로 언어적 상황이나 비언어적 상황에 의해 제공되는 기존의 정보상태에 의존한다는 사실로부터 출발해야 한다. 한정표현이 실현하는 네 가지 쓰임 중 '조응적 쓰임'은 언어적 상황에 의해 제공되는 정보상태에 의존하는 경우인 반면, '발화상황적 쓰임', '광역상황적 쓰임' 그리고 '연상적 쓰임'은 비언어적 상황에 의해 주어지는 정보상태에 의존한다고 할 수 있다. 우리가 이론적인 틀로 삼고 있는 CIPT는 담화문맥내에서의 정보구조를 반영하여 의미를 기술하는 이론으로서 '조응적 쓰임'이나 '연상적 쓰임'을 나타내는 대명사의 의미기술이 영어와 한국어 그리고 독일어를 분석대상으로 하여 이미 이 이론적 틀 안에서 이루어진 바가 있다(이익환 외, 1999·2000 / Lee, 1999). 이제 대명사의 의미기술과 관련한 기존의 논의를 살펴봄으로써 이론적인 논의를 시작해 보자.

CIPT는 정보구조(Informationsstruktur) 개념을 근간으로 하는데, 다음의 다섯 가지 정보구조 유형을 가정하고 있다(이익환 외, 1999).

> **(28)** a. 연결―꼬리―초점 구조(L-T-F 구조)
> b. 연결―초점 구조(L-F 구조)
> c. 꼬리―초점 구조(T-F 구조)
> d. 초점 구조(F 구조)
> e. 슬롯연결-초점 구조(SL-F 구조)

위 (28a)-(28d)에 제시된 네 가지 정보구조 유형은 Vallduvi(1994)의

구의 선행사가 어떠한 메커니즘에 의해 결정되는가에 깊은 관심을 가져왔다. 이 문제를 해결하기 위한 전산모형으로서 Brennan, et al.(1987), Grosz, et al.(1995)에서의 논의를 통해 최근에는 중심화이론(Centering Theory)으로 정립되었다. 중심화이론에서는 초점모형에서의 초점개념이 중심(center) 개념으로 바뀌고, 이 개념을 축으로 한 새로운 알고리즘이 Brennan et. al.(1987)에서 구체적으로 제시되었다[최재웅 외, 1999]. 독일어의 분석을 위해, Strube·Hahn(1995, 1996)에서 기능적 중심화 이론이 제안되었다.

정보포장이론에서 제안된 것을 받아들인 것이다. CIPT에서는 다섯 번째 정보구조 유형으로서 (28e)의 슬롯연결(Slot Link)-초점(Focus) 구조를 도입한다. 이 새로운 정보구조는 Vater(1979)에서 의해 논의된 소위 한정표현의 '연상적 쓰임' 혹은 다리(bridging) 현상을 자연스럽게 설명할 수 있다. (29)의 예들을 보자.

> **(29)**　a. Es war ein hübsches Dorf.
> 　　　　b. Die Kirche stand auf einer Anhöhe.(Vater 1979 : 81).

위의 예 (29b)는 다음의 (30)와 같은 정보구조를 가지는 것으로 분석될 수 있다.

> **(30)** [SL Die Kirche] [F stand auf einer Anhöhe].

이 정보구조에 표상되어 있듯이, (29b)의 명사구 'Die Kirche'를 일종의 연결부로 취급할 수 있다. 여기에 하이퍼링크(hyper-link)라는 개념을 도입하면, 'stand auf einer Anhöhe'라는 새로운 정보는 (29a)의 명사구 'ein hübsches Dorf'에 연결된다. 이 때 우리는 추가적인 정보카드를 만듦으로써 'Dorf'와 'Kirche' 사이에 하이퍼링크 관계가 성립한다고 가정한다. 명사구 'ein hübsches Dorf'와 명사구 'die Kirche'간의 상호지시적 관계는 아래의 문장 (31)에 의해 표현된 세계지식에 그 뿌리를 두고 있다.

> **(31)** Das Dorf hat eine Kirche.

이러한 슬롯연결-초점이라는 정보구조를 인지적인 관점에서 풀이하자면, 문장 (29a)가 발화될 때, 'Dorf'라는 정보카드가 청자의 인지구조에서 활성화됨으로써 'Dorf'라는 프레임에 속한 하나의 슬롯에 해당하는 (29b)의 'die Kirche'도 동시에 활성화된다고 할 수 있다. 아래의 협의 대화에서 발견되는 정관사가 이끄는 한정표현 das Flugzeug가 나타내는 '연상적 쓰임'도 동일한 방식으로 설명될 수 있다. 곧 교통수단(Vehrkehrsmittel)이라

는 프레임과 항공편(das Flugzeug)의 관계가 바탕이 되어 연상적 쓰임이 유
발되는 것이라고 보는 것이다.

(32) **AEC002** : Also das würd' mir auch sehr gut passen. …… Jetzt
geht's nur noch um die Frage, wie wollen wir dorthin kommen,
welches Verkehrsmittel wollen wir benutzen, das Flugzeug, Zug?

CIPT에서는 담화구조와 일반적인 파일카드에 대한 정보들을 포함하는
중심통제 파일카드(center controlling file card, 이하 통제카드)가 설정된다(이
익환 외, 1999 / Lee, 1999). 하나의 통제카드는 아래의 (33)에 기술된 구조
를 가지고 있다고 본다.

(33) **통제카드의 구조**

카드 번호
동일수준 담화의 담화지시체 집합
직전발화의 전향적 중심리스트
상위수준 담화 중심통제카드에 대한 하이퍼링크
하위수준 담화 중심통제카드에 대한 하이퍼링크

이 통제카드는 광역담화에서의 담화구조(Diskursstruktur)를 기술하기
위한 적절한 수단이다. 예를 들어 다음과 같은 한국어 대화 9째 줄에 나타
난 대명사 그것은 5째 줄에 표현된 '약 300미터에서 400 미터 길이의 차선
을 추가로 만드는' 사건(Ereignis)을 지시하는 것이다(이익환 외, 1999).

(34) 1 :   갑 : 그러시지 말고, 전용 차선을 거기서 삼각지서부터 남영동까지
　　　　 는 좀 없애 주시던가.
　　 2 :   을 : 하하, 예예.
　　 3 :   갑 : 예, 아니면은 예, 차선을 하나 더 만들어 주세요.
　　 4 :   을 : 네.
　　 5 :   갑 : 차선을 한 300미터 내지 400미터 더 만들 수가 있어요.

〈부대화〉

6 :   을 : 차선이 좀 넓다는 말씀이시군요, 그러니까 그쪽이?
7 :   갑 : 예예.
8 :   을 : 예예.

〈/부대화〉

9 :   갑 : 그것 좀 해주셨으면 좋겠어요.
10 :   을 : 예.

이 대화는 선행사의 역할을 할 수 있는 어떤 표현이 도입되고 이때 함께 도입된 상황이 완료되기 전에 다른 대화가 잠시 이어지고 다시 원래의 대화로 되돌아가는 경우를 보여준다. 6째 줄부터 8째 줄까지의 대화는 대화의 주된 흐름으로부터 벗어난 소위 부대화로서 5째 줄이나 9째 줄의 발화와는 다른 담화 단위(Diskurseinheit) 혹은 수준(Ebene)에 속하는 것으로 간주된다. 이 경우에 대명사 그것과 선행사 표현과의 거리가 표면상으로 보면 상당히 멀지만 대명사와 선행가간의 조응 관계가 허용되고 있다. 이러한 현상의 설명을 위해서는 대화의 흐름에 대한 광역적인 분석이 필요하다. 따라서 한정표현의 올바른 해석을 위해서는 대화의 수준을 고려할 필요가 있는데, CIPT에서 고안된 통제카드는 대화의 수준을 고려하기 위한 장치이다. 다시 말하여, 통제카드는 각 대화진행 단계에서의 정보흐름을 잘 포착할 수 있게 한다. 우리가 이 연구에서 분석의 대상으로 하는 105개의 일정협의 대화들도 각 대화 안에 상이한 대화의 수준들을 가지고 있지만, 그러한 상이한 대화수준의 존재가 한정표현의 해석에 영향을 미치는 예는 발견되지 않았다.

통제카드와 함께, CIPT에서는 또한 개별 언어표현에 대한 정보를 지니는 일반 파일카드가 그것이 속하는 담화수준에 대한 정보를 가지고 있어야만 한다고 가정한다. 이에 따라, 일반 파일카드는 (35)에 주어진 구조를 가지는 것으로 가정된다.

(35) 일반 파일카드의 예

13 (카드번호)
......
......
↪ 4 (통제카드 번호)

이처럼 개별 일반 카드가 자신이 속한 담화수준에 대한 정보를 담고 있기 때문에, 담화의 수준을 고려한 선행사의 탐색이나 의미해석이 가능하게 된다.

이제까지의 논의를 바탕으로 하여 한정표현의 여러 쓰임들이 CIPT의 틀 안에서 어떻게 기술될 수 있는지를 검토하자. 그 중에서 '연상적 쓰임'에 대한 의미기술 방법은 앞서 소개된 바 있고, '조응적 쓰임'을 가지는 대명사의 의미기술도 다른 연구들을 통해 밝혀진 바 있으므로, 이 장에서는 한정표현의 '발화상황적 쓰임'과 '광역상황적 쓰임'의 의미기술에 집중하기로 한다.

앞서 우리는 아래와 같은 예에서 화자 BEM001의 발화에 나타난 정관사가 이끄는 das Gespäch가 대화참여자간의 대화자체를 지시하기 때문에 '발화상황적 쓰임'을 수행한다고 보았다.

  (8) **BEM010** : Wunderbar, Frau Müller, dann dank′ ich
      Ihnen für das Gespräch, und ja, wir hören voneinander. Wiederhören.
      AEH011 : Danke schön, Wiederhören.

위의 대화에 나타난 발화상황적 쓰임을 적절히 기술하기 위해서는 발화상황 자체에 대한 정보가 필요할 것으로 보인다. 예를 들어 화자와 청자가 누구이고, 대화는 언제 어디에서 어떤 방식으로 진행되는지 등에 대한 정보가 발화상황과 관련된 최소한의 정보들이다. CIPT의 이론적인 틀 내에서는, 이러한 정보들이 화자와 청자에 대한 각 파일카드와 이들 카드와 하이퍼링크되어 있는 현재 진행중인 대화에 대한 파일카드 안에 저장되어 있다고 보는 것이다. 이때 대화자체에 대한 파일카드는 화자와 청자가 공유하고 있다고 가정해 볼 수 있다. 이러한 파일카드들의 정보상태를 표상하면 각각 다음과 같다.

(36) a.

1
BEM010(1) 5 führen(1) … ↪ 5
↪ 11

b.

2
AEH011(2) 5 führen(2) … ↪ 5
↪ 11

c.

5
Gespräch(5) Teilnehmer(5) = {1,2} Modus = Telefon Datum = 26. 10. 1995 Anfangszeit = 10 Uhr 30 Ort1 = München Ort2 = Stuttgart …… ↪ 1 ↪ 2
↪ 11

위의 카드 (36a)에는 대화참여자 BEM010에 대한 정보가 저장되어 있는데, 우선은 이 사람이 '5'번 카드로 표상된 '대화'를 수행하고 있다는 정

보만이 이 카드 안에 담겨져 있다. 마찬가지로 카드 (36b)에는 대화참여자 AEH011가 '5'번 카드로 표상된 '대화'를 수행하고 있다는 정보가 저장되어 있다. 카드 (36c)는 현재 진행중인 대화에 대한 몇 가지 정보를 담고 있는데, 이를테면, 대화참여자가 '1'번 카드로 지시되는 BEM010과 '2'번 카드에 정보가 담겨 있는 AEH011이라든가, 대화의 양식(Modus)이 전화대화라는가, 대화가 이루어진 날짜는 1995년 10월 26일이라든가, 대화의 시작시간이 10시 30분이라든가 하는 정보들이 저장되어 있다. 다시 말하여 대화가 시작됨과 동시에 화자와 청자는 대화자체에 정보카드를 공유하게 된다고 가정함으로써 우리의 예에 나타난 한정표현 das Gespräch의 '발화상황적 쓰임'에 대해 적절히 기술할 수 있게 된다.

앞서 논의한 바와 같이 아래의 예에서 한정표현 das는 '광역상황적 쓰임'을 실현하는데, 이제 한정표현의 광역상황적 쓰임이 CIPT내에서 어떻게 기술될 수 있는지를 고찰해보자.

> (23) BED007 : Ja, genau, dann können wir vielleicht sogar in der Früh gleich gemeinsam anreisen. Wo findet denn das überhaupt statt?
> AEB008 : Das ist in der Stuttgarter Filiale und jetzt stellt sich die Frage, ob wir lieber mit dem Zug fahren oder fliegen. Was wär' Ihnen denn lieber?

위 BED007의 발화에 나타난 한정표현 das는 정례적으로 개최되는 '회의'을 지시하는 것으로 볼 수 있는데, 이러한 사실은 두 대화참여자 BED007과 AEB008이 모두 정례적으로 '회의'가 개최된다는 지식을 공유하고 있다고 가정함으로써 설명될 수 있다. 이를 카드 개념을 빌어 설명하자면 두 사람에 관한 파일카드에는 이들 각자가 '회의'의 개최에 대한 지식을 가지고 있다는 정보가 저장되어 있다고 보는 것이다. 이 사실을 카드형식으로 표상하면 다음과 같다.

(37) a.

21
BED007(21) 26 wissen(21) … ↪ 26
↪ 61

b.

22
AEB008(22) 26 wissen(22) … ↪ 26
↪ 61

c.

6
Ein Treffen findet statt. … ↪ 21 ↪ 22
↪ 61

위 카드 (36c)는 두 대화참여자가 공유하고 있는 지식을 명제형식으로 나타낸 것이다.

지금까지의 논의를 통해 우리는 한정표현의 '발화상황적 쓰임'과 '광역상황적 쓰임'을 어떻게 CIPT의 이론적 틀 안에서 기술할 수 있는지를 보였다. 한정표현이 실현하는 두 가지 상이한 유형의 쓰임을 통일적인 방법으로 다룰 수 있다는 데에 CIPT에 의한 의미기술의 장점이 있다. 또한 한정표현의 의미기술을 위해 기존의 CIPT에 추가적인 장치를 보강하거나 수정작업이 필요하지 않다는 사실도 확인되었다.

V. 맺음말

이제까지 우리는 VERBMOBIL 프로젝트에서 구축된 일정협의 대화 코퍼스를 분석대상으로 하여 독일어 한정표현의 다양한 쓰임에 대해 자세히 고찰했다. VERBMOBIL 코퍼스로부터 선택한 105개의 대화로부터 가장 출현빈도가 높은 4가지 한정표현, 곧 정관사가 이끄는 명사구, da, dann, das를 중심으로 한정표현의 쓰임을 기술했다. 이를 위해서 '조응적 쓰임', '발화상황적 쓰임', '광역상황적 쓰임' 그리고 '연상적 쓰임' 등 한정표현의 네 가지 쓰임을 제안한 Hawkins(1978)의 이론을 구체적인 자료분석의 토대로 삼았다. 통계적인 분석에 기대어 우리는 한정표현의 쓰임에 관한 분포를 얻을 수 있었고, 이를 기초로 하여 한정표현에 관한 두 가지 일반화를 이끌어낼 수 있었다.

(27) a. 정관사가 이끄는 명사구와 das만이 '광역상황적 쓰임'과 '연상적 쓰임'을 허용하며, 이는 두 유형의 한정표현이 명사적인 속성을 가진다는 사실과 연관된다.

b. 명사적인 속성을 지니는 한정표현은 '발화상황적 쓰임'을 매우 드물게 실현하는 반면, 부사적 속성을 지니는 한정표현 da와 dann은 '발화상황적 쓰임'을 상대적으로 많이 나타낸다.

한정표현의 상이한 쓰임들을 담화의미론적인 틀내에서 기술하기 위하여 통제정보 포장이론(CIPT)을 수용하여, 이 이론에 의해 각각의 쓰임이 어떻게 기술될 수 있는지를 보였다. 그 결과 한정표현의 의미기술을 위해서는 CIPT에 추가적인 장치가 필요하지 않음을 확인할 수 있었다.

이 연구를 통해 독일어의 일정협의 대화에 나타나는 한정표현의 의미, 화용론적인 특성이 새롭게 부각됨으로 해서, 이 연구가 담화의미론과 대화분석 분야의 후속연구에 널리 활용되었으면 하는 바람이다.

제 4 장 담화의미론

I. 들어서기

담화상에서 인접하여 나타나는 두 발화간의 시간관계를 결정하는 요인들은 매우 다양하다. 담화관계, 동작상, 시제, 명시적인 시간표현의 의미기능 등이 그러한 요인에 속한다. 이렇게 다양한 요인들이 담화상에서의 시간관계를 결정하는 데에 관여함을 아래의 예들을 통해 확인할 수 있다 (이민행, 2001).

(1) a. Maria fiel unter. Inge schob sie rückwärts.(담화관계)
  b. Die Matrosen brachten mich an Deck. Ich sah eine kleine Stadt, die rund um eine Bucht gebaut war.(동작상)
  c. Das Abendessen nahm er gemeinsam mit seiner Tochter auf dem Zimmer ein. Er hatte sie über Zweck und Ziel der seltsamen Reise nicht aufgeklärt.(시제)
  d. Der Fahrer bremste seinen Wagen so stark, dass der Russe mit dem Kopf gegen die Windschutzscheibe stieß. Es gelang ihm danach zu fliehen.(시간표현)

본 연구는 독일어의 담화를 분석대상으로 하여 담화상에서 시간관계 결정에 관여하는 여러 요인들이 어떻게 상호작용하는지를 밝히는 것을 목적

으로 한다. 이를 위해, 최적성이론적인 관점을 받아들임으로써 담화상에서
의 시간관계가 언어보편적인 의미-화용 해석원리들간의 서열에 의해 결정
됨을 보이려고 한다.

　이 장의 구성은 다음과 같다. 제Ⅱ절에서는 담화상에서의 시간관계를
결정하는 요인들간의 상호작용관계를 명시적으로 기술한 Allen(1995)의
논의를 비판적으로 검토한다. 제Ⅲ절에서는 본 연구에서 가정하고 있는 시
간관계의 유형론에 대해 논의로부터 출발하여, 동시성(Gelichzeitigkeit)의
개념적인 문제에 대해 상세히 논의한다. 제Ⅳ절에서는 시간관계를 결정하
는 여러 요인들이 상호작용하는 양상을 살펴보고 이들의 상호작용 방식을
최적성 이론적인 관점에서 설명하고자 한다. 제Ⅴ절에서는 이제까지의 논
의를 요약정리하고 남은 과제에 대해 언급한다.

Ⅱ. Allen(1995)의 제안과 한계

　이 절에서는 영어담화를 대상으로 시간관계를 결정하는 요인들간의 상
호작용 방식을 설명하려고 시도한 Allen(1995)의 제안에 대해 비판적으로
살펴보고 이 이론을 독일어 담화에 적용할 때에 생기는 문제점에 대해 논
의하려고 한다.[1]

　Allen의 제안에서는 단지 두 가지 매개변수, 곧 동작상과 담화관계가
담화상에서의 시간관계를 결정하는 요인으로 간주된다. 그는 Hinrichs
(1986), Reyle(1987)나 Kamp·Reyle(1993)와 입장을 같이 하여 동작상을 사
건유형의 동작상과 상태유형의 동작상으로 이분한 후에, 이러한 동작상 매

---

[1] 독일어의 담화를 연구대상으로 하여 시간관계를 결정하는 여러 요인들의 상호작용에
　 대해 논의한 연구는 아직까지 없다. Reyle(1987)에서는 담화상의 시간관계를 결정하는
　 데 있어 동작상이 어떠한 기능을 하는지에 대해서만 논의되고 있다. Steube(1988)는
　 담화상에서의 시간관계의 유형정립에 연구의 초점을 둔다.

개변수를 중심축으로 하여 담화관계라는 2차 매개변수를 고려한 접근방법
을 제시한다. 아래의 표는 Allen의 제안을 요약한 것이다(Allen, 1995 : 520).

(2)

	사건 E_1		상태 S_1
사건 E_2	일반값 : $E_1 <: E_2$		일반값 : $E_1 \subseteq S_1$
	특수 담화관계 :		특수 담화관계 :
	부분-전체 관계 : $E_2 \subseteq E_1$ 발생조건 제공 : $E_2 <: E_1$		발생조건 제공 : $S_1 <: E_2$ 인과관계 : $E_2 <: S_1$
상태 S_2	S_1/E_2 쌍의 경우와 동일		일반값 : $S_1 = S_2$

위의 표에 압축되어 있는 내용을 역으로 풀어보면, 담화상에서 인접해
나타나는 두 개의 발화 U1과 U2에 의해 기술된 사태들(s1과 s2)의 시간관
계는 다음과 같이 10가지 경우 중의 하나로 간주될 수 있다.[2)]

(3)

경우(Fall)	s_1의 동작상	s_2의 동작상	담화관계 제약	시간관계
[F1]	사건	사건	부분-전체관계 (s2가 s1의 부분사건)	s2 $\subseteq$ s1
[F2]	사건	사건	s2가 s1의 발생조건 제공	s2 $<:$ s1
[F3]	사건	사건	일반 담화관계	s1 $<:$ s2
[F4]	상태	사건	s1이 s2의 발생조건 제공	s1 $<:$ s2
[F5]	상태	사건	인과관계 (s2가 s1의 원인)	s2 $<:$ s1
[F6]	상태	사건	일반 담화관계	s2 $\subseteq$ s1
[F7]	사건	상태	s2가 s1의 발생조건 제공	s2 $<:$ s1
[F8]	사건	상태	인과관계 (s1이 s2의 원인)	s1 $<:$ s2
[F9]	사건	상태	일반 담화관계	s1 $\subseteq$ s2
[F10]	상태	상태	일반 담화관계	s1 $=$ s2

* 여기에서, 시간관계를 표상하는 형식 s1 $<:$ s2는 사태 s1이 사태 s2에 선행하는
관계를 나타내고, 형식 s1 $\subseteq$ s2은 사태 s1이 사태 s2에 포함됨을 의미하며, 형
식 s1 $=$ s2는 사태 s1과 사태 s2가 동일한 시구간에 성립함을 의미한다.

---

2) 여기서는 상위범주인 사태(Sachverhalt)를 소문자 s로 표기함으로써 상태동작상을 나타
내는 발화를 상징하는 기호인 대문자 S와 구분한다.

지금까지 논의한 바, 동작상과 담화관계라는 두 가지 매개변수를 축으로 하는 Allen의 이론에 의거하여 우리는 아래의 (4a)-(4c)에 제시된 몇 가지 담화유형들의 시간관계를 적절히 기술할 수 있다.

(4) a. Petra bereitete die letzte Sitzung des Seminars vor. Sie korrigierte die Klausuren und füllte die Scheine aus.(Bäuerle 1988)
b. Er knipste das Licht aus. Es war stockdunkel.
c. Nebel hing in den Tälern. Die Straßenlampen mußten auch am Tage brennen.

위의 예 (4a)는 표 (3)의 [F1]에 해당하는 담화로서, 두 발화 모두 사건을 가리키며 또한 두 번째 발화에 의해 기술된 두 가지 사태가 모두 선행 발화에 의해 표현된 사태의 부분사태를 구성한다. 따라서 각각의 부분사태가 발생한 시구간은 전체 사태가 발생한 시구간에 포함된다. (4b)는 표 (3)의 [F8]에 해당하는 담화로서, 앞선 발화는 사건 동작상을, 두 번째 발화는 상태 동작상을 가리키며, 첫 사태가 두 번째 사태의 원인이 되는 인과관계 담화관계를 이 담화가 나타내는 것으로 이해된다. 따라서 선행발화의 사태시점이 두 번째 발화의 사태시구간보다 앞선다. 마지막으로 (4c)는 표 (3)의 [F10]에 해당하는 담화로서, 두 발화 모두 상태 동작상을 가리키는 것으로 간주된다. 두 사태가 성립하는 시구간은 일치한다.

Allen의 이론은 그러나 아래에 제시된 담화내에서의 시간관계와 관련하여 그릇된 예측을 하게 한다.

(5) Sabeth spielte Pingpong. Sie spielte famos, ticktack, ticktack, das ging nur so hin und her, eine Freude zum Zuschauen. (Frisch, Homo faber)

두 개의 발화로 구성되어 있는 이 담화는 Lascarides · Asher(1993)와 Hitzeman et al.(1995)에서 논의된 '상세기술'이라는 담화관계를 보여주는 전형적인 예로서, 첫 번째 발화의 사태시구간과 두 번째 발화의 첫 번째 사태의 시구간은 동일하다. Allen의 분석틀에 따르면 이 담화에 속하는 두 발화는 모두 사건 동작상을 가리키는 것으로 이해되고 이들간에는 '부분-전체' 관계나 '사태의 발생조건을 제공하는' 관계가 성립하지 않기 때문에, 표 (3)의 유형론에 의하여 첫 번째 발화의 사태시구간이 두 번째 발화의 첫 번째 사태의 시구간보다 선행하는 것으로 분석되어야 할 것이다. 이러한 분석의 오류는 Allen의 이론이 보다 정밀하고 포괄적인 담화관계 유형론을 채택하지 않은 데 기인한다. Allen에 의해 제안된 분석틀은 또한 아래에 나열된 예에서와 같이 명시적인 시간표현 부사가 나타나는 담화의 기술에도 적합지 못하다.3)

> (6) a. Der Innenminister hat Allan Boesak, dem Präsidenten des Weltbundes reformierter Kirchen, den Paß wieder entzogen, der ihm tags zuvor vom Gericht zugesprochen worden war. Und kurz davor wurden sechs Führer der ‘Cape Action League’ verhaftet. (Die ZEIT // COSMAS I)4)
>
> b. Bernie gab nach. Er berichtete wahrheitsgetreu von seinem Telefonat mit Sommerfeld. Danach gab Klinke die Ermittlungen von Kommissar Lorenz preis, die sich kaum von dem unterschieden, was Bernie bereits wußte. (Pinwart, Mord ist schlecht für hohen Blutdruck // COSMAS I)

담화 (6a)에는 시간부사 ‘davor’가 나타나 있고 (6b)에는 시간부사 ‘danach’가 나타나 있는데, 이들의 기능은 담화상에서 사태들간의 시간관계를 명시적으로 표상하는데에 있다. 이러한 명시적인 시간부사들의 의미기능이 함께 고려되지 않음으로써, Allen의 분석틀이 담화상에서의 시간

---

3) Cortes(1997)와 Zifonun et. al.(1997)에서는 상황적 문맥과 언어적 문맥의 참조여부를 기준으로 직시적인 시간부사(heute, vorhin), 조응적인 시간부사(zuvor, gleichzeitig), 그리고 제3 부류 시간부사(einst, demnächst) 등 세 가지 유형의 시간부사를 구분하는데 담화상에서의 시간관계에 관여적인 시간부사류는 조응적인 시간부사이다.

4) 본 연구에서는 Mannheim 독일어 연구소(IDS)의 COSMAS I 코퍼스로부터 추출한 언어자료들을 많이 사용한다. 웹사이트 http://corpora.ids.ids-mannheim.de/cosmas를 방문하면 인터넷상에서 검색이 가능하도록 웹기반 검색엔진을 갖춘 COSMAS I을 이용할 수 있다. 이 전산코퍼스는 2002년 9월말 현재 대략 9억 5천 1백 60만 어휘 규모이다.

관계를 기술하는 포괄적인 일반이론으로 간주되기에는 한계가 있다.

　이 절에서 논의한 바, Allen에 의해 제안된 이론의 장점들을 긍정적으로 수용하면서 동시에 그 문제점들을 해결할 수 있는 새로운 분석틀을 제IV절에서 제안하기에 앞서, 이러한 일반이론의 기초가 될 개념적인 정지작업을 다음에 이어지는 제III절에서 행하고자 한다.

III. 시간관계의 유형론과 「동시성」의 문제

　담화상에서의 시간관계를 몇 가지로 유형화할 것인가에 대해서 학자들마다 입장이 다르다. 앞 절에서 살펴 본 바와 같이 Allen(1995)은 '선행', '포함', '동시성' 등 세 가지 유형의 시간관계를 가정하고, Reyle(1987)에서는 '선행', '포함', '중첩' 등 세 가지 시간관계가 설정되어 있으며, Hitzeman et. al.(1995)에서는 '선행', '중첩', '동시성' 등 세 가지 유형이 가정되는 반면, 이민행(2001)에서는 '선행', '포함', '중첩', '동시성' 등 네 가지 유형이5) 그리고 Allen(1984)에서는 '선행', '포함', '동시시작', '동시완료', '중첩', '동시성', '완료시-시작시 교차' 등 일곱 가지 유형이 제안된다. 학자들마다 이처럼 다른 시간관계 유형론을 주장하게 되는 배경은 '동시성' 개념과 '중첩' 개념을 각기 달리 이해하는 데에서 비롯된다. 예컨대 Allen(1995)의 경우에, '동시성' 개념을 상대적으로 넓은 의미로 이해해서 이 개념이 '중첩' 관계도 함께 의미한다고 보는 반면, Reyle(1987)에서는 역으로 '중첩' 개념을 보다 포괄적으로 사용하여 이 개념 안에 '동시성'이 포함되는 것으로 본다. 또한 Hitzeman et. al.(1995)도 '중첩' 개념을 보다 포괄적으로 사용하여 이 개념에 의해 '포함' 관계도 포착하고자 한다. 반면 이민행(2001)은 '동시

---

5) 이민행(2001 : 363)에서는 외에도 '대조' 관계와 같이 담화관계로부터 시간관계를 추론하기 어려운 경우를 포착하기 위해서 '무관계'를 다섯 번째 유형의 시간관계로 설정하고 있으나 이러한 시도는 임시방편적인 전략의 하나로 간주되어도 좋을 것이다.

성'은 '포함'이나 '중첩'과는 구분되어야 하는 독립적인 범주임을 주장한다. Allen(1984)에서는 '포함' 개념을 더 세분화하여 엄밀한 '포함' 관계를, '동시시작'-포함관계와 '동시완료'-포함관계과 구분하면서 동시에 '중첩' 개념도 세분화하여 이전 사태가 완료되는 시점에 새로운 사태가 시작되는 시간관계를 나타내는 '완료시-시작시 교차' 관계를 일반 '중첩' 관계와 구분한다. 이제 우리는 독일어 담화에서 '동시성'을 명시적으로 표현하는 시간부사 'gleichzeitig'가 나타나는 담화들과 '중첩' 관계를 명시적으로 표현하는 시간접속사 'während'가 나타나는 담화들을 시간관계 유형에 초점을 맞추어 살펴봄으로써 본 연구에서 토대로 삼고자 하는 시간관계 유형론의 논거를 마련하려고 한다. 먼저 시간부사 'gleichzeitig'가 나타나는 아래의 담화들을 보자.

(7) a. Der Papst setzte sich für eine Vermittlungsaktion der Neutralen ein. Gleichzeitig beriet Präsident Johnson sich mit seinen engsten politischen und militärischen Mitarbeitern über das weitere Vorgehen der Vereinigten Staaten im südostasiatischen Raum.(Die Welt // COSMAS I)

    b. Der Wind rauschte herein. Gleichzeitig stieg die Maschine steil in die Höhe und verlor stark an Fahrt.(Grzimek, Serengeti darf nicht sterben // COSMAS I)

    c. Fünf Jahre später entwarf Papst Gregor eigenhändig einen Organisationsplan für die angelsächsische Kirche ; gleichzeitig ernannte er Augustin zum Metropoliten von Canterbury. (Pörtner, Die Erben Roms // COSMAS I)

    d. Ich hatte den Angriff erwartet und drehte blitzschnell ab. Gleichzeitig konterte ich mit einer scharf hochgerissenen Linken.(Jerry Cotton, Ein Teenager soll sterben // COSMAS I)

위의 담화 (7a)와 (7b)의 경우 모두 선후 두 발화에 의해 표현된 사태가 성립하는 시구간이 '중첩'되는 시간관계를 보여주는 반면, (7c)와 (7d)의 경우 모두 두 번째 발화에 의해 표현된 사태가 선행발화의 사태가 성립하는 시구간 내에 발생하는 것을, 곧 두 사태간에 포함관계가 성립하는 것을 알 수 있게 한다. 그러나, 분석을 위해 COSMAS I 코퍼스로 추출한 500개의 담화 중 시간부사 'gleichzeitig'의 문자그대로의 의미인 '동시성'을 나타내는 담화는 하나도 찾아볼 수가 없었다. 이 사실은 Allen(1995)와 이민행(2001)에서 시간관계 유형의 하나로 설정된 엄밀한 의미의 '동시성'이 최소한 시간부사 'gleichzeitig'이 나타나는 문맥에서는 존재기반이 미약하다는 것을 시사한다. 이제까지의 논의를 바탕으로 해서 본 연구에서는 엄밀한 의미의 시간관계 유형 '동시성'을 시간관계의 존재론에서 제외시키는 대신 이전의 논의에서 '동시성'에 의해 포착되었던 현상들을 시간관계 유형 '중첩'에 의해 설명될 수 있는 것으로 가정하고자 한다. 원형적인 시간관계 유형으로 '포함' 관계와 '중첩' 관계를 설정하는 이러한 입장은 시간접속사 'während'가 나타나는 담화들내의 검토를 통해서도 설득력을 얻는다. 다음 (8)에 제시된 담화들을 살펴보자.

(8) a. Während Elisa die leblose Barbara behandelte, verließ Andreas den Raum. (St. Pauli Nachrichten // COSMAS I)

b. Während er noch (und später sein Sohn) das Zepter selbstherrlich führte, lag das Eigentum zumindest formal zu einem großen Teil schon bei den Kindern seiner Söhne. (Jungblut, Die Reichen und die Superreichen in Deutschland // COSMAS I)

위의 담화 (8a)에서는 'während'에 의해 이끌어지는 부사절과 주절에 의해 표현된 두 사태간에 시간적인 '포함' 관계가 성립하고, (8b)에서는 두 사태간에 '중첩' 관계가 성립하는 것을 우리가 문맥을 통해 쉽게 확인할 수 있다.

이 절에서 우리는 독일어 담화상에서의 시간관계 유형에 대해 논의를 해 왔는데, '동시성'을 명시적으로 표현하는 시간부사 'gleichzeitig'가 나타나는 담화들과 '중첩' 관계를 명시적으로 표현하는 시간접속사 'während'가 나타나는 담화들을 면밀히 검토한 결과 Reyle(1987)에서 제안된 '선행', '포함', '중첩' 등 세 가지 시간관계 유형론이 타당함을 확인할 수 있었다.

Ⅳ. 담화상에서의 시간관계 해석을 위한 새로운 제안

이제까지의 논의를 통해 다음과 같은 두 가지 사실을 확인할 수 있었다. 첫째, 담화상에서의 시간관계를 적절히 기술하기 위해서 세 가지 유형을 설정하다. 둘째, 담화상에서의 시간관계는 시간부사, 시간접속사 등 시간표현들과 담화관계, 동작상, 그리고 시제 등 여러 요인들의 상호작용을 통해 결정된다. 그러나 여전히 여러 가지 시간관계 결정 요인들이 어떻게 상호작용하여 개별 담화 내에서의 시간관계를 이끌어내는지는 해결되지 않은 채 남아 있다. 이 문제와 관련하여, 이 절에서는 최적성이론(Optimalitätstheorie)에서 제안된 분석틀을 사용하여 그 해답을 제시하려고 한다.6)

자연언어의 제반현상이 서로 갈등관계에 있는 원리들간의 경쟁의 산물이라는 입장에서 출발하여 언어분석을 시도하는 최적성이론은 생성(Generation 혹은 GEN) 부문과 평가(Evaluation 혹은 EVAL) 부문으로 구성된다. 일반 규칙기반 이론들과 달리 최적성이론은 입력(Input)과 출력(Output)을 함께 고려하는 이론이기도 한데, 입력자료부터 가능한 출력 후보자들을 생성해내는 것이 생성부문의 역할이며, 가능한 여러 출력 후보군으로부터 여러 가지 관련되는 제약들을 적용하여 가장 적절한 후보자를 가려내는 기능을 하는 것이 평가부문이다. 특정한 언어현상의 설명을 위해 최적성이론에서 상정되는 여러 제약들간에서는 서열이 존재하며 개별 제약들은 위반이 가능한 것으로 가정된다. 모두 출력후보자가 각각 어떤 제약을 어겼을 경우에는 서열이 가장 높은 제약을 어기지 않은 후보자가 가장 적절한 후보자로 평가된다.

담화상에서의 시간관계를 최적성이론의 틀 안에서 기술하기 위해서는

---

6) 언어보편적 음운현상의 설명을 위해 Prince/Smolensky(1993)에서 제안된 최적성이론은 이후 그 적용영역을 넓혀서 많은 언어의 음운현상의 분석에 적용되었다. 국내에서는 유시택(2001) 이 독일어 Schwa 현상을 최적성이론의 틀 안에서 다룬 바가 있다. 최근에는 이 이론이 통사현상의 설명 [Primus(2002)]과 의미분석 [Blutner(2000), Hendriks & de Hoop(2001)] 및 담화분석 [Beaver(2001), Hong(2002)]에도 활용되는 등 언어현상 전반에 확대적용되는 추세에 있다.

먼저 입력요소의 형식과 출력후보자의 형식을 결정해야 한다. 본 연구에서는 시간관계 해석의 대상이 되는 두 개의 발화를 입력요소로 보고, 두 발화에 의해 표현된 사태들간의 잠재적인 시간관계들−'선행', '포함', '중첩'−을 출력후보자로 간주한다. 다음 단계로, 담화상에서의 시간관계를 결정하는 제약들을 어떻게 형식화할 수 있는지를 검토해야 하는데, 그러한 제약 중의 하나는 앞 절에서 논의한 시간표현들의 해석과 관련한 제약이다. 명시적인 시간표현들 중 본 연구에서 구체적으로 논의한 'davor', 'danach', 'gleichzeitig' 등 시간부사와 시간접속사 'während'의 의미기능을 이 제약 안에 포함시킨다. 따라서 명시적인 시간표현의 해석과 관련한 제약은 다음의 (9)와 같이 형식화될 수 있다.

> **(9)** 시간표현 해석제약(Interpretations-Beschränkung für die Temporalen Ausdrücke, 이하 IBTA)
> 담화상에 명시적인 시간표현들이 나타나 있으면 이들 표현들이 갖는 원형적인 의미기능을 시간관계의 해석시에 참조해야 한다.

위의 해석제약(IBTA)에 종속되어 있는 시간표현들의 의미기능은 앞 절에서의 논의를 근거로 아래의 (10)과 같이 정리될 수 있다.

> **(10)** a. 시간부사 'davor/zuvor'의 의미기능
> 'davor/zuvor'가 나타나 있는 발화나 절에 의해 표현된 사태의 시구간이 선행절의 시구간보다 앞선다.
> b. 시간부사 'danach'의 의미기능
> 'danach'가 나타나 있는 발화나 절에 의해 표현된 사태의 시구간보다 선행절의 시구간이 앞선다.
> c. 시간부사 'gleichzeitig'의 의미기능
> 'gleichzeitig'가 나타나 있는 발화나 절에 의해 표현된 사태의 시구간이 선행절의 시구간안에 포함되거나 선행절의 시구간과 중첩된다.
> d. 시간접속사 'während'의 의미기능
> 'während'가 나타나 있는 절에 의해 표현된 사태의 시구간은 후행절의 시구간을 포함하거나 그 시구간과 중첩된다.

다음으로 시제의 해석과 관련한 제약을 다음의 (11)과 같이 형식화한다.

(11) 특이시제의 해석제약(Interpretations-Beschränkung für die Idiosyn-
krtischen Tempora, 이하 IBIT)[7]
하나의 담화상에 과거시제로 표현된 발화와 과거완료시제로 표현된 발화
가 동시에 존재하면, 과거완료시제의 발화에 의해 표상된 사태가 과거시
제의 발화에 의해 표상된 사태보다 선행하는 것으로 해석되어야 한다.

위의 해석제약(IBMT)을 설정함으로써 시간관계의 해석과 관련한 담화
구조의 상호작용도 함께 포착이 된다. 이민행(2001 : 366)에서는 다음 담화
(12)를 예로 들어 시간관계의 해석을 위해서 담화구조도 함께 고려해야 한
다는 입장을 피력한다.

(12) Im Schlafzimmer glitten ihre Augen über die Wand in die dem
Fenster entgegengesetzte Ecke. Dort hatte die Wiege für den
Sohn gestanden.(Mannheimer Morgen // COSMAS I)

위의 예는 담화구조적인 관점에서 볼 때에 상위담화로부터 하위담화로
의 전환을 보여주는데, 앞서 설정한 IBIT 제약은 거꾸로 하위담화에서 상
위담화로 전환되는 다음과 같은 예에도 적용가능하다.

(13) Vor der Ausfahrt hatte sie zwei Gläser Wein getrunken. Nun war
sie aufgeregt.(Mannheimer Morgen // COSMAS I)

이제 담화관계가 시간관계의 해석에 미치는 영향을 설명하기 위해서 해
석제약을 형식화하면 아래의 (14)와 같다.

---

7) 일반적으로 과거시제로 표현되는 발화나 절이 연속적으로 나타나는 담화에서 과거완
료시제로 표현되는 발화나 절이 나타난 경우에 특이질적(idiosynkratisch)이라고 볼 수
있다. 이 사실은 반대의 경우, 곧 보통 과거완료시제로 표현되는 발화나 절이 연속적
으로 나타나는 담화에서 과거시제로 표현되는 발화나 절이 나타난 경우에도 해당한
다. 한편 과거완료를 시제로 볼 것인가 아니면 상(Aspekt)으로 볼 것인가에 대한 논의
도 완결된 것이 아니다. Ehrich · Vater(1989) 참조.

(14) 담화관계 해석제약(Interpretations-Beschränkung für die Diskur-
      srelationen, 이하 IBDR)[8]
      담화상에서 인접하여 나타나는 발화들에 의해 표현된 두 사태간의 시간
      관계는 그들간의 담화관계에 의해 다음과 같이 해석되어야 한다.
      a. 두 사태간에 인과관계가 성립하면 원인사태의 시구간이 결과사태의
         시구간보다 선행한다.
      b. 두 사태 중 하나의 사태가 다른 사태가 발생할 조건을 제공하면 조건
         을 제공한 사태가 다른 사태보다 선행한다.
      c. 두 사태가 부분-전체 관계에 놓이게 되면, 전체사태의 부분이 되는 사
         태의 시구간이 전체사태의 시구간에 포함된다.
      d. 하나의 사태가 다른 사태를 상세히 서술하면, 두 사태의 시구간은 중
         첩된다.
      e. 하나의 사태가 다른 사태의 배경이 되면, 배경이 되는 사태의 시구간
         에 다른 사태의 시구간이 포함된다.

마지막으로, 동작상이 담화상에서의 시간관계의 해석에 미치는 영향을
최적성이론적인 제약의 하나로 형식화해 보자.

(15) 동작상 해석제약(Interpretations-Beschränkung für die Aktion-
      sarten, 이하 IBAA)
      담화상에서 인접하여 나타나는 발화들에 의해 표현된 두 사태간의 시간관
      계는 그들의 동작상분포에 의해 다음과 같이 해석되어야 한다.
      a. 두 사태 모두 사건유형의 동작상을 가지면 선행발화에 의해 표현된 사
         태가 후행발화에 의해 표현된 사태보다 앞선다.
      b. 두 사태 중 하나의 사태가 사건유형의 동작상을 가지고, 다른 사태가
         상태유형의 동작상을 보이면, 사건유형의 동작상을 가진 사태의 시구
         간이 상태유형의 동작상을 보인 사태의 시구간안에 포함된다.
      c. 두 사태 모두 상태유형의 동작상을 가지면 두 사태의 시구간은 중첩된다.

지금까지 우리는 담화상에서의 시간관계 해석에 관여하는 네 가지 제약
을 형식화했으므로 다음 단계로 이 제약들간의 서열을 결정해야 한다. 이

---

8) 과거완료로 나타나 있는 발화나 절은 담화상에서의 시간관계를 명시적으로 표상하기
   위한 의도를 포함하고 있다는 점에서 과거완료를 유표적인 시제로 명명한 것이다. 그
   러나 과거완료를 시제로 볼 것인가 아니면 상(Aspekt)으로 볼 것인가에 대한 논의도
   완결된 것이 아니다. Ehrich · Vater(1989) 참조.

문제에 대한 해답을 구하기 위해 적용대상의 범위가 좁은 제약이 적용대상의 범위가 넓은 제약보다 서열이 높다는, 곧 특수제약이 일반제약에 우선한다는 법철학적인 기준을 토대로 하되 이러한 기준에 의해 설정된 제약들 간의 서열이 실제 담화자료의 해석에 적절함을 보이고자 한다. 이런 관점에서 볼 때에 특이시제의 해석제약(IBIT)이 적용범위가 가장 좁으며 따라서 서열이 가장 높은 제약으로 자리매김된다. 그 다음으로 적용범위가 좁은 제약은 시간표현 해석제약(IBTA)인데, 이는 명시적인 시간표현을 담고 있는 담화의 비율이 높지 않기 때문이다. 따라서 이 제약이 두 번째 서열을 차지한다. 한편, 적용범위가 가장 넓은 제약은 동작상 해석제약(IBAA)으로서 어떤 담화에 속한 발화이든 동작상이 표현되어 있기 때문이다. 따라서 이 제약이 서열이 가장 낮은 제약으로 간주된다. 마지막으로 담화관계 해석제약(IBDR)은 동작상 해석제약보다는 적용범위가 좁지만 시간표현 해석제약보다는 적용범위가 넓은 제약으로서 거꾸로 서열로는 시간표현 해석제약보다 낮고 동작상 해석제약보다는 높다. 최종적으로 우리는 다음과 같은 제약들간의 서열을 얻는다.

(16) 제약들간의 서열
특이시제의 해석제약(IBIT) > 시간표현 해석제약(IBTA) >
담화관계 해석제약(IBDR) > 동작상 해석제약(IBAA)

앞서 논의한 최적성이론적인 분석틀이 독일어 담화에서의 시간관계를 추론하기에 적절한지의 여부를 평가하기 위해 이제부터 몇 개의 담화를 살펴보기로 한다.

(17) Die britische Ablehnung der harten Resolution gegen Rhodesien war in der Tat verwirrend, nachdem sich erst zwei Tage zuvor das Londoner Unterhaus auf Empfehlung der Regierung für eine Verlängerung der Wirtschaftssanktionen gegen Rhodesien ausgesprochen hatte.(Kepper, Staatsmänner ⋯ // COSMAS I)

위의 담화에 나타난 두 개의 사태, 주절의 사태(s1)와 nachdem-절의 사태(s2)의 속성을 먼저 정리해 보면 아래의 (18)과 같다.

(18)

	시 제	시간표현	담화관계	동 작 상
사태 1 (s1)	과거	없음	중립	상태
사태 2 (s2)	과거완료	zuvor	중립	사건

위에 정리된 속성들을 토대로 최적성이론의 분석틀에 따라 이 담화에서의 시간관계를 분석한 결과는 다음과 같다.

(19)

Input : 담화(17)	IBIT	IBTA	IBDR	IBAA
s1 < s2	*!	*		*
s1 ⊂ s2	*!	*		*
s1 ◎ s2	*!	*		*
s2 ⊂ s1	*!	*		
☞ s2 < s1				*

* 여기에서, 시간관계를 표상하는 형식 s1 < s2는 사태 s1이 사태 s2에 선행하는 관계를 나타내고, 형식 s1 ⊂ s2는 사태 s1이 사태 s2에 포함됨을 의미하며, 형식 s1 ◎ s2는 사태 s1과 사태 s2의 시구간이 중첩됨을 의미한다.

위의 표에 제시된 결과는 최적성이론의 평가부문을 통해 얻어진 것인데, '☞' 표시는 최적의 후보를 나타내고 '*!' 표시는 그 표시를 가진 후보자가 결정적인 제약을 위반했음을 그리고 단순한 '*' 표시는 해당 제약을 위반했음을 의미한다. 표 (18)에서 최적의 출력후보자를 제외한 모든 후보자가 최상위 서열인 특이시제 해석제약(IBIT)을 위반했으므로 실격을 당한 것으로 이해될 수 있다. 최적의 출력후보자를 제외한 모든 후보자는 또한 두 번째 상위 서열인 시간표현 해석제약(IBTA)을 위반했다. 반면, 출력후보자 's2 < s1'는 동작상 해석제약(IBAA)을 위반했지만, 상대적으로 약한 제약을 위반한 것이므로 최적의 후보자로 평가된 것이다. 이 담화의 예는 경쟁

관계에 있는 두 제약 IBIT와 IBAA간의 서열이 공정하게 정해진 것임을 간접적으로 시사한다. 이제 다른 담화의 예를 살펴보자.

(20) Der Wind rauschte herein. Gleichzeitig stieg die Maschine steil.(Grzimek, Serengeti darf nicht sterben // COSMAS I)

이 담화의 두 번째 발화에는 시간부사 'gleichzeitig'가 나타나 있다. 따라서 이 담화는 시간표현 해석제약(IBTA)을 적용받는다. 외에도 이 담화에 속한 세 개의 사태 중에서 첫 번째 사태는 두 번째 사태의 배경이 되기 때문에 담화관계의 해석제약도 적용받으며, 모든 담화에 적용되는 동작상 해석제약도 이 담화에 적용된다. 이 사실들을 모두 고려하여 첫 번째 사태와 두 번째 사태의 속성을 정리해 보면 아래의 (21)과 같다.

(21)

	시제	시간표현	담화관계	동작상
사태 1 (s1)	과거	없음	배경	상태
사태 2 (s2)	과거	gleichzeitig	대응사태	사건

위 표 (21)에 정리된 속성들을 토대로 최적성이론의 분석틀에 따라 이 담화에서의 시간관계를 분석한 결과는 다음과 같다.

(22)

Input : 담화(20)	IBIT	IBTA	IBDR	IBAA
s1 < s2		*	*	*
s1 ⊂ s2		*	*	*
s1 ◎ s2			*	*
☞ s2 ⊂ s1				
s2 < s1		*	*	*

표 (22)에서 최적의 출력후보자인 's2 ⊂ s1'를 제외한 모든 후보자는 최소한 두 개·이상의 제약을 위반한 반면, 최적의 후보자는 모든 제약을

충족시킨 것으로 평가된다. 이제 또 다른 담화의 예를 살펴보자.

(23) Der Angeklagte fuhr nach Hause. Am Lustnauer Tor hatte er
einen schweren Unfall und musste ins Krankenhaus eingeliefert
werden.(Bäuerle 1987 : 131)

이 담화의 첫 번째 사태와 두 번째 사태간에는 전체사태와 부분사태라
는 담화관계가 성립한다. 아래의 표 (24)는 이들 두 사태간의 시간관계의
추론에 필요한 두 사태의 속성을 정리한 것이다.

(24)

	시 제	시간표현	담화관계	동작상
사태 1 (s1)	과거	없음	전체	상태
사태 2 (s2)	과거	없음	부분	상태

위의 표에 정리된 속성들을 바탕으로 하여 이 담화에서의 시간관계를
최적성이론에 따라 분석한 결과는 다음과 같다.

(25)

Input : 담화(23)	IBIT	IBTA	IBDR	IBAA
s1 < s2			*	*
s1 ⊂ s2			*	*
s1 ◎ s2			*	
☞ s2 ⊂ s1				*
s2 < s1			*	*

표 (25)에서 최적의 출력후보자인 's2 ⊂ s1'는 가장 낮은 서열의 제약
을 위반한 반면, 다른 후보자들은 보다 상위에 위치한 제약을 위반한 것이
므로, 위반의 절정도가 가장 미약한 's2 ⊂ s1'가 최적의 후보자로 평가된
다. 마지막으로 하나의 담화를 더 살펴보자.

(26) Georg staunte darüber, wie dunkel das Zimmer des Vaters selbst
      an diesem sonnigen Vormittag war. Einen solchen Schatten warf
      also die hohe Mauer, die sich jenseits des schmalen Hofes
      erhob.(Kafka, Das Uteil)

이 담화의 첫 번째 사태(staunen)와 두 번째 사태(werfen)간의 시간관계
를 추론하기 위해 두 사태의 속성을 정리하면 아래의 (27)과 같다.

(27)

	시제	시간표현	담화관계	동작상
사태 1 (s1)	과거	없음	중립	사건
사태 2 (s2)	과거	없음	중립	상태

위의 표에 정리된 속성들을 토대로 최적성이론의 분석틀에 따라 이 담
화에서의 시간관계를 분석한 결과는 다음의 (28)과 같다.

(28)

Input : 담화(26)	IBIT	IBTA	IBDR	IBAA
s1 < s2				*
☞ s1 ⊂ s2				
s1 ◎ s2				*
s2 ⊂ s1				*
s2 < s1				*

위의 표에서 최적의 출력후보자인 's1 ⊂ s2'는 모든 제약을 충족시킨 반
면, 다른 후보자들은 동작상 해석제약을 위반한 것이므로, 위반수가 가장
적은 후보자 's1 ⊂ s2'가 최적의 후보자로 평가되었다.
이 절에서 우리는 최적성이론의 이론적인 토대를 살펴보았으며, 이 이
론을 분석의 틀로 삼을 경우에 여러 유형의 독일어 담화들내에서의 다양한
시간관계들이 적절히 해석될 수 있음을 확인했다. 이러한 검증작업을 위해
시간관계의 해석을 위한 네 가지 해석제약을 제안하면서 동시에 그들간의
서열을 결정했다.

V. 맺음말

본 연구에서는 독일어의 담화에 나타난 다양한 유형의 시간관계를 적절히 설명하기 위한 시도의 하나로 최적성이론을 분석틀로 도입할 것을 제안하고, 이러한 시도의 타당성을 여러 가지 유형의 독일어 담화를 분석함으로써 검증했다. 이 작업의 결과, 최적성이론이 다양한 제약들이 관여하는 담화상에서의 시간관계 분석에 적절하다는 것을 확인할 수 있었다. 시간관계의 분석에 최적성이론을 도입함으로써 생기는 장점중의 하나는 심리적인 실재성을 발견하기 어려운 Reichenbach의 지시시 개념이나 Klein(1992)에서 제안된 토픽시 개념을 사용할 필요가 없다는 점이다.

최적성이론적인 분석을 뒷받침하기 위해 두 사태간의 세 가지 시간관계, 곧 선행관계, 포함관계, 중첩관계가 설정되었으며, 담화상에서의 시간관계 해석에 직접 관련되는 네 가지 제약, 곧 특이시제의 해석제약, 시간표현 해석제약, 담화관계 해석제약 그리고 동작상 해석제약이 형식화되었다. 또한 이들 제약들간에 다음과 같은 서열이 새로이 제안되었다.

(28) 제약들간의 서열 [= (15)]
특이시제의 해석제약(IBIT) > 시간표현 해석제약(IBTA) >
담화관계 해석제약(IBDR) > 동작상 해석제약(IBAA)

본 연구에서 다루지 않고 남긴 문제 중의 하나는 시간접속사 'als'가 나타나는 담화 내에서의 시간관계 기술이다. 또한, 여러 언어간의 공통점과 차이점을 가장 잘 설명할 수 있는 이론에 대한 탐색의 결과물이 최적성이론이고 이 이론의 타당성을 여러 언어의 자료를 통해 함께 검증하는 것이 최적성이론적인 접근방법이라고 한다면, 최적성이론을 분석틀로 삼아 담화상에서의 시간관계 분석에 이용한 본 연구의 성과가 영어나 한국어 등 다른 언어에 적용가능한지를 검토해 보는 작업이 매우 큰 의미를 지닐 수 있을 것이다. 이 작업들은 다음 과제로 남겨둔다.

제 5 장 음운론

독일어의 초점표지 결정이론

I. 문제제기

이 장에서는 독일어의 자유초점구문에서의 초점표지 결정원리에 대하여
논의한다. 자유초점구문은 결속초점구문에 대비되는 상대적인 개념인데,
하나의 결속초점구문에서는 초점성분을 결속하는 요소가, 곧 'auch', 'nur'
등 초점불변화사가 존재한다.[1] 아래의 예문 (1a), (1b)가 결속초점구문이
며, Peter와 Inge는 각각 초점성분으로서 모두 초점불변화사 nur에 의해
결속되고 있다.

    (1) a. Nur [F PETER] liebt Gerda.
          b. Peter liebt auch [F INGE].

결속초점구문과 대립되는 개념으로서 자유초점구문에도 초점성분은 들
어 있으나, 명시적으로 이 성분을 결속하는 요소가 존재하지는 않는다. 그

---

[1] 80년대 중반 이래, 초점(Fokus)에 대한 논의가 매우 활발하게 이루어져 왔는데, 무엇보
다도 초점 개념이 여러 가지 상이한 의미로 사용된 사실에 주의해야 한다. Gundel
(1994)에서는 세 가지 상이한 초점개념, 곧 심리 초점(psychological focus), 의미 초점
(alternative focus), 대조 초점(contrastive focus)이 구분·정리되어 있다. 이 글에서는 이
중에서 의미초점이 다루어진다.

때문에 중립강세(neutrale Akzentuierung) 구문이라 불리기도 한다. 다음의
예 (2b)는 자유초점구문을 보여준다.

> (2) a. Was hat Peter vergessen?
>   b. Peter hat [F sein LINEAL] vergessen.

위 (2b)는 질문 (2a)에 대한 답으로서 그 안의 sein Lineal이 담화상에
서 새로운 정보를 나타내는 초점성분으로 기능한다. 위 (2b)에서처럼, 초
점성분은 편의상 [F …]의 형식으로, 그리고 초점성분 내에서 가장 두드러
진 강세를 받는 단어는 대문자로 표기한다. 곧, 단어 Lineal은 초점성분
sein Lineal 내에서 가장 두드러진 강세를 지닌 요소인데, 이처럼 초점구
조 내에서 가장 현저한 강세를 받는 단어를 Uhmann(1991)을 따라 초점
표지(Fokusexponent)라 부르겠다.2) 그런데 복합적인 초점성분 내에서 어
떤 단어가 초점표지가 되는가 하는 것은 별도의 설명을 필요로 하는 문제
이다.

초점성분 내에서의 초점표지가 결정되는 과정에는 구성성분들간의 통
사·의미적인 관계나 개념적인 관계가 중요한 변수라는 점에는 기존의 연
구자들간에 대체로 합의가 이루어져 있다. 그러나 보다 구체적으로는 초점
표지를 결정하는 요인을 초점성분내 구성성분들간의 통사·의미적인 관계
로 보는 입장과 개념적인 관계로 보는 입장에 따라 초점표지 결정원리에
대하여 크게 두 가지 흐름이 대립관계를 이룬다. Selkirk(1984·1995),
Rochemont(1985), v. Stechow·Uhmann(1984), Uhmann(1991) 등이 논
항구조(Argument Struktur)에 기반한 전자의 입장에 선다면, Chafe(1976),
Fuchs(1976), Jacobs(1991·1993·1994) 등은 개념구조(Konzeptuelle Struktur)
에 기반을 둔 후자의 입장을 대표한다.

이 글에서는 Jacobs에 의해 제안되어진 개념구조 기반의 초점표지 결정

---

2) Selkirk(1984)에서는 두드러진 강세를 지니는 단어자체를 초점이라 명명하고, 이 초점
   이 되는 요소를 포함하는 확장된 구성성분이 새로운 정보를 표현한다고 하여, 이 구
   성성분을 찾아내기 위한 초점투사규칙을 제안한다.

이론이 이론적으로 함축하는 바가 무엇이고 또한 거기에 어떤 문제점이 있는지를 살펴본 후에 Uhmann(1991)의 논항구조에 기반한 입장을 보완하는 방향에서 하나의 대안을 모색해 보고자 한다.

본 장의 구성은 다음과 같다. 제Ⅱ절에서는 여러 가지 유형의 자료를 살펴봄으로써, 표층 통사구조에 기초한 초점표지 결정이론의 한계를 논의한다. 제Ⅲ절에서 Jacobs(1993)을 중심으로 개념구조 기반의 초점표지 결정이론을 살펴보고, 그 이론의 이론적인 함축과 그 문제점을 논의한다. 제Ⅳ절에서는 개념구조 기반 이론의 문제점을 극복할 수 있는 하나의 대안으로 Uhmann(1991)에서 제안된 논항구조에 기반한 초점표지이론에 초점표지 이동제약을 부가한 하나의 대안이론을 제안한다. 제Ⅴ절에서는 이제까지의 논의를 종합하고 남은 문제를 살펴본다.

Ⅱ. 여러 유형의 초점성분 구조

다음의 예들은 구성성분간의 통사적인 관계가 무엇인가에 따라, 초점성분 내에서의 초점표지가 달리 결정됨을 보여준다.3)

(3) a. Was gibt es Neues von Rainer?
　　 b. Rainer [F hat ein HAUS gekauft].
　　 c. *Rainer [F hat ein Haus GEKAUFT].
(4) a. Was ist denn da für ein Lärm?
　　 b. [F Ein Bettler GEIGT].
　　 c. *[F Ein BETTLER geigt].

---

3) 이하의 예들은 Uhmann 1991 : 199ff에 제시된 예들이다. 그러나 예들의 표기는 약간 다르다. Uhmann과 달리 이 글에서는 초점성분임을 나타내는 [F …] 표기내 F에 지표를 안 붙이며, 초점핵 내에서도 가장 두드러진 음절만 대문자로 표기한 Uhmann과 달리 이 글에서는 초점핵 단어전체를 대문자로 표기한다. 이것은 본 연구에서 초점핵 결정원리에 대하여 중점적으로 논의하기 때문이다.

(5) a. Was hast du eingekauft?
     b. [F Flüssiges LENOR].
     c. [F Lenor FLÜSSIG].

위의 예들은 초점표지결정 과정에 통사적인 관계가 관여한다는 사실을 뒷받침하는 것으로 이해될 수 있다. 곧 통사적인 관계가 핵계층 이론의 개념을 따라 핵심어-보충어 관계를 이룰 경우에는 (3b)에서처럼 보충어가 초점표지가 되고, 지정사-핵심어 관계를 이룰 경우에는 (4b)에서와 같이 핵심어가 초점표지가 되며, 부가어-핵심어 관계를 이룰 경우에는 (5b), (5c)에서처럼 오른쪽에 위치한 성분이 초점표지가 되는 것으로 이해될 수 있을 것 같아 보인다. 그러나 다음의 예들을 통해서 이러한 표층적인 통사 관계에 기초한 초점표지 결정원리가 문제가 있음을 쉽게 확인할 수 있다.

(6) a. Warum wird demonstriert?
     b. Weil der Partei [F ein FEHLER unterlaufen ist].
(7) a. Was gibt es Neues von dir?
     b. [F Meine BRIEFTASCHE ist gefunden worden].

위의 (6b)에서 명사구 'ein FEHLER'는 동사의 보충어가 아님에도 초점표지가 'FEHLER'에 있다. 그런데, 동사 'unterlaufen'은 일반 자동사와는 구분되는 능격동사로서 그 주어는 의미상으로 일반타동사의 목적어와 같은 기능을 하는 것으로, 곧 하나의 '내부논항(internes Argument)'으로 이해된다.4) (7b)에서 명사구 'meine BRIEFTASCHE'는 수동구문의 주어이다. 수동문의 주어는 대응되는 능동문의 목적어와 같은 의미기능을 갖는 것으로, 곧 하나의 '내부논항(internes Argument)'으로 이해된다. 이러한 자

---

4) Fanselow(1992 : 276)에 따르면, auffallen, mißlingen, gefallen, fehlen, zusagen, freuen, schmerzen 등이 능격동사에 속한다. 따라서 아래의 예들에서 능격동사 앞의 주어들이 내부논항이고, 초점표지이다.
   a. dass niemandem der UMSTAND aufgefallen war
   b. dass niemandem der ROCK gefiel
   c. dass niemandem der ROCK paßte

료들의 설명을 위해, Jacobs(1991·1993·1994)에서는 통합(Integration) 개념에 기반한 초점표지 결정이론이 제안된다. 이에 대해서 다음 절에서 상세히 논의한다.

Ⅲ. 개념구조기반의 초점표지 결정이론

Jacobs(1993)에서는 통사구조(Syntaktische Strukturen) 층위, 현저성 구조(Prominenzstrukturen) 층위, 리듬격자(Rhythmische Gitter) 층위를 구성요소로 3-단계 표상이론이 제안된다.

(8) 3-단계 표상(Jacobs 1993 : 83)

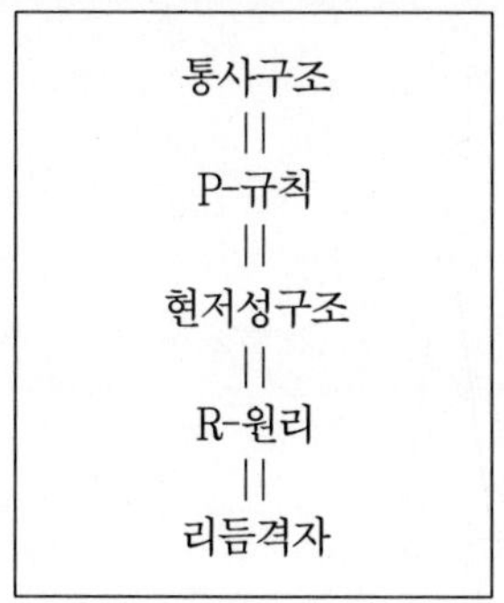

위의 도식에 따르면, P-규칙들에 의해 통사구조로부터 현저성구조가 생성되고, R-원리들에 의해 현저성 구조로부터 리듬격자가 생성된다. 아래의 예를 보자(Jacobs, 1993 : 84ff.).

(9) a. sie den schönen Schal verlor
　　　b. (S9)

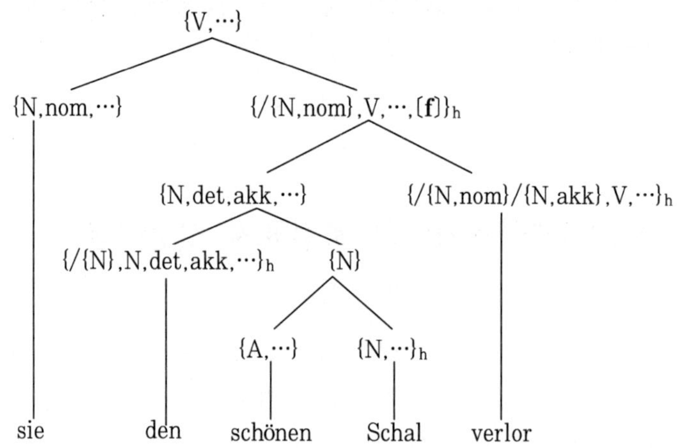

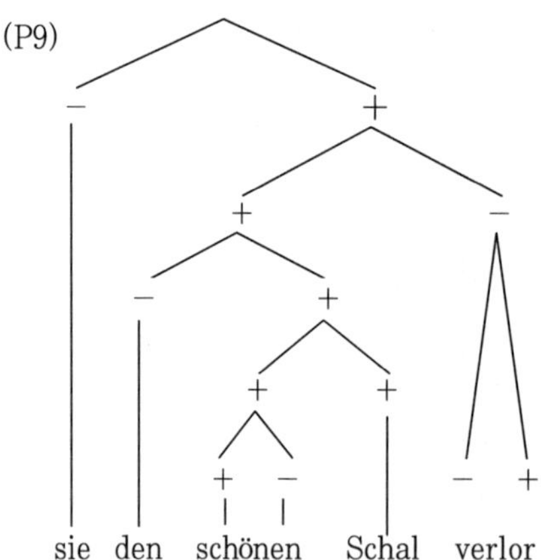

위 (9b)의 통사구조 (S9)로부터 현저성구조 (P9)가 생성되는 과정에는
다음 (15a)-(15c)에 제시된 P-규칙들이 적용되었다.

(10) a. (P-규칙 1)

집합 SK에 속하는, 〔f〕로 표기되는 초점자질을 포함하고 있는, 모든 원소들은 '+'를 부여받는다. 여기서 SK는 어떤 하나의 통사구조내에서 자매관계를 이루는 구성성분들의 집합을 지칭한다.

b. (P-규칙 2)

집합 SK가 〔f〕로 표기되는 초점자질을 포함하지 않으면, 중립적인 강세를 지닐 수 있는, 그에 속한 모든 하위 구성성분에 '+'가 부여된다.

c. (P-규칙 3)

집합 SK가 〔f〕로 표기되는 초점자질을 포함하지 않고, 그에 속한 하위 구성성분들이 서로간에 통합(Integration) 관계에 놓여 있으면, 통합되어지는 성분이—그것이 중립적인 강세를 지닐 수 있는 경우에 한하여—'+'를 부여받는다. 그밖의 경우는 통합의 목표가 되는 성분에 '+'가 할당된다.

위에서 (P-규칙 2)와 (P-규칙 3)에 포함된 '중립강세를 지닐 수 있는' 성분에는 통상 강세를 받지 못하는 범주들인, 지시대명사를 제외한 여타의 대명사와 관사, 접속사, 조동사 등이 속한다. 그러나 이들도 대조적인 의미로 사용될 경우에는 강세를 받을 수 있다. (P-규칙 3)에서 사용되고 있는 '통합' 개념이 Jacobs의 개념구조기반 초점표지 결정이론의 핵심이 되는 개념으로 다음의 (11)과 같이 정의된다.[5]

(11) 통합(Integration) 개념

하나의 구성성분 c_1과 자매성분 c_2가 자립적인 정보단위로서 기능하지 않으면 그리고 이 경우에만 c_1은 c_2에 통합된다.

이 통합개념은 다시 '정보적 비자립성(informational non-autonomy)' 개념을 기반으로 하는데, 이 개념은 아래의 (12)에 정의되어 있다.

(12) 정보적 비자립성(Jacobs 1994 : 120)

하나의 복합성분의 핵심어 X는 (13)에 제시된 조건들 (가), (나)와 (다)가 동시에 충족될 경우에만 그 자매성분 Y와의 관계에서 '정보적으로 비자립적(informationally non-autonomous)'이다.

---

5) 통합(Integration) 개념 자체는 Jacobs가 Fuchs(1976)에서 빌어온 것이다. vgl. wlrhkdtls (1997 : 438).

(13) 조건들
　　(가) Y가 X의 논항이고
　　(나) X가 Y에 의미역을 할당하는 경우에
　　　(i) X가 Y에 대해 공간적-시간적으로 무한한 속성을 부여하지 않고
　　　(ii) Y가 '전형적인 대상격 함의(proto-patient entailment)'와 결부
　　　　되며
　　(다) X는 완전한 어휘적인 의미를 지니는 구성성분을 하나 이상 지니지
　　　　않는다.

위의 (13다)에 언급된 '전형적인 대상격 함의(proto-patient entailment)' 개념은 Dowty(1991)에서 제안된 것으로, 아래의 (14)에 제시된 개념은 Primus(1994)에 의해 수정 제안된 것이다.

(14) '전형적인 대상격 함의(proto-patient entailment)' 목록
　　가. Y가 상태의 변화를 겪는다.
　　나. Y는 점증적인 대격이다.
　　다. Y는 다른 참여자에 의해서 인과적으로 영향을 받는다.
　　라. 해당 사건이 Y로 하여금 존재하거나 지각되도록 한다.

이제, 위의 구조(9S)에 여러 가지 P-규칙이 적용되어 구조(9P)가 어떻게 생성되는가를 자세히 살펴보자. 먼저 명사구 'sie'와 동사구 'den schönen Schal verlor'로 구성된 최상위의 구성성분의 경우에는, 동사구가 초점자질 [f]를 포함하고 있으므로, (15a)의 'P-규칙 1'에 의해 동사구에 '+'가 부여된다. 또한 구성성분 동사구 'den schönen Schal verlor'는 초점자질 [f]를 가진 하위성분을 포함하고 있지 않고 하위성분간에 통합관계가 성립하므로, (15c)의 'P-규칙 3'에 의해 통합되어지는 성분인 명사구 'den schönen Schal'이 중립강세를 지닐 수 있으므로 '+'를 부여받고, 동사 'verlor'에는 '-'가 할당된다. 명사구 'den schönen Schal'의 경우도, 초점자질 [f]를 가진 하위 구성성분을 지니지 않고, 하위성분간에 통합관계가 성립하므로 (15c)의 'P-규칙 3'을 적용받는다. 따라서, 중립강세를 지닐 수 있는, 통합되어지는 하위성분인 명사구 'schönen Schal'에 '+'가 부여된다. 반면, 명사구 'schönen Schal'는 초점자질 [f]를 가진 하위 구성성

분을 지니지 않고, 하위성분간에 통합관계가 성립하지 않으므로 (15b)의
'P-규칙 2'를 적용받는다. 또한 하위성분 모두 중립강세를 지닐 수 있으므
로 형용사 'schönen'과 명사 'Schal' 모두에 '+'가 부여된다. 이상의 논의를
통해 우리에게 분명해진 사실 하나는 '통합(Integration)' 개념이 현저성을
표시하는 '+'의 부여에 있어 중심적인 역할을 한다는 점이다. 그러나 이
개념이 보다 구체적으로 어떻게 이해되어야 하는지를 본격적으로 논의하
기 전에, 먼저 간단히 현저성구조 (9b)로부터 리듬구조 (9c)가 생성되는
과정을 살펴보자. 이 과정에는 아래의 (15)에 정의되어 있는 (R-원리)와
마지막 강세강화(Endakzentstärkung)규칙이 관여한다 .

> **(15)** a. (R-원리)
>
> 1. 집합 SK에 속하는 각 '+' 부호를 가진 원소들의 내정된 음절들이
>   SK내의 모든 다른 음절들보다 강하다. 여기서 '내정된 음절들
>   (designierte Silben)'이란 어떤 하나의 구성성분 내에서 가장 적
>   은 수의 '-' 부호를 가진 음절들이다.
> 2. 집합 SK에 속하는 각 '+' 부호를 가진 원소들의 모든 내정된 음절
>   들은 동일한 정도로 강하다.
>
> b. (마지막강세강화)
>
> 하나의 억양구(Intonationsphrase)내에서 리듬적으로 가장 강한 음
> 절이 여러 개 있을 경우에 마지막 음절이 '*'을 하나 더 얻는다.

위의 (R-원리)가 (9)의 현저성구조 (P9)에 적용될 경우에, 구성성분 음
절 'schön'와 'Schal'이 내정된 음절들이다. 따라서 이 원리의 첫 조항에 의
거하여 가장 강한 음절로 이해되어야 하며, 그 결과 세기를 표시하는 '*' 부
호를 가장 많이 가져야 한다. 한편, 두 번째 조항에 의거하여 두 음절은 같
은 숫자의 '*' 부호를 갖는다. 그러나 별도의 '마지막강세강화' 규칙에 의하
여 상대적으로 뒤에 나타나는 음절 'Schal'이 음절 'schön'보다 하나 많은
수의 '*' 부호를 부여받는다. 이상 (15a), (15b)에 제시된 원리와 규칙을
(9b)의 현저성 구조 (P9)에 적용한 결과가 (9c)의 리듬구조 (R9)이다.

이상에서 기술한 통합개념에 기반한 초점이론의 이론적인 함축과 성과
에 대해서 논의해 보자. 이 이론은 다음과 같은 예들을 잘 설명할 수 있다.

(16) [Fritz]₁ [ist dumm]₂.
(17) [Fritz]₁ [ißt Spaghetti mit Messer und Gabel]₂.
(18) [Spaghetti]₁ [sind aus Hartweizengrieß]₂.

예 (16)-(18)에서 각 구성성분 1은 통합조건 (13나i)에 의해서 구성성분 1을 충족시키지 못한다. 왜냐하면, 위 모든 경우에 특수한 시간적, 공간적인 제약을 가하지 않는 구성성분 1은 일반적인 속성을 표현하기 때문이다. 따라서 구성성분 2는 구성성분 1을 통합하지 않으며, 그 결과 초점표지는 구성성분 2의 어떤 요소에 부여된다.

또한 아래의 예 (19)-(20)의 경우에, 이 문장의 주어나 목적어는 대상격이 아니다. 따라서 조건 (13나ii)를 충족시키지 못함으로써 각 구성성분 1은 구성성분 2에 통합되지 않는다. 그에 따라 초점표지는 각각의 구성성분 2에 주어진다.

(19) weil [Gäste]₁ [hungrig waren]₂
(20) weil niemand [Politikern]₁ [vertraut]₂

다음의 예 (21)에서, 조건 (13다)가 충족되지 않음으로써 각 구성성분 1은 구성성분 2에 통합되지 않는다. 따라서 초점표지는 각각의 구성성분 2에 주어진다.

(21) weil [ein Student]₁ [gestern den Professor zuhause anrief]₂

아래의 예 (22)-(24)의 경우에, 조건 (14라)를 충족시킴으로써 모든 구성성분 1은 구성성분 2에 통합된다. 따라서 초점표지는 각각의 구성성분 1에 주어진다.

(22) [Ein Auto]₁ [kommt]₂
(23) [Ein Denkmal]₁ [wird enthüllt]₂
(24) [Ein Hund]₁ [bellt]₂

또한, 아래의 예 (25)의 경우에, 조건 (13다)를 충족시키기 때문에 각 구성성분 1은 구성성분 2에 통합된다. 따라서 초점표지는 각각의 구성성분 1에 주어진다. 왜냐하면, 구성성분 2가 복합적인 표현체이긴 하지만, 조동사 ist가 어휘적인 범주에 속하지 않기 때문이다.

(25) dass [ein Flugzeug]₁ [gelandet ist]₂

이상에서 논의한 Jacobs의 초점이론은, 이론의 근간이 개념인 '통합'이 너무 이질적인 여러 언어현상들을 한 군데로 모아놓은 개념에 불과하며, 어떤 언어학적, 인지적인 혹은 개념적인 실제성을 갖지 못한다는 점에서 비판으로부터 자유롭지 못하다. 또한 언어이론적인 관점에서 볼 때, 통사구조, 현저성구조, 리듬구조 등 상이한 성격의 여러 표상층위를 가정함으로써 이론의 복잡성을 필연적으로 수반한다는 비판을 면키도 어렵다. 더 나아가 이 이론의 가장 큰 취약점은, 논항들 중에서 전적으로 원형적인 대상격이 될 수 있는 논항만이 핵심어에 통합될 수 있다고 전제함으로써, 이론의 적용범위를 동사나 동사구가 핵심어가 되는 구조에 제한하는 데에 한계가 있다. 그러나 보다 타당한 이론은 명사나 형용사 혹은 전치사, 조동사 등이 핵심어로 나타나는 구조에도 적용가능해야 한다.

다음절에서는 하나의 대안으로 새로운 초점표지이동 이론을 제안하고, 이 이론이 초점과 관련한 독일어의 여러 구조, 여러 현상을 설명하는데 있어 타당성을 가지는, 보다 경제적인 이론임을 보이고자 한다.

IV. 하나의 대안 : 초점표지이동 이론

이 절에서는 Uhmann(1991)에 의해 제안된 논항구조에 기반한 초점표지 이론을 먼저 살펴본다. 하나의 예를 보자.

(26) a. Warum wurde er entlassen?
    b. Weil er [F eine harmlose Hausfrau um ihr WEIHNACHTSGELD gebracht hat].

위의 (26b)에서는 동사 'gebracht'의 보충어가 'eine harmlose Hausfrau' 와 'um ihr WEIHNACHTSGELD' 등 두 개의 구성성분인데, 초점표지는 오른쪽에 나타나는 성분이다. 초점표지 부여와 관련되는 이러한 자료들 을 기술하기 위해 제안된 것이 통사·의미관계 기반의 초점표지 결정원 리이다. 초점표지 부여와 관련되는 독일어의 자료들을 기술하기 위해 Uhmann(1991 : 158, 165)에서는 다음의 (27a), (27b)와 같은 논항구조에 기반한 두 가지 초점투사 규칙(Fokusprojektionsregel)이 제안된다.6)

(27) a. <u>수식어/핵심어구조를 위한 초점투사</u>
    β가 성분구의 핵심어이고, α가 수식어인 [F ··· α ··· β]나 [F ··· β ··· α]와 같은 구조에서, α와 β 두 구성성분 중 항상 마지막 성 분이 초점표지이다.
    b. <u>술어/논항-구조를 위한 초점투사</u>
    α가 β의 논항인 [F ··· α ··· β]나 [F ··· β ··· α]과 같은 구조에 서, α가 β의 논항이고, α와 β사이에 또한 β의 논항인 α'이 나타 나지 않을 때, α가 초점표지이다.

위의 규칙 (27a)와 (27b)는 앞서 Ⅱ절에서 논의한 (3b)-(8b)의 여러 초 점구문들의 초점표지 결정과정의 설명에 적합하다. 그러나 다음의 예들은 이 초점투사규칙에 의해서도 설명되지 않는다.

(28) a. Was ist das für ein Geräusch?
    b. [F Ein HUND bellt].
(29) a. Was hast du gefunden?
    b. [F Otto hat jemanden BETROGEN].

---

6) Selkirk(1995 : 555)에서는 다음과 같이 영어를 위한 초점투사규칙이 제시되어 있다.
Focus Projection
  (a) F-marking of the *head* of a phrase licenses the F-marking of the phrase.
  (b) F-marking of an *internal argument* of a head licenses the F-marking of the head.

규칙 (27b)에 따를 경우에, 예 (28b)에서 'ein HUND'는 동사의 외부논
항이기 때문에 초점표지가 될 수 없어야 한다. 그럼에도 초점표지가 되었
다. 또한 (29b)에서는 'jemanden'이 동사의 내부논항임에도 초점표지가
되지 못하고, 핵심어인 동사가 초점표지로 나타나 있다. 이 현상도 규칙
(27b)에 의해 설명되지 않는다. 이러한 예들은 술어-논항 구조의 관계만
으로 초점표지가 되는 요소를 결정하는 데에 있어 한계가 있음을 드러내
주는 것으로 이해되어야 한다. 이러한 현상들은, 몇몇 특수한 조건하에서
초점표지가 이동한다는 초점표지 이동가설을 설정할 경우에, 논항구조에
기반한 이론에 의해서도 적절히 설명할 수 있다. 곧 이러한 방향에서의 논
항구조에 기반한 이론을 수정보완하고자 하는 것이 이 연구에서 제안하고
자 하는 하나의 대안이다.

사실상, 독일어에서는 초점표지가 이동하는 현상이 여러 경우에 관찰된
다. 다음의 예를 살펴보자.

(30) a. ,[F da der HUND bellt]
      b. ,[F da die SONNE scheint]
      c. ,[F da die TÄNZER tanzten]

위의 (30)에 나타난 예들은 규칙 (27a)에 의해서 동사가 초점표지가 되
어야 함에도 초점표지가 주어로 이동한 경우를 보여준다. 이런 예는 주어
가 동사의 의미속성에 의해 예측가능한, 아주 특수한 경우에 속한다.

(31) a. ,[F da Peter seiner Freundin etwas SCHENKT]
      b. ,[F da Petra ihrem Mann nichts VORLAS]
      c. ,[F da Peter seiner Freundin ihren ZURÜCKGAB]
      d. ,[F da Peter sie LIEBT]
      e. ,[F da Politiker sich PROFILIEREN]
      f. ,[F da eine Katze sich PUTZT]
      g. ,[F da Kinder sich GLEICHEN]
      h. ,[F da der Mann einige KANNTE]

위의 (31)에 나열된 예들은 각각 규칙 (27b)에 의해, 내재논항인 목적어가 초점표지가 되어야 함에도, 그 목적어들이 중립적인 강세를 받을 수 없는 대명사적인 성질을 가진 언어표현들이기 때문에 초점표지가 핵심어로 이동한 경우들이다.

(32) a. ,[F da ihr Freund irgendjemanden GETROFFEN hat]
     b. ,[F da ein Professor darüber GESCHRIEBEN hat]
     c. ,[F da Peter Maria keine GEGEBEN hat]
     d. ,[F da die Frau mehrere GEKAUFT hat]
     e. ,[F da Peter seiner Freundin dessen BESCHULDIGT hat]

위의 (32)에 나열된 예들도 (31)의 예들과 마찬가지로, 그 목적어들이 중립적인 강세를 받을 수 없는 대명사적인 성질을 가진 언어표현들이기 때문에 초점표지가 핵심어로 이동한 경우들이다. 그러나 (32)의 예들에는 (31)의 예들과 달리 동사가 두 개 이상 나타나는 경우들인데, 이때에 초점표지는 두 개의 동사 중에서 본동사로 이동함을 보여준다.

(33) a. ,[F da die Kinder ihre Mutter ÄRGERN]
     b. ,[F da das Museum die Besucher BEEINDRUCKTE]
     c. ,[F da der Dozent die studenten von seiner Theorie ÜBERZEUGTE]
     d. ,[F da die Kinder ihre Freunde BENEIDETEN]

위 (33)의 예들은 동사가 ärgern, beeindrucken, überzeugen, beneiden 등 주어나 목적어의 심리적인 상태변화를 표현하는 동사들일 경우에 초점표지가 목적어로부터 동사로 이동한단는 것을 보여준다. 또한 다른 예를 보자.

(34) a. ,[F da Anna die Tür GRÜN strich]
     b. ,[F da Peter nach dem Essen SCHLECHT wurde]
     c. ,[F da die Mutter de Suppe WARM macht]
     d. ,[F da der Maler das Bild BLAU malte]

위 (34)의 예들은 전통문법적인 개념으로 목적어-목적보어가 포함된 구문이다. 이 경우들에서 우리는, 초점표지 결정규칙에 따라 초점표지가 될 논항이 핵심어-보어의 구조를 지니면, 보어가 초점표지가 된다는 사실을 보여준다.

이상의 논의를 종합하여 다음의 (35)와 같은 초점표지 이동제약을 제안하고자 한다. 이 이동제약은 초점표지결정 규칙 (27a)-(27b) 이후에 적용된다.

(35) 초점표지 이동제약

각각 다음과 같은 경우에 초점구조 $[_F \cdots \alpha \cdots \beta]$나 $[_F \cdots \beta \cdots \alpha]$ 내에서 초점표지가 이동할 수 있다.

a. <u>수식어/핵심어구조에서의 초점표지 이동</u>

β가 성분구의 핵심어이고, α가 수식어인 $[_F \cdots \alpha \cdots \beta]$나 $[_F \cdots \beta \cdots \alpha]$와 같은 구조에서, 수식어 α의 출현이 핵심어 β의 의미속성에 의해 예측가능한 경우에 초점표지는 핵심어 β로부터 수식어 α로 이동한다.

b. <u>술어/논항-구조에서의 초점표지 이동</u>

α가 β의 논항인 $[_F \cdots \alpha \cdots \beta]$나 $[_F \cdots \beta \cdots \alpha]$과 같은 구조에서

ⅰ. 논항인 α가 다시 γ가 핵심어이고, δ가 보어인 $[\cdots \gamma \cdots \delta]$인 구조를 가지면, 초점표지는 δ가 된다.

ⅱ. 그밖의 경우에는 다음과 같은 두 문맥에서 초점표지 그 논항인 α로부터 핵심어인 β로 이동한다.

(가) α가 β의 가장 오른쪽에 나타나는 논항이고, 대명사적인 성질을 가질 경우나,

(나) 핵심어인 β가 ärgern, beeindrucken, überzeugen, beneiden, stören 등 외부논항이나 내재논항의 심리적인 변화를 수반하는 심리동사일 경우.

이상의 논의를 통해서 우리는 독일어의 자유초점구문의 경우, 초점성분 내에서 어떤 성분이 초점표지가 되는가는 기본적으로 Uhmann(1991)에 의해 제안된 논항구조기반의 초점표지 결정이론에 의해 예측이 가능하지만, 초점표지가 이동할 수 있는 몇 가지 예외적인 경우가 존재함을 확인할 수

있었다. 이 이론의 강점은 핵심어주도 문법, 어휘기능문법, 최소주의 이론 등 현대의 여러 문법모형 내에서 하나의 구조로 받아들여지고 있는 논항구조를 기반으로 한다는 점에서 별도의 추가장치를 설정할 필요없이도 독일어의 초점표지결정현상을 설득력있게 기술할 수 있다는 점이다. 곧 최소주의적인 의미에서 보다 경제적인 이론이라고 할 수 있다. 여기에 Jacobs의 통합개념에 기반한 이론과의 차이가 있다.

V. 맺는 말

　지금까지 우리는 Jacobs(1991 · 1993 · 1994)에 의해 제안되어진 개념구조 기반의 초점표지 결정이론이 이론적으로 함축하는 바가 무엇이고 또한 거기에 어떤 문제점이 있는지를 살펴보았다. 이 개념구조 기반이론에 대하여, Uhmann(1991)의 논항구조에 기반한 이론에 예외적으로 초점표지이동을 허용하는 방향에서 하나의 대안을 모색해 보고, 이 대안적인 이론이 경제적인 관점에서 보다 타당한 이론임을 논증했다. 그 결과로서 논항구조 기반의 초점표지 결정이론의 단점을 보완하는 초점표지 이동제약을 제안하였다.

　그러나 보다 근본적으로, 자유초점구조와 관련한 문제는 문장차원에서 보다는 담화차원에서 다루어져야 할 현상으로 이해된다. 따라서 Vallduvi (1991 · 1994)에 의해 제안된 정보포장이론(Information Packaging Theory)과 같은 하나의 담화 · 화용론적인 이론틀 안에서 이 초점구조가 기술되는 것이 보다 바람직할 것으로 보인다. 이러한 방향의 논의는 다음의 과제로 남겨둔다.

I. 서 론

  등위접속구문은 자연어처리에 있어 가장 중요한 문제중의 하나이다. 그러나 일반적으로 그 구조의 좌측순환성으로 인해, 하향식 분석 방법에 의한 기계적인 처리가 어렵다고 알려져 있다. Lee(1992)에서는 한국어 등위접속구문의 기계적인 처리를 위한 좌측코너 문장분석방법이 제안되고 그 타당성이 검증되었다. 그러나 독일어 등위접속구문에 대한 기계적인 분석은 지금껏 본격적으로 시도된 바가 없다. 독일어 등위접속구문의 특징중의 하나는, 명사구내의 일치관계가 보존된다는 점인데, 이 때문에 독일어의 등위접속구문은 한국어와 비교하여 그 기계적인 처리가 보다 까다롭다.

  이 장에서는 독일어 등위접속구문을 기계적으로 분석하기 위한 효율적인 방안을 제안한다. 이 새로운 방안은 Lehner(1988)에 의해 제안된 메타프로그래밍 기법을 하향식 문장분석기(Parser)의 구축에 도입한 것이다.

  본 장의 구성은 다음과 같다. 제II절에서는 프롤로그의 통사론과 그 기반이 된 제1차 술어논리의 통사론과의 관계를 기술한다. 제III절에서는 프롤로그의 한정절들로 이루어진 한정절 문법(Definite Clause Grammar, 이하 DCG)을 이용하여, 독일어를 분석하고 생성하는 과정을 기술한다. 제IV절에서는 독일어의 등위접속구문의 기계적인 분석을 위한 메타 문장분석기의 설계구조와 기능에 대해 논의한다. 제Ⅴ절에서는 이제까지의 논의를 종합하고, 남은 문제를 살펴본다.

Ⅱ. 프롤로그 통사론과 제1차 술어논리 통사론과의 관계

프롤로그는 1972년에 프랑스 마르세이유 대학의 A. Colmerauer에 의해 개발된 인공언어로서 제1차 술어논리를 근간으로 하기 때문에, 프롤로그 언어의 논리적인 기반을 살펴보는 것은 의미있는 일이다. 프롤로그는 '논리로 프로그램짜기(PROgramming in LOGic)'라는 그 명칭이 말해 주듯이 형식논리를 기반으로 한 인공언어이다.

프롤로그의 프로그램은 다음의 (1)과 같은 형식으로 일반화될 수 있는 절(Clause)들의 집합이다.

(1) HEAD : - BODY
     (결론부) (조건부)

위 (1) 안의 연산자 ' : - '는 바로 명제논리와 술어논리에서의 함의(implication)연산자에 대응되는데, 전제부와 조건부가 뒤바뀐 것이 양자의 차이이다. 예를 들어 다음의 (2a)는 프롤로그의 절을 나타낸 것인데, 이 절을 술어논리로 표현하면 (2b)와 같다.

(2) a. p : - q.
     b. q → p

위 (2b)는 다음 (3)의 선접된 문장형식과 논리적으로 등가이다. 따라서 (2a)의 프롤로그 표현이 (3)에 있는 술어논리의 문장형식에도 대응된다고 할 수 있다.

    (3) $\neg q \lor p$

  그런데 프롤로그의 경우, 다음의 (4a)와 같이 연산자 ' : − '의 조건부에
는 다수의 문장형식이 나타날 수 있으나, (4b)에서처럼, 결론부에 여러개
의 문장형식이 나타날 수는 없다.

    (4) a. p :− q1, q2, q3.
       b. p1, p2 p3 :− q.

  (4a)의 절을, 그에 대응되는 술어논리의 형식으로 바꾸면 (5a)나 (5b),
(5c)와 같다. 프롤로그에서의 ' , '는 술어논리에서의 연접사 '$\land$'에 대응된
다.

    (5) a. $q1 \land q2 \land q3 \rightarrow p$
       b. $\neg(q1 \land q2 \land q3) \lor p$
       c. $\neg q1 \lor \neg q2 \lor \neg q3 \lor p$

  위의 (5c)와 같은 문장형식은 단 하나의 긍정적인 문자성분을 가진 것
으로서 바로 혼절(Horn Clause) 혹은 한정절(Definite Clause)에 해당한다.
  이런 맥락에서 우리는 '프롤로그의 프로그램이 한정절들의 집합이다'라
는 진술을 이해할 수 있다. 앞서 (1)에 제시된 일반화된 한정절을 세분화
하여 다음의 (6a)-(6c)와 같이 세 가지 유형으로 나누어볼 수 있다.

    (6) a. HEAD :− BODY.   이때, HEAD $=/= \phi$, BODY $=/= \phi$
        (결론부) (조건부)
      b. HEAD :−.   이때, HEAD $=/= \phi$
      c.   :− BODY.   이때, BODY $=/= \phi$

  위 (6a)의 한정절은 결론부와 전제부가 모두 채워져 있는 형태이고,
(6b)의 한정절은 결론부만이 채워져 있으며 (6c)의 한정절은 전제부만이

채워져 있다. 프롤로그에서 (6a)의 한정절 형식은 규칙(rule)을 표현하기 위해서, (6b)의 한정절 형식은 사실(fact)을 나타내기 위해, 그리고 (6c)의 한정절 형식은 질의(question)를 나타내기 위해 사용된다.

프롤로그는 대화형 인공언어로서 사실과 규칙들로 이루어진 지식베이스(knowledge base)에 의거하여 사용자에 의해 질의의 형식으로 제시된 새로운 사실을 추론하는 기능을 수행한다. 곧, 사용자에 의해 던져지는 질의가 프롤로그에 의해 그 사실을 부정하는 하나의 새로운 사실로 받아들여져 기존의 지식베이스에 첨가된다. 그리고 이 확장된 지식베이스에 앞절에서 논의한 용해원리가 적용된다. 이러한 관계들을 정리하여 다음의 (7)과 같이 나무구조로 나타낼 수 있다.

(7)

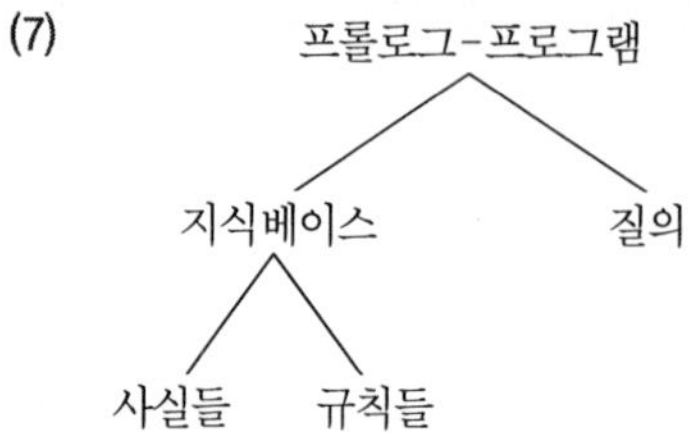

우리는 여기서 아래의 용해원리 (8)을 프롤로그의 한정절에 적용해볼 수 있겠는데, 다음의 (9)에 하나의 예가 제시되어 있다.

(8) 용해원리

하나의 절 c_1이 어떤 긍정적인 문자성분 L_1을 가지고 있고, 다른 하나의 절 c_2가 그것에 상응하는 부정적인 문자성분 $\neg L_2$를 가지고 있으며, L_1과 L_2가 서로 통합될 수 있으면, 그 두 개의 절은 용해되어 용해체라 불리는 새로운 절이 생성된다. 이 용해체는 L_1과 $\neg L_2$를 각각 c_1과 c_2에서 삭제한 후에 두 절을 선접함으로써 얻어진다. 이러한 용해과정은 빈 절로 표현되는 모순이 나타날 때까지 계속된다.

(9) p :- q.   ·································· (i)
　　　　q :- r.   ·································· (ii)
　　　　────────
　　　　p :- r.   ·································· (iii)

위의 한정절 (9i)은 다음 (10i)의 술어논리형식과 동일하고, 한정절 (9ii)는 다음 (10ii)의 술어논리형식과, 한정절 (9iii)은 다음 (10iii)의 술어논리형식과 동일하다.

$$(10) \quad p \lor \neg q \qquad\qquad\qquad \cdots\cdots\cdots\cdots (i)$$
$$\underline{\qquad q \lor \neg r \qquad} \qquad \cdots\cdots\cdots\cdots (ii)$$
$$p \lor \neg r \qquad\qquad\qquad \cdots\cdots\cdots\cdots (iii)$$

용해원리에 의해 (10i)와 (10ii)로부터 (10iii)이 추론된 것처럼, (9i)와 (9ii)로부터 (9iii)이 추론되도록 하기 위해 앞 절에서 제시한 용해원리를 프롤로그의 한정절형식으로 수정할 필요가 있다. 다음의 (11)에는 수정 용해원리(Revised Resolution Principle)가 제시되어 있다.

(11)   수정 용해원리
하나의 한정절 dc_1 내에서 연산자 ' : - '다음의 전제부에 속하는 하나의 구성성분 L_1이 존재하며, 그것에 상응하는 구성성분 L_2가 다른 하나의 한정절 dc_2의 연산자 ' : - ' 앞의 결론부에 존재하며, 그 두 구성성분 L_1과 L_2가 서로 통합될 수 있으면, 그 두 한정절은 용해되어 용해체(resolvent)라 불리는 새로운 한정절이 생성된다. 이 용해체는 두 번째 한정절 dc_2의 전제부 전체가 첫 번째 한정절 dc_1의 해당 구성성분 L_1을 대치함으로써 얻어진다. 이러한 용해과정은 빈 한정절로 표현되는 모순이 나타날 때까지 계속된다.

위의 정의 (11)에서 사용된 통합개념은 다음 (12)와 같다.

(12)   통합(Unifikation)
a. L_1과 L_2가 모두 같은 값을 개체정항이거나 개체변항이면 L_1과 L_2는 통합된다.
b. L_1이 개체정항이고 L_2가 개체변항이면 L_1과 L_2는 통합되어지는데, 이 때 개체변항 L_2에 개체정항 L_1이 할당된다.
c. L_1과 L_2가 모두 술어-논항-구조를 가지고 있을 경우에, L_1의 술어와 L_2의 술어가 동일하고, L_1의 논항수와 L_2의 논항수가 동일하며, L_1과 L_2의 각 논항자리의 논항들이 서로서로 통합될 수 있으면, L_1과 L_2는

　　　　통합된다.
　　　　d. 위의 a.-c.에서 제시된 경우 이외에 통합이 이루어지는 경우는 없다.

　수정된 용해원리에 의거하여 하나의 프롤로그 프로그램내에서 새로운 사실이 추론되는 과정을 살펴보자.

> (13)　computer_linguist(X1) : - kann_programmieren(X1,Y1). … (i)
> 　　　　kann_programmieren(X2,Y2) : -
> 　　　　　　　　　　　　eine_sprache(Y2), versteht(X2,Y2). … (ii)
> 　　　　eine_sprache(prolog) : -.　　　　　　　　　　… (iii)
> 　　　　versteht(hans,prolog) : -.　　　　　　　　　　… (iv)

　위 (13)에 제시된 프로그램은 하나의 지식베이스로서 두 개의 규칙과 두 개의 사실로 이루어져 있다. 우리는 이 지식베이스로부터 (14)와 같은 하나의 새로운 사실을 추론하려고 한다.

> (14)　computer_linguist(hans) : -.

　용해원리에 의한 추론시에 술어논리에서와 마찬가지로 우리는 사실 (14)을 부정하는 하나의 한정절 (15)를 (13)의 지식베이스에 첨가하여 (16)과 같이 용해과정을 시작한다. 사실을 부정하는 것이 프롤로그에서는 질의형식으로 표현되므로, 곧 사실 (14)에 대한 부정은 질의 (15)이다.

> (15)　 : - computer_linguist(hans).
> (16)　 : - kann_programmieren(X1,Y1). ……………………… (i)::(15), (13 i)
> 　　　　 : - eine_sprache(Y2), versteht(X2,Y2). ·· (ii)::(16 i), (13ii), (12)
> 　　　　 : - versteht(X2,prolog). ……………… (iii)::(16ii), (13iii), (12)
> 　　　　 : -. (empty clause) ………………………… (iv)::(16iii), (13iv)

　(16)의 용해과정은 (14)에 제시된 사실을 부정하는 (15)와 같은 질의에서 출발함으로써, (16iv)에서와 같은 빈 한정절로 표현되는 논리적인 모순이 추론되어지는 과정을 보여준다. 이와 같이 어떤 사실을 부정함으로써

논리적인 모순이 결과한 경우에 우리는 거꾸로 그 사실이 논리적으로 추론 가능하다고 결론짓는다.

지금까지 우리는 절들의 집합에 적용되는 용해원리와 통합기제를 중심으로 프롤로그의 추론과정과 제1차 술어논리의 추론과정을 비교 논의했다. 이제 프롤로그의 어휘부와 통사규칙에 대해 간단히 살펴본다. 프롤로그에서도 제1차 술어논리에서와 마찬가지로 개체정항과 개체변항을 구분한다. 개체정항의 경우 영문소문자로 시작하는 문자열로, 개체변항은 영문대문자로 시작하는 문자열로 표기한다. 정수도 개체정항에 속한다. 제1차 술어논리에서처럼 프롤로그에서도 개체정항과 개체변항이 명사(term)에 속하는데, 이들 외에 술어(논항1, …, 논항n)의 형식을 가진 하나의 구조(structure)도 명사에 속하는 것으로 간주된다. 구조의 경우에, 술어가 항가라고 불리는 고정된 숫자의 논항자리를 가지는 점에서 제 1차 술어논리에서의 술어와 동일하나, 프롤로그의 술어는 변항으로 나타날 수 없기 때문에 술어이름이 영문소문자로 시작하는 문자열이어야 한다. 논리정항의 경우, 부정연산자는 'not'로, 선접사는 ' ; '로 표현된다. 연접사는 ' , '로, 함의연산자는 ' : - '로 각각 표현되며 그러나 술어논리의 쌍방함의 연산자 '↔'에 대응하는 연산자는 정의되어 있지 않다. 프롤로그에서는 양화사가 명시적으로 표현되지 않고, 모든 개체변항은 암묵적으로 보편양화사 ∀에 의해 결속되는 것으로 간주된다. 보조기호로 ' ('과 ') ', ' . ', 혹은 '?'이 사용될 수 있다. 이상의 논의를 정리하면 다음의 (17i)-(17v)와 같다.

> **(17)** (i) 개체정항 : j, m, …
> (ii) 개체변항 : X, Y, Z, …
> (iii) 구조 : p1(arg1, …, argn), p2(arg1, …, argn), …, pn(arg1, …, argn)
> (iv) 논리정항 : not, ' ; ' , ' , ' , ' : - '
> (v) 보조기호 : ' (', ') ', ' . ' , ' ? '

술어논리의 문장형식에 대응하는 프롤로그의 한정절은 다음의 통사규칙에 의해 정의된다.

(18)　(i) p가 n-항 술어이고 t1, …, tn이 명사들이면, p(t1, …, tn)은 하나
　　　　　의 원자절이다.
　　　(ii) φ와 ψ가 원자절이면 not(φ), (ψ ; φ), (ψ , φ)들이 복합절이다.
　　　(iii) ψ, φ가 원자절이고 ρ가 복합절이면, (ψ.)나 혹은 (:- φ.),
　　　　　(:- ρ.)나 (ψ :- φ.), (ψ :- ρ.)이 한정절이다.

　위의 통사규칙 (18iii)에서 함의연산자 ' : - ' 앞에 원자절만이 나타날
수 있도록 제한함으로써 본래의 한정절의 개념이 유지되도록 했다. (18i)-
(18iii)에 제시된 통사규칙은 제 1차 술어논리에 대응되는 것들만으로 국
한된 것이다.

Ⅲ. 독일어 한정절 문법의 이해

　이 절에서는 한정절문법을 이용하여 문장을 분석하고 생성하는 방법을
논의한다. 한정절문법은 Pereira · Warren(1980)에 의해 제안된 문법형식
으로, 문맥자유문법(kontextfreie Grammatik)이 프롤로그에 의해 해석됨으
로써 언어분석이 이루어지도록 고안되었다. 따라서 여기서는 먼저 하나의
문맥자유문법의 형식적인 특성을 논의한 다음, 이 문법에 의해 어떻게 언
어가, 구체적으로 영어의 문장구조가 어떻게 분석되어지는지를 살펴보고,
마지막으로 이 문맥자유문법을 프롤로그의 한정절문법으로 어떻게 변환하
는지를 기술하겠다.
　문맥자유문법은 보다 일반적으로 다음의 (19)와 같이 정의되는 형식문
법 G의 한 유형이다.

(19)　G = ⟨N, T, P, S⟩
　　　 i . N은 비종단어휘의 유한한 집합이고,
　　　ii. T는 종단어휘의 유한한 집합이며,
　　　iii. P는 p → q의 형태를 가진 생성규칙들의 유한한 집합이며,
　　　iv. S는 N의 한 원소로서 초기기호이다.

위의 형식문법의 정의 중 세 번째 (19iii)에 제시된 생성규칙의 형태가
어떠냐에 따라, 문맥의존문법, 순환문법, 문맥자유문법, 정규문법 등 여러
유형의 문법들이 정의되는데, 문맥자유문법의 생성규칙은 화살표 다음의
q가 빈 기호연쇄가 아니라는 제약을 가진다(이민행, 1995 : 139).

다음의 (20)에 제시된 독일어를 위한 구절구조문법은 앞서의 정의에 따
라 문맥자유문법으로 분류될 수 있다.

```
(20) DEU-G 1
     N = {S, NP , VP, DET, N, PN, V}
     T = {ein,Mädchen,Buch,Hans,inge,schläft,liebt}
     P = {  p1 : S → NP VP,
            p2 : NP → PN,
            p3 : NP → DET N,
            p4 : VP → V NP,
            p5 : VP → V,
            p6 : DET → ein,
            p7 : N → Mädchen,
            p8 : N → buch,
            p9 : PN → Inge,
            p10 : PN → Hans,
            p11 : V → schläft,
            p12 : V → liebt
            ...... }
```

위 문법에서 N은 비종단어휘의 집합이고, T는 종단어휘의 집합이며, P
는 생성규칙들의 집합이고, S는 초기기호이다. 이 독일어문법 DEU-G 1
에 의해 다음의 독일어문장 (21a), (21b)가 문법적인 것으로 인식된다.

```
(21)  a. Hans liebt ein Mädchen.
      b. Inge liebt Hans.
```

곧 어떤 하나의 문장이 주어진 문법에 의해 생성가능한 문장이면, 그 문
장은 그 문법에 의해 인식된다고 할 수 있다. 위의 예 (21a)가 생성되는

과정은 다음의 (22)와 같이 기술될 수 있다.

```
(22)  i . S                              (초기기호)
      ii. NP  VP                         (규칙 p1)
      iii. PN  VP                        (규칙 p2)
      iv. PN  V      NP                  (규칙 p4)
      v . PN  V      DET N               (규칙 p3)
      vi. Hans V      DET N              (규칙 p9)
      vii. Hans liebt   DET N            (규칙 p12)
      viii. Hans liebt   ein    N        (규칙 p6)
      ix. Hans liebt   ein    Mädchen    (규칙 p7)
```

위의 문장생성과정은 생성규칙의 화살표 왼편의 비종단기호가 오른편의 기호들로 대치되는 과정이 반복됨으로써 하나의 독일어 문장이 생성되는 것을 보여준다. 이러한 기호들의 대치과정을 다시쓰기라 부르며, 다시쓰기에 이용되는 생성규칙을 다시쓰기규칙이라 부르기도 한다. 곧 문장 'Hans liebt ein Mädchen'은 위의 문법 DEU-G 1에 의해 생성이 되는 문장이기 때문에 문법적인 문장으로 인식된다고 할 수 있다. 마찬가지로 위 문장 (21b)도 이 문법에 의해 생성되는 문장이고 문법적으로 인식된다. 반면 'Hans ein Mädchen liebt'는 문법 DEU-G 1에 의해 생성되지 않으며, 문장 'ein Mädchen schläft ein Buch'는 이 문법에 의해서는 생성되어 문법적인 것으로 인식이 되지만, 실제적으로 독일어의 모국어화자에게는 비문법적이다. 이런 맥락에서 우리는 두 가지 종류의 문법을 구분해 볼 수 있는데, 그것은 언어학자에 의해 인공적으로 만들어져서 어떤 언어표현의 분석, 생성과 문법성판정에 이용될 수 있는 인공문법(Künstliche Grammatik)과 천부적으로 언어표현을 분석하고, 생성하며 그 문법성 여부를 판정할 언어능력을 갖춘 모국어화자를 지칭하는 자연문법(Natürliche Grammatik)이다. 이는 우리가 언어를 자연언어와 인공언어로 구분하듯이 문법도 자연문법과 인공문법으로 구분지을 수 있다는 의미이다. 이론언어학자나 전산언어학자의 과제중의 하나는 바로 자연문법에 가까운 인공문법을 설계하는 일일 것이다.

　이와 같이 독일어문장의 생성과 분석에 사용되는 문맥자유문법 DEU-G 1을 프롤로그가 이해할 수 있는 형식으로 바꾸어 표현할 수 있다면, 곧 바로 프롤로그의 해석기나 컴파일러의 도움으로 주어진 문장들을 인식하거나 분석할 수 있을 것이다. 한정절문법의 제안자들인 Pereiara・Warren는 문맥자유규칙 혹은 생성규칙을 프롤로그의 한정절로 바꾸어 표현함으로써 이러한 방향의 시도를 한 것이다. 예컨대 다음 (23a)에 제시된 문맥자유규칙이, 곧 문법 DEU-G 1의 생성규칙 p1이 한정절문법에서는 (23b)와 같이 표현된다. (23b)는 프롤로그에서 내부적으로 (23c)로 이해된다.

(23) 　a. S → NP VP
　　　b. s ─→ np, vp.
　　　c. s(X,Z) :- np(X,Y), vp(Y,Z).

　한편, 생성규칙의 화살표 오른쪽에 종단어휘가 나타나는 규칙의 경우에는 DCG에서 다음의 (23b)에서와 같이 표현된다. 또한 (24b)는 프롤로그에서 내부적으로 (24c)로 이해된다.

(24) 　a. DET → ein
　　　b. det ─→ [ein].
　　　c. det([ein|R],R).

　하나의 문맥자유규칙이 한정절문법의 규칙으로 변환되는 관계는 일반화시켜 다음과 같이 얘기할 수 있다. 화살표의 오른쪽에 비종단어휘가 나타나는 문맥자유규칙의 경우에는 DCG에서 다음의 (25b)의 형태로 바뀌고, 이 DCG의 규칙은 프롤로그에서 내부적으로 (25c)로 이해된다. 화살표의 오른쪽에 종단어휘가 나타나는 문맥자유규칙의 경우에는 DCG에서 아래의 (26b)의 형태로 바뀌고, 이 DCG의 규칙은 프롤로그에서 내부적으로 (26c)로 이해된다.

(25) a. NT → A_1, A_2, ⋯, A_n
     b. nt —→ a_1, a_2, ⋯, a_n.
     c. nt(L,L$_n$) : − a_1(L,L$_1$), a_2(L$_1$,L$_2$), ⋯, a_n(L$_n$_1,L$_n$).
(26) a. NT → T
     b. nt —→ [t].
     c. nt([t|R],R).

위에 제시된 일반화된 변환규칙에 의해 앞서의 문맥자유문법 ENG-G 1의 생성규칙들을 한정절문법의 규칙들로 바꾸면 다음의 (27a)-(27l)과 같다.

(27) (가) /* DEU-DCG 1 */

a. s —→ np, vp.	/* S → NP VP */
b. np —→ pn.	/* NP → PN */
c. np —→ det, n.	/* NP → DET N */
d. vp —→ v, np.	/* VP → V NP */
e. vp —→ v.	/* VP → V */
f. det —→ [ein].	/* DET → ein */
g. n —→ [maedchen].	/* N → Mädchen */
h. n —→ [buch].	/* N → Buch */
i. pn —→ [inge].	/* PN → Inge */
j. pn —→ [hans].	/* PN → Hans */
k. v —→ [schlaeft].	/* V → schläft */
l. v —→ [liebt].	/* V → liebt */

(나)

a′. s(L,L$_2$) : − np(L,L$_1$), vp(L$_1$,L$_2$).	/* S → NP VP */
b′. np(L,L$_1$) : − pn(L,L$_1$).	/* NP → PN */
c′. np(L,L$_2$) : − det(L,L$_1$), n(L$_1$,L$_2$).	/* NP → DET N */
d′. vp(L,L$_2$) : − v(L,L$_1$), np(L$_1$,L$_2$).	/* VP → V NP */
e′. vp(L,L$_1$) : − v(L,L$_1$).	/* VP → V */
f′. det([ein|R],R).	/* DET → ein */
g′. n([maedchen|R],R).	/* N → Mädchen */
h′. n([buch|R],R).	/* N → Buch */
i′. pn([inge|R],R).	/* PN → Inge */
j′. pn([hans|R],R).	/* PN → Hans */
k′. v([schlaeft|R],R).	/* V → schläft */
l′. v([liebt|R],R).	/* V → liebt */

위의 규칙들 중 (a)에서 (e)까지는 (23b)의 패턴을 따라서 변환된 것이고, (f)에서 (l)까지는 (24b)의 패턴을 따라 변환된 것이다. 이 DCG-규칙들이 프롤로그에서 내부적으로는 각각 위의 (27a′)-(27l′)으로 이해된다. 한정절문법 DEU-G 1을 하나의 지식베이스 (28a)로 간주하여 다음의 (28b)과 같이 컴파일한 다음, (28c)와 같이 '?- s([hans,liebt,ein,maedchen],[]).'라는 질의를 하면 프롤로그의 해석기는 yes라는 답을 내보낼 것이다.

```
(28)  a. /* gdcg1.pl  (DEU-DCG 1) */
         s  --→ np, vp.
         np  --→ pn.
         np  --→ det, n.
         vp  --→ v, np.
         vp  --→ v.
         det  --→ [ein].
         n  --→ [maedchen].
         n  --→ [buch].
         pn  --→ [inge].
         pn  --→ [hans].
         v  --→ [schlaeft].
         v  --→ [liebt].
      b. ?- consult(gdcg1).
         yes
      c. ?- s([hans,liebt,ein,maedchen], [ ]).
         yes.
```

위의 질의 '?- s([hans,liebt,ein,maedchen],[]).'의 의미는 리스트 [hans,liebt,ein,maedchen]에서 빈 리스트 [ ]를 제하고 남은 리스트가, 곧 [hans,liebt,ein,maedchen] 이 's'라는 범주에 속하는 표현인가를 묻는 것인다. 곧 주어진 한정절문법 DEU-G 1에 의해 [hans,liebt,ein,maedchen] 이 문장으로 인식되는지를 묻는 것이다. 이제 yes라는 답이 유도되는 과정을 살펴보자. 이 과정을 일괄적으로 기술하면 다음의 (29)와 같다.

(29) 1. ?- s([hans,liebt,ein,maedchen], [ ]).

    2. ?- s([hans,liebt,ein,maedchen], [ ]) = s(L,L₂).

       L = [hans,liebt,ein,maedchen], L₂ = [ ].

    2.1 ?- np([hans,liebt,ein,maedchen],L₁).

      2.1.1 ?- np([hans,liebt,ein,maedchen],L₁) = np(L,L₁).

      L = [hans,liebt,ein,maedchen], L₁ = L₁.

        2.1.1.1 ?- pn([hans,liebt,ein,maedchen],L₁)

          2.1.1.1.1 ?- pn([hans,liebt,ein,maedchen],L₁) = pn([hans|R],R).

           R = [liebt,ein,maedchen], L₁ = R, L₁ = [liebt,ein,maedchen].

        2.1.1.1 ?- pn([hans,liebt,ein,maedchen],[liebt,ein,maedchen]).

          yes.

      2.1.1 ?- np([hans,liebt,ein,maedchen],[liebt,ein,maedchen]) =

             np([hans,liebt,ein,maedchen],[liebt,ein,maedchen]).

          yes.

    2.1 ?- np([hans,liebt,ein,maedchen],[liebt,ein,maedchen]).

          yes.

    2.2 ?- vp([liebt,ein,maedchen], [ ]).

      2.2.1 ?- v([liebt,ein,maedchen], L₁).

        2.2.1.1 ?- v([liebt,ein,maedchen], L₁) = v([liebt|R],R).

        R = [ein,maedchen], L₁ = R, L₁ = [ein,maedchen]

      2.2.1 ?- v([liebt,ein,maedchen], [ein,maedchen]).

          yes

      2.2.2 ?- np([ein,maedchen],L₂).

        2.2.2.1 ?- det([ein,maedchen],L₁).

          2.2.2.1.1 ?- det([ein,maedchen],L₁) = det([ein|R],R).

          R = [maedchen], L₁=R, L₁= [maedchen]

        2.2.2.1 ?- det([ein,maedchen],[maedchen]).

          yes

        2.2.2.2 ?- n(L₁,L₂).

          2.2.2.2.1 ?- n([maedchen],L₂).

            2.2.2.2.1.1 ?- n([maedchen],L₂) = n([maedchen|R],R).

        R = [ ], L₂ = R, L₂ = [ ].

        2.2.2.2 ?- n([maedchen],[ ]).

          yes

      2.2.2 ?- np([ein,maedchen],[ ]).

          yes

    2.2 yes

위의 과정은 통합(Unifikation)기제에 의해 독일어문장 'Hans liebt ein Mädchen'에 대응되는 [hans,liebt,ein,maedchen]이 독일어 한정절문법 DEU-DCG 1에 의해서 s 범주의 문법적인 표현으로 인식되는 절차를 보여준다. 그러나 이 한정절문법 DEU-DCG 1은 하나의 표현체가 어떤 범주에 속하는 언어표현인지 아닌지의 여부만을 판정해줄 뿐, 그 표현체의 통사구조에 대한 정보를 제공하지는 않는다. 그런 의미에서 이 문법은 인식기(Recognizer)의 기능만 가질 뿐 분석기(Parser)로서 기능하지 못한다고 얘기할 수 있다. 그런데, 이 한정절문법을 다음의 DEU-DCG 2와 같이 확대할 경우에 분석기의 기능도 갖게 된다.

```
(30) /* gdcg2.pl (DEU-DCG 2) */
     s(s(NP,VP)) --→ np(NP), vp(VP).
     np(np(PN)) --→ pn(PN).
     np(np(DET,N)) --→ det(DET), n(N).
     vp(vp(V,NP)) --→ v(V), np(NP).
     vp(vp(V)) --→ v(V).
     det(det(ein)) --→ [ein].
     n(n(maedchen)) --→ [maedchen].
     n(n(buch)) --→ [buch].
     pn(pn(inge)) --→ [inge].
     pn(pn(hans)) --→ [hans].
     v(v(schlaeft)) --→ [schlaeft].
     v(v(liebt)) --→ [liebt].
```

이제 이 한정절문법을 기반으로 하여, 다음의 (31a)와 같은 질의를 하면 (31b)와 같은 답을 얻게 된다.

```
(31) a. ?- s(STRUKTUR, [hans,liebt,ein,maedchen], [ ]).
     b. STRUKUTR = s(np(pn(hans)),vp(v(liebt),np(det(ein),n(maedchen)))).
```

우리는 유틸리티 프로그램을 사용하여 위의 (31b)의 술어-논항구조를, 문장구조를 나타내기 위해 언어학에서 많이 이용되는 수형도로 어렵지 않게 표현할 수 있다(Lehner, 1990).

(32)

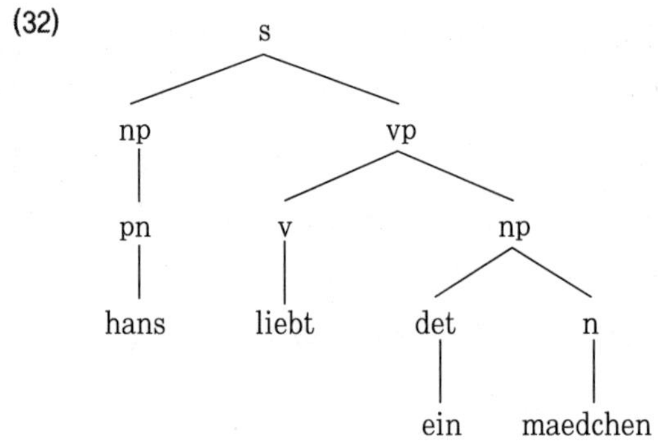

이러한 분석을 위한 한정절문법은 언어표현의 생성에도 이용될 수 있다. 예컨대, 구조를 제시하고 그 구조에 상응하는 언어표현체를 찾아내라는 주문을 할 수도 있다. 이 경우에 프롤로그 해석기는 통합기제에 의해서 적당한 표현체를 찾아낸다. 다음의 예를 보자.

(33) a. ?- s(np(pn(hans)),vp(v(liebt),np(det(ein),n(maedchen)))), DEU_SATZ, 〔 〕).
    b. DEU_SATZ = 〔hans,liebt,ein,maedchen〕.

위 (33a)의 질의는 구조 s(np(pn(hans)),vp(v(liebt),np(det(ein),n(maedchen))))를 갖는 독일어문장 DEU_SATZ는 무엇인지를 묻는다. 이에 대한 답으로 〔hans,liebt,ein,maedchen〕가 제시된다. 이처럼 한정절문법은 문장의 인식과, 분석에 사용될 수 있을 뿐만 아니라 문장의 생성에도 쓰일 수 있다. 그러나 독일어 한정절문법 DEU-DCG2은 하향식 문장분석기이기 때문에, 좌측순환성을 가지는 등위접속구문의 분석과 생성에 한계를 보인다. 이에 대한 하나의 대안으로, 다음 절에서는 메타프로그램 기법을 채택한 메타 문장분석기에 의해, 독일어 등위접속구문이 분석될 수 있음을 보인다.

Ⅳ. 메타 문장분석기에 의한 등위접속 구문의 분석

일반적인 좌측코너 파서는 문장분석의 효율을 높이기 위해 하향식(top-down) 파싱방법과 상향식(bottom-up) 파싱방법을 혼합한 분석기이다. 이 분석기는 상향식 방법도 취하기 때문에 좌측순환성을 가지는 등위접속구문의 분석에 적합하다. 이런 이유로 Lee(1992)와 이민행(1994)에서는 한국어 등위접속구문의 분석을 위해 좌측코너 파서를 이용한다. 그러나 메타규칙의 처리가 허용되지 않은 일반 좌측코너 파서의 경우, 무한히 많은 수의 문법규칙을 필요로 한다는 문제점을 갖는다. 아래의 (34)에는 그러한 문법규칙들이 나열되어 있다.

(34) a. s(s(S1,C,S2)) --→ [s(S1),coord(C), s(S2)].
      b. tp(tp(TP1,C,TP2),TNS) --→ [tp(TP1,TNS),coord(C),tp(TP2,TNS)].
      c. vp(vp(VP1,C,VP2)) --→
            [vp(VP1),coord(C),vp(VP2)].
      d. dp(dp(DP1,C,DP2)) --→
            [dp(DP1),coord(C),dp(DP2)].
      e. np(np(NP1,C,NP2)) --→
            [np(NP1),coord(C),np(NP2)].
      f. adjp(adjp(ADJP1,C,ADJP2)) --→
            [adjp(ADJP1),coord(C),adjp(ADJP2)].

위의 규칙 (34a)은 문장층위의 표현체들이 등위접속되어 다시 문장층위의 복합표현이 되는 경우의 분석을 위해 필요한 규칙이고, (34e)는 명사구 층위의 표현체들이 등위접속된 복합표현의 분석을 위해 필요한 규칙이다. 이처럼 등위접속이 가능한 모든 층위에 대해서 별도의 문법규칙을 필요로 하기 때문에, 등위접속구문의 분석을 위해 일반 좌측코너 파서에 기댈 경우 다음의 규칙 (35a)와 수형도 (35b)에 기술된 바와 같은 언어학적인 일반화를 포착하지 못하는 문제점이 생긴다.

(35) a. X_n $\longrightarrow$ X_n COORD X_n ,

　　　　이때 COORD $\in$ {und, oder, aber}, $0 =< n =< 2$

　　　b.

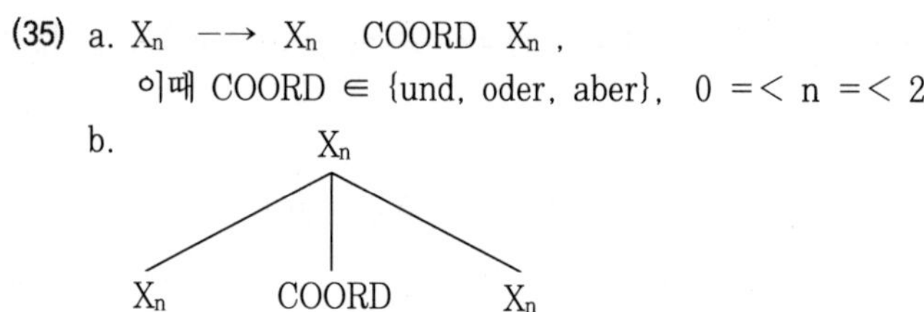

반면에, Lehner(1988)에서 제안된 메타프로그래밍 기법을 도입할 경우, 우리는 위의 규칙 (35a)와 (35b)에 의해 표현된 등위접속에 대한 언어학적인 일반화를 포착할 수 있을 뿐만 아니라, 문법규칙의 수를 절대적으로 많이 줄일 수 있다.

메타프로그래밍 기법을 도입한 하향식 메타 문장분석기는 다음 (36)에 제시된 4항술어 parse/4에 의해 작동된다.

```
(36)  parse(Category,Result_Tree)  ──→
              {Category  ───→ Parts},
              parse_all(Parts,Tree_of_Parts),
              opt_coord(Category,Tree_coord),
              {produce_tree(Category,Tree_of_Parts,
              Tree_coord,Result_Tree)}.
```

위의 (36)에서 술어 parse/4 안에 4항술어 opt_coord가 포함됨으로써, 접속사에 의해 이끌려진 접속성분이 선택적으로 나타날 수 있는 가능성이 열린다. 술어 opt_coord/4는 아래의 (37a), (37b)와 같이 정의되는데, (37b)에서는 등위접속 성분이 나타나지 않는 경우가 함께 고려되어 있다.

```
(37)  a. opt_coord(Cat,[coord(K),Tree2])  ──→
              coord(K),
              {not_eps(Cat),
              copy_struct(Cat,Cat1)},
              parse(Cat1,Tree2),
              {not_eps(cat(Tree2))}.
      b. opt_coord(Cat,[eps])  ──→ [].
```

위 (37a)에 정의된, 술어 opt_coord/4는 여기서 범주 lex_coord로 명명
된 등위접속사와 함께 나타나는 접속성분의 구조분석을 위해서 존재한다.
등위접속사들은 아래의 (38a)-(38c)과 같은 어휘기재항을 가지며, (38d)
에 정의된 3항 술어 coord를 통해 정의된 문법규칙에 처리된다.

> **(38)** a. lex_coord(und).
> b. lex_coord(oder).
> c. lex_coord(aber).
> d. coord(K) --→ [K], {lex_coord(K)}.

한편, 이상에서 기술한 메타 문장분석기에 적합한 문법규칙들은 다음의
(39a)-(39d)와 같은 형태로 정의되어진다.

> **(39)** a. s(s(NP,VP),CF) --→ np(NP,_,CASE),vp(VP,CASE,CF).
> b. np(np(NPR),GEN,CASE) --→ npr(NPR,GEN,CASE).
> c. np(np(AR,CN,NP),GEN,&# CASE) --→ ar(AR,GEN,CASE,IFC),
> cn(CN,&# GEN,&# CASE,IFC),
> np_opt(NP,_,&# gen).
> d. vp(vp(V),&# nom,[nom]) --→ v1(V,[nom]).

이러한 문법규칙들안에, 등위접속의 처리를 위한 어떤 규칙도 포함되지
않는다는 것이 앞서 논의한 바와 같이 메타 문장분석기의 특징일 뿐만 아
니라, 장점이다.

또한 어휘기재항들은 아래의 (40a)-(40d)와 같은 형태를 지닌다.

> **(40)** a. lex_v3(widmet,[nom,dat,acc]).
> b. lex_npr(peter,masc,nom).
> c. lex_ar(einem,masc,dat,mixed).
> d. lex_adcn(gefaehrlichen,masc,acc,mixed).

위의 (40c)에 제시된 어휘기재항은 부정관사 'einem'의 형태/통사정보
를 담고 있는데, 네 번째 논항의 'mixed'는 이 부정관사가, 혼합변화 어

미를 가진 (40d)와 같은 형용사와만 결합하도록 제약을 가하는 굴절정보
이다.

　지금까지 논의한 독일어 메타파서는 독일어 문장 'Maria sieht einen
guten aber gefaehrlichen Freund'에 대해 다음의 (41a), (41b)에 제시
된 바와 같은 통사분석결과를 출력한다.

(41)　a. s(np(npr(maria)), vp(v2(sieht), np(ar(einen),
　　　　　　　cn(adcn(adcn(guten), coord(aber), adcn(gefaehrlichen)),
　　　　　　　cn(freund)), eps)))

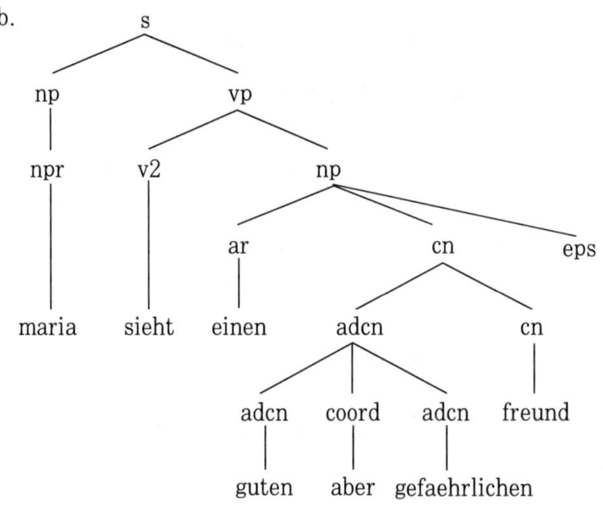

위의 통사분석결과 (41a)는 메타 문장분석기가 독일어 한정절 문법을
바탕으로 해서 산출한 것으로 술어-논항 구조의 형태를 가지고 있다. 별
도로 정의된 1항 술어 tree/1가 술어-논항 구조 (41a)를 입력으로 하여,
출력한 결과가 수형도 (41b)이다. 이러한 일련의 과정이 일괄적으로 수행
되도록 test5라는 술어가 다음의 (42)와 같이 정의되어진다.

(42)　test5 : - parse(s(S,C),L, [maria,sieht,einen,guten,aber,gefaehrlichen,freund],[]),
　　　　　　　nl,write(L),nl,tree(L).

이외에도 메타 문장분석기는 독일어의 보다 복합한 등위접속구문들을
잘 처리한다. 아래의 문장들이 그런 예들이다.

(43) a. Eine herrliche und gloriose aber wehmuehtige Liebe ahnte
Inge.
b. Einem guten Freund aber einem gefaehrlichen Linguisten
widmet die gloriose aber wehmuehtige Liebe das Maedchen.
c. Peter liebt Maria aber sie widmet einem gefaehrlichen
Linguisten die wehmuehtige Liebe.
d. Die herrliche aber tragische und gloriose aber wehmuehtige
Liebe widmet das Maedchen einem guten Freund aber einem
gefaehrlichen Llinguisten.

위의 여러 예들 중에서 (43a)에 대한 분석결과를 수형도로 나타내면,
다음의 (44)과 같다.

(44)

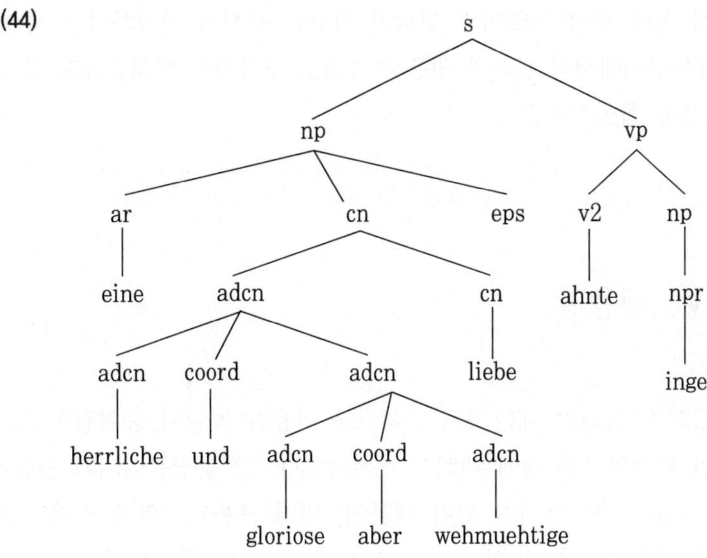

또한 아래의 술어-논항 구조 (45a), (45b), (45c)는 각각 문장 (43b),
(43c), (43d)의 분석결과를 보여준다.

(45) a. s(np(ar(die), cn(dame), eps), vp(v3(widmet), np(np(ar(einem), cn(adcn(guten), cn(freund))), eps), coord(aber), np(ar(einem), cn(adcn(gefaehrlichen), cn(linguisten)), eps)), np(ar(die), cn(adcn(adcn(herrliche), coord(und), adcn(tragische)), cn(liebe)), eps)))

   b. s(s(np(npr(peter)), vp(v2(liebt), np(npr(maria)))), coord(aber), s(np(npr(sie)), vp(v3(widmet), np(ar(einem), cn(adcn(gefaehrlichen), cn(linguisten)), eps), np(ar(die), cn(adcn(wehmuehtige), cn(liebe)), eps))))

   c. s(np(ar(die), cn(adcn(adcn(herrliche), coord(aber), adcn(adcn(tragische), coord(und), adcn(adcn(gloriose), coord(aber), adcn(wehmuehtige)))), cn(liebe)), eps), vp(v3(widmet), np(ar(das), cn(maedchen), eps), np(np(ar(einem), cn(adcn(guten), cn(freund)), eps), coord(aber), np(ar(einem), cn(adcn(gefaehrlichen), cn(linguisten)), eps))))

위에서 기계분석이 성공한 예로서 제시되어진 문장들은 이 메타 문장분석기에 의해 또한 독일어의 뒤섞기 현상의 분석이 가능하다는 사실과 함께, 명사구내에서의 관사와 형용사 그리고 명사간의 일치관계도 잘 기술될 수 있음을 확인시켜준다.

V. 맺음말

지금까지 우리는 메타 문장분석기를 이용한 독일어 등위접속구문의 기계적인 분석의 가능성에 대해서 논의하였다. 그 문장분석기가 인공지능언어인 프롤로그로 쓰여져 있기 때문에, 먼저 프롤로그의 논리적인 토대에 대하여 기술하였다. 논의의 결과로서 프롤로그의 통사론과 제1차 술어논리와의 관계를 밝혔으며, 수정 용해원리를 새로 제안하였다.

또한, 여기서 제안된 메타 문장분석기는 상당히 높은 복잡성을 가진 독일어 등위접속 문장에 대해서 그 구조를 생성할 수 있다는 사실을 확인했고, 또한 이 분석기에 의해 소위 독일어의 뒤섞기 현상도 함께 기술될 수 있음을 보았다. 이 분석기는 특별히 등위접속구문의 분석만을 위해 필요한 추가적인 문법규칙의 설정 없이도, 접속구문을 기계적으로 잘 처리할 수 있다는 장점을 가진다.

그러나, 다른 한편 이 메타 문장분석기의 문제점은, 등위접속사에 의해 꼭 동일한 범주들의 표현체들만이 결합되는 것은 아니라는 사실을 반영하지 못한다는 데에 있다. 이런 특이한 유형의 접속현상에 대해서는 아직 언어학자들간에도 의견의 합치가 이루어져 있지 않는 상태이기 때문에, 이 현상도 함께 다룰 수 있는 문장분석기의 개발은 다음의 과제로 남기고자 한다.

제 7 장 **전산형태론**

독일어의 어휘부

I. 들어서기

　언어정보처리에 있어 어휘부의 중요성은 아무리 강조해도 지나치지 않다. 왜냐하면 통사분석기나 기계번역시스템이 효율적으로 기능하기 위해서 어휘부가 더할 나위 없이 막중한 역할을 하기 때문이다. 어떤 하나의 통사분석기에 의해 문장을 분석하는 과정에서 그 분석기가 사용하는 어휘부내에 들어 있지 않는 어휘를 만날 경우에 통사분석기는 문장분석을 중단하고 에러메시지를 남기거나 분석중인 문장이 비문법적이라는 결과를 제시하기 십상이다. 이러한 문제는 일차적으로 우리가 컴퓨터의 기억용량의 한계 때문에 어휘부내에 모든 어휘를 저장해 넣을 수 없어서 생긴다. 그러나 기존의 어휘부내에서 새 어휘와 형태적으로 긴밀한 관계에 있는 어휘를 찾아내어 그것의 어휘기재항을 근거로 하여 그 새로운 어휘에 대한 어휘기재항을 자동으로 생성하는 자동어휘기재항 생성기(Generator)가 통사분석기내에 내재되어 있을 경우에 앞서 언급한 문제가 일어나지 않을 것이다. 이러한 배경하에 어휘기재항을 자동으로 생성하기 위한 생성기를 인공지능언어인 프롤로그(PROLOG)로 구현하고자 하는 것이 본 연구의 목적이다. 이 연구에서는 제한적으로 독일어의 형용사 wert가 다른 어휘들과 결

합하여 생성된 합성어(이하 wert-합성어라 함)의 어휘기재항을 대상으로 한 다.1)

이 장의 구성은 다음과 같다. 제Ⅱ절에서는 뮌스터 대학에서 구축한 전 산코퍼스에2) 나타난 'wert' 합성어의 유형과 본 연구의 논의대상에 대해서 살펴본다. 제Ⅲ절에서는 격지배관계라는 형태통사적인 기준에 의거하여 동사들을 하위분류하고, 이 분류에 따라서, Bieler(1981)에 제시된 1,000 개의 기본동사들의 분포에 대해 논의한다. 또한 현재 튀빙엔 대학에서 수 행중인 연구과제 GermaNet에서 설정한,3) 의미적인 기준에 따른 동사 분 류체계에 대해 간단히 살펴본다. 제Ⅳ절에서는 뮌스터 전산코퍼스에서 추 출한 동사부정형과 형용사 wert가 결합하여 형성된 wert-합성어들의 형 태통사적, 의미적인 특성에 대해서 앞 제Ⅲ절에서의 분류체계를 기반으로 논의한다. 이 과정에서 wert-합성어를 형성할 때 고려해야 할 여러 제약 들도 함께 밝힌다. 제Ⅴ절에서는, 앞서 논의한 형태통사적, 의미적인 특성 및 합성어 형성 제약들을 고려하여, 개별 wert-합성어의 어휘기재항과 wert-합성어의 어휘기재항 생성기(Generator)를 인공지능언어 프롤로그 (PROLOG)로 구현한다. 제Ⅵ절에서는 지금까지의 논의를 종합하고, 이 연 구의 활용방안에 대해서 생각해 본다.

---

1) 본 연구에서 다루는 *bemerkenswert, lebenswert* 등을 합성어로 볼 것인지, 아니면 파생접 미사 -wert에 의한 파생어로 보아야 할 것인지에 대해서도 진지한 논의가 필요하다. 한 심사위원의 지적에 의하면, Fleischer(1975, 1992)와 Stepanowa · Fleischer(1985 : 68f.) 에서는 -wert를 파생접사로 보는 입장을 취한다고 한다. 그러나 여기서는 -wert가 어휘 형태소로서 자립성을 가진다는 점에 비중을 두어, 편의상 합성어로 분류하고자 한다. 그럼에도 불구하고, 'wert'-복합어의 분류문제와 관련하여, 그 성격규명 자체가 또 하 나의 연구주제가 될 수 있으리라고 생각한다. 이와 관련하여, Vögeding(1981)이 형용 사 frei를 반접미사(Halbsuffix)로 간주한 사실에도 주목할 필요가 있다고 본다.
2) Steiner(1996)에 따르면, 뮌스터코퍼스는 MULTEXT라는 유럽연합(EG)의 연구과제의 하 나로 수행되었으며, Frankfurter Allgemeine Zeitung(1990-1992)와 ZEIT(1990-1992)의 기 사들로 구성되어 있다고 한다.
3) 이 연구과제 GermaNet의 연구내용에 대해서는 인터넷 주소 http://www.sfs.nphil.uni-tuebingen.de/lsd/를 통해 알 수 있다.

Ⅱ. 전산코퍼스에 나타난 wert-합성어의
유형과 연구범위

Schiller(1992 : 8)는 독일어의 합성어 유형을 통사적인 결합관계에 따라
다음의 12가지로 구분한다.

(1)

유형명칭	통사구조	예
TypK1	N+N → N	Haustür, Regenbogen
TypK2	Adj+N → N	Großstadt, Braunkohle
TypK3	V+N → N	Gefrierpunkt, Reitpferd
TypK4	X+N → N	Übersee, Ichsucht
TypK5	N+Adj → Adj	himmelblau, wasserfest
TypK6	Adj+Adj → Adj	hellblau, grobkörnig
TypK7	V+Adj → Adj	rutschfest. lesekundig
TypK8	X+Adj → Adj	übergroß, selbstsicher
TypK9	N+V → V	radfahren, gewährleisten
TypK10	Adj+V → V	brachliegen, schönfärben
TypK11	V+N → V	kennenlernen, sitzenbleiben
TypK12	X+V → V	zurechtliegen, davonspannen

형용사 wert의 경우, 위의 12가지 합성어 유형 중 합성어의 범주를 형
용사로 만드는 유형 모두를, 곧 TypK5부터 TypK8까지를 허용한다는 점
에서 다른 형용사들과 마찬가지이다.[4]

(2)

TypK5	N+Adj → Adj	preiswert
TypK6	Adj+Adj → Adj	liebwert
TypK7	V+Adj → Adj	belohnenswert
TypK8	X+Adj → Adj	unwert

---

4) 여기 표안에 열거된 예들은 Mater(1983 : 652)에서 확인해 볼 수 있는 표현들이고, 아
래의 예문은 뮌스터 코퍼스에서 찾은 것이다.

Aber es kann nicht sein, dass Hunderttausende von Käufern weder für redlich noch für
unredlich, sondern für der Prüfung generell | unwert | erklärt werden.

한편, 아래의 문장들은 뮌스터 대학이 구축한 전산코퍼스에서 추출한
예들 중에서 TypK7 유형에 속하는 것들이다.

(3) TypK7 (V+Adj → Adj) 형
    a. Auf der anderen Seite entsteigen sie dem Bade - jung und
       frisch, strahlend und | begehrenswert |.
    b. Es scheint jedenfalls, dass er eine Zeitlang an das Medium als
       Mittel der Kommunikation geglaubt hat und mit aller Energie
       mitzuteilen suchte, was ihm | mitteilenswert | war.
    c. Dies ist | beherzigenswert |, und dazu kann ein konkretes
       vielversprechendes Programm genannt werden, nämlich die
       Neugründung der Frankfurt-Oder-Universität im Zusammenwirken
       mit polnischen Wissenschaftlern und Kollegen.

위의 예문 (3a)-(3c)에 나타난 wert-합성어들의 예를 통해 보듯이, 4가
지 유형의 wert-합성어 중에서 동사가 wert와 결합하여 형용사 범주를
갖는 TypK7 유형을 이 연구는 논의의 대상으로 삼는다.

Ⅲ. 동사의 형태통사론적 하위분류

이 절에서는 격지배관계라는 형태통사적인 기준에 의거하여 동사들을
하위분류하고, 이 분류방식에 따라서, Bieler(1981)에 등재된 1,000개의
기본동사들의 분포에 대해 논의한다.
본 연구에서 제안하는 동사유형 분류방법은, 아래의 (4)에 제시되는 총
9가지 종류의 보충어(Ergänzung)에 토대를 두고 있다.

(4) 보충어 종류
    a. 보충어 문장(Es)
    b. 동사성 보충어(Ev)

    c. 1격 보충어(En)
    d. 4격 보충어(Ea)
    e. 3격 보충어(Ed)
    f. 2격 보충어(Eg)
    g. 전치사격 보충어(Ep)
    h. 형용사보충어(Eadj)
    i. 부사보충어(Eadv)

위의 (4)에 열거된 보충어들은 다음의 네 가지 형태통사적인 자질에 의해 서로 구분된다.

(5) 보충어의 분류를 위한 형태통사적인 자질
    a. 문장성(+s, −s)
    b. 동사성(+v, −v)
    c. 격(+k, −k)
    d. 연사와의 결합가능성(+vk, −vk)

아래의 수형도 (6)은 보충어들의 계통도를 보여준다. 이 수형도에 따르면, 문장성(+s)을 가진 보충어는 문장보충어(Es)로 먼저 분류되고, 다른 보충어들은 다른 자질들을 가지는가의 여부에 의해 규정된다. 동사보충어(Ev)는 여타의 보충어들과 달리 동사적인 성질(+v)을 지니며, 1격 보충어(En), 4격 보충어(Ea), 3격 보충어(Ed) 그리고 2격 보충어(Eg)는 모두 격(+k)을 지닌다는 공통점을 지닌다는 점에서,[5] 격을 갖지 못하는 형용사 보충어(Eadj)나 부사 보충어(Eadv)와 구별되어진다. 또한 형용사 보충어는 부사 보충어와 달리 sein, werden, bleiben 등 연사(Kopula)들과 결합할 수 있다는 특성을 지닌다. 이런 의미에서 형용사 보충어(Eadj)가 〔+vk〕자질을 가지는 것으로 간주한다.

---

[5] 1격 보충어, 4격 보충어, 3격 보충어, 2격 보충어 그리고 전치사격 보충어 상호간에는 격을 통해 구분될 수 있다고 보고, 이를 위해 별도의 하위 자질을 설정하지 않았다.

(6) 보충어 분류 계통도

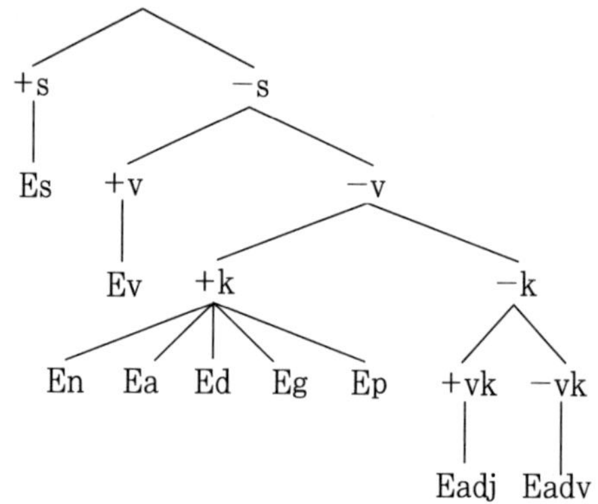

이처럼 독일어 보충어의 종류를 8가지로 설정한 것은, 앞서 언급한 바와 같이 이를 기반으로 하여 동사들의 하위유형을 밝혀내기 위함이다. 본 연구에서는 개별동사가 어떠한 보충어들과 결합하여 문법적인 문장을 형성하는가에 따라, 독일어의 동사유형을 다음과 같이 22가지로 하위분류한다.6)

(7) 동사의 하위분류

유형명칭	보충어의 종류	동사의 예	예　　　문
VT1	En	blühen	Die Rose blüht.
VT2	En Ea	binden	Der Gärtner bindet die Blumen.
VT3	En Ed	bluten	Die Hand blutet dem Kind.
VT4	En Eg	bedürfen	Karl bedarf deiner Hilfe.
VT5	En Ep	geschehen	Das Verbrechen geschah aus Eifersucht.
VT6	En En	sein	Karl ist mein Freund.
VT7	En Eadv	gehen	Er geht die Treppe hinunter.
VT8	En Eadj	sein	Der Spalt ist einen Fuß breit.

---

6) 여기서의 분류방법은 많은 부분 DUDEN(1984 : 635)의 분류체계를 수용하면서, 독자적이면서 일관성 있는 분류기준을 잣대로 삼아, 그 체계의 37가지 유형을 일반화를 통해 22가지로 줄인 것이다.

VT9	En Ea Ea	lehren	Herr Meier lehrt uns die französische Sprache.
VT10	En Ea Eg	beschuldigen	Der Richter beschuldigt den Angeklagten des Diebstahls.
VT11	En Ea Ep	verraten	Er verriet ihn an seine Feinde.
VT12	En Ea Eadv	werfen	Sie warfen ihn die Treppe hinunter.
VT13	En Ed Ea	streicheln	Er streichelt ihr die Wangen.
VT14	En Ed Ep	raten	Ich rate euch zum Nachgeben.
VT15	En Ed Eadv	gehen	Es geht ihm schlecht.
VT16	En Ep Ep	sprechen	Der Forschungsreisende sprach zu den Schulkindern über seine Afrikareise.
VT17	En Eadv Ep	handeln	Er handelte niederträchtig an ihm.
VT18	En Ed Ea Ep	legen	Ich legte ihm die Hand auf die Schulter.
VT19	En Ed Ea Eadv	richten	Der Arzt richtete ihr die Nase gerade.
VT20	En Ev	müssen	Die Mutter muß arbeiten.
VT21	En Ea Ev	bitten	Peter bittet Inge, ins Kino zu gehen.
VT22	En Ed Ev	versprechen	Inge verspricht Peter, ins Kino zu gehen.

이러한, 동사의 하위분류 체계에 따라, Bieler(1981)에 제시된 1,000개의 기본동사들을 분석한 결과, 아래의 표 (8)과 같은 동사 분포를 얻었다.7)

---

7) 표에 의하면, 우리의 분석에서는 vt1유형, vt2유형과 vt5유형이 85% 이상을 차지한다. 이러한 분석결과는 동사의 분류체계의 상이함에도 불구하고, 조동섭·송경안(1998 : 86)의 연구결과와 대체적으로 일치한다. 조동섭·송경안(1996)에 따르면, 기본문형에 대한 통계적인 연구결과, 전체적으로 'V, V+Akk, sein+Ergänzung, V+Adverbialergänzung' 등 4개의 구조가 80% 이상을 차지한다고 한다. 반면, DUDEN(1984 : 634)의 보고에 따르

(8)

유형	빈도	분포(%)	유형	빈도	분포(%)	유형	빈도	분포(%)
VT1	247	24.70	VT9	2	0.20	VT16	2	0.20
VT2	504	50.50	VT10	0	0	VT17	0	0
VT3	57	3.70	VT11	31	5.10	VT18	0	0
VT4	0	0	VT12	0	0	VT19	0	0
VT5	118	11.80	VT13	41	4.10	VT20	8	0.80
VT6	0	0	VT14	3	0.30	VT21	1	0.10
VT7	0	0	VT15	0	0	VT22	3	0.30
VT8	3	0.30	합 계			1,000	100

이제, 의미적인 기준에 따른 독일어 동사 분류체계에 대해 간단히 살펴본다. 독일어 어휘들의 의미적인 관계에 대한 공동과제의 하나로 현재 튀빙엔 대학에서 수행중인, 연구과제 GermaNet(Hamp·Feldweg 1997)에서는 미국 프린스턴 대학에서 수행된 연구과제 WordNet[8]와 Levin(1993)의 동사분류 방법을 받아들여,[9] 독일어의 동사들을 의미적 기준에 의해 소유동사, 장소동사, 감성동사, 사회행위동사, 신체기능동사, 인지동사, 의사소통동사, 경쟁동사, 접촉동사, 자연현상동사, 창조동사, 변경동사, 소비동사, 지각동사, 일반동사 등 15가지로 하위분류한다.

면, 중앙일간신문의 사설들을 분석한 결과, 우리 분류체계의 vt2유형, vt5유형과 vt1유형에 대응되는 문형들이 합하여, 50%를 약간 상회하는 비율로 나타났다고 한다. 이 사실은 신문의 사설에서 쓰이는 동사들이 대부분 기본어휘의 수준을 넘어서는 데에 기인하는 것으로 보인다.

8) WordNet은 미국 프린스턴 대학의 인지과학 실험실에서 인지심리학자 George Miller 교수의 책임하에 오랜 기간 수행되어 온 연구과제명이면서 동시에 결과물을 지칭한다. 최근에는 그간의 연구결과가 한 권의 책, Fellabum(1998)으로 정리되어 출판되기도 했다. 이 연구과제의 성격에 대해서는 인터넷 사이트 http://www.cogsci.princeton.edu/~wn/를 통해서 자세히 알 수 있다.

9) GermaNet의 동사분류 방법은 WordNet에서의 분류와 약간의 차이를 보이는데, WordNet에서 사용되는 이동동사(motion verb) 부류와 상태동사(stative verb) 부류를 인정하지 않고 GermaNet에서는 대신 장소동사 부류와 일반동사 부류를 설정한다.

IV. wert-합성어의 형태통사적, 의미적인 특성

이 연구를 위해서, 뮌스터 전산코퍼스로부터, wert-합성어들이 출현한 문장들을 200개를 추출하여 분석했다. 아래에 나열된 문장들이 전산코퍼스에서 추출한 것이다.

(9) Auch wären größere Umbauten | wünschenswert | gewesen.

(10) Auf der anderen Seite entsteigen sie dem Bade - jung und frisch, strahlend und | begehrenswert |.

(11) Die Werke, die er für | aufführenswert | hält, beschreibt er inhaltlich, mulisch und auch szenisch so beredt, dass sie dem Leser als imaginäre Inszenierungen hör- und sichtbar werden.

(12) Auf Seite 109 fügt Teil zwei des Buches und damit das Abenteuer an, das dieses letzte Werk des amerikanischen Physik-Nobelpreisträgers so lesens- und | empfehlenswert | macht : Feynman geht nach Washington, um die Challenger- Katastrophe zu untersuchen.

(13) Trotz aller Verbesserungen war die materielle Lage der Arbeiter jedoch kaum | beneidenswert |.

(14) Ebenso bemerkens- wie | bedauernswert | ist zu konstatieren, dass wir mit den ideologischen Konzepten des vorigen Jahrhunderts glauben, die Jahrtausendwende bewältigen zu können.

코퍼스의 분석결과, 동사부정형과 형용사 wert가 결합하여 형성된 wert-합성어들(KTYP 7 유형)은 앞 절에서 논의한 형태통사적인 분류체계에 따라 아래의 표 (15)와 같은 분포를 보였다.10)

---

10) 여기에 영어표현을 덧붙인 것은, Wordnet 연구과제를 통해 개발된 wn16 프로그램을 인터넷에서 내려받아 시험을 해볼 수 있도록 하기 위함이다. 이 시험을 통해 개별동사들이 어떤 의미부류에 속하는지를 확인할 수 있다.

(15)

합성어	빈도수	부정형동사의 형태통사부류	부정형동사의 영어표현
ablehnenswert	1	vt2	reject
anerkennenswert	1	vt2	acknowledge
aufführenswert	1	vt2	perform
bedauernswert	2	vt2	regret
bedenkenswert	5	vt2	preconceive
begehrenswert	2	vt2	desire
begrüssenswert	3	vt2	welcome
bejammernswert	1	vt2	lament
beklagenswert	3	vt2	lament
bemerkenswert	60	vt2	remark
beneidenswert	7	vt11	envy
bewahrenswert	1	vt2	preserve
bewundernswert	3	vt2	admire
dankenswert	2	vt3	thank
ehren(s)wert	2	vt2	honour
empfehlenswert	10	vt13	recommend
erhaltenswert	3	vt2	obtain
erlebenswert	2	vt2	experience
erstrebenswert	3	vt2	strive
erwähnenswert	4	vt2	mention
erbarmenswert	1	vt2	have mercy
erzählenswert	1	vt13	tell
kaufenswert	1	vt2	sell
lebenswert	9	vt5	live
lesenswert	13	vt2	read
liebenswert	4	vt2	love
lobenswert	3	vt2	praise
meldenswert	1	vt2	announce
nachahmenswert	1	vt2	resemble
nennenswert	4	vt9	name

rettenswert	1	vt11	salve
sammelnswert	1	vt2	collect
schätzenswert	2	vt2	estimate
sehenswert	8	vt2	see
staunenswert	3	vt5	marvel
verdammenswert	1	vt2	damn
wissenswert	2	vt2	know
wünschenswert	28	vt2	wish
합 계	46		

위의 표에서 확인할 수 있듯이, 전산코퍼스에 빈번히 등장하는, wert-합성어를 구성하는 38개의 동사유형을 살펴보면, vt2 유형에 속하는 동사가 30개, vt3 유형에 속하는 동사가 1개, vt5 유형에 속하는 동사가 2개, vt9 유형에 속하는 동사가 1개, vt11 유형에 속하는 동사가 2개, vt13 유형에 속하는 동사가 2 개다.11) 곧 이러한 통계수치를 통해, 우리는 1격 보충어(En)와 4격 보충어(Ea)를 취하는 vt유형의 동사가 주로 wert-합성어를 구성하는 동사임을 알 수 있다. 또한, 드물게 3격 보충어(Ed)를 취하는 vt3유형이나 vt13유형도 wert-합성어의 구성에 관여할 수 있다는 사실도 우리는 확인하게 된다. 아래에 코퍼스에서 발견된 예가 제시되어 있다.

(16) Was doch nur bedeuten konnte, dass Berlin zu diesem Zeitpunkt den Ausbruch des Weltkriegs für | wünschenswert | hielt.

(17) Es war | dankenswert |, dass jemand den Versuch unternahm, die vielen Details dieses Lebens wenigstens andeutungsweise zusammenzubringen.

---

11) 순수하게 형태통사적인 분류만을 고려할 경우, 몇몇 동사는 하나의 유형에만 속하는 것이 아니고, 두 가지 유형에 동시에 속하는 것을 부인하기 어렵다. 예를 들어, 동사 leben은 vt1 유형과 vt5 유형에, wissen은 vt2 유형과 vt11 유형에, erleben은 vt2 유형과 vt12 유형에, wünschen은 vt2 유형과 vt13 유형에, 그리고 danken은 vt3 유형과 vt14 유형에 동시에 속하는 동사이다. 그런데, 전산코퍼스 자료를 분석한 결과, 이들 동사들이 wert-합성어를 형성할 때에는 단 하나의 유형에 속하는 것을 확인할 수 있었기 때문에, 표 (16)에는 해당 동사들이 각각 어느 하나의 동사유형에 속하는 것으로 정리했다.

이상의 논의를 토대로, 우리는 다음의 (18)과 같은 wert-합성어 형성과
관련한 형태통사적인 제약을 설정할 수 있다.

(18) **wert-합성어 형성에 대한 형태통사적인 제약**
    형용사 wert와 결합하여 wert-합성어를 형성하는 동사로는,
    ⅰ. 형태통사적으로 vt2 유형에 속하는 동사가 가장 선호된다.
    ⅱ. 형태통사적으로 vt5, vt 11, vt13 유형에 속하는 동사가 그 다음으로
       선호된다.
    ⅲ. 형태통사적으로 vt3 유형에 속하는 동사가 세 번째로 선호된다.
    ⅳ. 형태통사적으로 그밖의 유형에 속하는 동사들은 선호되지 않는다.

이제, 이들 동사들이 속한 의미적인 동사유형을 GermaNet의 분류방식
에 의거하여 살펴보자. 위의 표 (15)에 이들이 속하는 의미적인 동사유형
에 대한 정보를 추가한 것이 아래의 표 (19)이다.[12] 여기에서 k1은 소유
동사를, k2는 장소동사를, k3는 심리동사를, k4는 사회행위동사를, k5는
신체기능동사를, k6는 인지동사를, k7은 의사소통동사를, k8은 경쟁동사
를, k9는 접촉동사를, k10은 자연현상동사를, k11은 창조동사를, k12는
변경동사를, k13은 소비동사를, k14는 지각동사를, 그리고 k15는 일반동
사를 지칭한다.

(19)

합성어	개수	부정형동사의 형태통사부류	부정형동사의 의미부류	부정형동사의 영어표현
ablehnenswert	1	vt2	k4, k6, k7	reject
anerkennenswert	1	vt2	k4, k6, k7	acknowledge
aufführenswert	1	vt2	k4, k11	perform
bedauernswert	2	vt2	k3	regret

12) GermaNet의 동사 의미유형 분석을 위해서 전자우편(kunze@sfs.nphil.uni-tuebingen.de)
을 통해 튀빙엔 대학의 Claudia Kunze양에게 38개 동사에 대한 유형분석을 의뢰했다.
이 공동작업에 대해서 이 자리를 빌어 사의를 표한다(Für die Zusammenarbeit bei der
semantischen Analyse der 38 Verben danke ich herzlich Frau Claudia Kunze an der
Universität Tübingen).

bedenkenswert	5	vt2	k1, k6	preconceive
begehrenswert	2	vt2	k6	desire
begrüssenswert	3	vt2	k6, k7	welcome
bejammernswert	1	vt2	k3	lament
beklagenswert	3	vt2	k3, k7	lament
bemerkenswert	60	vt2	k7, k14	remark
beneidenswert	7	vt11	k3	envy
bewahrenswert	1	vt2	k1,k8,k15	preserve
bewundernswert	3	vt2	k3	admire
dankenswert	2	vt3	k4	thank
ehren(s)wert	2	vt2	k7	honour
empfehlenswert	10	vt13	k7, k12	recommend
erhaltenswert	3	vt2	k1,k13,k15	obtain
erlebenswert	2	vt2	k4,k6,k15	experience
erstrebenswert	3	vt2	k6	strive
erwähnenswert	4	vt2	k7	mention
erbarmenswert	1	vt2	k3	have mercy
erzählenswert	1	vt13	k7	tell
kaufenswert	1	vt2	k1	sell
lebenswert	9	vt5	k5, k15	live
lesenswert	13	vt2	k6, k7	read
liebenswert	4	vt2	k3, k5	love
lobenswert	3	vt2	k7	praise
meldenswert	1	vt2	k7	announce
nachahmenswert	1	vt2	k11	resemble
nennenswert	4	vt9	k4,k7,k11	name
rettenswert	1	vt11	k12, k15	salve
sammelnswert	1	vt2	k1, k4, k6	collect
schätzenswert	2	vt2	k6	estimate
sehenswert	8	vt2	k4,k6,k14	see
staunenswert	3	vt5	k3	marvel
verdammenswert	1	vt2	k4	damn
wissenswert	2	vt2	k6	know
wünschenswert	28	vt2	k6, k7	wish
합 계	195			

　이처럼 38개의 동사를 의미적인 분류체계에 따라 분석한 경우, 우리는
또한 아래의 표 (20)과 같은 결과를 얻는다.

(20)

동 사 부 류	빈　도	분　포(%)
소유동사(k1)	5	7.94
장소동사(k2)	0	0
감성동사(k3)	8	12.70
사회행위동사(k4)	8	12.70
신체기능동사(k5)	2	3.17
인지동사(k6)	13	20.63
의사소통동사(k7)	13	20.63
경쟁동사(k8)	1	1.59
접촉동사(k9)	0	0
자연현상동사(k10)	0	0
창조동사(k11)	3	4.77
변경동사(k12)	2	3.17
소비동사(k13)	1	1.59
지각동사(k14)	2	3.17
일반동사(k15)	5	7.94
합　　계	63	100

　표 (20)에 의하면, 인지동사 부류, 의사소통동사 부류, 감성동사 부류와
사회행위동사 부류에 속하는 동사들이 독일어에서는 형용사 wert와 결합
하여 wert-합성어를 형성하는 비중이 거의 70%에 달할 정도로, 매우 높
은 것을 알 수 있다. 반면, 장소동사 부류와 접촉동사 부류 그리고 자연현
상 동사 부류에 속하는 동사들은, 형용사 wert와 결합하여 wert-합성어를
형성하지 않음을 알 수 있다. 이런 맥락에서, 우리는 wert-합성어의 형성
과 관련한 다음의 (21)과 같은 의미적인 제약을 설정할 수 있겠다.

(21) **wert-합성어 형성에 대한 의미적인 제약**
형용사 wert와 결합하여 wert-합성어를 형성하는 동사로는,
 ⅰ. 의미적으로 인지동사 부류와 의사소통동사 부류에 속하는 동사가 가장 선호된다.
 ⅱ. 의미적으로 감성동사 부류와 사회행위동사 부류에 속하는 동사들이 두 번째로 다음으로 선호된다.
 ⅲ. 의미적으로 장소동사 부류와 접촉동사 부류 그리고 자연현상동사 부류에 속하는 동사들은, 가장 선호되지 않는다.

지금까지, 뮌스터 전산코퍼스에 출현한 wert-합성어들을, 형태통사적 동사분류체계와 의미적인 분류체계에 의거하여, 분석함으로써 우리는 wert-합성어의 형성과 관련한 두 가지 제약을 마련했다.

V. wert-합성어의 어휘기재항 생성기의 구현

이 절에서는 앞서 논의한 wert-합성어의 형성과 관련한 형태통사적, 의미적인 특성 및 합성어 형성 제약들을 고려하여 인공지능언어 프롤로그로 구현된, wert-합성어의 어휘기재항 자동생성기의 설계구조에 대해 논의한다. 이 생성기의 기능은, 컴퓨터에 의한 문장분석 과정에서 나타난 미등록 어휘로 추정되는 wert-합성어에 대해서 적절한 어휘기재항을 임시적으로 생성하는 데에 있다. 이렇게 함으로써, 컴퓨터에 의한 문장분석이 원활하게 수행되도록 생성기가 통사분석기를 보조하는 역할을 하게 된다.

wert-합성어의 어휘기재항 생성기는 세부적으로, 합성어가 어휘부에 미등록된 어휘임을 식별하는 작업, 합성어를 분할(segmentieren)하는 작업과 형용사 wert와 결합한 동사의 형태통사적인 정보와 의미적인 정보를 추출하여 합성어자체의 어휘기재항을 생성하는 작업을 수행한다. 이러한 세 가지 작업을 수행하는 생성기는 아래의 (22)와 같이 프롤로그로 정의된다.

(22) unbekannt(Wort) : -
    not(lexi(Wort,_,_,_)),   ···· (i)
    moana(Wort,WTeile),   ···· (ii)
    !, generiere_lexi(Wort,WTeile). ···· (iii)

위 (22i)의 4항 술어 lexi/4를 통해 어떤 어휘가 어휘부에 등록되어 있는지, 미등록어휘인지를 판별하고, (22ii)의 2항 술어 moana/2는 합성어를 어휘형태소들로 분할하는 기능을 수행하며,13) (22iii)의 2항술어 generiere_lexi는 생성기의 핵으로서, wert-합성어에 대한 어휘기재항을 생성하는 일을 한다. 다음의 (23)에서 쉽게 확인할 수 있듯이, 2항 술어 moana/2는 wert-합성어 ablehnenswert를 동사 ablehnen과 연결형태소 -s, 형용사 wert로 분할한다.

(23) a. ?- moana(ablehnenswert,WTeile).
   b. WTeile = [ablehnen, s ,wert]

다음의 (24)에서는, 기존의 지식베이스(24d 이하)에 생성기의 작동에 의해 새로 추가된 wert-합성어들의 어휘기재항을 확인할 수 있다.

(24) a. lexi(rettenswert, rettenswert(adj, [en, theme]), A, adj_comp).
   b. lexi(bedenkenswert, bedenkenswert(adj, [[en, theme]]), A, adj_
    comp).
   c. lexi(ablehnenswert, ablehnenswert(adj, [[en, theme]]), A, adj_
    comp).
   d. lexi(computer, computer(noun, [en]), A, n_t1).
   e. lexi(abhaeng, abhaeng(verb, [[en, theme], [ep(von), agent]]),
    A, v_t5).
    ······

위의 (24a)-(24c)은 원래의 지식베이스('kgg99.pl')에는 들어 있지 않은

---

13) 술어 moana/2는 일종의 형태소분석기로서, Lee(1991 : 160)에서 논의된 morphanal/2을 수정한 것이다.

어휘기재항들로서, 아래의 (25a)-(25c)와 같이 어휘기재항 생성기를 세
번 수행한 결과, 새로 추가되었다.

   (25) a. ?- unbekannt(ablehnenswert).
          b. ?- unbekannt(bedankenswert).
          c. ?- unbekannt(rettenswert).

이제 생성기의 중추적인 역할을 하는 2항 술어 generiere_lexi/2에 대
해 자세히 살펴보자.

이 술어는 아래의 (26)과 같이 정의된다.


```
(26)  generiere_lexi(Wort,WTeile) : - WTeile = [HW|TWL],    ..... ( i )
                    TWL = [s|TTW], !,                        ..... ( ii )
                    TTW = [Typen|[]],                        ..... (iii)
                    lexi(HW,HStr,SK,LexTyp),                 ..... (iv)
                    intersection(SK,[k2,k9,k10],Ints),Ints = [],!, ..... ( v )
                    generiere(Typen,LexTyp,Wort,HW,HStr).    ..... (vi)
```


위의 (26i)의 변수 WTeile는 합성어를 분할하여, 리스트형식으로 표현
한 결과이다. 이 리스트로부터 변수 HW로 표시된 동사부정형과 연결형태
소 -s와, 변수 Typen으로 표시된 형용사 wert 등이, (26i)-(26iii)이 수행
되는 과정에서 식별된다. 먼저, (26v)에 있는 3항술어 intersection/3에
대해 언급하자면, 이 술어는 동사가 속한 의미부류들이 k2 유형, k9 유형
과 k10 유형에 속하는지의 여부를 가름하기 위해서 사용되었다. 왜냐하면,
앞 절에서 이미 논의한 바와 같이, 이런 의미부류에 속하는 동사들은 일반
적으로 wert와 함께 합성어를 형성하지 않기 때문이다. (26iv)가 수행되
는 단계에서, 동사부정형의 어휘기재항 정보가 파악되어 이들 정보의 대부
분이 (26vi)의 5항 술어 generiere/5가 실행되는 과정에서 활용된다. 여
기에서 중요하게 생각되는 문제는, 동사가 가진 어떤 정보가 wert-합성어
의 어휘기재항 생성에 있어 관여적인가 하는 것이다. 이제 동사 하나의 어
휘기재항을 살펴보자.

(27) lexi(ablehnen,ablehnen(verb,[[en,agent],[ea,theme]]),[k4,k6,k7],v_t2).

위 (27)에서 보듯이 동사의 어휘기재항은 4항술어 lexi/4의 논항들로 표상된다. 이때, 첫 논항은 정서법적인 정보를 담고 있고, 두 번째 논항에는 하위범주화 정보를 포함하여, 통합적인 의미의 범주에 대한 정보가 들어 있다. 또한, 세 번째 논항에는 동사가 속한 의미부류에 대한 정보가 있으면, 네 번째 논항은 동사가 속한 형태통사부류에 대한 정보를 가지고 있다. 이 중 세 번째 논항의 의미부류 정보는 wert-합성어 형성에 대한 제약으로만 쓰이고, 합성어의 어휘기재항으로 전달되지는 않는다. 반면, 다른 정보들은 모두 합성어의 어휘기재항 생성에 직접 관여하는 5항술어 generiere/5로 전달된다. 술어 generiere/5는 아래의 (29)와 같이 정의된다.

(28) generiere(wert,LexTyp,Wort,HW,Hstr) :- Hstr
              =··· [HW,Kat,Subkat], ... (i)
          kasus_alt1(LexTyp,Subkat,NSubkat), ... (ii)
          Hstr1 =··· [Wort,adj,NSubkat],nl, write(Hstr1),nl, ... (iii)
          asserta(lexi(Wort,Hstr1,_,adj_t1)).   ..... (iv)

위 (28i)의 변수 Hstr은 동사의 두 번째 논항자리에 들어 있는 정보로서, 넓은 의미에서 범주정보라고 할 수 있다. 이 안에는, 정서법적 정보(HW)와 범주정보(Kat) 그리고 좁은 의미의 하위범주화 정보(Subkat)가 모두 포함된다. 이 중 동사의 하위범주화 정보는 (28ii)의 3항술어 kasus_alt1/3에 의해 wert-합성어를 위한 하위범주화 정보(NSubkat)로 변형된다. 곧, 술어 kasus_alt1/3는 동사의 하위범주화 정보를 동사와 wert의 결합으로 형성된 wert-합성어의 하위범주화 정보로 변형하는 기능을 수행하기 때문에, 일종의 어휘규칙이라고 볼 수 있다. 하나의 예를 살펴보자.

(29) kasus_alt1(v_t2,[[en,_],[ea,T]],[[en,T]]).

위의 규칙은 형태통사적으로 vt2 유형(여기서는 v_t2로 표기됨)에 속하는 동사에 적용되는 어휘규칙으로, vt2 유형이 취하는 1격보충어(en)와 4격보충어(ea) 중, 4격보충어만이 wert-합성어에서 1격 보충어(en)로 실현된다는 것을 의미한다. 변수 T는 의미역을 가리키는 것으로, 동사의 4격보충어가 가진 의미역 T가 합성어에서는 1격보충어로 실현되도록 제약하고 있다.[14] 이러한 규칙의 장점은 wert-합성에 수반되는 격전환(Kasus Koversion) 현상 내지 논항전승(Argumentvererbung) 현상도 함께 포착한다는 데에 있다. 예를 들어, 아래의 (30b)와 같은, 동사 ablehnen의 어휘기재항(30a)에 포함된 하위범주화 정보에 위 (29)와 같은 어휘규칙이 적용되면, (30c)와 같은 새로운 하위범주화정보가 생성된다.

(30) a. lexi(ablehnen,ablehnen(verb,[[en,agent],[ea,theme]]),[k4,k6,k7],v_t2).
    b. [[en,agent],[ea,theme]]
    c. [[en,theme]]

그리고 이 새 하위범주화 정보 (30c)는, 다시 위 (28iii)과 (28iv)의 과정을 거치는 동안에 다음의 (31)에 제시된 것처럼, 합성어 ablehnenswert의 어휘기재항에 포함된다.

(31) lexi(ablehnenswert, ablehnenswert(adj, [[en, theme]]), A, adj_comp).

위 (28iv)의 1항술어 assert/1는 논항에 담겨있는 한정절을 활성적인 지식베이스의 제일 앞에 추가하는 기능을 가진, 미리 정의된 술어이다.

이제까지, 프롤로그로 구현된, wert-합성어 어휘기재항 자동생성기의 설계구조에 대해 논의했는데, 이 생성기의 특징은 wert-합성어의 형성과 관련한 형태통사적, 의미적인 특성 및 합성어 형성 제약들을 모두 고려한

---

14) Bresnan · Kanerva(1989)를 따라, 여기서는 아래에 열거된 의미역(Thematische Rolle)들을 가정한다.
    행위자역(agent), 상대자역(patient), 대상역(theme), 수혜자역(beneficiary),
    수용자역(recipient), 경험자역(experiener), 도구역(instrumental), 장소역(locative)

점에 있다고 할 수 있다. 따라서, 이 생성기는 wert-합성어의 형성이 불가능한 것으로 관찰된 의미유형상 접촉동사(kt9)인 schlagen과 wert가 합성된 형태인 schlagenswert에 대해서 어휘기재항을 생성하지 않는다. 다음의 (32)는 실제 실험을 한 결과를 보인 것이다.

(32) ?- unbekannt(schlagenswert).
　　　〔schlagen, s, wert〕
　　　No

위의 (32)에서 보듯이, 합성어 schlagenswert에 형태소 분석의 결과만 화면에 출력한다.

VI. 맺음말

어휘부 내에 충분한 수의 어휘에 관한 정보가 저장되어 있을 때 비로소 통사분석기나 기계번역시스템은 효율적으로 작업을 수행할 수 있다. 이러한 효율적인 작업을 지원하기 위해서 무한한 수의 어휘기재항들을 생성할 자동 어휘기재항 생성기의 구현에 대한 연구의 필요성이 있었다.

이 연구는 독일어 wert-합성어의 어휘구조에 대한 이론언어학적인 분석작업으로부터 출발하였다. 이를 위해서 wert-합성어에 관여하는 동사들을 그들의 형태통사적 혹은 의미적 기준에 따라 하위분류하는 작업을 먼저 수행했다. 그 결과로서, 독일어 동사의 형태통사적인 분류체계와 형태통사적인 분류체계를 얻게 되었다. 이러한 분류체계를 Bieler(1981)에 등재된 1,000여 개의 기본동사들을 대상으로, 격지배관계라는 형태통사적인 기준에 의거하여 동사들을 하위분류하여, 그 분포를 얻었다.

또한, 이 분류체계에 의거해서, 형용사 wert와 결합하여, wert-합성어를 형성하는 독일어의 동사들을 분석한 결과, 형태통사적, 의미적 제약들을 밝혀냈다. 이 제약들을 고려해 넣으면서, 기존의 어휘부내에서 wert-합성어를 형성하는 동사의 어휘기재항 정보를 입력으로 하여, 새로운 어휘에 대한 어휘기재항을 자동으로 생성하는 자동 어휘기재항 생성기를 프롤로그로 구현하였다.

이 연구의 성과를 독일어의 다른 합성어와 파생어들의 어휘구조분석과 그들의 어휘기재항 생성에 이용할 수 있을 것이다. 뿐만 아니라 한국어의 복잡다단한 활용동사들의 어휘구조와 그들의 어휘기재항 생성을 위한 생성기의 구현에도 본 연구가 큰 기여를 하리라고 기대한다. 또한 이 연구의 성과를 영어의 파생어와 합성어의 분석과 생성에 응용하여, 영어를 위한 어휘기재항 생성기를 구현할 경우에 이러한 생성기를 영-한 기계번역시스템에 내장함으로써 어휘부를 적은 비용과 노력으로 무한히 확장할 수 있을 것이다.

끝으로 이 연구의 경계 내지 한계에 대해서 언급하고자 하자면, 화맥적인 단어(kontextuelle Wörter)에 관한 문제들에 대해,15) 기계분석을 통해 어떻게 접근가능한지에 대해서 이 연구에서 다루지 못한 아쉬움이 있다. 이 문제에 대해서는 후속연구를 통해 밝히고자 한다.

---

15) 오예옥(1997)은 Sowa(1993)와 Hausser(1994)의 연구에 기대어, 독일어 조어의미를 모국어화자가 임의의 화맥에서 정보구조에 의거하여, 해석하는 방법을 제안하고 있다. 그러나, 이 해석방법을 어떻게 구체적으로 기계가 이해할 수 있는 언어로 옮길 것인가 하는 문제는 별도로 많은 노력과 시간을 요하는 전혀 차원이 다른 또 하나의 전산언어학적인 연구과제가 될 수 있다고 본다. 곧, 어휘통사론과 어휘의미론의 차원을 뛰어넘는 소위 어휘화용론에 대한 전산언어학적인 연구는 새로운 연구영역으로서 우리가 앞으로 개척해 나가야 할, 아직은 우리에게는 미지의 세계이다. 이 사실은 소위 어휘화용론에도 마찬가지로 타당한 말이다.

제 8 장 기계번역

격 및 시제정보 표상을 중심으로

Ⅰ. 머리말

한국어와 독일어는 격정보와 시제정보의 부호화(Enkodieren)에 있어 대조적인 방식을 취한다. 한국어에서 독립적인 의미를 가진 시제형태소와 격형태소가 각기 동사와 명사의 어간에 부착됨으로써 시제정보와 격정보가 규칙성있게 표현된다. 독일어에서는 동사와 명사의 굴절(Flexion)을 통해서 시제정보와 격정보가 표현되고 어간의 불규칙적인 변화들도 관찰된다. 때문에 독일어에서 어간과 시제형태소나 격형태소들을 분명하게 분할하는 것이 가능하지 않다. A.W. Schlegel(1818)이래 한국어와 같은 언어유형은 부착어(Agglutinierende Sprache)로서, 독일어와 같은 언어유형은 굴절어(Flektierende Sprache)로서 규정되어 지고 있다(Bußmann, 1990 : 718). 이 글에서는 부착어의 하나인 한국어와 굴절어에 속하는 독일어의 형태-통사론상의 대조적인 성격에도 불구하고 실험적인 한국어-독일어 기계번역시스템의 구축이 어떻게 가능한지를 보이려 한다. 이를 위해 두 언어의 대조적인 특성을 보완하는 의미에서 보편구조에 대한 연구가 뒷받침되어야 한다는 것을 주장하고자 한다.

이 장의 구성은 다음과 같다. 제Ⅰ절에서는 한국어의 부착어적인 속성을 뚜렷하게 부각시켜 주는 등위접속구조를 독일어의 그것과 비교하여 논의한다. 제Ⅱ절에서 인공지능언어인 PROLOG로 쓰여진 실험적인 한국어-독일어 기계번역시스템을 개관한 후 한국어의 형태소 분석과정에 대해 설명한다. 제Ⅲ절에서 한국어와 독일어에 공통적인 구조로서 시제구와 격구를 포함하는 보다 포괄적인 술어-논항 구조(Prädikat-Argument Struktur)가 먼저 논의된다. 이어 기계번역의 한 단계인 원천언어(Quellesprache) 한국어 문장으로부터 술어-논항 구조가 얻어지는 한국어의 통사분석과정에 대해서 설명한다. 제Ⅳ절에서 공통의 술어-논항구조로부터 목표언어(Zielsprache)인 독일어의 문장이 얻어지는 기계번역시스템의 생성단계에 대해 설명한다. 제Ⅴ절에서는 맺는 말로서 이제까지 기술한 실험적인 한국어-독일어 기계번역시스템의 한계와 개선방향에 대해서 논의한다. 이 장 말미의 부록에 몇 가지의 PROLOG 술어들에 대한 정의와 번역시스템의 실행 예가 제시되어 있다.

Ⅱ. 한국어와 독일어의 등위접속구조에 대한 대조분석과 한국어의 부착성

부착어에서는 독립적인 통사적 기능을 지니는 형태소속에 다양한 문법적인 정보들이 들어 있다. 한국어의 등위접속구조는 한국어의 격형태소와 시제형태소가 독립적인 통사적 기능을 한다는 사실을 명료하게 보여준다. 다음의 예 (1a)-(1f)들을 통해 우리는 한국어의 격형태소들이 독립적인 통사적인 단위, 곧 하나의 구성성분이 된다는 것을 알 수 있다.

    (1) a. <u>수미와 미미가</u> 독문학을 전공한다.

          b. 수미는 방학중에 <u>영어와 컴퓨터를</u> 배우려 한다.

          c. 수미가 <u>미미와 영미**에게**</u> 컴퓨터를 함께 배우자고 제안한다.

  d. 수미는 <u>미미와 영미의</u> 컴퓨터에 관한 지식도 별 것이 아니라고 생각한다.
  e. 그러나 미미는 <u>오빠와 언니로부터</u> 컴퓨터를 배워 벌써 컴퓨터를 사용
   할 줄 안다.
  f. 영미는 <u>컴퓨터와 자동차에 대해</u> 두려움을 가지고 있다.

 (1a)에서 고유명사 '수미'에 등위접속형태소인 '와'가 부착되어 있고 고유명사 '미미'에 격형태소 '가'가 부착되어 있다. 등위접속구문에 대한 연구자들의 일반적인 견해에 의하면, 통사적 범주가 동일한 언어표현들만이 등위접속된다(정재현, 1990 : 19). 이러한 입장을 따라 우리는 예문 (1a)에서, 명사구 '수미'와 격조사구 '미미가'가 등위접속사 '와'에 의해 접속된 것이 아니라, 명사구 '수미'와 명사구 '미미'가 등위접속된 것으로 이해한다.[1] 이때 등위접속구 '수미와 미미'는 격조사 '가'의 보충어(Komplement)로 기능하는 것으로 분석한다. 마찬가지로 (1b)에서는 격조사 '를'이 등위접속구 '영어와 컴퓨터'를, (1c)에서는 격조사 '에게'가 등위접속구 '미미와 영미'를, (1d)에서는 격조사 '의'가 등위접속구 '미미와 영미'를, (1e)에서는 격조사 '로부터'가 등위접속구 '오빠와 언니'를, (1f)에서는 격조사 '에 대해'가 '컴퓨터와 자동차'를 각각 보충어로 취한다고 분석할 수 있다. 이와 같이 한국어의 격조사들은 형태론적으로 명사에 부착되어 있지만 통사적으로 독립적인 기능을 갖는다. 독립적인 기능을 갖는 점에서는 등위접속사도 격조사와 마찬가지이다.

 다음의 예문들은 (1a)-(1f)의 한국어문장들과 같은 의미를 갖는 독일어문장들이다.

 (2) a. <u>Swumi und Mimi</u> studieren Germanistik.
   b. Während der Semesterferien will Swumi <u>Englisch und Computer</u>
    lernen.
   c. Swumi schlägt <u>Mimi und Yeongmi</u> vor, Computer zusammen zu

---

1) 동일한 입장을 따르면서 접속구 '수미와 미미가'를 단순히 명사구와 명사구의 등위접속으로 간주하고 접속성분 '미미가'의 경우 격정보를 더 가지고 있는 것으로 분석할 수도 있다. 그러나 이러한 분석방법은, 예를 들어 '수미와 미미와 영미가'와 같은, 접속성분이 세 개 이상인 접속구의 구조에 대한 일관성 있는 설명을 제공하지 못한다.

    lernen.
  d. Swumi glaubt, dass <u>Mimis und Yeongmi*s*</u> Kenntnisse über
     Computer nicht besonders gut seien.
  e. Aber Mimi kann schon Computer benutzen,
     weil sie es ***bei*** <u>ihrem Bruder und ihrer Schwester</u> gelernt hat.
  f. Yeongmi hat Angst ***vor*** <u>Computern und Autos.</u>

(2a)-(2c)에서 독일어의 1격과 4격, 3격 명사들이 등위접속되어 있다. 2격명사들이 등위접속되어 있는 (2d)에서 2격 표시의 격형태소인 's'가 'Mimi'와 'Yeongmi' 모두에 붙어 있는 것이 그 예문에 대응되는 (1d)에서의 한국어의 경우와 다르다. (2e)에서는 3격 명사구들이 등위접속된 접속구 'ihrem Bruder und ihrer Schwester'가 전치사 'bei'의 보충어로 기능한다. 이 점에서 독일어의 전치사와 한국어의 격조사가 유사성을 지닌다고 할 수 있다. (2f)에서도 전치사가 등위접속구를 보충어로 취하고 있다.

다음의 예들은 한국어의 시제형태소들이 독자적인 통사기능을 지닌다는 것을 보여준다.

(3) a. <u>싸고 유익하-ㄴ</u> 책
     b. <u>동생이 책을 고르고 형이 값을 지불하-ㄴ다.</u>
     c. <u>동생이 책을 고르고 값도 지불하-**였**</u>다.
     d. <u>내일은 비가 오고 천둥이 치-**겠**</u>다.

위의 (3a)-(3d)에서 등위접속된 두 개의 성분 중 두 번째 성분에만 시제형태소가 부착되어 있는 것을 볼 수 있다. 이 점에서 시제형태소와 격형태소의 유사성을 찾을 수 있다. 여기에서도 동일한 통사범주를 가진 언어 표현들만이 등위접속된다는 일반론을 따라 (3a)의 경우처럼 형용사들이 등위접속되어 다시 형용사구를 이루거나, (3c)에서와 같이 시제중립적인 동사구들이 등위접속되어 다시 동사구를 만들거나, (3b)와 (3d)에서처럼 시제가 표현되지 않은 문장들이 등위접속되어 다시 문장을 이루는 것으로 간주한다. 이때에 각 시제형태소들이 등위접속된 결과표현들을 보충어로 취하는 것으로 분석한다. 예를 들어 (3c)에서 과거시제형태소인 '였'이 등

위접속구인 '책을 고르고 값도 지불하-'를, (3d)에서 미래시제형태소인 '겠'
이 등위접속표현 '내일은 비가 오고 천둥도 치-'를 각각 보충어로 취한다.[2]
(3b)-(3d)에서 시제형태소와 그 보충어가 함께 시제구(Tempusphrase)를
형성하는데 이 시제구들은 다시 양상(Modus)을 나타내는 형태소 '-다'의
보충어가 된다. 따라서 양상형태소도 시제형태소처럼 형태소분석시에 분
리되어야 한다.

> **(4)** a. das Buch, das <u>billig und nützlich</u> **ist**
> b. <u>Der jüngere Bruder wählt und der ältere bezahlt das Buch.</u>
> c. Der jüngere Bruder wähl**te** <u>das Buch und bezahl**te** auch.</u>
> d. Es **wird** <u>morgen regnen und donnern.</u>

(4a)-(4d)의 경우에 그것들에 대응되는 한국어의 예들과 달리 등위접속
된 두 성분 중 어느 한 쪽에만 시제형태소가 붙어 있는 경우는 없다. (4a)
와 (4d)에서는 시제중립적인 성분들이 등위접속되어 있고, (4b)에서 3인
칭/단수의 현재시제형태소 '-t'를 지닌 성분들이 등위접속되어 있으며 (4c)
에서는 과거시제형태소 'te'를 지닌 동사구들이 접속되어 있다. (4b)와
(4c)의 경우에 시제형태소들을 동사의 어간으로부터 분리해 내는 것이 바
람직 하지 않다. 왜냐하면 불규칙 인칭변화를 하는 동사들의 경우에 어간
과 시제형태소를 구분하는 것이 가능하지 않기 때문이다. 이 점에 독일어
와 한국어의 차이가 있다. 지금까지 논의한 바와 같이 격형태소와 시제형
태소들이 형태론적으로 명사, 형용사와 동사의 어간에 부착되어 있다고 하
더라도 통사론적으로 독립적인 기능을 갖기 때문에 한국어의 경우 통사분
석에 앞서 이 형태소들을 명사, 형용사와 동사의 어간들로부터 분리해 내
는 형태소의 분석이 선행되어야 한다. 접속형태소와 양상형태소가 또한 통

---

2) 한국어에 미래시제가 존재하느냐의 문제를 놓고 의미론자들간에 논의가 분분하다. 그
   것의 쓰임이나 의미를 별도로 하고 형태론적 측면만을 고찰한다면 현재와 과거를 표
   현하는 시제형태소들과 구분되는 또 하나의 시제형태소가 존재한다는 사실을 부인할
   수 없다. 독일어의 경우에도 미래조동사 'werd-'가 화법조동사의 기능을 지니기 때문
   에 그것의 존재자체가 의문시된다.

사론적으로 독자적인 기능을 가진다는 점은 이미 언급한 바 있다. 형태소
분석의 과정에 대해 절을 달리해서 논의한다.

Ⅲ. 한국어의 형태소 분석기와 형태소 분석과정

여기에서 기술하는 실험적인 한국어-독일어 기계번역 시스템은 언어보
편적인(interlingual) 모형에 속하는 것으로 그 구조는 다음과 같다.3) 머리
말에서 언급했듯이 이 시스템은 PROLOG로 프로그램되어 있다.

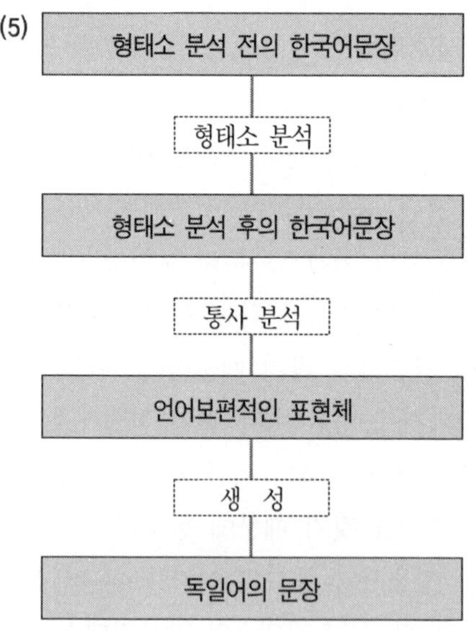

이제 예를 통해서 한국어의 형태소분석의 과정에 대해서 살펴보자.4)

---

3) 기계번역시스템의 모형에는 언어보편적인 모형(Interlinguales Modell) 외에 변환모형
   (Transfer-Modell)과 직접모형(Direktes Modell)이 있다. 이민행(2005) 참조.
4) 한국어표현의 로마자 표기를 위해 Yale Romanization 시스템이 사용된다.

(6) % 토니오가 연극을 좋아한다.
  ⅰ. [tonioka,yeonkukul,coahanta]
  ⅱ. [tonio,ka,yeonkuk,ul,coaha,n,ta]

　위의 (6i)은 한국어문장 '토니오가 연극을 좋아한다'를 로마자로 표기하여 인공지능언어인 PROLOG의 자료구조인 리스트형식으로 나타낸 것이다. 이 입력 리스트를 형태소분석기가 분석하여 그 결과로서 (6ii)를 내놓는다. 출력된 리스트(6ii)에서 우리는 격형태소 'ka', 'ul'과 시제형태소 'n'과 양상형태소 'ta'가 분리되어 있는 것을 본다. 형태소분석은 순환적으로 적용되는 2항술어 morphsyn에 의하여 실행된다. 이 술어의 첫 번째 논항은 리스트형식으로 쓰여진 분석전의 한국어의 문장이고 두 번째 논항은 형태소분석의 결과문장이다. 술어 morphsyn은 다른 2항술어 morphanal을 사용하여 첫 논항인 리스트의 첫 번째 원소를 형태소별로 분할하고, 그 리스트의 나머지 원소들을 모아 만든 새로운 리스트에 순환적으로 적용된다. 이 과정은 리스트의 마지막 원소의 형태소분석이 끝날 때까지 계속된다. 그리고 내장술어인 append가 분석된 결과들을 모두 모아 하나의 리스트로 만들면 이것이 형태소분석의 최종결과가 된다. 위의 (6i)이 (6ii)로 바뀌는 형태소분석의 과정이 구체적으로 다음의 (8)에 보여지고 있다.

```
(7)  ?- morphsyn([tonioka,yeonkukul,coahanta],Sm).
     Sm = [tonio,ka,yeonkuk,ul,coaha,n,ta].
(8)  ?- morphsyn([tonioka,yeonkukul,coahanta],Sm).
       ─→  ?- morphanal(tonioka,W1).
         W1 = [tonio,ka].
       ─→  ?- morphsyn([yeonkukul,coahanta],Sm2).
          ─→  ?- morphanal(yeonkukul,W2).
            W2 = [yeonkuk,ul].
          ─→  ?- morphsyn(coahanta,Sm3).
             ─→  ?- morphanal(coahanta,W3).
               W3 = [coaha,n,ta].
             ─→  ?- morphsyn([],Sm4).
               Sm4 = [].
```

$$\longrightarrow \quad ?- \text{append}(W3,Sm4,Sm3).$$
$$Sm3 = [coaha,n,ta].$$
$$\longrightarrow \quad ?- \text{append}(W2,Sm3,Sm2).$$
$$Sm2 = [yeonkuk,ul,coaha,n,ta].$$
$$\longrightarrow \quad ?- \text{append}(W1,Sm2,Sm).$$
$$Sm = [tonio,ka,yeonkuk,ul,coaha,n,ta].$$

술어 morphanal은 여러 개의 형태소로 구성된 개별적인 단어를 시스템 내에 주어진 사전(Lexikon)을 이용하여 최대한으로 형태소별로 분할하여 하나의 리스트로 만든다. 다음의 (9)에 이 시스템에서 사용되는 사전의 일부가 제시되어 있다. 위의 (8)에서 술어 morphanal이 사용된 경우들을 나열해보면 다음의 (10)과 같다.

(9) a. word(tonio,npr(d(tonio))).
    b. word(yeonkuk,cn(n(theater))).
    c. word(ka,case(kp(ka),agent)).
    d. word(ul,case(kp(ul),theme)).
    e. word(coaha,v2(v(moeg_))).
    f. word(n,tense(pres(n),pres)).
    g. word(ta,mood(decl)).
(10) a. ?- morphanal(tonioka,W1).
     W1 = [tonio,ka].
    b. ?- morphanal(yeonkukul,W2).
     W2 = [yeonkuk,ul].
    c. ?- morphanal(coahanta,W3).
     W3 = [coaha,n,ta].

술어 morphanal이 어떻게 PROLOG로 정의되어 있는지에 대해서는 여기서 설명하지 않겠다. 프로그램에 관심있는 독자는 Lee(1992a : 175ff.)을 참고하기 바란다.

IV. 한국어문장의 통사분석단계와
언어보편구조로서의 술어-논항 구조

　이 절에서는 한국어문장의 통사분석단계에 대해서 논의한다. 통사분석
단계에서는 형태소분석이 끝난 한국어문장의 통사구조를 분석하여 술어-
논항구조로 나타낸다. 이 술어-논항 구조로부터 후에 생성단계에서 목표
언어의 문장이 생성된다. 따라서 우리는 통사분석의 결과로 나타날 술어-
논항 구조를 언어보편적인 구조가 될 수 있도록 설정해야 한다. 이러한 맥
락에서 보편문법을 지향하는 원리와 매개변수이론적인 틀내에서의 대조연
구의 결실인 Pollock(1989)의 시제구(Tempusphrase, TP) 분석과 Abney
(1987), Shin(1991)의 격구(Kasusphrase, KP)분석을 따라 시제구(TP)와 격
구(KP)를 포함하는 다음의 (11)과 같은 구조를 단순문에 대한 하나의 언
어보편적인 통사구조로 가정한다.5)

(11)

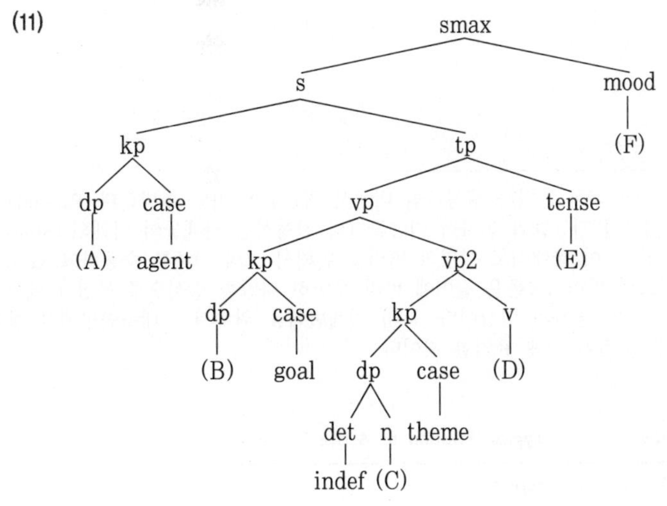

---

5) 여기서 한국어와 독일어에 공통적인 통사구조로 가정되고 있는 수형도는 한국어와 독
　일어가 형상적인 언어(Konfigurationale Sprache)라는 전제에서 출발한 것이다. 한국어가
　형상적인 언어라는 언어학적인 논의가 Han(1987)과 Lee(1992b)에서 이루어지고 있다.
　독일어의 형상성에 대해서는 Fanselow(1987)가 충분한 논거를 제시하고 있다.

위의 구조에서 첫째, 격(case)과 시제(tense)와 양상(mood)이 각각 독립적인 구성성분을 형성하고 있다는 것, 둘째, 'agent', 'goal'와 'theme' 등 의미적인 기능들이 격으로 표현되어 있다는 것과 세째, 이 의미기능들이 위계적인 구조를 통해 나타나 있다는 것이 특징적이다.6) (11)의 구조는 언어보편적인 것이므로 한국어와 독일어에도 공통으로 존재하는데, 다음의 (12a)와 (12b)는 이러한 통사구조를 갖는 한국어와 독일어의 문장이다. 구조 (11)의 비어 있는 자리들 (A), (B), (C), (D), (E), (F)에 각각 'tonio', 'inge', 'buch', 'schenk-', 'pres', 'decl'을 채워넣은 구조 (12c)가 문장 (12a), (12b)가 공통으로 갖는 통사구조이다.

(12) a. 토니오가 잉에에게 책을 선물한다.
　　　 b. Tonio schenkt Inge ein Buch.

---

6) 의미적 기능에 대한 논의가 생성문법 내에서 최근들어 아주 활발하다. Parsons(1990 : 73-74)에 의미적 기능들과 통사적 기능들간의 전형적인 관계들이 아래의 (A6)과 같이 제시되어 있다. 이 글에서도 설명의 편의를 위해서 그의 견해를 수용하고 있다. 그러나 기본적으로 의미기능들은 술어에 따라 무한히 다양한 방식으로 문장 내에 나타날 수 있다는 것이 필자의 입장이다. 특히 기계번역을 위해서는 대조연구에 바탕을 둔 의미기능틀 사전이 크게 유익할 것이다.

(A6)

Role	Typical Position in Active Sentence
Agent	Subject
Theme	Direct Object ; subject of 'is'
Goal	Indirect object, or with 'to'
Benefactive	Indirect object, or with 'for'
Instrument	Object of with ; subject
Experiencer	Subject

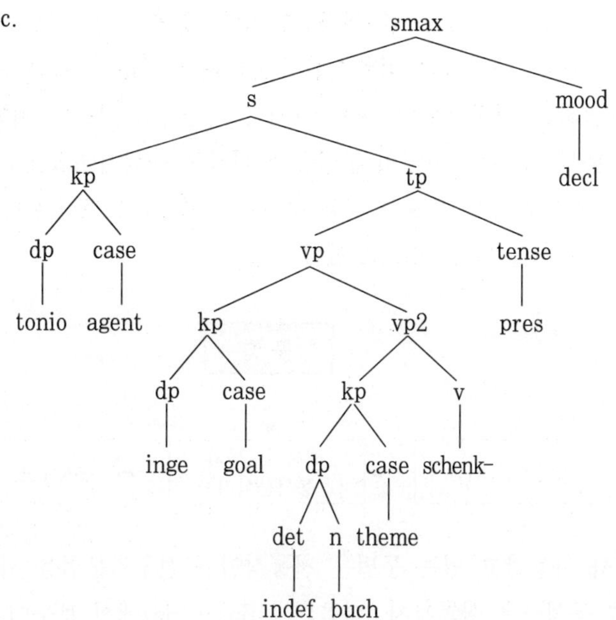

(12c)의 수형도는 아래의 (13)과 같은 PROLOG의 술어-논항 구조에 대응된다.

(13) smax(s(kp(dp(tonio),case(agent)),tp(vp(kp(dp(inge),case(goal)),
　　　　vp2(kp(dp(det(indef),n(buch)),case(theme)),v(schenk_))),
　　　　tense(pres))),mood(decl))

한국어문장의 통사분석과정은 바로 예문 (12a)에 대응하는 PROLOG의 리스트 (14a)가 형태소분석과정을 거친 후에 얻어진 결과인 리스트 (14b)의 통사구조로서 (13)과 같은 술어-논항 구조가 만들어지는 과정을 일컫는다.

(14) a. [tonioka,ingeeykey,chaykul,senmwulhanta].
　　　b. [tonio,ka,inge,eykey,chayk,ul,senmwulha,n,ta].

한국어문장의 통사분석을 위해 Pereira · Shieber(1987)의 좌측코너 통사분석기(Left-corner parser)를 채택하고 있는데, 이 분석기는 한국어의 통사규칙에 빈번히 나타나는 좌측순환성(left recursion)에 의한 무한루프의 문제를 해결하는 데에 적합하다.7) 여기서 기술하고 있는 기계번역시스템에서 통사분석기는 원천언어의 문법을 해석하는 해석기(Interpreter)로서의 기능만 할 뿐으로 보다 중요한 것은 문법이다. 다음의 도식은 문법과 통사분석기와의 관계를 잘 보여주고 있다.

(15)

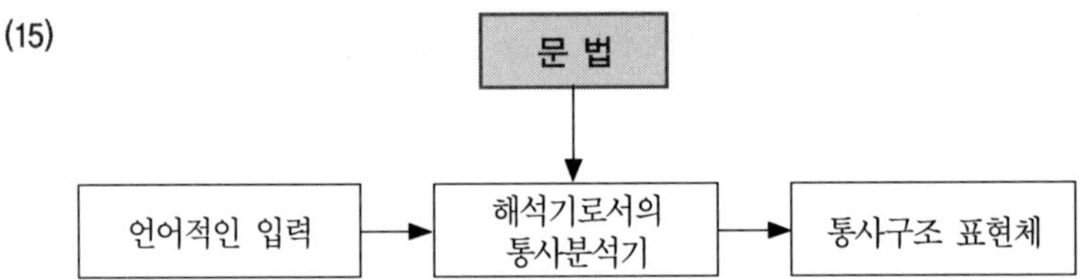

여기에서 사용하고 있는 문법은 전통적인 구절구조문법을 확대/수정한 것인데 그 특성들을 살펴보자. 다음의 (16a)-(16g)에서 보듯이 격,시제와 양상을 독자적인 통사범주로 취급한다.

(16) a. smax(smax(S,mood(M))) $--\rightarrow$ [s(S), mood(M)]. /* smax $--\rightarrow$ s
                     mood */
       b. s(s(KP,T)) $--\rightarrow$
                [kp(KP,agent), tp(T,TNS)]. /* s $--\rightarrow$ kp tp */
       c. tp(tp(VP,tense(T)),TNS) $--\rightarrow$ [vp(VP),t(T,TNS)]. /* tp $--\rightarrow$ vp t */
       d. kp(kp(DP,P),KAS) $--\rightarrow$
                [dp(DP),case(P,KAS)]. /* kp $--\rightarrow$ dp case*/
       e. word(ta,mood(decl(ta))).
       f. word(ss,t(past(ss),past)).
       g. word(i,case(case(i),agent)).

또한 Abney(1987), Olsen(1989)의 관사구 분석을 받아들여, 전통적인 명사구를 관사구(Determinator Phrase)로 간주하는데, 고유명사는 0-가 관

---

7) 좌측순환성이란 '수미의 언니의 친구의 동생'과 같이 어떤 구의 왼편의 성분이 그것과 동일한 구조를 가지는 경우이다. 이때 어떤 규칙이 순환적으로 사용된다.

사로서 그리고 보통명사는 1-가 관사로서 범주화한다. 다음을 보자.

(17) a. dp(dp(D)) −−→ [npr(D)].
      b. dp(dp(Det,N1)) −−→
               [det(Det), n_bar(N1)].
      c. dp(dp(det(indef),N)) −−→ [cn(N)].
      d. word(tonio,npr(d(tonio))).
      e. word(ku,det(demon)). /* d_ */
      f. word(chayk,cn(n(buch))). /* buch */

위의 (17c)는 보통명사가 관사 없이 나타나서 관사가 채워져야 할 자리가 비어 있을 때에, 비한정성(indefiniteness)을 나타내는 통사정보인 'indef'를 관사 det의 논항의 자리에 자동으로 삽입하기 위한 하나의 일반규칙(Default Rule)이다.[8] 이 규칙이 리스트 (14b)의 통사분석시에 적용됨으로해서 통사분석의 결과인 술어−논항구조 (13) 안에 dp(det(indef),n(buch))라는 관사구가 생긴다. 이 관사구의 구조를 수형도로 나타낸 것이 다음의 (18)이다.

(18)

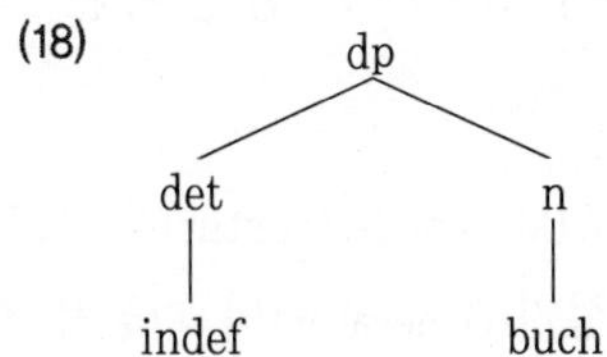

통사분석은 3항 술어 parse에 의해 실행된다. 이 술어가 형태소분석이 끝난 리스트형식의 한국어문장을 입력으로 하여 그것에 대한 통사구조를 술어−논항 구조로 내보낸다. 앞서 논의한 (14b)의 리스트로 표현된 문장으로부터 (13)의 술어−논항 구조가 얻어지는 과정을 다음과 같이 예로 들

---

8) 명사가 관사나 지시대명사가 없이 홀로 나타나는 경우가 한국어에 아주 빈번한데, 그때에 독일어의 부정관사나 정관사 중 어느 쪽이 더 적합한지는 문맥이 결정한다. 그래서 언어보편적인 것으로 간주되는 관사를 위해 마련된 관사자리를 특화하지 않은 채(unterspezifiziert) 놓아두는 것도 하나의 방법이 될 수 있겠다.

수 있겠다.

(19) a. parse([tonio,ka,inge,eykey,chayk,ul,senmwulha,n,ta],[],SR1),
          SR1 =… [_,SR].
      b. SR =
          smax(s(kp(dp(tonio),case(agent)),tp(vp(kp(dp(inge),case(goal)),
              vp2(kp(dp(det(indef),n(buch)),case(theme)),v(schenk_))),
              tense(pres))),mood(decl))

문장 'tonioka ingeeykey chaykul senmwulhanta'에 대한 통사구조가
(19b)의 술어-논항 구조인 SR이다. 이 술어-논항 구조를 별도로 Lehner
(1990 : 168-173)에 의해 정의된 1항 술어 drucke_baum을 통해서 수형도
로 나타낸 것이 위 (12c)이다. 언어보편구조인 술어-논항 구조로부터 독
일어의 문장이 얻어지는 과정이 다음 절에서 논의된다.

V. 언어보편구조로부터 독일어 문장이 생성되는 단계

독일어 문장의 생성단계에서는 자질구조(Merkmalsstruktur)를 보강한
한정절문법(Definite-Clause-Grammar)이 생성기(Generator)의 기능을 한다.
문장의 생성은 문장의 통사구조분석과 역방향으로 실행된다.9) 어떤 통
사구조가 주어졌을 때에 그 구조를 갖는 문장을 찾아내는 과정이 바로
생성과정이라고 할 수 있다. 예를 들어 앞 절에서 다룬 통사구조(18b)로
부터 독일어 문장을 생성하는 것은 그 구조를 갖는 독일어 문장을 찾아
내는 것이다. 바꾸어 말하자면 어떤 독일어 문장을 통사분석했을 때 그

---

9) 이 시스템에서 통사구조로부터 독일어 문장의 생성을 위해 채택되고 있는 하향식
   (top-down)의 한정절문법은 등위접속구문의 생성에 적합치 못하다. 이에 대한 보완이
   후에 이루어져야 할 것이다.

러한 통사구조를 얻게 되는지를 알아내는 것이 생성의 과정이다. 앞 절
에서 논의했듯이 통사구조(19b)를 갖는 독일어 문장은 다음의 (20a)이
고 이를 PROLOG의 리스트로 표현한 것이 (20b)이다.

(20)　a. Tonio schenkt Inge ein Buch.
　　　　b. 〔tonio,schenkt,inge,ein,buch,.〕

　이 생성단계에서 통사구조 (19)로부터 (20b)의 리스트가 얻어진다. 생
성하는 과제를 떠맡는 술어는 4항술어 gsmax이다. 이 술어의 첫 논항이
생성되어야 할 독일어 문장을 위한 자리이고 두 번째 논항은 빈 리스트이
며 세 번째 논항이 통사구조이고 네 번째 논항은 독일어 문장의 자질구조
를 나타내기 위한 자리이다. 다음의 (21a)-(21c)는 리스트 (20b)의 생성
과정을 보여준다.

(21)　a. ?- gsmax(DS,〔〕,
　　　　　smax(s(kp(dp(tonio),case(agent)),tp(vp(kp(dp(inge),case(goal)),
　　　　　　vp2(kp(dp(det(indef),n(buch)),case(theme)),v(schenk_))),
　　　　　　tense(pres))),mood(decl)),FS).
　　　　b. 〉〉〉 K-D-Uebersetzung :
　　　　　DS = 〔tonio,schenkt,inge,ein,buch,.〕
　　　　c. FS = 〔phon : schenkt,cat : v,
　　　　　subc : 〔first : 〔agr : 〔num : sg,per : 3|_〕,
　　　　　　　　　case : nom,phon : tonio,cat : det|_〕,
　　　　　　　　second : 〔case : dat,phon : inge,cat : det|_〕,
　　　　　　　　third : 〔case : acc,phon : ein,cat : det,
　　　　　　　　　comp : 〔gen : neut,phon : buch,cat : n
　　　　　　　　　　　　　|_〕|_〕|_〕,
　　　　　mood : 〔phon : .,cat : mood|_〕|_〕

　위의 독일어 문장의 생성과정에서 흥미로운 점이 몇 가지 있다. 그들 중
의 하나는 언어보편적인 구조인 (21a)의 세 번째 논항자리에 관사구의 비
한정성(indefiniteness)에 대한 통사적인 정보가 들어 있고 그 언어보편적인

구조에 대응되는 생성문(20b)에는 부정관사 'ein'이 나타나 있다는 사실이
다. 이 부정관사의 생성에는 생성단계에 적용되는 다음의 (22a), (22b)와
같은 독일어의 통사규칙과 어휘규칙이 관여한다.

(22) a. gdp(dp(Det,N),KAS,Fdp) $\longrightarrow$ gdet(Det,KAS,Fdet), gcn(N,Fcn),
$\{$Fdp $===$ Fdet,Fdp : comp $===$ Fcn$\}$

b. gdet(det(indef),theme,Fdet) $\longrightarrow$ [ein], $\{$Fdet : phon $===$ ein,
Fdet : cat $===$ det, Fdet : comp : gen $===$ neut$\}$.

독일어의 경우, 굴절어로서의 특성상 격형태소와 시제형태소를 명사와
동사의 어간으로 분리시키는 것이 가능하지 않다. 독일어 문장을 생성할
때에 어떻게 보편적인 구조에 표현되어 있는 격정보와 시제정보를 지니는
명사와 동사의 표현을 찾아낼 수 있는가도 흥미 있는 문제이다. 이 문제의
해결을 위해 독일어에도 시제(T)와 격(K)의 두 가지 추상적인 통사범주와
그것들을 위한 자리가 통사규칙 내에 존재한다고 가정하겠다. 일종의 통사
규칙 내에 마련된 전승기제(Vererbungsmechanismus)에 의해서 그 자리들은
동사구와 관사구가 지니고 있는 해당정보들에 의해 채워진다. 다음이 규칙
의 예들이다.

(23) a. gtp(tp(VP,tense(T),Ftp) $\longrightarrow$ gvp(VP,T,Fvp), $\{\cdots\}$.

시제정보의 전승

b. gkp(kp(DP,case(KAS)),KAS,Fkp) $\longrightarrow$ gdp(DP,KAS,Fdp), $\{\cdots\}$.

격정보의 전승

독일어의 경우에 주어와 정동사간에 인칭과 수에 관한 일치(Kongruenz)
가, 관사와 명사간에는 성, 수와 격에 관하여 일치가 이루어져야 한다. 이
러한 일치현상은 영어와 독일어 등의 일부 언어에만 존재하므로 언어보편
적인 관점에서 다룰 것이 아니고 해당언어의 분석이나 생성과정에서 별도

로 다루어야 한다. 이 시스템에서는 이를 위해 독일어의 생성기에 자질구조를 보강했다. 예를 들어 다음 (24a)-(24d)의 어휘기재항들은 모두 v(schenk_)라는 통사정보를 지니고 있다. 그럼에도 불구하고 보편구조 (19b)로부터 독일어 문장의 리스트 표현인 (21b)가 생성될 때에 (24a)만이 선택되는 것은 독일어의 생성을 위한 한정절문법의 한정절 (25a)에 자질구조로 표현된 주어와 정동사간의 일치에 대한 제약 때문이다.

(24) a. gv3(v(schenk_),pres,Fv) —→ [schenkt], {Fv : phon === schenkt,
          Fv : cat === v,
          Fv : subc : first : agr : num === sg,
          Fv : subc : first : agr : per === 3,
          Fv : subc : first : case === nom,
          Fv : subc : second : case === dat,
          Fv : subc : third : case === acc}.
      b. gv3(v(schenk_),pres,Fv) —→ [schenkst], {Fv : phon === schenkst,
          Fv : cat === v,
          Fv : subc : first : agr : num === sg,
          Fv : subc : first : agr : per === 2,
          Fv : subc : first : case === nom,
          Fv : subc : second : case === dat,
          Fv : subc : third : case === acc}.
      c. gv3(v(schenk_),pres,Fv) —→ [schenken], {Fv : phon === schenken,
          Fv : cat === v,
          Fv : subc : first : agr : num === pl,
          Fv : subc : first : agr : per === 3,
          Fv : subc : first : case === nom,
          Fv : subc : second : case === dat,
          Fv : subc : third : case === acc}.
      d. gv3(v(schenk_),pres,Fv) —→ [schenke], {Fv : phon === schenke,
          Fv : cat === v,
          Fv : subc : first : agr : num === sg,
          Fv : subc : first : agr : per === 1,
          Fv : subc : first : case === nom,
          Fv : subc : second : case === dat,

$$Fv : subc : third : case\ ===\ acc\}.$$

(25) a. gs(s(KP,T),Fs) —→ gkp(KP,agent,Fkp), gtp(T,Ftp),
            {Fs === Ftp, Fs : subc : first === Fkp}.

   b. gtp(tp(VP,tense(T)),Ftp) —→ gvp(VP,T,Fvp),
            {Ftp === Fvp}.

   c. gvp(vp(DP1,DP2,V),T,Fvp) —→
         gv3(V,T,Fv),gkp(DP1,goal,Fdp1), gkp(DP2,theme,Fdp2),
            {Fvp === Fv, Fvp : subc : second === Fdp1,
            Fvp : subc : third === Fdp2}.

   d. gd0(d(tonio),_,Fd) —→ [tonio],
            {Fd : phon === tonio, Fd : cat === det,
            Fd : agr : per === 3, Fd : agr : num === sg,
            Fd : case === nom}.

주어와 시제구와의 결합에 관여하는 한정절 (25a)는 주어인 격구 gkp
가 지니는 자질구조 Fkp와 시제구가 가진 자질구조 Ftp가 통합될 수 있어
야 한다는, 곧 두 자질구조가 전달하는 정보간에 상충이 일어나지 않아야
한다는 제약을 표현하고 있다. PROLOG의 2항 술어 '==='은 두 자질구
조의 통합여부를 체크한다. 예를 들어 어휘기재항 (25d)에 제시된 주어인
'tonio'의 자질구조에 따르면 주어의 인칭(per)은 3인칭이고 수(num)는 단
수(sg)이다. 반면 어휘기재항 (24b)-(24d)가 지닌 자질구조에는 이와 다른
정보들이 들어 있기 때문에 정보간의 상충이 일어나 그것들의 선택이 이루
어지지 않은 것이다. 이상이 보편구조로부터 독일어가 생성되는 과정에 대
한 설명이다. 설명의 편의를 위해 너무 전문적인 프로그래밍에 관한 해설
은 생략했다.

VI. 맺는 말

이 글은 격정보와 시제정보를 표현하는 방식이 한국어와 독일어간에 차이가 난다는 관찰로부터 출발했다. 두 언어에서 관찰되는 이러한 대조적인 성격에도 불구하고 우리가 보편문법을 지향하는 원리와 매개변수 이론의 연구결과를 수용하여 언어보편적인 구조를 상정함으로써 한국어에서 독일어로의 기계번역이 가능하다는 것을 보였다. 여기서 소개한 기계번역시스템은 극히 제한된 통사구조의 한국어와 독일어문장을 대상으로 하는 실험적인 연구목적의 시스템이었다. 언어학적으로 문제가 덜한 문장구조들만을 다룬 것이 하나의 한계로 지적될 수 있겠다. 이 시스템을 위해 설정된 몇 가지 언어학적인 가정들, 예컨대 ‘agent’, ‘goal’과 ‘theme’ 등의 의미기능들간에 일정한 위계성이 성립한다는 가정과 한국어에서 관사가 나타나지 않을 때에 일반규칙을 통해서 부정관사를 삽입할 수 있다는 가정 등은 좀더 구체적인 검토가 필요하다. 끝으로 대조연구의 한 응용분야이며 정보화시대의 총아인 기계번역시스템의 실용화가 성공하기 위해서는 음성/음운론, 형태/통사론, 의미/화용론과 사전학 등 여러방면에서의 한국어와 독일어간의 심도 있는 대조연구가 뒷받침되어야 한다는 점을 강조하고자 한다. 한국어와 독일어에 관한 모든 자료중심의 대조연구가 초기단계에 있는 한-독 기계번역분야의 발전에 크게 기여할 것이다.

●부록 ●───────────────────────────────────

```
%%  Grammatik für das Koreanische  %%

sc(S)  --→ [smax(S), conj(C)].  /* smax == Satz der
                                      Maximalprojektion */
smax(smax(S,mood(M)))  --→ [s(S), mood(M)].
s(s(KP,T))  --→
    [kp(KP,agent), tp(T,TNS)].
s(s(S1,C,S2))  --→ [s(S1),coord(C), s(S2)].
kp(kp(DP,case(KAS)),KAS)  --→
    [dp(DP),case(P,KAS)].
pp(pp(DP,P))  --→
    [dp(DP),p(P)].
dp(dp(D))  --→ [npr(D)].
tp(tp(VP,tense(TNS)),TNS)  --→ [vp(VP),t(T,TNS)].
tp(tp(TP,C,TP1),TNS)  --→ [tp(TP,TNS),coord(C),tp(TP1,TNS)].
vp(vp(V1))  --→
    [v1(V1)].
vp(vp(VP,C,VP1))  --→
    [vp(VP),coord(C),vp(VP1)].


%% Lexikon %%

word(senmwulha,v3(v(schenk_))).
word(ca,v1(v(schlaf_))).
word(po,v2(v(seh_))).
word(coaha,v2(v(moeg_))).
word(top,v2(v(helf_))).


%% "Definite-Clause"-Grammatik für das Deutsche  %%
%%      — mit eingebauten Merkmalsstrukturen      %%

gsmax(smax(S,mood(M)),Fsmax)  --→ gs(S,Fs), gmood(M,Fmood),
    {Fsmax === Fs, Fsmax : mood === Fmood}.
```

```
gs(s(KP,T),Fs)  --→ gkp(KP,agent,Fkp), gtp(T,Ftp),
    {Fs === Ftp, Fs : subc : first === Fkp}.
gkp(kp(DP,case(KAS)),KAS,Fkp)  --→ gdp(DP,KAS,Fdp),
    {Fkp === Fdp}.
gdp(dp(D),KAS,Fdp)  --→ gd0(D,KAS,Fd), {Fdp === Fd}.
gdp(dp(Det,N),KAS,Fdp)  --→ gdet(Det,KAS,Fdet), gcn(N,Fcn),
    {Fdp === Fdet, Fdp : comp === Fcn}.
gdp(dp(Det,Nbar),KAS,Fdp)  --→ gdet(Det,KAS,Fdet), gnbar(Nbar,Fnbar),
    {Fdp === Fdet, Fdp : comp === Fnbar}.


%% Lexikon %%

gmood(decl,Fmood)  --→ ['.'], {Fmood : phon === '.',
    Fmod : cat === mood}.
gconj(conj(dass),Fc)  --→ [dass], {Fc : phon === dass,
    Fc : cat === conj}.
gv1(v(schlaf_),past,Fv)  --→ [schliefen], {Fv : phon === schliefen,
    Fv : cat === v,
    Fv : subc : first : agr : per === 3,
    Fv : subc : first : agr : num === pl,
    Fv : subc : second === end}.
gvc(v(glaub_),pres,Fv)  --→ [glaubt], {Fv : phon === glaubt,
    Fv : cat === v,
    Fv : subc : first : agr : num === sg,
    Fv : subc : first : agr : per === 3}.
X === Y : -
    denotes(X,A),
    denotes(Y,B),
    unify(A,B).


denotes(Var,Var) : -
    var(Var),!.
denotes(Atom,Atom) : -
    atomic(Atom),!.
denotes([H|R],[H|R]) : - !.
denotes(Dag : Path,Value) : -
```

```
        pathval(Dag,Path,Value,_).
```

%% Testen %%

 /* Test1 : [tonioka,ingeeykey,chaykul,senmwulhanta] */

>>> K-D-Uebersetzung :

[tonio,schenkt,inge,ein,buch,.]

/* Test2 : [tonioka,canta] */

>>> K-D-Uebersetzung :

[tonio,schlaeft,.]

/* Test3 : [tonioka,ingelul,coahanta] */

>>> K-D-Uebersetzung :

[tonio,mag,inge,.]

/* Test4 : [tonioka, ku, yeonkukul,coahanta] */

>>> K-D-Uebersetzung :

[tonio,mag,das,theater,.]
/* Test5 : [tonioka,heikeeykey,kkochul,senmwulhanta] */

>>> K-D-Uebersetzung :

[tonio,schenkt,heike,eine,blume,.]

/* Test6 : [tonioka,ingelul,topnunta] */

>>> K-D-Uebersetzung :

[tonio,hilft,inge,.]

/* Test7 : [tonionun,ingeka,ku,yeonkukul,coahantako,mitnunta] */

⟩⟩⟩ K-D-Uebersetzung :
[tonio,glaubt,inge,mag,das,theater,..,]

/* Test8 : [ingeka,toniolul,ttenako,censanhakul,kongpwuhanta] */

⟩⟩⟩ Transfer zur interlingualen Struktur

=⟩⟩ Interlingua in P-A-Struktur

smax(s(kp(dp(d(inge)),case(agent)),tp(vp(vp(kp(dp(d(tonio)),case(th
eme)),v(verlass_)),coord(und),vp(kp(dp(det(ein_),n(informatik)),case
(theme)),v(studier_))),tense(pres))),mood(decl))

=⟩⟩ Interlingua in C-Struktur
   %% ein Teil davon

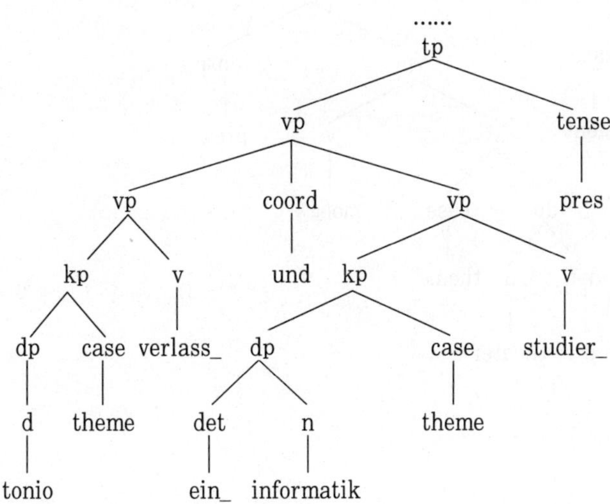

/* Test9 : [tonionun,ingeka,ku,yeonkukul,coahantako,mitnunta] */

〉〉〉 Transfer zur interlingualen Struktur

=〉〉 Interlingua in P-A-Struktur

smax(s(kp(dp(d(tonio))),case(ag)),tp(vp(smax(s(kp(dp(d(inge))),case(a
gent)),tp(vp(kp(dp(det(d_),n(theater))),case(theme)),v(moeg_)),tense
(pres))),mood(decl)),v(glaub_)),tense(pres))),mood(decl))

=〉〉 Interlingua in C-Struktur
   %% ein Teil davon

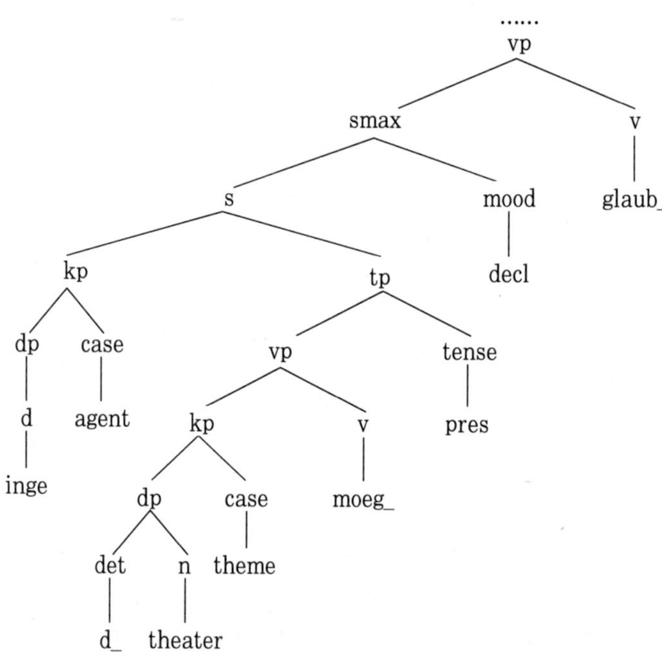

제 9 장 광고언어학

광고카피와 대화함축

I. 문제제기

현대사회에서 광고는 대단히 큰 문화적 중요성을 지닌다. 광고를 통해 우리가 당대의 문화지평을 읽어낼 수 있기 때문이다. 롤랑 바르트 등 많은 구조주의자들이 광고카피를 기호학적인 연구대상으로 삼은 이래, 광고카피는 언어학자들, 특히 텍스트언어학자들의 주목을 받아 왔다. 구조주의자들이 주로 취한 기호학적인 접근 외에도 수사학적인 접근방법, 화행이론적인 접근방법, 논증이론적 접근방법과 전략적인 접근방법 등 광고카피를 해석하는 접근방법은 아주 다양하다.

본 연구에서는 기존의 이러한 다양한 접근방법을 비판적으로 검토하고, 광고카피에 대한 하나의 해석모형으로서 그라이스(Grice)의 대화함축 이론에 기초한 광고카피의 해석방법을 제안하고자 한다.

다음의 (1)에 제시된 광고카피에는 생략현상이 나타나 있고, 광고카피 (2)에서는 모순적인 표현을 볼 수 있다.

    (1) 아무도 제가 유부녀라고 믿지 않습니다.
          아무도 이것이 고추장이라고 믿지 않습니다.
          그러나 맛을 보면 압니다. (*센스*)
    (2) 거짓말이 보여요 (*정보전화 016*)

이와 같이 생략현상이나 모순적인 표현의 해석에 있어 그라이스의 대화함
축 이론이 아주 유용한 해석도구일 수 있음을 이 장에서 보이고자 한다.

Ⅱ. 기존의 접근방법

이 절에서는 광고카피의 해석을 위해 제안된 기존의 접근방법들을 개관
한다.

Ⅱ.1. 수사학적 접근

먼저 살펴볼 것은 Römer(1976)와 Baumgart(1992)에서 깊이 있게 논의
가 이루어진 수사학적 접근방법이다. 수사학적인 접근에서는 광고카피들
이 어떠한 수사학적 수단을 이용하고 있는지를 조사하여 그 결과를 통계적
인 분포로 보여준다. 다음 (3)-(9)는 Baumgart(1992)[1]에서 제시된 광고
슬로건의 분석결과이다.

> **(3) 일반적인 주장** : 38%(슬로건 285개)
> - Keine Kompromisse.(*Michelin*)[2]
> - Unser Maßstab ist der Mensch.(*Nokia Data*)
>
> **(4) 단어 유희** : 35.3%(265개)
> - Geschmack liegt in ihrer Natur.(*Hessen Quelle*)
> - Man muß seiner Natur treu bleiben(*Idee Kaffee*)

---

1) Baumgart(1992 : 13ff.)에 따르면, 수사학적인 수단의 사용빈도 분석을 위한 자료는
   1988년 후반기에 수집된 것으로서, 'Der Spiegel', 'Stern', 'Hörzu', 'Bunte', 'Viva',
   'Cosmopolitan'이나 'freundin'과 같은 비교적 발행부수가 많은 전국적으로 구독되는
   잡지에서 선택되었다. Baumgart는 일반적으로 광고텍스트를 구성하는 3 요소, 곧 표
   제어(Schlagzeile), 본문(Haupttext)과 슬로건(Slogan) 중 슬로건 750개를 분석대상으로
   삼았다. 본 연구에서는 슬로건 외에 표제어도 논의의 대상으로 삼는다.
2) 광고카피 뒤 괄호 안에는 출처가 확인된 경우에 한해서 상품명을 제시하기로 한다.

(5) **격언(Sentenz)** : 24.9 %
  - Ideen muß man haben(Grundig)
  - Nichts ist unmöglich(Toyoda)
(6) **이원구조(Zweierfigur)** : 22.4 %
  - Passat. Fahren in einer neuen Dimension.
(7) **명료화(Verdeutlichung)** : 18.3 %
  - Caprice ist super⋯ ⋯superslim.
(8) **암시(Anspielung)** : 17.9 %
  - Wer vergleicht, fährt Isuzu.
(9) **과장(Übertreibung)** : 16.9 %
  - Alles sollte so stabil sein wie ein Samsonite.

II.2. 기호학적 접근

수사학적인 접근방법에서 주로 어떠한 수사학적 수단이 광고카피나 광
고슬로건에 쓰이고 있는지를 연구하는 반면, Sowinski(1998)는 기호학적
인 접근을 취하여, 광고카피가 기호의 어떠한 기능을 주로 수행하는가를
연구한다. 다음의 (10)-(15)에는 그러한 각 기호기능을 반영한 광고카피
들이 제시된다.

(10) **지시기능**
  - Mars bringt verbrauchte Energie sofort zurück. *(Schokoladenriegel)*
(11) **호소기능**
  - Essen mit Spaß! *(McDonald)*
(12) **표현기능**
  - Nie Wieder Laute Nachbarn. *(Toto-Lotto)*
(13) **시적기능**
  - Gebraut für Genießer. *(Rostocker Pils)*
  - Verführen statt verwaschen. *(Ariel)*[3]
(14) **메타언어적 기능**[4]

---

3) 부록 참조.
4) 메타언어적 기능 개념은 문맥에 따라 다양한 의미를 가진다. 대상언어(Objektpsprache)

• Paris fordert die schmale Silhouette.
    Wir haben sie schon.(Elzo)[5]

(15) **교감기능**
    • Ihr guter Stern auf allen Straßen.(Mercedes Benz)
    • Wir sind erst zufrieden, wenn Sie es sind.

Ⅱ.3. 화행이론적 접근

광고카피의 해석을 위해 제안된 다른 접근으로서 Flader(1974)와 Fritz(1994)에서 깊이 있게 논의가 전개된 화행이론적인 접근을 들 수 있다. 이 방법에서는 개별 광고카피들이 화행이론적인 관점에서 어떠한 화행을 수행하고 있는지를 주로 살핀다. 다음의 (16)-(20)에서 각 화행이 관여된 카피들을 볼 수 있다.

(16) **명령발화**
    • Holen Sie sich diesen vollen, naturhaften Geschmack von Marlboro!(Zigarette)
    • Abschalten und Teetrinken.(Tee)
(17) **단언발화**
    • Mars bringt verbrauchte Energie sofort zurück.(Schokoladenriegel)
    • Marlboro - der Geschmack von Freiheit und Abenteuer.(Zigarette)
(18) **임무발화**
    • Rexona läßt Sie nicht im Stich!(Deodorant)
(19) **선언발화/판정발화(오스틴의 Verdiktiva)**
    • Delial bräunt ideal.(Sonnencreme)

와 대립되는 개념으로서 메타언어(Metasprache)는 대상언어를 하나의 지시대상으로 삼는 언어로 정의되는데, 로만 야콥슨은 기호가 코드와 관련하여 메타언어적 기능을 갖는 것으로 본다. 따라서 광고카피의 메타언어적인 기능도 코드로서의 언어가 갖는 속성에 기인하는 것으로 볼 수 있다. 이런 맥락에서 Sowinski(1998 : 27ff.)에서는 비교급이나 최상급, 대조, 은유 등과 같은 언어현상도 메타언어적인 기능을 가지는 것으로 간주한다. 대명사의 사용도 그것이 속하는 언어체계와 관련된다는 점에서 메타언어적인 기능을 갖는다고 본다.

5) 부록 참조

(20) **표현발화**
  • Super Geschmack. Super Preis.

Ⅱ.4. 논증이론적 접근

넓게 보아 텍스트언어학적인 접근에 속하는 접근방법의 하나로 볼 수 있는 논증이론적인 접근은 Dietrich(1998)에서 논의된 것으로, 텍스트언어학에서 발전되어온 Questio이론을 광고카피의 분석에 이용한 것이다. 광고카피를 논증담화의 한 유형으로 보는 것이 바람직하다는 주장이 이 이론의 핵심이다. Dietrich(1998)에 제시된 분석의 예를 살펴보자.

(21) Sie haben immer Geld. Auch dann, wenn Sie mal keines haben.

위 광고카피는 비자카드를 널리 알리기 위한 카피인데, 이 카피를 해석하기 위해 해석자는 카피 (21)을 아래의 (22)와 같은 질문에 대한 답으로 받아들여야 한다는 것이다.

(22) Warum soll ich Ihrer Empfehlung folgen, eine Kreditkarte zu erwerben?

그런데, 이러한 논증이론적인 접근의 문제점은 한편으로 이 이론이 너무 강하고, 다른 한편으로 너무 약하다는 데에 있다. 이 이론이 너무 강하다는 사실은 광고카피를 어떤 암묵적으로 주어진 질문에 대한 답으로 이해해야 할 경우, 그 생략되어 있는 질문을 어떻게 구성해야 하는지에 대한 지침이 이론 내에 마련되어 있지 않다는 점에 기인한다. 다시 말하여, 원칙적으로 잠재적인 다양한 질문들 중 가장 적절한 하나의 질문만을 선택하는 절차가 제시되어 있지 않다. 다른 한편, 이 이론은 광고카피 자체가 아래의 (23)에 제시되어 있듯이 평서문이 아닌 의문문이나 명령문으로 되어 있는 경우를 설명하지 못하기 때문에 너무 약한 이론이다.

(23) • Wann ist ein Bier ein Bier?(*KHS Bier*)
      • Keine Kraft mehr für die Liebe?
      • 누가 나이키를 신는가?(*Nike*)
      • Verführen statt verwaschen.(*Ariel*)
      • Be touched by the fragrance that touches the woman.(*Passion*)

II.5. 전략적 텍스트 수용모형

텍스트의 해석을 위해 van Dijk · Kintsch(1978)에서 제안된 전략적 텍스트 수용모형을 오장근(1999)에서는 광고카피의 해석을 위해 도입하고 있다. 이 연구들에서 여러 가지 광고카피가 분석되어 있는데, 그 중 하나인 씨바스 리갈의 광고카피 (24)를 분석한 내용을 검토해 보자.

(24) You either have it or you don't.

전략적 텍스트 수용모형에서는 아래의 (25)에 제시된 여러 가지 전략들이 상호작용하는 가운데, 광고카피에 대한 종합적인 해석이 이루어진다고 본다.

(25) • 통사론적 전략
      • 의미론적 전략
      • 문체론적 전략
      • 거시전략
      • 스키마전략
      • 비언어적 전략
      • 사회-문화적 전략

이러한 다양한 전략들이 관여하여 얻어낸 해석결과는 다음의 (26)과 같이 정리될 수 있다(오장근, 1999b : 305).

(26) 만약 당신이 고품위의 특별한 위스키-씨바스 리갈을 마시면, 그를 통해 당신은 '편안함', '무 긴장', '무 스트레스'같은 '제약이 없는 느낌의 상태'를 즐길 수 있습니다. 그러나 만약 당신이 위스키-씨바스 리갈을 마시지 않

는다면, 당신은 이런 것들을 느낄 수 없는 것이죠. 선택하십시오. 씨바스 리갈을 마시겠습니까 아니면 씨바스 리갈을 마시지 않으시겠습니까?

광고카피의 해석을 위해 채택된 전략적 텍스트 수용모형에서 가정하고 있는 여러 가지 전략들이 상호작용함으로써 전체적인 해석이 이루어진다고 보는데, 이 해석모형의 문제점은 이러한 전략들간의 상호작용이 어떠한 절차를 통해 이루어지는지에 대한 상세한 알고리즘이나 지침이 없다는데에 있다. 그럼으로써, 논증이론과 마찬가지로 하나의 광고카피에 대한 무한한 해석가능성을 열어둔다. 이 이론이 성공적이기 위해서는 전략들간의 우선순위나 가중치의 차이에 대한 규정이 선행해야 할 것으로 보인다.

III. 그라이스의 대화이론과 대화함축

대화의 적절한 해석을 위해 그라이스는 다음 (27)과 (28)에 제시된 협동의 원리와 대화격률을 제안한다(Grice, 1968).

(27) **협동의 원리(Kooperationsprinzip)**
대화가 진행되는 각 단계에서 대화의 방향이나 목적에 의해 요구되는 만큼 기여를 하라.
(28) **대화의 격률(Konversationsmaximen)**
최대한 효과적이고 타당성 있게 상호협력하여 대화하기 위해서 대화참여자들이 지켜야 할 지침
  a. 질의 격률(Maxime der Qualitität) : 진실된 기여가 되도록 노력하라.
  b. 양의 격률(Maxime der Quantität) : 진행되는 대화 목적을 위해 필요한 만큼만 정보를 제공하라.
  c. 관련성의 격률(Maxime der Relation) : 관련성을 지니게 하라.
  d. 태도의 격률(Maxime der Modalität) : 모호성을 피하라, 중의성을 피하라, 간결하게 하라, 조리있게 하라.

이러한 대화의 격률과 관련하여, 일반적으로 대화들이 함축의미를 유발할 수 있다고 그라이스는 본다. 다음의 표에서 보듯이, 대화함축(Konversations-implikatur)에는 일반 대화함축과 한정 대화함축 두 가지 하위유형이 있다.

(29) 대화함축의 유형[6]

대화함축 (Konversationsimplikatur)	
일반함축 (Generalisierte Konversationsimplikatur)	한정함축 (Partikularisierte Konversationsimplikatur)
[1] Einige der eingelandenen Gäste kamen zur Party. *(Skalare Implikaturen)* [2] Wenn Friedhelm heute abend kommt, dann gehe ich. *(Klausale Implikaturen)*	[3] Claudia : Was meinst Du wohl, wer das Stipendium für Berkeley bekommen hat? Dietmar : Ernst war vorhin sehr euphorisch, als ich ihn getroffen habe.

일반함축은 대화의 격률을 준수한다는 전제하에 추론이 가능한 함축인 반면, 한정함축은 대화의 격률을 위반함으로써 얻어지는 함축으로 그러한 함축의 추론을 뒷받침할 만한 특정 문맥을 필요로 한다.

이제 대화의 격률을 위반하는 광고카피들은 어떤 것들이 있는지를 살펴 보자.

다음의 (30)-(32)에 제시된 카피들은 전칭양화표현, 은유, 모순표현들을 사용함으로써 의도적으로 '질의 격률'을 어기고 있다.

(30) 전칭양화표현의 사용
- Alles was ein Bier braucht(*Clausthaler*)
- Alles für vollendeten Kaffee-Genuss(*Melitta*)
- Sie haben immer Geld. Auch dann, wenn Sie mal keines haben.
- Mit diesem Duft kann alles passieren.(*Gammon*)

---

6) 이 예들은 Liedtke(1995)에서 논의된 것들이다.

(31) **은유**
  - Licht ist Leben.(*Braas*)
  - Gold ist Liebe.

(32) **모순문장/모순표현**
  - Die Zukunft heute.(*Brother*)
  - Luxus muß nicht teuer sein.(*Harper's Bazaar*)
  - Nach dem Spiel ist VOR dem Spiel.(*Wochenende*)
  - Damit nichts passiert, wenn was passiert. Ihre Unfallversicherer.
  - 침대는 가구가 아닙니다.

또한 다음의 (33)과 (34)에 열거된 예들은 항진문장과 공유지식이 요구되는 지시적 표현을 사용함으로써 의도적으로 '양의 격률'이 위반되고 있는 광고카피들이다.

(33) **항진문장**
  - Persil bleibt Persil.(*Persil*, Waschmittel)
  - Sicher ist sicher.(*Agrippina* Versicherung)
  - Nur der Aspirin ist Aspirin.(*Aspirin*)
  - Wer hat, der hat.(*Cross*, Schreibgeräte)

(34) **지시적 표현**
  - Hamburg. Das Hoch im Norden.
  - Vital. Das Magazin für gesundes Leben.
  - Gold. Das Höchste der Gefühl.
  - You either have it or you don't.(*Civas Regal*)

다음 (35)는 발화상황과 관련이 없는 발화를 함으로써 '관련성의 격률'을 어기고 있는 광고카피의 예이다.

(35) **관련성의 격률**[7]
  - Es lebe die Leistung.(*Grundig*)

마지막으로 다음의 (36)-(39)에 제시된 카피들은 생략문, 중의성을 사

---

7) Tanaka(1994)에서는 Sperber · Wilson의 관련성이론(Relevanztheorie)의 관점에서 영국과 일본의 여성소재의 광고들이 분석된다.

용하거나 인과관계의 오류와 선택제약을 위반함으로써 의도적으로 '태도의
격률'을 어기고 있는 예들이다.

(36) 생략문
- Natürlich schmeckt's besser!(*Meranatura*)
- a. Kennt keiner. Kauft keiner.
  b. Gern gesehen. Gern genommen(*Wolf Carton*)
- 아무도 제가 유부녀라고 믿지 않습니다.
  아무도 이것이 고추장이라고 믿지 않습니다.
  그러나 맛을 보면 압니다.(*센스, 고추장*)
(37) 중의성
- 크리넥스로 올라오세요.(*크리넥스*)
- Verzichten Sie auf nichts.(*Hyundai* Autowerbung)
- Be touched by the fragrance that touches the woman(*Passion*)
(38) 인과관계(추론)의 오류
- Die Natur braucht Hilfe. Denn wir brauchen die Hilfe der Natur.(*WWF*)
- A lot of people eat here. That's why they're rich.(*Sidewalk*)
(39) 선택제약 위반
- 거짓말이 보여요(*정보전화* 016)
- Laß dir das Leben schmecken.(*Maggi*)
- Der neue Klang der Bilder(*Nordmende*, Fernseher)

IV. 실제분석 : 대화함축의 해석절차

이 절에서 몇 가지 광고카피를 예로 들어 대화함축이론에 의한 해석절
차를 구체적으로 보이고자 한다.

먼저, 오장근(1999a, 1999b)에서 다루어진 바 있는 씨바스리갈 광고카
피는 다음의 (40)에 제시된 해석절차를8) 따라 대화함축이론으로 설명될

---

8) 이러한 해석절차는 Levinson(1990 : 137)에 제시된 대화함축의 해석과정을 광고카피의
  해석을 위해 응용한 결과물이다. Levinson은 아래의 발화 (A1)로부터 명제 (A2)가 거짓

수 있다.

   (40) You either have it or you don't.(씨바스리갈 광고카피)
     ① 화자가 협동의 원리를 위반했다고 볼 만한 이유가 없다.
     ② 외견상 이 발화는 양의 격률을 어기고 있다. 왜냐하면, 단언문의 형식
       을 가진 이 발화는 항상 참인 문장으로서 그 자체는 정보가치가 없기
       때문이다.
     ③ 만약 이 발화가 양의 격률을 어긴 것이 아니라면, 이 발화는 다른 함
       축의미를 가지는 것으로 이해되어야 한다.
     ④ 화자는 대명사 it이 지시하는 바(선행사)를 이미지에서 찾도록 유도하
       고 있다고 할 수 있을 것이다. 곧 화자는 씨바스리갈 술병과 고삐풀린
       나비넥타이를 통해 '편안함, 무긴장 같은 제약이 없는 느낌의 정신상
       태'를 대명사 it을 통해 의미하고자 했을 것이다.
     ⑤ 이러한 화자의 의미를 대명사의 지시적 의미로 받아들인다면, 결국 이
       광고발화는 아마 '나비넥타이 이미지인 품격있는 씨바스리갈을 마시
       면, '편안함', '무긴장' 같은 '제약이 없는 느낌의 정신상태'를 갖게 될
       것이지만, 그렇지 않다면 여유없는 생활의 연속일 것입니다.'라는 함축
       의미를 전하고자 하는 것이다.

두 번째 분석의 예로서 WWF 광고카피에 대한 해석절차는 아래의 (41)
과 같다.

   (41) Die Natur braucht Hilfe. Denn wir brauchen die Hilfe der Natur.(WWF 광고카피)
     ① 화자가 협동의 원리를 위반했다고 볼 만한 이유가 없다.
     ② 외견상 이 발화는 태도의 격률을 어기고 있다. 왜냐하면, 두 번째 문
       장의 접속사 'denn'에 의해 표현된 인과관계가 두 문장간에 성립하지
       않음으로써 '조리있게 하라'라는 명령을 어기고 있기 때문이다.
     ③ 만약 이 발화가 태도의 격률을 어긴 것이 아니라면, 두 문장간의 인과
       관계를 설명하기 위해 'Wir müssen der Natur helfen.'이라는 문장
       이 첫 문장다음에 생략된 것으로 이해해야 한다. 또한 이 세 문장에
       의해 기술된 상황들이 시간적인 순서를 지키고 있을 것이라고 가정해
       야 한다.

임을, 곧 척도함축(Skalare Implikatur)을 4단계로 구성된 논증절차를 통해 추론한다.
(A1) Einige der jungen Leute gingen zum Fest.
(A2) Alle jungen Leute gingen zum Fest.

④ 화자는 독일어 동사 'brauch-'를 단순 현재형으로 사용함으로써, 첫문장과 복원된 두 번째 문장에서는 현재시간을, 세 번째 문장에서는 미래시간을 의미한9) 것이다.

⑤ 화자는 앞으로 우리가 자연의 도움을 필요로 할 것이기 때문에, 자연이 우리의 도움을 필요로 할 때인 지금 우리가 자연을 도와야 한다는 함축의미를 전하고자 한 것이다.

세 번째 예로서 Grundig 광고카피를 어떠한 해석절차에 따라 대화함축이론으로 설명할 수 있는지를 다음의 (42)가 보여준다.

(42) Es lebe die Leistung.(Grundig 광고카피)

① 화자가 협동의 원리를 위반했다고 볼 만한 이유가 없다.

② 외견상 이 발화는 관련성의 격률을 어기고 있다. 왜냐하면, 이 발화는 발화상황과 직접적인 관련이 없는 'die Leistung'이라는 지시적 표현을 통해 '그 성과'를 축복하라고 명령하고 있기 때문이다.

③ 만약 이 발화가 관련성의 격률을 어긴 것이 아니라면, 'die Leistung'은 화자와 청자인 내가 공유하는 어떤 것을 지칭하는 것 일게다.

④ 이 발화는 Grundig 제품에 관한 담화이므로, 화자는 자신과 내가 Grundig 제품을 하나의 '중대한 과학기술적인 성과'로 인정한다는 생각을 공유하고 있다고 믿는 것이다.

⑤ 화자는, 우리가 '중대한 과학기술적인 성과'를 축복해야 한다는 함축의미를 전하고자 한 것이다.

마지막 예로 논증이론적 접근에 대한 반례로서 제시된 의문문 광고카피를 분석한다. 다음의 (43)은 KHS 맥주 광고카피를 어떠한 해석절차에 따라 대화함축이론으로 설명할 수 있는지를 보여준다.10)

---

9) 독일언어문학 연구회의 봄철 학술대회(4월 13일) 발표현장에서 곽병휴 교수가 지적한 바와 같이 소위 세 번째 문장이 미래의 가능한 사건을 가리키는 문장으로 해석되어야 하는 필연적인 이유는 없다. 다만, 그렇게 설정함으로써 추론이 보다 자연스럽다는 점을 강조하고자 한다.

10) 독일언어문학 연구회 봄철 학술대회에서 송경안 교수가 함축이론에 기반한 광고카피 해석 모형이 명령문도 다룰 수 있는가라는 질문을 제기했는데, 명령문도 의문문과 마찬가지로 양의 격률을 어김으로써 대화함축을 유발한다고 볼 수 있겠다.

(43) **Wann ist ein Bier ein Bier?**(KHS 광고카피)[11]
    ① 화자가 협동의 원리를 위반했다고 볼 만한 이유가 없다.
    ② 외견상 이 발화는 양의 격률을 어기고 있다. 왜냐하면, 성분의문문의 형식을 가진 이 발화는 문자그대로의 의미만으로 아무런 정보가치가 없기 때문이다.
    ③ 만약 이 발화가 양의 격률을 어긴 것이 아니라면, 이 발화는 새로운 정보를 구하는 청자로부터 구하는 성분의문문으로 이해되어서는 안되며, 다른 함축의미를 가지는 수사적인 의문문으로 이해되어야 한다.
    ④ 이 발화는 맥주에 관한 광고담화이므로, KHS 맥주에 대해 새로운 정보를 담고 있을 것이다.
    ⑤ 화자는 수사적인 의문문의 형식을 빌어 KHS 맥주만이 맥주다운 맥주라는 사실을 전하고자 한 것이다.

이 절에서는 광고카피 네 개를 예로 들어 그라이스 함축이론의 틀 안에서 카피의 함축의미를 추론해내는 방법을 기술하였다.

V. 맺는 말

이제까지 우리는 광고카피에 대한 여러 가지 해석방법론에 대해 비판적으로 검토하고, 기존의 해석이론들에 대한 하나의 대안으로 대화함축이론에 의한 광고카피의 해석방안을 제안했다. 이 이론의 강점은 별도의 추가적인 장치없이 그라이스의 대화함축이론을 광고카피의 분석에 이용할 수 있다는 데서 찾을 수 있다. 그라이스의 대화함축이론이 소위 정보를 전달하는 담화에 국한해서 그 유용성을 검증받은 반면, 오락성 커뮤니케이션을 지향하는 담화와 같은 비정보적인 담화의 해석에는 한계를 보인다는 비판을 받고[12] 있는데, 이런 담화유형에 속할 수 있는 광고카피의 해석을 위

---

11) 부록 참조.
12) Klein(1997)에서는 오락성 담화의 분석을 위해 그라이스의 이론이 한계를 가진다는 사실이 비판적으로 논의되고 그에 대한 해결책으로서 오락성 커뮤니케이션에 적용 가능한 대응 격률들이 제안된다.

해서 어떠한 이론적인 보완이 필요할 것인지에 대한 논의는 여기에서 전개
하지 않았다.

─ ●부록●

• 광고 [1]

• 광고 [2]

• 광고 [3]

해서 어떠한 이론적인 보완이 필요할 것인지에 대한 논의는 여기에서 전개

제 10 장 독어교육

멀티미디어를 이용한 독일어 교육의 통합모형

I. 머리말

최근에 들어 전통적인 교육은 다음에 열거되는 몇 가지 속성으로 인해 강하게 비판을 받고 있다.

> **(1) 전통적인 교육의 여러 특성**
> - 텍스트 위주의 평면적 교육
> - 강의자 주도형 교육
> - 정보활용의 제한성
> - 주입식 교육
> - 평준화된 교육
> - 폐쇄된 교육

지금까지의 독일어 교육도, 더 나아가 외국어 교육 일반이 거의 대부분 이러한 문제점들을 노정해 온 것을 부인하기 어려울 것이다. 때문에 오늘날의 독어독문학, 보다 넓게는 인문학 전체의 위기와 관련하여 우리 자신들에게 일정 부분 책임을 물어야 한다는 자성론도 없지 않다. 이 글에서는 이러한 전통적인 교육방법에 대한 하나의 대안으로서 외국어 교육의 통합모형을 제안하고자 한다.[1)

이를 위해 먼저 제Ⅱ절에서 의사소통 모형과 독일어 교육의 관계에 대해 살펴봄으로써 통합모형의 이론적인 토대를 구축한다. 제Ⅲ절에서는 멀티미디어를 통한 독일어 교육의 가능성에 대해서 논의한다. 이로써 우리는 외국어 교육의 통합모형의 구조와 특성에 대해서 논의하고자 한다. 제Ⅳ절에서는 통합모형의 정신을 따라 1998년 2학기에 연세대에 개설되었던 '독일어 2' 강좌 전반에 대해 소개한다. 제Ⅴ절에서는 이 강의에서의 학생들에 대한 학업성취 평가와 강의자체에 대한 학생들의 평가가 어떠한 결과로 나타났는지를 살펴본다. 제Ⅵ절에서는 통합모형에 기반한 외국어 교육이 성공적이기 위해서 선결되어야 할 조건들에 대해서 논의함으로써 결론을 대신한다.

Ⅱ. 의사소통 모형과 독일어 교육

Neuner et al.(1993)에 따르면 언어는 더 이상 기표들의 체계로서만 이해되어서는 안되며, 인간행위의 하나로 이해되어야 한다.[2] 따라서, 외국어로서의 독일어를 교육할 때에도 의사소통 상황이 함께 고려되어야 할 것이다. 이런 맥락에서 우리는 우선 로만 야콥슨(Roman Jakobson)의 의사소통모형을 논의의 출발점으로 삼고자 한다. 다음의 도표는 야콥슨이 제시한 의사소통 모형을 보여주고 있다(Jakobson, 1960).[3]

---

1) '외국어 교육의 통합모형'이라는 용어는 연세대학교 미디어아트 연구소의 설립준비를 위해 공동작업하는 과정에서, 독문과의 임정택 교수, 불문과의 문유찬 교수와 필자가 공동으로 만들어낸 명칭이다.
2) 이광숙·이성만 역(1996 : 128) 『외국어로서의 독일어 교수방법론』에서 인용.
3) 이 글의 모든 도표는 연세대 독문과 대학원생 이지현 양이 그렸음을 밝힌다.

[그림 1] 의사소통모형

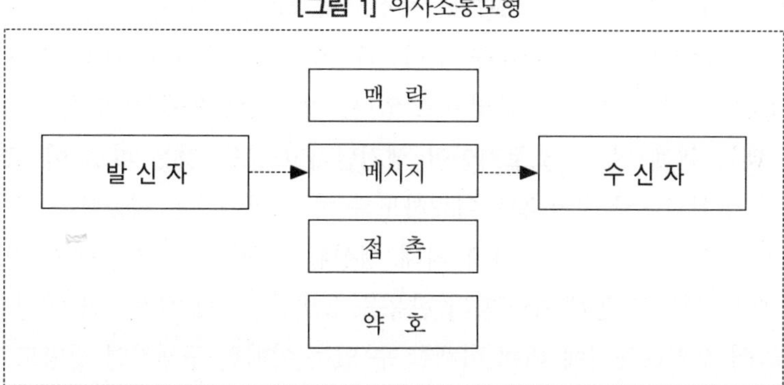

위의 〔그림 1〕에서 보는 바와 같이 인간상호간의 의사소통에 관여하는 요소는 발신자, 수신자, 메시지, 맥락, 접촉, 약호 등 6가지이다. 야콥슨은 메시지 자체로부터 시적 기능을, 그리고 의사소통과정에 참여하는 다른 다섯 가지의 소통요소와 메시지가 맺는 관계로부터 각각 한 가지의 기능을 이끌어 낸다. 그에 따르면 일반적으로 기호가 갖는 기능은 다음 (2)에 제시되는 6가지이다.

(2) 기호의 여러 기능
- 시적 기능(메시지 자체)
- 서술 기능(맥락-메시지 관계)
- 표현 기능(발신자-메시지 관계)
- 호소 기능(수신자-메시지 관계)
- 교감 기능(접촉-메시지 관계)
- 메타 언어적 기능(약호-메시지 관계)

(2)에 열거된 여러 가지 기능 중에서 시적 기능은 기호의 표현면 중 음성적 특성에 초점을 맞추어 정립한 개념이다. 약호체계와 메시지와의 관계로부터 생겨난다는 메타 언어적인 기능은 '약호'를 기호들 상호간의 관계를 나타내는 '기호체계'로 볼 때에 비로소 이해될 수 있는 개념이다. 왜냐하면, 하나의 기호는 어떤 특정한 기호체계 내에서만 비로소 나름의 위상을 갖기 때문이다.

　야콥슨의 소통모형은 발신자를 중심으로 하여, 외적인 의사소통과정에 초점을 맞춘 것으로 이해될 수 있다. 즉 이 모형은, 의사소통의 수단으로서 기호의 특성에만 초점을 맞추고 있다. 이 소통모형에서 메시지가 수신자와 맺는 관계로부터 호소기능이 생겨난다고 보는 것은 바로 이 모형을 발신자 중심의 소통모형으로 이해하도록 하는 실마리를 제공한다. 우리는 이 소통모형으로부터 발신자에 의해 생성된 메시지가 수신자에게 전달된 후에 어떤 과정을 통해 수신자의 반응을 유발하는지에 대해, 곧 어떻게 호소기능이 생겨나는지에 대해 이해할 수 있는 어떠한 구체적인 설명도 발견하지 못한다. 야콥슨의 소통모형은 발신자와 수신자 개개인이 메시지를 어떻게 이해하고 생성하는가에 대해서, 곧 뇌속에서의 언어처리과정에는 주목하지 않았다. 이 점에서 우리는 야콥슨 소통모형의 한계를 발견한다. 이 모형의 빈틈을 보완하기 위해 필자는 언어기호의 제7기능으로서 인지작용기능을 정의하고자 한다. 인지작용기능이란 언어기호가 인지작용을 촉발시키는 기능을 가진다는 의미이다.

　인지과학적인 시각에서 볼 때에 인간은 정보를 처리하는 기계에 다름아니다. 곧 인간의 인지체계에 의해 언어적인 정보들이 처리되는 것으로 이해된다. 음성이나 문자 등 물리적인 형태의 언어표현이 감각기관에 의해 청자의 뇌속으로 전달되면, 언어기호의 인지적인 기능에 의해 이 언어표현이 담고 있는 언어정보가 인지체계 안에서 처리된다는 의미이다. 이러한 일련의 언어정보 처리과정을 아래의 도식이 명시적으로 보여준다(이익환·이민행, 1998 : 65 ff.).[4]

---

4) Stillings et al.(1995 : 18) 참조.

[그림 2] 언어정보처리 모형

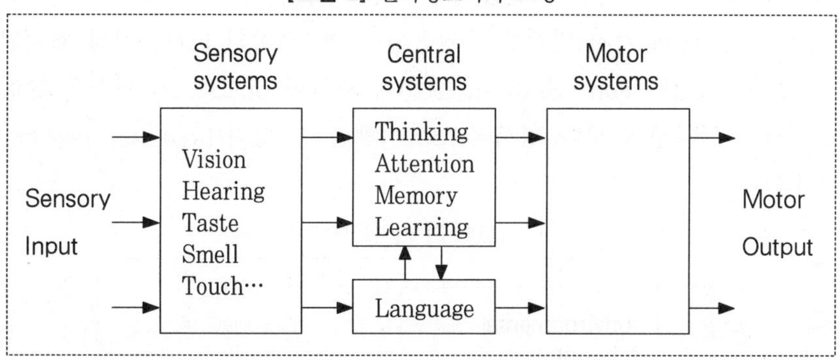

이 도식에서의 중앙체계(central systems)는 인지처리 체계를 의미하는데, 이 곳에서 문제들이 해결되고, 앞으로의 행위들이 계획되며 여러 대안적인 계획들이 평가된다. 또한 주어진 사실들로부터 새로운 결론들이 이끌어 내어지는 추론작업도 중앙처리장치에서 수행된다. 그리고 이 작업이 중앙체계 내에서 이루어지는 여러 작업들 중에서 가장 중요하다고 할 수 있다. Stillings et al.(1995)에 따르면 언어(language)정보 처리체계도 중앙체계에 속하는데, 언어체계는 입력되는 문장들의 어휘들과 문법적인 구조를 파악하여 의미 있는 결과물을 중앙처리장치에 전달하는 것으로 가정된다.5)

위 [그림 2]에 제시된 언어정보처리 모형의 가장 큰 특징은, 바로 언어처리 체계를 사고, 주의, 기억 및 학습 등 여러 가지 인지능력을 뒷받침하는 일반 인지처리 체계와 구분하고 있고, 언어기호 자체도 일차적으로는 음성이나 문자 등 감각기관에 의한 해석이 요구되는 형태를 가진다는 점을 분명히 한 데에 있다. 언어기호의 형태가 음성인가 문자인가에 따라서 듣기(Hearing) 감각이나 보기(Vision) 감각을 통해서 뇌속의 인지처리 체계안으로 받아들여진 언어정보들은 그 안에서 해석과정을 거친 후에, 보다 추상적인 형태의 지식으로 저장된다. 그리고 이미 저장된 지

---

5) "And we assume that the linguistic system can reliably identify the words and the grammatical structure of incoming sentences."(Stillings et al. 1995 : 20)

식은 필요에 따라 나중에 인출되거나 갱신되고, 극단적으로는 삭제되기
도 하는 등 여러 가지 방식으로 활용된다. 아래 쪽의 〔그림 3〕에 제시된
기억모형은 Atkinson·Shiffrin(1968)이 제안한 것으로, 이 도식을 통해
인간의 기억과정을 보다 명시적으로 이해할 수 있다(Braddeley 1990 : 60
재인용).

[그림 3] 기억모형

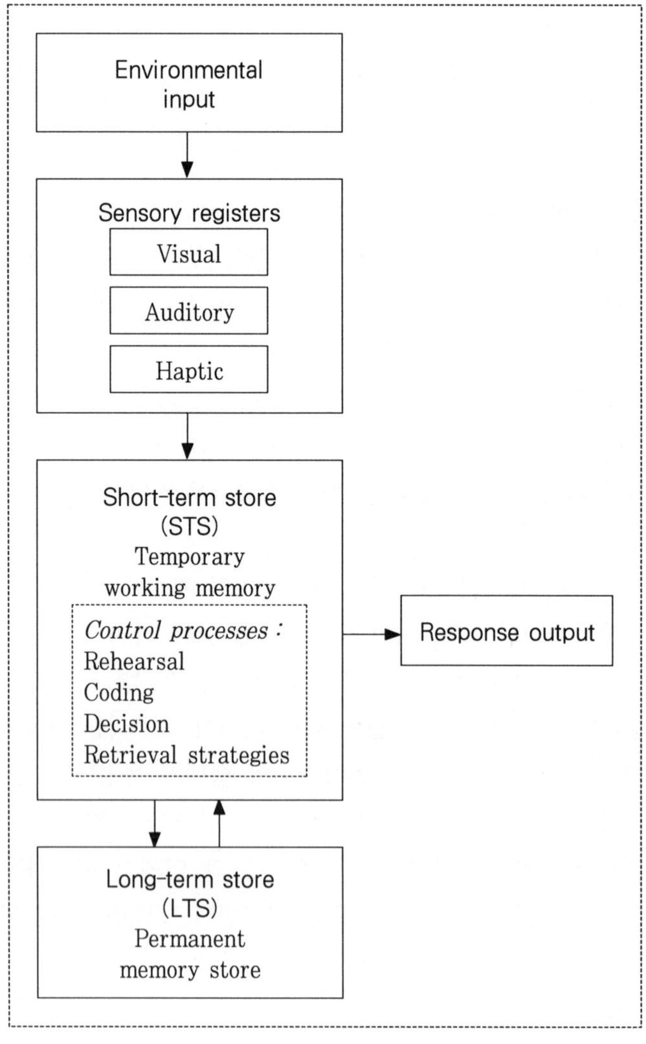

위 [그림 3]에서 '단기기억' 상자 STS는 단기기억 저장기관을 나타내는 것으로 이 기관은 20초 정도의 단기간 동안 정보를 보존해 두거나 입력정보를 처리하는 기능을 갖는다. 여기에서의 기억시간은 매우 짧기 때문에 어떠한 정보를 장기기억 기관으로 전달하기 위해서는 암송(rehearsal) 작업을 반복적으로 수행해야 한다. 또한 입력된 정보를 처리하는 과정에서 장기기억에 저장되어 있는 기존의 정보를 참조하게 되기 때문에 장기기억 기관으로부터의 정보의 인출(retrieval)이 또한 단기기억 기관에서 이루어진다. 그리고 '장기기억' 상자 LTS는 장기기억 저장기관을 나타내는 것으로 이 기관은 단기기억 기관에서 처리되어 전달되어 온 정보를 장기적으로 보관하는 기능을 가지고 있다. 이처럼 어떠한 정보를 장기기억에 저장하는 작업이 곧 학습이라고 한다면 좋은 교육은 이러한 학습이 보다 효율적으로 이루어질 수 있도록 뒷받침하는 과제를 갖는다고 할 수 있을 것이다. 학습 심리학적인 연구결과에 따르면,6) 사람이 학습할 때에 청각은 10% 정도 그리고 시각은 80% 이상을 사용하며, 그 중 기억하는 전체 정보량의 20%는 청각을 통해 획득한 것이고 50%는 시각과 청각을 함께 사용한 결과라고 한다. 이 연구결과가 함축하는 바는 외국어 학습시에도 학습자들이 여러 가지 매체(시각, 청각)를 동시에 접하게 하는 것이 보다 효율적이라는 사실이다.

이런 맥락에서 언어기호가 가지는 다매체성(시각성, 청각성)에 초점을 맞춘 외국어 교육이 절실히 요구된다고 할 것이다. 최근에 들어 그 중요성이 부각되고 있는 멀티미디어를 통한 교육이 바로 인지주의를 이론적인 배경으로 삼고 있는 교육방법론에 속한다. 이에 대해서는 다음절에서 상세히 논의한다.

---

6) Piaget(1974)의 논의 외에도 Heinich et. al(1996)의 구체적인 연구결과 보고가 있다.

Ⅲ. 멀티미디어를 통한 독일어 교육

멀티미디어(multimedia)는 문자, 음성, 그림, 동영상, 정지영상 등 다양한 정보형태가 디지털로 통합되고 저장되어 이용자에게 전달되는 것을 일컫는다(권성호, 1998 : 248). 일반적으로 멀티미디어는 하이퍼텍스트(hypertext) 기법을 이용하기 때문에 학습자가 능동적으로 학습을 수행할 수 있도록 설계되는 것이 하나의 특징이다. 하이퍼텍스트란 정보의 일부 또는 전부가 서로 연결되어 있는 글로서, 텍스트 내의 어떤 단어를 마우스로 클릭하면 관련된 정보를 찾거나 관련정보가 포함된 문서의 위치로 이동할 수 있다. 이러한 하이퍼텍스트 기법을 이용한 멀티미디어는 월드 와이드 웹이나 교육용 CD 타이틀에서 주로 채택된다.7)

다음 (3)에 제시되는 텍스트는 하이퍼텍스트의 예이다.

(3)

> 제13주 월요일(11/23)　　가상강의
> 〔가〕본　문
>
> ### München
>
> München, gegründet 1158 und an der Isar im Zentrum Süddeutschlands gelegen[1], ist die Hauptstadt Bayerns. München ist ein Augenschmaus[2]. Egal wo Sie sind[3], Sie werden herrliche Statuen, charmante　öffentliche Gebäude und reizende Jahrhunderte alte Häuser[4] sehen. Anmutige Plätze und Marktplätze scheinen an jeder Ecke zu sein[5].

---

7) 원래는 멀티미디어가 '문자, 그림, 애니메이션, 영상, 음향 등을 디지털 방식으로 변화시킨 하나의 정보 형태로 상호작용이 가능하게 개발된 시스템 또는 네트워크로 연계되는 정보 데이터 베이스'로 정의되어, 하드웨어적인 개념으로 사용되었다(멀티미디어 교육지원 센터, 1997).

(4)

〔나〕〔텍스트 해설〕
〔어휘해설〕

〔1〕 ··· gelegen은 분사구문이다.
〔2〕 der Augenschmaus(눈요기거리)
〔3〕 Egal wo Sie sind(당신이 어디에 있든지 간에)
〔4〕 reizende jahrhundertealte Häuser는 복합명사구로서, jahrhun-dertealte(수백년 된)가 합성형용사로서 형용사 reizende와 함께 명사 Häuser를 수식한다.
〔5〕 scheinen ···zu···는 "···인 것 같다"는 의미로, 그 문장전체는 "Es scheint, dass anmutige ··· Marktplätze an jeder Ecke sind."와 같은 의미이다.

독일어 교육에도 멀티미디어를 이용할 수 있다면, 인지적인 시각에서 볼 때, 교육의 효율을 매우 높일 수 있으리라고 짐작된다. 사실 독일어 교육에 있어서 단순히 문법지식을 전달하거나 문장의 구조를 분석하고, 번역작업을 통해 텍스트의 의미를 파악하는 데에 독일어 교육이 머무른다면, 이미 어느 정도의 기초독일어 지식을 갖추고 있는 학습자의 흥미를 유발하기 어렵다. 이런 맥락에서 문법위주의 독일어 교육을 넘어설 뿐만 아니라 학습자의 흥미를 유발시킬 수 있는 외국어 교육의 통합모형을 제안하고자 한다.

[그림 4] 외국어 교육의 통합 모형

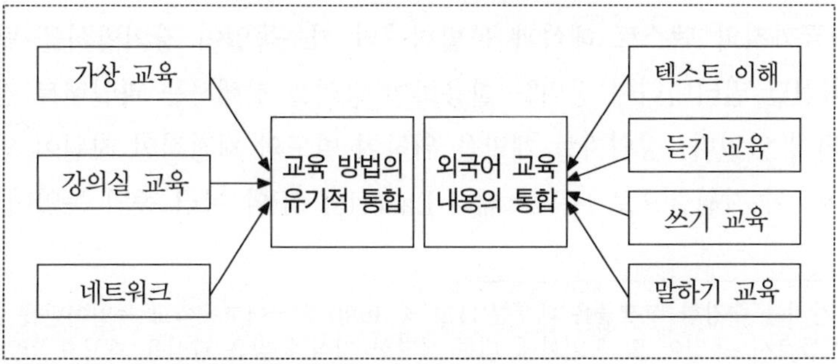

위의 〔그림 4〕에 제시된 외국어 교육의 통합모형은 교육방법의 유기적 통합과 교육내용의 통합이라는 두 가지 측면에서의 통합을 지향한다. 여기서 교육방법의 통합이란 컴퓨터를 이용한 가상공간에서의 교육과 동일한 내용을 실제 강의실에서 진행하는 강의실 교육, 그리고 이 자료들을 CD-타이틀의 형태로 변환함으로써, 네트워크를 통한 교육의 자료로 쓰일 수 있게 하는 등 세 가지 상이한 환경에서의 교육을 통합하는 것을 의미한다. 교육내용의 통합은 일반적으로 외국어 교육에서 중요하게 여겨지는 네 부문, 곧 텍스트 이해, 듣기 교육, 쓰기 교육과 말하기 교육을 통합적으로 수행한다는 의미이다. 이러한 통합모형에서 출발하는 독일어 교육의 장점은 시간, 공간적 제약을 해소할 수 있고, 자발적이며 창의적인 교육이 가능하게 할 뿐만 아니라, 수요자 중심의 수준별 교육이 가능하다는 데에 있다.

Ⅳ. 통합모형기반 교육의 구체적인 예

이 절에서는 통합모형에 바탕을 두고 98년 2학기 개설했던 '독일어 2' 강좌에 대해서 상세히 소개한다. 이 강좌는 연세대 독어독문학과에서 개설하고 있는 교양독일어 강의로서, 수강대상은 1학기에 교양독일어 강좌 '독일어 1'를 수강한 유럽어문학부 1학년생으로 제한되어 있었다.[8] 원래 이 강좌는 교무처에서 실험과목으로 지정하여 진행되었던 강의이다. 이 강좌는 지금까지의 텍스트 해석과 문법위주의 기초독일어 강의방식을 탈피해서, 최첨단 멀티미디어 장비를 활용하여 강의를 진행하는 파일럿 강좌라 명명되어 있었다. 강의자료 개발을 위하여 별도의 재정적인 지원이 있었기 때문에, 이 지원금으로 HP-스캐너 Laserjet 5P와 여러 종의 독일어 교육

---

8) 이 강의를 수강한 학생들은 대부분(11명 중 10명) 외국어고등학교 독일어반을 졸업한 학생들로서, 독일어 및 독일학에 대한 상당한 지식과 깊은 관심을 가지고 있었다.

용 CD-타이틀과 그림 어휘사전 등 기타자료들을 구입할 수 있었다.

먼저 이 강좌의 운영방식을 소개하자면, 주당 1시간은 가상공간에서 교육(Virtual Lecture)을 실시하고, 주당 2시간은 실제공간에서 강의(Real Lecture)를 하는 통합모형 시스템(1 V⟨irtual⟩ & 2 R⟨eal⟩)을 가동했다. 주당 1시간 가상공간에서의 교육을 위해, 별도의 홈페이지(http://suny.yonsei. ac.kr/~deutsch)를 개설하였다.9) 아래의 캡처 화면 (6)은 독일어 2 가상강의실의 첫 화면이다.

(6)
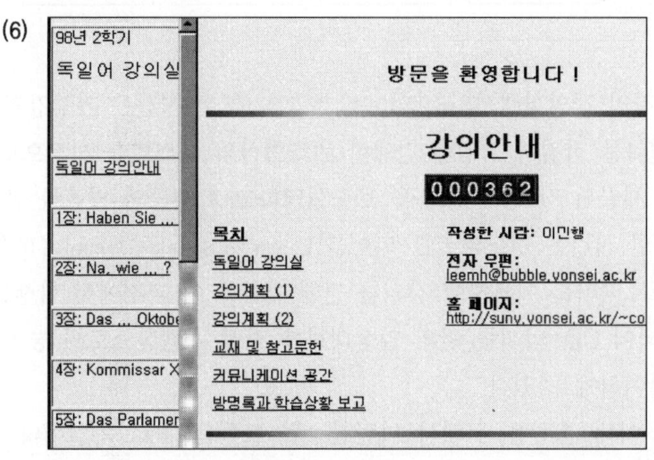

가상 독일어 강의실은 총 14장으로 구성되어 있고, 각 장은 텍스트 이해교육을 위한 산문텍스트와 해설, 듣기 교육을 위한 일상대화 음성파일과 대본, 쓰기 교육을 위한 그림어휘사전과 과제 등 크게 세 부문으로 구성되어 있다.10) 가상강의실에서 이루어지는 각 장의 내용에 실제강의실에서 진행되는 말하기 교육부문을 추가하면, 아래의 (7)과 같은 통합적인 구조

---

9) 원래 가상강의용으로 한학기 동안만 웹서버 suny에 계정(deutsch)을 갖기로 했기 때문에 현재는 독일어 강의실이 다른 서버로 옮겨져 있다. 새 주소는 http://www.coling. info/deutsch이다.

10) 웹환경에서의 말하기 교육이 사실상 어렵다고 판단하여, 11장까지는 말하기 연습을 위한 과제를 별도로 부여하지 않았다. 그러나 음성파일 만드는 방법과 도구가 학생들에게 주어진다면, 자신이 읽은 글을 음성파일로 저장하는 것이 가능하다고 여겨져 12장에서 과제로서 음성파일을 제출하도록 했다.

가 완성된다.

(7)

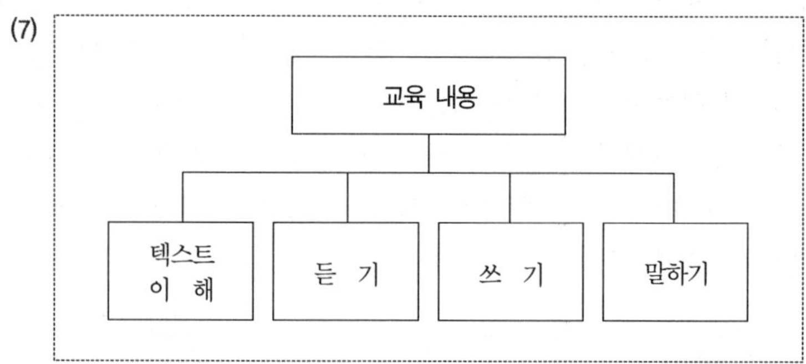

  실제공간인 강의실에서의 강의(주당 2시간) 중 한 시간은 가상강의실에서의 학습결과를 점검하기 위한 간단한 퀴즈형식의 테스트를 시작으로, 가상강의실에 제공된 각 장의 내용을 보충설명하고 학생들의 발표를 유도하였다. 다른 한 시간은 별도의 CD-타이틀(Learn to Speak German 6.0)을 중심으로 빔프로젝터를 이용하여 강의를 진행하였다. 이 과정에서 학생들이 서로 짝이 되어 CD-타이틀 안의 일상대화를 직접 수행함으로써 능동적으로 수업에 참여하게 하였다.

  텍스트 이해 훈련을 위해서 마련한 텍스트들은 주로 독일이나 유럽의 사정과 관련된, 정치제도와 독일이나 유럽의 유명 도시 등을 소개하는 텍스트들로서 학생들의 흥미를 유발시킬 수 있도록 했다. 그 중 몇 가지를 열거하자면, 다음의 (8)과 같다.11)

  (8) 5장 : Das Parlament
      6장 : Potsdam
      7장 : Die Kultur und die Politik
      9장 : Rothenburg

---

11) 각 장에서 다루어진 주제들은 논문의 말미에 부록 (2)로 정리했다. 이 주제들의 선정이 상호연관성이라는 기준으로 볼 때, 체계성이 결여되어 있다는 비판을 피하기 어려워 보인다. 때문에 부록 (3)에 이에 대한 하나의 가능한 대안을 제시했으며, 현재 주제 틀에 따라서 중급독일어 수준의 새로운 가상강의실을 구축하는 중에 있다.

11장 : München
12장 : Aix-en-Provence
14장 : Zukunft Europa

가상교육을 위한 홈페이지는 마이크로소프트사의 오피스 97에 속하는 파워포인트를 이용해 만들었다. 파워포인트는 보고서 작성이나 발표자료용으로 가장 선호되고 있는 프레젠테이션 소프트웨어이다. 다양하고 화려한 프레젠테이션 자료를 만들 수 있기 때문에, 이 프로그램은 교육강의용, 영업용 등으로 각 분야에서 사용되고 있다. 파워포인트는 문자는 물론 다양한 그림자료와 동영상, 음성, 애니메이션 등 각종 멀티미디어 자료들을 이용하여 보다 효과적인 프레젠테이션 자료를 만들 수 있고 다루기가 어렵지 않다는 것이 특징이다. 또한 이 소프트웨어는 가상강의실 자료를 실제 강의실에서 바로 사용할 수 있을 뿐만 아니라 더 나아가 가상공간에 제공되었던 모든 자료들을 모아 종합적으로 CD-타이틀로도 만들 수 있기 때문에, 앞에서 논의한 통합모형을 교육과정에서 구체적으로 실행할 수 있다는 장점도 있다.

이제 구체적으로 가상강의실 제11장의 내용과 제작과정에 대해서 살펴보자. 아래의 (9)는 11장의 두 번째 화면이다.

(9)

위의 (9)에서 산문텍스트를 마우스로 클릭하면 독일 바이에른주의 수도인 München을 소개하는 텍스트가 나타난다. 이 텍스트내에서 문법적이

거나 내용적인 보충설명이 필요한 어휘나 구문에는 주석이 첨부되어 있는데, 번호가 부여되어 있는 어휘나 구문을 마우스로 한번 누르면 바로 보충설명이 들어 있는 파일이나 인터넷 사이트로 연결이 이루어진다. 따라서 개별 학습자는 텍스트를 읽어 가는 중에 설명을 보고 싶으면 마우스로 해당 어휘나 구문을 클릭만 하면 된다. 듣기 연습을 위해 마련된 파일에는 연습문제가 부과되어 있어서 학생들이 가상공간에서 듣기 연습을 반복적으로 수행한 후에, 연습문제의 답을 전자우편으로 담당교수에게 다음강의 시간 전날까지 보내도록 되어 있다. 듣기연습을 위한 음성파일은 독일어 교육용 CD-타이틀 안의 파일을 빌어 오거나, 카세트테이프로 되어 있는 아날로그 형식의 음성자료를 웨이브스튜디오라는12) 소프트웨어를 이용해 디지털 파일로 변환한다. 한편, 다음의 (10)은 제11장의 세 번째 화면이다.

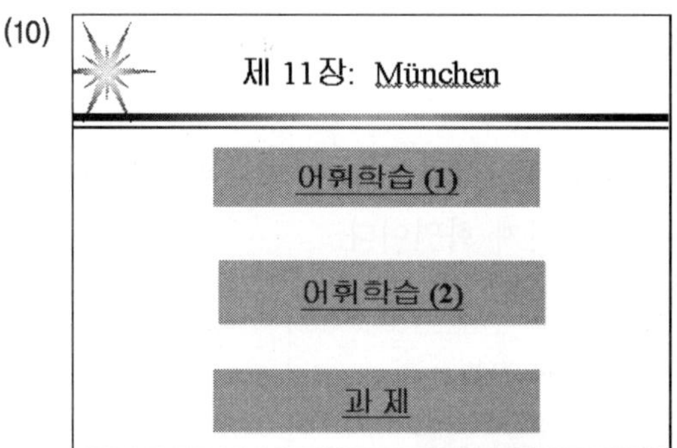

위에서 어휘학습 (1)과 어휘학습 (2)는 그 아래의 과제를 풀기 위한 기초자료로, 그림의 형태로 된 어휘사전을13) 스캐닝해서 넣어둔 것이다. 이 자료를 바탕으로 학습자들은 항목 과제 안의 간단한 몇 개의 독일문장을 작문해야 한다. 곧 이를 통해 독일어 쓰기 훈련을 하게 된다. 아래 (11)이

---

12) 소프트웨어 웨이브스튜디오(Wave Studio)는, Creative Technology Ltd. 사의 제품으로 사운드카드의 한 종류인 Sound Blaster 시리즈와 함께 제공된다. 웨이브스튜디오의 경우, 음성파일을 필요에 따라 편집할 수 있는 기능을 갖추고 있다.
13) 어휘사전으로는 arsEdition 사의 Das Bildwörterbuch를 사용했다.

제11장의 쓰기연습을 위한 문제들이다.

(11)

〔1〕 마리엔광장에는 어떻게 갑니까?
〔2〕 여기에서 멀리 떨어져 있습니까?
〔3〕 당신은 택시로 갈수도 있습니다.
〔4〕 교통량이 많으면, 자주 교통체증이 있게 된다.(교통체증 Stau)
〔5〕 아이를 가진 부인이 버스에 앞쪽으로 올라탄다.

독일어 쓰기 연습을 위한 보조자료는 앞서 언급한 바와 같이, 다음의 (12)와 같은 그림어휘사전이다.

(12)

이제, 지금까지 서술한 가상강의실 11장을 제작하는 과정을 살펴본다.

첫째, 산문텍스트를 담은 텍스트 파일과 그 텍스트에 대한 해설을 담은 파일 하나씩을 한글로 만든 후에 HTML방식으로 저장한다. 둘째, 적당한 음성파일을 기존의 독일어 교육용 CD-타이틀에서 골라 내 컴퓨터에 복사해 두고, 듣기학습 여부를 검사하기 위한 연습문제를 텍스트 파일로 만든 후에 HTML 방식으로 저장한다. 셋째, 어휘교육을 위한 이미지 파일을 스캐너를 통해 만들어, 적절한 크기로 편집한다. 편집을 위해서, 공개소프트웨어인 페인트 샵 5.0을 사용한다. 또한 어휘학습 여부를 검사하기 위한 연습문제를 텍스트 파일로 만든 후에 HTML 방식으로 저장한다. 넷째, 이렇게 필요한 모든 파일들이 준비되면, 표본 틀로 사용할 수 있도록 미리 만들어 놓은, 파워포인트의 기존 파일을 열어 해당 장의 제목과 하이퍼링크된 파일명들만을 바꾼 후 새 이름으로 저장한다. 다섯째, 새로 만들어진 파워포인트 파일을 HTML 방식으로 vlec11이라는 새로운 폴더에 저장한다. 여섯째, 내 컴퓨터의 vlec11 폴더를 통째로 웹서버의 가상강의실 자리로 복사한다. 일곱째, 새로운 파일들에 대해서는 UNIX 명령어인 chmod 755 *.*라는 명령을 줌으로써,14) 외부인들에게 접근권한을 부여하여, 이 가상강의실에 들어 있는 파일들을 누구나 자유롭게 읽고 실행할 수 있게 한다.

V. 평 가

이 절에서는 이 강의를 담당했던 필자 자신이 학생들에 대해서 내린 평가와 강의에 대한 학생들의 평가결과를 기술한다. 먼저 학생들의 학습성과에 대한 종합평가는 아래의 표 (13)에 제시된 바와 같다.

(13)

평가도구	중간고사	퀴즈평균	과 제	참여도	기말고사	합계	평점
가중치	40%	10%	10%	10%	30%		
학생 1	35	9	8	10	26	88	A^0
학생 2	36	8.2	5	9	26	84.2	A^0
학생 3	24	1.4	4	0	20	49.4	F

---

14) 여기에서 755는 사용자에 대해서 7의 권한을, 사용자가 속한 그룹에는 5의 권한을 그리고 그밖의 일반인들에게는 5의 권한을 부여한다는 의미이다. 권한 7은 권한 4와 권한 2와 권한 1을 합한 것으로, 권한 4는 파일들을 자유롭게 읽을 수 있는 권한이고, 권한 2는 자유롭게 쓸 수 있는 권한이고, 권한 1은 자유롭게 실행할 수 있는 권한을 지칭한다. 종합하자면, 755란 사용자 자신에게는 모든 권한(읽기, 쓰기, 실행하기)을, 사용자가 속한 그룹에는 읽기(4)와 실행하기(1) 권한을, 그밖의 사람들에게도 읽고(4) 실행할(1) 수 있는 권한을 부여한다는 것이다.

학생 4	38	7.8	5	10	28	88.8	A^0
학생 5	38	9.8	9	7	26	89.8	A^+
학생 6	36	8.8	6	8	24	82.8	B^+
학생 7	27	6.6	6	6	22	67.6	B^0
학생 8	28	6.8	4	3	23	64.8	B^0
학생 9	28	8.6	8	10	23	77.6	B^+
학생10	38	8.6	10	10	25	91.6	A^+
학생11	30	9.2	10	10	24	83.2	B^+

위의 표에서 보듯이 학생들을 평가하는 데에 있어, 여러 가지 도구를 사용하였으며 각 도구들마다 가중치를 달리 주었다. 가장 높은 비중(40%)을 차지하는 '중간시험' 항목은 전통적인 방식으로 진행되어 평가가 이루어졌다. '퀴즈평균' 항목은, 가상강의에 대한 학습여부를 점검하여 평가에 반영하기 위한 것이다. 총 7차례 실시된 퀴즈의 평가결과 중 가장 나쁜 한번의 평가결과를 제외한 6차례의 평가결과를 합산하여 평균한 것이다. '과제' 항목은 가상강의에 제시된 과제를 해결하여, 강의담당자에게 얼마나 자주 답을 전했는가를 기준으로 삼았다. '참여도' 항목은 실제강의에 참여하는 출석률과 발표의 적극성 등을 평가에 반영하여 평가를 했다. 높은 비중(30%)을 차지하는 기말시험에서는, 전적으로 듣기와 말하기 부문의 학습성취도에 대한 평가를 하기 위해 각 학생들마다, 10분전에 10줄 내외의 텍스트를 주어 미리 읽어보게 하고, 그 텍스트의 내용에 대해서 독일어로 물어봄과 동시에 개인신상에 대한 간단한 질문에 답하도록 했다.15) 이렇게 하여, 외국어교육의 통합모형의 실현과정이 기말고사를 통해 완성되도록 했다. 이로써, 외국어 교육의 네 주요영역인 텍스트 이해, 듣기, 말하기 그리고 쓰기 영역에 대한 교육과 더불어 각 영역에 대한 적절한 평가가 수반되도록 했다.

이제, 강의를 수강한 학생들에 의한 강의평가 결과를 소개한다. 다음의 표를 보자.

---

15) 기말에 치른 말하기 평가의 경우, 연세대 독문과의 이원경 박사가 시험관 역할을 맡아주었다. 이 선생님의 공동작업에 대해 이 자리를 빌어 감사드린다.

(14)

번호	평 가 문 항 내 용	평점
1	공식적인 행사등 특별한 사유가 없는 한 휴강없이 반드시 수업을 진행하였다.	4.9
2	강의의 내용이 수업계획서와 일치하였다.	4.7
3	교재가 해당과목에 적합하였다.	4.7
4	교재의 내용이 새로운 학문적 지식을 습득하게 하였다.	4.3
5	수업시간에 교재 및 부교재를 적절히 사용하였다.	4.8
6	교수자가 해당과목에 대한 뚜렷한 수업목표와 충분한 학문적 이해를 가지고 강의하였다.	4.9
7	전체적인 수업내용이 체계적(합리적)으로 구성·전개되었다.	4.3
8	학생들이 강의를 쉽게 이해할 수 있도록 수업을 진행하였다.	3.7
9	학생들의 질문에 성의있게 응답하면서 수업을 진행하였다.	4.3
10	본 강좌를 통해 이 분야에 대한 관심이 높아졌다.	3.7
11	교수자의 일방적인 강의보다는 학생들의 연구발표 및 학생상호간의 토론을 위주로 수업을 진행하였다.	3.8
12	강의시간 외에도 개별질문이나 자문을 구하기 쉬웠다.	4.4
13	시험이 수업내용을 적절히 보완하여 학습수업 효과를 높이는데 도움이 되었다.	3.7
14	과제물에 대한 점검이 철저하며, 강의에 못지 않은 학습효과가 있었다.	4.3
15	과제물을 적절하게 부과하였다.	4.0
16	충분한 예습 및 복습을 필요로 하는 과목이다.	4.3
17	타강좌와 비교하여 이 강의의 전반적인 평가는?	4.6
전 체 평 점		4.3

학생들이 강의평가를 하는데 있어 사용된 기준은 다음의 (15)에 제시된 것과 같다.

(15)

우수하다 (매우 그렇다)	양호하다	보통이다	못하다	매우그렇다 (전혀 그렇지 않다)
5	4	3	2	1

총 11명의 수강생 중 9명이 강의평가에 참여하였으며, 평점 총평균은 5점 만점에 4.3의 결과를 얻었다. 이 평점은 98년 2학기에 개설된 연세대 교양과목 전체평점이면서 문과대 전체평점인 3.7과 비교해 볼 때 상당히 높은 점수이다. 또한 이 평점은 동일한 강좌명(독일어2)으로 97년 2학기에 개설된 강의에 대한 평가의 전체평점인 3.9와 비교해 볼 때도 높은 점수이다. 이는 소수인원 강의가 학생들의 관심과 참여도를 높이기에 용이한 데서 기인한 것으로 보인다. 이러한 계량화된 객관식 평가 외에도, '이 강의가 타 강좌에 비하여 좋았던 점은?'이라는 주관식 질문에 대한 학생들의 답에 관심을 가져볼 만하다. 아래의 표는 학생들의 의견을 그대로 정리한 것이다.

(16)

번 호	의　　　견
학생 1	• 인터넷 강좌라는 새로운 학습방법이 큰 효과를 가져온 거 같다.
학생 2	• 정보화시대에 부응하여 첨단기기를 이용한 수업을 한 것 같다. • 인원수가 많지 않아서 좋았다.
학생 3	• 사람수가 적어서 많은 지도를 받을 수 있었다.
학생 4	• 교수님이 젤 좋았다.
학생 5	• 강의 내용을 컴퓨터를 통해 스스로, 능동적으로 접할 수 있었던 점이 좋았다.
학생 6	• 인터넷을 통한 가상 강의라는 새로운 수업방식 !! • 일주일 수업 2시간만 들으러 오면 되는 점 !!
학생 7	• 그냥 text 해석(독해)만을 위주로 하는 게 아니었다.
학생 8	• 한 시간 수업이 적어서 좋았다.
학생 9	• 인터넷을 통해서 수업을 받을 수도 있어서 흥미로웠고, 편리했다.

학생들이 제시한, 주관적인 평가를 통해서는 새로운 교수방법이 학생들의 흥미를 가장 많이 유발한 것으로 볼 수 있으며, 동시에 소수인원이 참여하는 강의에 대한 선호도도 만만치 않음을 확인할 수 있다.

VI. 맺음말

이제까지 멀티미디어를 이용한 독일어 교육의 실제 운영방법에 대해서 논의했다. 이를 위해 먼저 멀티미디어교육의 이론적인 배경을 인지주의적인 관점에서 살펴본 후에 외국어교육의 통합모형을 제안했다.

현재의 대학교육 환경에서는 가상공간에서의 교육이 간단치 않다는 점에 대해서 마지막으로 지적하고자 한다. 가상교육을 통해서 풍부한 자료— 음성자료, 그래픽 자료, 동영상 자료 등—를 가상공간에 제공함으로써, 학습자들이 관련정보를 효율적으로 활용할 수 있기 위해서는 그러한 자료를 모아둘 충분한 가상공간이 필요한데, 지금의 공간사정은 넉넉하지 못한 게 사실이다. 가상강좌를 진행하는 강의담당자들을 위해, 별도의 가상공간을 제공할 필요가 있다고 판단된다. 또한 학습자들이 여러 유형의 자료들에 쉽게 빠른 시간 내에 접근할 수 있어야 하는데, 현재 우리의 정보인프라는 극히 원시적인 수준이다. 예를 들어, 독일어 가상강의실 제7장에서 다루는 Potsdam을 소개하는 동영상자료의 경우 20 메가바이트 이상의 크기인데, 이 파일을 제대로 불러들이기 위해서는 10분 이상이 소요된다. 또한, 가상강의실 장 하나를 구축하기 위해 지불되는 시간비용(평균 7시간)이 너무 많은 것도 문제이다. 이에 대한 대책의 하나로 가상강좌마다 조교인원 지원이 필요하다고 하겠다.

● 부록 ●

(1) [가상강의실 구성을 위한 참고자료]

〔1〕 연세대학교 출판부(1994). Deutsch für Studenten,
〔2〕 arsEdition(1990). Das Bildwörterbuch-Deutsch.
〔3〕 Holt, Reinhart und Winston(1964) Die Zeit, die Welt und der
    Spiegel,
〔4〕 Hueber Verlag(1994). Videothek Deutsch : Szenen im Alltag,
〔5〕 Inter Nationes(1997). CD-ROM : Von Aachen bis Zwickau,
〔6〕 Multimedia PC(1994). CD-ROM : TripleplayPlus! German - Com-
    munication with Confidence!
〔7〕 German from English "Learn to Speak German 6.0 C/M&W/Us"
〔8〕 Pro OneTM Software(1996). CD-ROM : Step Up German,
〔9〕 Verlag fuer DEUTSCH(1997). Deutschland nach der Wende.

(2) 독일어(2) 가상강의실 각 장의 주제

장 번호	텍스트 이해	듣 기	쓰 기
1	타자기와 광고	타자기와 광고	영화관
2	생일파티	생일파티	친구소개
3	10월 축제	10월 축제	식사와 음료
4	경찰과 범죄	경찰과 범죄	여가시간
5	의회	의류 상점	우체국
6	포츠담	은행	축제와 휴일
7	문화와 정치	여행준비	성격
8	바이마르	외식	색
9	로텐부르크	이상적인 교사상	학교생활
10	학생운동	가족소개	날씨
11	뮌헨	휴가계획	교통
12	엑상 프로방스	교통규칙	국가와 사회
13	베를린	카페에서	스키휴가
14	유럽연합	이사하기	편지쓰기

(3) 독일어 가상강좌 개설을 위한 이상적인 주제구성

장 번호	텍스트 이해	듣 기	쓰 기
1	그림동화	가족소개	친구소개
2	포츠담	방구하기	외출
3	생일파티	생일	성격
4	바이마르	이사하기	편지쓰기
5	놓쳐 버린 10월 축제	가족식사	식사와 음료
6	로텐부르크	휴가계획	여가시간
7	경감 K	은행	우체국
8	뮌헨	여행준비	축제와 휴일
9	자동차 운전	교통규칙	교통
10	하이델베르크	선물준비	색 어휘 장
11	문화와 정치	카페에서	국가와 사회
12	엑상 프로방스	의류 상점	날씨
13	이상과 현실	이상적인 교사상	학교생활
14	베를린	취미	스키휴가

제 3 부

대조언어학

제11장 보편문법론

보편문법과 언어학적 상상력

Ⅰ. 머리말[1]

모든 인간공동체의 언어가 여러 가지 공통의 성질을 지니고 있다는 가정으로부터 보편문법에 대한 논의가 출발한다. Greenberg적 의미의 보편문법이든, Chomsky적 의미의 보편문법이든 간에 모두 이러한 언어보편적인 특성들을 찾아낸다는 동일한 목표를 추구한다.[2] 그린버그의 보편문법은 다양한 언어의 풍부한 자료를 바탕으로 하여 각 언어에 나타난 현상들로부터 보편적인 요소들을 추출하는 절차를 따른다. 이런 맥락에서 우리는 그린버그의 보편문법을 귀납적인 보편문법개념으로 이해할 수 있다. 반면, 촘스키의 보편문법은 영어를 비롯한 몇 개 언어의 여러 현상으로부터 추출된 잠재적으로 언어보편적인 요소들을 일종의 가설들

---

1) 이 글은 원리와 매개변수이론의 틀 안에서 찾아낸 어떠한 새로운 언어학적인 인식을 전하기 위한 것이 아니다. 그 대신 독일어, 한국어, 영어에 명시적으로 나타나는 보편문법의 흔적들을 한 곳에 모음으로써 세 언어가 보편문법에 기여하는 몫을 밝혀보려는 시도이다. 왜냐하면 촘스키의 입장에 서서 보편문법의 존재를 가정한다면, 각 언어에는 보편문법의 파편들이 흩어져 남아 있을 것이고, 그것들을 찾아내어 모두 조합하면 보편문법이 얻어지게 될 것이기 때문이다.

2) 또 하나의 보편문법 개념인 Montague적 의미의 보편문법은 인공언어와 자연언어의 기술에 공통으로 적용될 수 있는 언어기술방법을 일컫는다.

로서 미리 설정하고서 각 언어의 자료들을 통해 이 가설들을 검증하는 방식을 택한다. 이 때문에 검증을 통해 그 가설들이 수정되거나 폐기될 수 있다는 것이 촘스키적 보편문법의 한 특징이다. 따라서 우리는 촘스키의 보편문법을 연역적인 보편문법 개념이라 할 수 있다. 촘스키적인 보편문법의 한 언어보편적인 원리로서 간주되는 핵계층 이론(X-bar-Thorie)이 Chomsky(1970)에서 처음 제안된 이후 여러 번의 수정과정을 거치다가 Chomsky(1995)에서 폐기되는 상황에 이르는 것이 핵계층원리를 절대적인 원리로 이해하는 경우에 당혹스러운 결과일 수도 있다. 그러나 학문이론적인(wissenschaftstheoretisch) 관점에서 핵계층 이론을 하나의 가설로 이해할 때에는, 핵계층 이론의 폐기도 촘스키의 보편문법이론 내에서의 이론내적인 귀결로 자연스럽게 설명될 수 있다. 이 글에서는 언어보편적인 것으로 여겨졌던 핵계층원리의 수정변천이 한국어와 영어, 독일어의 통사현상들에 의해 어떻게 뒷받침되어 왔는가를 살피고, 그 원리의 폐기가 어떻게 이론내적으로 설명될 수 있는지를 살펴보려 한다. 이렇게 함으로써 연역적 보편문법의 본질적인 속성을 밝히는 한편, 세 언어가 보편문법의 구축에 기여하는 바가 무엇인지를 규명해 보고자 한다.

　본 장의 구성은 다음과 같다. 제Ⅱ절에서는 독일어에 특징적인 핵이동현상에 의해 뒷받침된 핵계층 이론의 수정과정을 논하면서 독일어가 보편문법에 기여하는 일면을 기술한다. 제Ⅲ절에서는 핵심어 매개변수 개념의 설정이 한국어와 같이 핵심어 위치가 고정적인 이상적인 언어에 의해 뒷받침됨을 보인다. 제Ⅳ절에서는 형상성이 영어에 명시적으로 나타나는 언어보편적인 속성으로 독일어와 한국어에서도 그 흔적을 찾아볼 수 있음을 밝힌다. 제Ⅴ절에서는 맺는 말을 대신하여 Chomsky(1995)에서 핵계층 이론이 폐기될 수밖에 없는 이유를 연산체계의 기능과 연관지어 설명한다.

II. 핵이동과 독일어의 보편문법에의 기여

　Chomsky(1981)에 이르러 보편문법에 속하는 하나의 언어보편적인 원리로서 받아들여진 핵계층 도식(X-bar-Schema)은 다음의 (1)과 같다.[3]

(1)　a.　XP $\longrightarrow$ (Spec,X′)　X′
　　　b.　X′ $\longrightarrow$ … X …　　　　이때, X ＝ N, V, A, P

　이 도식의 특징 중의 하나는 여기에 핵심어(Head)와 보충어(Complement)간의 순서관계와 핵심어와 지정어(Specifier)간의 순서관계가 고정되어 나타나 있지 않다는 점이다. 곧 이 도식은 GPSG적 의미에서 관할관계만을 표현한다. 이점에서 이 도식이 관할관계와 선행관계를 함께 기술하는 전통적인 구절구조문법과 구별된다. 때문에 이 도식이 언어마다 어순에 차이가 있을 수 있다는 사실을 고려한 언어보편적인 성격을 갖게 된다. 다른 한편, 언어간의 어순의 차이는 핵심어 매개변수(Head Parameter)에 의해 포착된다. 예컨대 영어는 핵심어가 보충어에 선행하는 언어유형에 속하며 한국어는 핵심어가 보충어에 후행하는 언어유형에 속한다. 그러나 핵심어 매개변수의 유효범위가 위에 제시된 관할관계의 일부인 핵심어와 보충어간의 순서관계에 국한될 뿐, 핵심어와 지정어간의 순서관계에는 영향력을 행사하지 못한다. 핵심어 매개변수의 문제에 대해서는 절을 달리하여 제III절에서 자세히 논의한다. 다른 한편, 위의 (1)에 제시된 핵계층 도식은 문장단위에 적용되지 못함으로써 완전한 일반화에 이르지 못한 문제점을 안고 있다. 주절이나 종속절 등 문장단위의 기술을 위해서는 다음의 (2)와 같은 구절구조 규칙들이 별도로 필요하게 된다.

---

3) 핵계층 도식 자체는 전통적인 구절구조규칙의 문제점을 극복하고 동시에 여러 범주의 표현체들간의 구조적인 일반성을 포착하기 위해서 촘스키(1970)에서 처음 제안되었다. 그러나 이 때의 도식은 구성성분들간의 순서관계도 표현하고 있어서 언어마다 어순에 있어 차이가 난다는 사실을 고려하지 않은 것으로, 언어보편적인 원리의 성격을 지니지는 않았다.

(2) a. S ─→ NP INFL VP
     b. S′ ─→ COMP S

그러나 위의 (2)에 제시된 규칙도 주어와 동사의 도치가 일어나는 영어의 의문문의 기술에 적합지 못하다. 불완전한 일반화라는 문제점을 극복하기 위해 Chomsky(1986)에서 새로운 핵계층 도식이 제안된다. 다음의 (3)에 제시된 것이 완전히 일반화된 도식이다.

(3) a. XP ─→ (Spec,X′) X′
     b. X′ ─→ ··· X ···   이때, X = N , V, A, P, I, C

이 도식에 의해 아래의 (4a)-(4c)에 주어진 여러유형의 영어문장이 잘 기술될 수 있다.4)

(4) a. Poirot will abandon the investigation after lunch.
     b. Will Poirot abandon the investigation after lunch?
     c. When will Poirot abandon the investigation?

위의 문장 (4c)의 구조가 핵계층 도식에 의해 다음의 (5)와 같이 수형도로 나타내어진다.

(5)

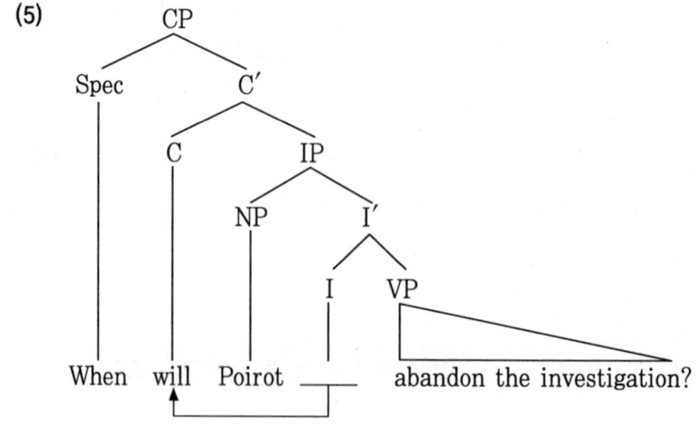

---

4) Haegeman(1991 : 108ff.)에서 얻은 예로 그들의 구조가 구체적으로 그려져 있다.

위 수형도 (5)의 두드러진 특징은 조동사 will이 I 자리에서 C 자리로 옮긴다는 점이다. 이처럼 핵이동('핵심어 이동'의 줄임 표현), 곧 하나의 핵심어 자리에서 다른 핵심어 자리로의 이동이 허용됨으로써 원리와 매개변수 이론은 하나의 큰 전기를 맞게 된다. 인디언언어와 폴리네시아 언어의 분석에서 큰 성과를 보인 Baker(1988)의 융합(Incorporation)이론의 이론적인 토대가 된 것도 바로 핵이동이다. 여기에서 우리의 의문은 어떤 언어현상이 핵이동을 지지하는 것인가라는 것이다. 이 글에서 필자는 독일어의 문장구조가 핵이동을 강력히 뒷받침하고 있음을 밝힘으로써 독일어가 보편문법의 구축에 기여하는 바가 무엇인지를 명시적으로 보이고자 한다.

독일어 문장구조의 한 가지 특징은 정동사의 위치가 문장의 유형에 따라 다르다는 점이다. 예를 살펴보자.

(6) a.   Hat Hans seine Hausaufgabe gemacht?
  b. Was hat Hans   gamacht?
  c. Hans hat   seine Hausaufgabe gemacht.
  d.   dass Hans seine Hausaufgabe gemacht hat

위의 예에서 보듯이 정동사 hat가 문장의 첫자리에 나타나기도 하고, 문장의 두 번째 자리에 나타나기도 하며, 문장의 끝에 나타나기도 한다. 장이론(Feldtheorie)으로 더 많이 알려진 독일의 전통적인 문장이론에서는 정동사 hat와 접속사 dass가 문장의 앞부분에서 동일한 영역에 위치한다고 기술한다. 그러한 기술을 통해서 접속사 dass가 나타나면 그 자리가 채워져 있어서 정동사 hat는 문장의 끝자리에 남고, 접속사가 나타나지 않으면 정동사 hat가 그 빈자리를 메운다는 설명이다. 이미 70년대 후반부터 독일의 생성문법학자들은 이러한 전통적인 설명을 이동변형규칙을 통해 수용하고자 했었다. 이러한 입장에 따르면, 독일어의 경우 정동사를 포함하여 모든 동사는 심층구조에서 보충어보다 뒤에 나타나는데, 접속사가 나타날 수 있는 'C' 자리가 비어 있을 때에 복합동사군내의 정동사만이 그 빈 'C' 자리로 이동한다. 또한 접속사가 나타나는 자리와 동사군이 나타나는

자리사이에 놓인 여타의 문장성분들 중 어떤 성분이든 하나가 접속사의 앞
자리, 곧 (Spec,C')의 자리로 이동함으로써 평서문이 생성된다고 설명한
다. 이상의 설명을 구체화하기 위해 위의 예문 (6b)의 구조를 수형도로 나
타내면 아래의 (7)과 같다.

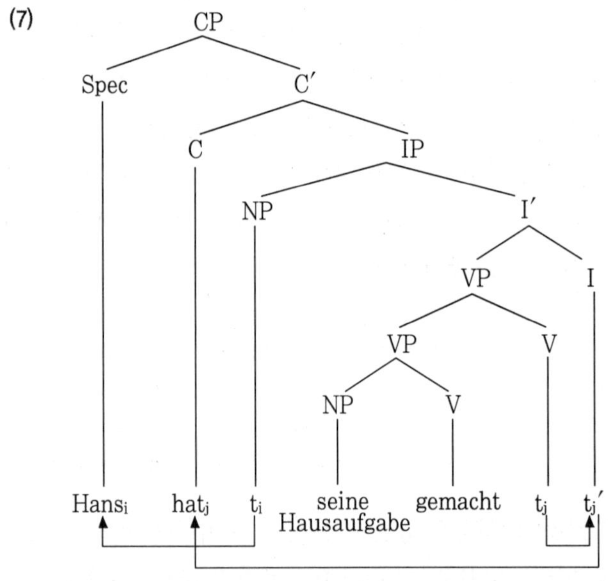

위 수형도 (7)에는 정동사 hat가 심층구조에서 VP의 핵심어인 V 자리
에 생성되어, 주어와의 일치관계를 표현하는 일치자질을 받기 위해 굴절소
I의 자리에 이동한다는 사실이 반영되어 있다. I 자리에서 굴절이 이루어
진 후에 정동사는 접속사 C의 자리로 이동한다. 이상에서 논의한 바와 같
이 독일어에서 정동사가 다양한 위치에 나타난다는 사실을 일관성있게 설
명하기 위해 독일의 생성문법학자들이 핵이동이라는 새로운 가설을 설정
하게 되었다. 이러한 가설이 Chomsky(1986)에서 받아들여져 영어의문문
의 기술을 위해 사용되었다는 점을 여기에서 지적하고자 한다. 또한 여기
에 독일어가 보편문법에 기여하는 몫이 있다는 점도 분명히 하고자 한다.
    다른 한편, 핵계층 도식 (3a), (3b)는 핵심어, 보충어, 수식어간의 순서

관계를 간접적으로 제한한다는 사실에 주목해 보자. 이 도식에 의하면 수식어는 보충어와 어휘층위 핵심어의 사이에 나타날 수 없다. 다음의 (8a)-(8d)는 앞서의 도식 (3a), (3b)를 순서관계까지 고려하여 통합기술한 수형도들이다.

(8)

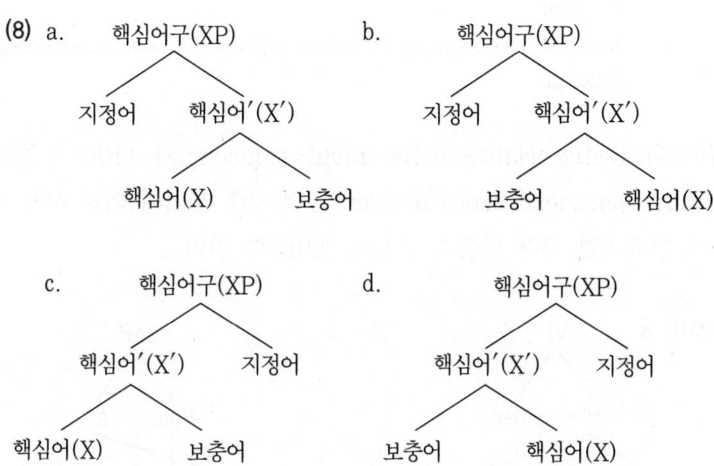

도식 (3a), (3b)는 (8a)-(8d) 외에 다음의 (9a)-(9d)와 같은 구조를 허용하지 않는다.

(9)

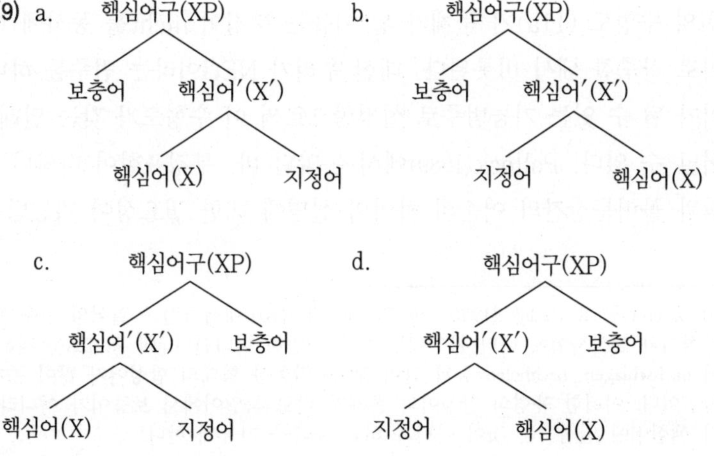

그런데 위의 (9b)의 구조를 통해 기술되는 것이 더 바람직한 구문들이
독일어에 존재한다.5)

(10) a. dass Hans seine Hausaufgabe nicht gemacht hat
      b. ein [[seines Studiums] {geradezu/im wesentlichen} überdrüssiger]
         Student
      c. * ein [{geradezu/im wesentlichen} [seines Studiums] überdrüssiger]
         Student

(10a)의 [seine Hausaufgabe nicht gemacht]와 (10b)의 [[seines
Studiums] geradezu überdrüssiger]를 핵계층 도식에 의해 허용 가능한
구조로 나타내면 각각 다음의 (11a), (11b)와 같다.

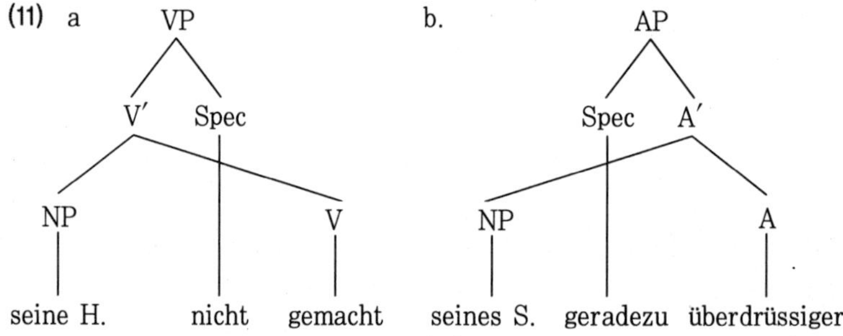

위의 수형도 (11a)가 문제가 된 이유는 부정어 nicht를 동사에 대한 지
정어로 간주한 데서 비롯된다. 대신 우리가 NEG이라는 범주를 하나의 핵
심어가 될 수 있는 기능범주로 설정함으로써 이 수형도가 갖는 딜레마에서
벗어날 수 있다. Pollock(1989)에서 논의된 바, 부정표현이 나타나는 영어
문장과 불어문장간의 어순의 차이의 설명에 대한 필요성이 기능범주를 I,

---

5) (10b), (10c)는 Riemsdijk (1980 : 6ff.)의 예인데, (10a)에서처럼 독일어의 경우에 부사가
목적어와 동사사이에 나타나는 예는 아주 빈번히 나타난다. 더 흥미로운 것은 독일어
에 nachschlagen, nachholen 등과 같이 부사＋타동사 형태의 합성어가 많이 존재한다는
사실이다. 이러한 유형의 합성어의 존재가 바로 독일어에서 보충어가 아니라 지정어
가 핵심어에 인접하는 것이 아닌가 하는 추측을 가능케 한다.

C 등 두 범주에서 Neg, Agr 등 여러 범주로 확대하는 방향으로 도식 (3)
을 수정해 나가게 하는 요인이 되는데, (10a)-(10c)에 제시된 독일어의 예
들도 이러한 방향으로의 핵계층 이론의 수정을 뒷받침하는 것으로 여겨진
다. 이런 흐름하에 Chomsky(1989 : 424)에서는 다음의 (12)와 같이 기능
범주가 I, C에서 Agr, Neg 등으로 확대되어진 핵계층 도식이 제안된다.

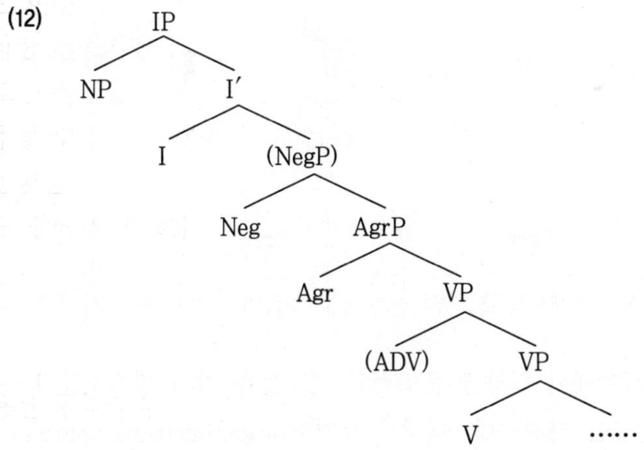

이러한 확장된 핵계층 도식을 지지하는 좋은 언어현상이 한국어의 등위
접속구문에 나타나 있다(이민행, 1994 : 483).

(13) a. 〔싸-〕 고 〔유익하-〕 ㄴ 책
      b. 〔동생이 책을 고르-〕 고 〔형이 값을 지불하-〕 ㄴ 다
      c. 형이 〔책을 고르-〕 고 〔값도 지불하-〕 였 다
      d. 내일은 〔비가 오-〕 고 〔천둥이 치-〕 겠 다.
      e. 네 아버지는 〔학생시절에도 부지런하-〕 고 〔지금도 부지런하-〕 시 다

위의 예들은 시제범주(T)와 일치범주(Agr)와 서법범주(M)가 독립적인
기능을 가지면서 등위접속된 성분들을 보충어로 삼고 있는 것을 보여준다.
예 (13e)에 대한 구조인 다음의 수형도를 통해 이러한 관계를 잘 이해할
수 있다.6)

(14)

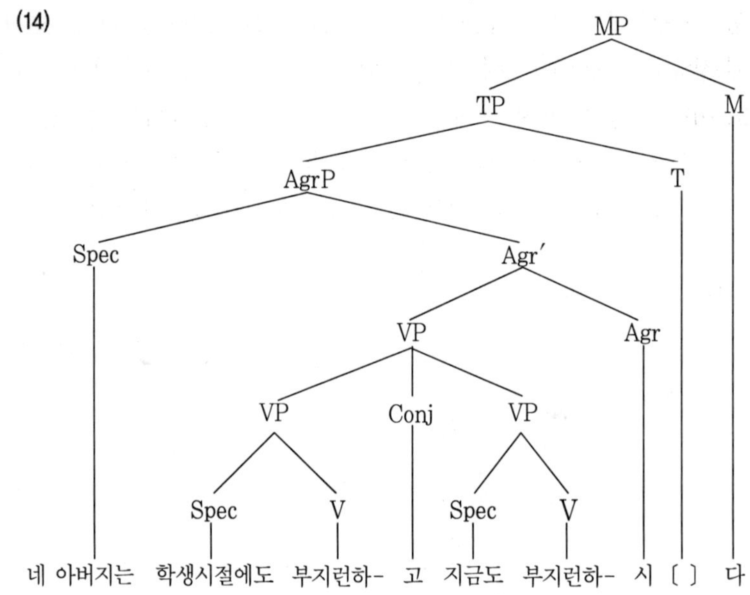

　이처럼 한국어에서 다양한 문법적인 정보들을 지닌 형태소들이 독립적인 통사적 기능을 가지는데, 이것은 부착어(agglutinierende Sprache)의 공통적인 속성이다. 한국어가 핵계층 이론과 연관해서 보편문법에 기여하는 것 중의 하나는 '핵심어 매개변수' 개념의 설정에 대한 동기부여이다. 이에 대해서 다음 절에서 바로 논의한다.

Ⅲ. 핵심어 매개변수와 한국어의 보편문법에의 기여

　앞서 논의한 바와 같이 핵계층 이론은 기본적으로 두 가지 관계, 곧 핵심어-보충어 관계와 핵심어-지정어 관계로 구성된다. 개별언어의 어순을

---

6) 김진홍(1995 : 114ff.)은 AGR이나 T와 같은 기능범주를 따로이 설정하는 대신에 INFL 범주를 하위범주화하여 이와 유사한 구문을 분석하고 있다.

기술하기 위하여 핵심어 매개변수 개념이 설정된다. 그러나 핵심어 매개변
수의 유효범위는 핵심어와 보충어간의 순서에 국한될 뿐, 핵심어와 지정
어간의 순서에는 영향을 미치지 않는다. 그런데 한국어의 경우에 핵심어
가 보충어뿐 아니라 지정어에도 후행하는 일관성을 보인다. 이런 맥락에
서 Vennemann(1972)은 한국어와 같은 유형의 언어를 일관되게 앞에서
수식하는 언어(konsistent präspezifizierende Sprache)라고 명명한다. 고전아
랍어는 핵심어가 보충어나 지정어에 선행하는 언어로 한국어와는 완전히
반대되는 어순을 보인다. 고전아랍어는 일관되게 뒤에서 수식하는 언어
(konsistent postspezifizierende Sprache)로 분류된다. 이와 같이 몇몇 언어
에서 지정어-핵심어간의 순서와 보충어-핵심어간의 순서가 일관성을 보
인다는 사실이 바로 지정어, 보충어, 핵심어 등의 개념설정이 타당하다는
것을 뒷받침하는 것으로 이해할 수 있다. 동시에 한국어와 고전아랍어가
핵계층 이론과 관련하여 핵심어 매개변수 개념 설정자체에 대해 동기를 부
여한 것으로 이해할 수 있다.

어순문제와 관련하여 영어와 독일어를 분석해 보면 흥미 있는 사실이
나타난다. 영어에서는 핵심어-보충어 관계의 경우 핵심어 매개변수에 의
해 핵심어가 보충어에 선행하는 것으로 기술되는 반면, 핵심어-지정어 관
계의 경우 지정어가 핵심어에 선행한다. 독일어에서는 핵심어-지정어 관
계의 경우 핵심어가 지정어에 후행하지만, 핵심어-보충어 관계에 있어서
핵심어의 통사범주가 무엇이냐에 따라 그 순서가 다르게 나타난다. 다음의
예들을 살펴보자.

(15) a. dass Peter <u>ein Buch</u> <u>liest</u>
        NP   V
       (보충어) (핵심어)

  b. die <u>Sehnsucht</u> <u>nach der Heimat</u>
      N   PP
     (핵심어) (보충어)

  c. dass das Land <u>an den Bodenschätzen</u> <u>reich</u> ist
         PP   A
        (보충어)   (핵심어)

    d. für die Freiheit
      P   NP
   (핵심어) (보충어)

    e. dass Peter ein Buch liest
      C   IP
   (핵심어)   (보충어)

    f. weil Peter ein Buch kauf-   t
               VP   I
            (보충어)   (핵심어)

위의 독일어 예들은 핵심어가 V(동사), A(형용사), I(굴절소) 등이면 핵심어가 보충어에 후행하고, 핵심어가 N(명사), P(전치사), C(접속사)이면 핵심어가 보충어에 선행하는 것을 보여준다. 곧 독일어의 핵심어 매개변수는 두 가지로서 핵심어의 통사범주에 따라 다르다. 그런데 통사범주 V와 A를 전통적인 자질묶음으로 나타내면 V는 [+V, −N]는, A는 [+V, +N]으로 표현되는데, 이 두 범주는 [+V]라는 자질을 공유한다. 한편 통사범주 N과 P를 자질묶음으로 나타내면 N은 [−V, +N], P는 [−V, −N]으로 표현되는데, 이 두 범주는 [−V]라는 자질을 공유한다. 따라서 위 네 개의 범주에 대해서 자질을 기준으로 하여 다음의 (16)과 같은 핵심어 매개변수를 가정할 수 있다(Lee, 1996 · Grewenderf, 1988).

(16) a. 핵심어가 [+V]라는 자질을 가진 통사범주이면,
        심층구조에서 핵심어가 보충어에 후행한다.
     b. 핵심어가 [−V]라는 자질을 가진 통사범주이면,
        심층구조에서 핵심어가 보충어에 선행한다.

위 (16a), (16b)에 제시된 핵심어 매개변수는 기능범주인 C(접속사)와 I(굴절소)가 각각 하나의 자질묶음으로 이해되지 않기 때문에, 이 범주들에 대해 효력을 갖지 못한다. 그런데 아래의 예는 독일어에서 전치사와 접속사간에 친화력이 존재함을 보여준다.

(17) a. trotz meiner Verspätung
        P   NP

    b. trotzdem <u>ich verspätet bin</u>
       C   IP

(18) a. seit <u>seiner Ankunft</u>
       P   NP

    b. seit(dem) <u>er angekommen ist</u>
       C   IP

위의 예를 통해 전치사 trotz(-에도 불구하고)와 접속사 trotzdem(-에도 불구하고) 사이에, 그리고 전치사 seit(-이래)와 접속사 seit 혹은 seitdem (-이래) 사이에 아주 밀접한 형태론적인 관계가 있음을 알 수 있다. dem이 전치사 trotz와 융합하여 접속사 trotzdem이 되게 하고, 전치사 seit와 융합하여 접속사 seitdem이 되게 하는 요소인데, 이 dem은 역사적으로 보아 지시대명사 das의 3격 형태이다. 여기에서 언어학적인 상상력을 발휘하는 것이 허락된다면 이러한 접속사의 형성은 다음과 같이 해석될 수 있겠다. 곧 독일어의 경우, 고고독어시대나 중고독어시대에 어느 시기까지—정확한 시기는 독어사적인 연구에 의해 밝혀져야 하겠지만—문장도 형태적인 격을 지녀야 했기 때문에 문장의 격을 표현하기 위한 수단으로 문장의 맨 앞에 격변화된 지시대명사가 문장을 이끌었을 것으로 추측된다. 이 추측의 타당성을 우리는 현대독일어에서 사용되는 이 종속접속사 dass에 의해 이끌어진 문장이 1격(주격)이나 4격(목적격)으로만 쓰인다는 점과 종속접속사 dass가 지시대명사 das의 1격, 4격 형태의 역사적으로 변화된 형태라는 점에서 간접적으로 확인할 수 있다.[7]

(19) a. Peter glaubt, dass seine Tochter sehr intelligent ist.
     b. Dass seine Tochter sehr intelligent ist, macht Peter freulich.

그런데 역사적으로 어느 특정한 시점부터 독일어에서 문장이 형태적인 격을 지니지 않게 되었다면, 원래 전치사 seit나 trotz의 뒤에 나타난 3격

---

7) 여기서 제안된 입장을 따를 경우에 Abney(1987)가 설정한 또 하나의 기능범주 D(ET)에 대해서도 접속사나 전치사와 유사하게 자질들의 집합으로 나타낼 수 있을 것이다.

목적어 dem의 기능이 약화되었을 것이고, 이에 따라 전치사 seit나 trotz
와 융합된 형태로 굳어졌을 것이라는 추측이 가능하다. 독일어에서 빈번히
사용되는 다음의 예도 그러한 추측이 타당함을 뒷받침하는 것 같다.

(20) a. Peter freut sich darüber, dass seine Tochter intelligent ist.
      b. Peter beschäftigt sich damit, wie er das Problem lösen kann.

위의 (20a), (20b)는 문장의 격이 중화됨으로써 전치사와 지시대명사의
융합형이 나타남을 보인다. (20a)에서 dass로 이끌어진 종속절이 전치사
über의 목적어구실을 하기 때문에 4격 형태가 되어야 하는데 역사적으로
어느 시점부터 문장이 격을 표시할 필요가 없게 되어 격이 중화된 da(r)-
의 형태가 전치사와 융합된다.

언어학적인 상상력을 끌어들인 이상의 논의를 통해 전치사와 접속사간
의 친화력을 주장하고, 그에 따라 접속사도 자질묶음으로 나타낼 것을 제
안한다. 필자의 제안은 접속사를 아래의 (21)과 같이 표현하자는 것이다.

(21) C = $[-N, -V, \pm finit]$

이 자질묶음은 전치사가 가진 자질 $[-N]$, $[-V]$에 정형성을 나타내는
$[\pm finit]$이라는 자질을 추가한 것이다. 이는 전치사의 보충어가 되는 명사
구와 접속사의 보충어가 되는 문장의 차이가 바로 주어의 존재여부와 상관
관계를 갖는다는 점을 고려한 것이다.[8] 또한 앞서 언급한 바와 같이 다른
하나의 기능범주인 I(굴절소)도 자질묶음으로 표현되지 않았는데 이 I 범주
가 $[\pm finit]$라는 자질을 C 범주와 공유한다고 가정함으로써, 우리는 이제
까지 독일어에서 잘 설명되지 못했던 문제 하나를 해결할 수 있다. 그 문
제란 어떻게 I 자리의 정동사가 C 자리로 이동할 수 있는가라는 의문인데,
이에 대해 범주 I와 범주 C가 $[\pm finit]$라는 자질을 공유하기 때문이라고

---

8) 독일어 접속사 중 um, ohne, (an)statt는 주어가 나타나지 않는 zu-부정사구문을 보충어
   로 취하는 접속사들이다.

답할 수 있을 것이다. 다른 한편 범주 I는 V(동사) 범주와 긴밀한 관계에 있다. 아래의 예는 전통적인 의미에서 독일어의 미래조동사가 동사의 성질을 지니면서 동시에 굴절소의 기능을 갖는다는 사실을 명확히 보여준다.

(22) a. dass Hans seine Freundin treffen wird
      b. *dass Hans seine Freundin kann treffen werden
      c. dass Hans seine Freundin wird treffen können
      d. Hans wünscht sich, seine Freundin treffen zu könnnen.
      e. *Hans wünscht sich, seine Freundin treffen zu werden.

위의 예들을 통해 우리는 미래표현을 위해 사용되는 조동사 werden이 화법조동사들과는 달리 다른 조동사의 보충어로 쓰일 수 없을 뿐 아니라 (예 (22b)), zu-부정형 구조에 나타날 수 없다는 것을 알 수 있다(예 (22e)). 다른 한편, 동사를 보충어로 취할 수 있는 점에서 다른 조동사들과 공통점을 지닌다(예 (22a)). 곧 독일어의 werden은 정동사로만 쓰이기 때문에 영어의 일반 조동사처럼 굴절소 I의 자리에서 생성되는 것으로 이해되어야 한다. 동사 werden이 직접 굴절소 I의 자리에서 생성될 수 있는 것은 굴절소 I가 동사의 자질들을 모두 가지고 있기 때문이라고 설명할 수 있겠다. 이에 따라 굴절소 I는 다음의 (23)과 같은 자질묶음으로 표현된다.[9]

(23) I = $[-N, +V, \pm\text{finit}]$

접속사 C와 굴절소 I가 자질묶음으로 나타내짐으로써 앞서 (16)에서 제시한 독일어 핵심어 매개변수가 이 두 범주에도 효력을 갖게 된다. 다시 말하여 $[+V]$라는 자질을 가진 범주 I는 보충어의 뒤에 나타나고, $[-V]$라는 자질을 가진 범주 C는 보충어의 앞에 나타난다. 이렇게 하여, Chomsky(1981)의 핵계층 이론에서 N, V, A, P간의 자질공유에 의한 친화력이 일반화의 전제가 되었는데, 범주의 확장, 곧 두 개의 기능범주 C, I

---

9) 독일어의 부정사구를 이끄는 zu가 바로 I가 [-finit]인 자리에 나타나는 것으로 이해할 수 있다.

의 추가가 이루어진 Chomsky(1986)의 핵계층 이론도 일반화에 대한 이론적인 정당성을 획득하게 된다.

이상의 한국어, 영어, 독일어의 어순과 관련한 논의를 비교 종합하자면 세 언어의 어순상의 다음의 (24)와 같이 정리할 수 있다.

(24)

언 어	핵심어-보충어 관계		핵심어-지정어 관계
	〔+V〕 범주	〔-V〕범주	
독일어	보충어 < 핵심어	핵심어 < 보충어	지정어 < 핵심어
영 어	핵심어 < 보충어		지정어 < 핵심어
한국어	보충어 < 핵심어		지정어 < 핵심어

* 참고 : 여기서 형식 'A < B'는 'A' 표현체가 'B' 표현체보다 선행함을 의미한다.

Ⅳ. 형상성과 영어의 보편문법에의 기여

원리와 매개변수이론 내에서 합의된 입장중의 하나는 모든 언어가 단일하게 형상성을 보인다는 사실이다.[10] 다시 말하여, 주어와 목적어간에 비대칭성이 언어보편적으로 나타난다는 것이다. 이 비대칭성이 대부분의 언어에서 표면상으로 드러나지 않는 반면, 영어에서는 각각 동사의 앞과 뒤에 나타나는 주어와 목적어의 위치의 차이를 통해 명시적으로 나타난다. 다른 한편, 목적어 자리에 재귀대명사나 명사구의 이동의 결과 남겨진 흔적이 나타날 수 있으나, 주어자리에는 그것들이 나타날 수 없다는 사실도 주어와 목적어간의 비대칭성을 보이는 예로 이해된다. 또한 문장 내에서 결속이 이루어지는 양화사는 주어자리에 허용되는 반면, 목적어자리에는 허용되지 않는 것도 주어와 목적어의 비대칭성을 보이는 예이다.

---

10) Chomsky · Lasnik(1991 : 531)는 모든 언어가 단일하게 형상성(configurationality)를 지닌
   고 있다는 '보편적인 기저가설(Universal Basis Hypothesis)'을 내세운다.

(25) a. Everyone_i loves himself_i.
    b. *Himself_i loves everyone_i.
(26) a. Who_i do you think that John saw t_i.
    b. *Who_i do you think that t_i loves Mary.
(27) a. Everyone_i loves his_i mother.
    b. *His_i mother loves everyone_i.

그런데 독일어에서도 주어와 목적어의 비대칭성을 보이는 동일한 구조들이 발견된다. 다음의 예를 보자.

(28) a. Jeder_i liebt sich_i.
    b. *Sich_i liebt jeder_i.
(29) a. Wen_i glaubt Hans dass der Professor t_i gesehen hat?
    b. *Wer_i glaubt Hans dass t_i den Professor gesehen hat?
(30) a. weil jeder_i seine_i Mutter liebt
    b. *weil seine_i Mutter jeden_i liebt

한국어의 경우, 위의 (28a), (28b)와 (30a), (30b)에 대응되는 구조의 문장들이 영어나 독일어와 동일한 문법성을 보이는 반면, (29a), (29b)와 같은 구조의 문장들은 한국어에서 영어나 독일어와 달리 모두 문법적이다.

(31) a. 모두가_i 자기자신을_i 좋아한다.
    b. *자기자신이_i 모두를_i 좋아한다.
(32) a. 누구를_i, 철수는 그 교수가 t_i 보았다고 믿느냐?
    b. 누가_i, 철수는 t_i 그 교수를 보았다고 믿느냐?
(33) a. 모두가_i 그의_i 어머니를 좋아한다.
    b. *그의_i 어머니가 모두를_i 좋아한다.

그런데 한국어의 명사화구문에서 주어와 목적어의 비대칭성의 흔적이 드러난다. 다음의 예를 보자.

(34) a. 수만의 미미의 〔좋아하-〕 -ㅁ이 사실이다.
    b. 수만의 〔미미를 좋아하-〕 -ㅁ이 사실이다.
    c. 〔수만이 미미를 좋아하-〕 -ㅁ이 사실이다.

(35) a. 미미의 수만의 〔좋아하-〕-ㅁ이 사실이다.
      b. *미미를 수만의 〔____ 좋아하-〕-ㅁ이 사실이다.
      c. *미미의 〔____ 수만이 좋아하-〕-ㅁ이 사실이다.

위의 (34a)-(34c)는 한국어의 경우 명사화가 동사의 어휘범주층위 곧 '좋아하-'뿐 아니라, 중간범주층위 곧 '미미를 좋아하-'와 최대범주층위 '수만이 미미를 좋아하-' 등 모든 층위에 걸쳐 일어남을 보여준다. 그런데 위 (35b)가 (34b)와 달리 비문법적이라는 사실은 이미 명사화가 이루어진 단계에서는 뒤섞기(Scrambling)가 일어나지 못함을 보여주며, (35c)가 (34c)와 달리 비문법적이라는 사실은 역으로 뒤섞기가 일어난 단계에서도 명사화가 이루어지지 않음을 보여주며, 이 예들은 동시에 뒤섞기 이전의 상태, 곧 기저구조에서 주어-목적어-동사 어순이 한국어에도 기본어순임을 암묵적으로 보여준다. 여기에서 우리는 주어와 목적어간의 비대칭성을 발견하게 된다.

이 절에서 우리는 영어에서 명시적으로 표현되어 나타나는 주어와 목적어간의 비대칭성이 독일어의 몇 가지 구조와 한국어의 명사화구조에도 흔적으로 남아 있음을 밝혔다.

Ⅴ. 맺음말

지금까지 우리는 핵계층 이론과 밀접히 연관되는 세 가지의 언어보편성을, 곧 핵이동, 핵심어 매개변수, 형상성을 살펴보았다. 핵이동은 독일어에 명시적으로 나타나 있는 성질로서, 독일어가 보편문법에 기여하는 바이고, 핵심어 매개변수에 의해 규정되는 핵심어 위치의 일관성은 한국어에 명시적으로 나타나 있는 성질로서 한국어가 보편문법에 기여하는 바이며, 형상성은 영어에 명시적으로 나타나는 속성으로서 영어가 보편문법에 기여하는 부분이다.

마지막으로 Chomsky(1995)에서의 핵계층 이론의 지위에 대해 논의하고자 한다. Chomsky(1994 : 24)에는 영어 명사구 'the book'에 대해 전통적인 핵계층 도식에 따른 (36a)와 같은 구조가 아니라 (36b)와 같은 구조기술이 제시된다.

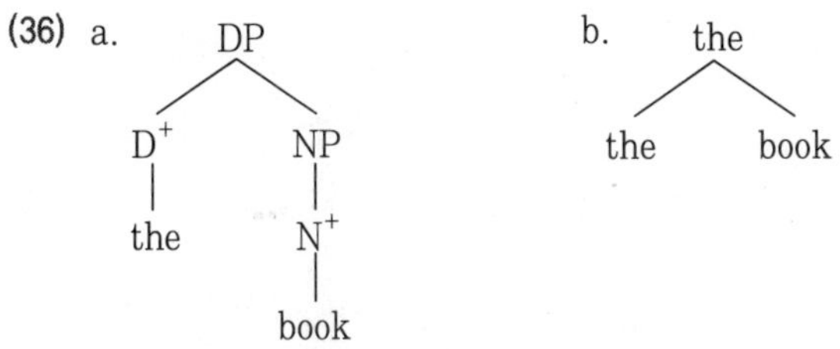

위의 (36b)의 구조가 (36a)의 구조를 대치함으로써 전통적인 핵계층 이론이 제거된다는 입장을 Chomsky는 보인다. 여기에서 우리에게 남겨진 문제는 구조 (36b)가 어떤 내용을 담고 있는가를 이해하는 일이다. 필자의 견해로는 수형도의 어휘항목들 'the'나 'book' 등이, 그 언어표현들이 지니는 음성·음운론적인 정보만을 나타내는 것이 아니고 그들의 형태·통사적인 속성을 포함하여 복합적인 정보들의 집합체임을 나타내는 표기들로서 이해되어야 한다. 곧 그럼으로써 어미마디의 'the'와 딸마디의 'the'는 외견상 같이 표기되기는 했지만 실제로는 각기 다른 언어정보들의 집합체들이다. 어미마디의 'the'의 경우 딸마디의 'the'가 갖는 언어정보 외에 'book'이 보충어로 결합되어 있다는 정보까지도 포함하는 정보집합체로 이해될 수 있다. 전통적인 핵계층 이론의 경우, 언어표현들이 갖는 여러 가지 언어정보들 중 통사범주에 관한 정보만을 표현하기 때문에 실제로 언어표현들간의 결합관계를 설명하는데 있어 일정한 한계를 갖는다. 반면 통합문법(Unifikationsgrammatik) 계열의 문법들, 특히 HPSG에서는 언어표현들이 갖는 모든 언어정보들간의 관계를 통해 결합관계를 기술하고자 시도한다.[11) Chomsky(1995)에서는 어휘항목들이 갖는 속성들, 곧 언어정보들을 처리하는 연산체계(Computational System)가 별도로 존재하기 때문에 전통적인 핵계층 이론의 역할이 자연스레 소멸될 수밖에 없다고 여겨진다. 곧 핵계층 이론의 소멸은 이론 내적인 당연한 귀결로 이해될 수 있다.

---

11) 영어의 'the'에 대응되는 독일어 'das'에 대한 HPSG적인 정보표현은 다음과 같다.
  Lee(1991 : 61) 참조.

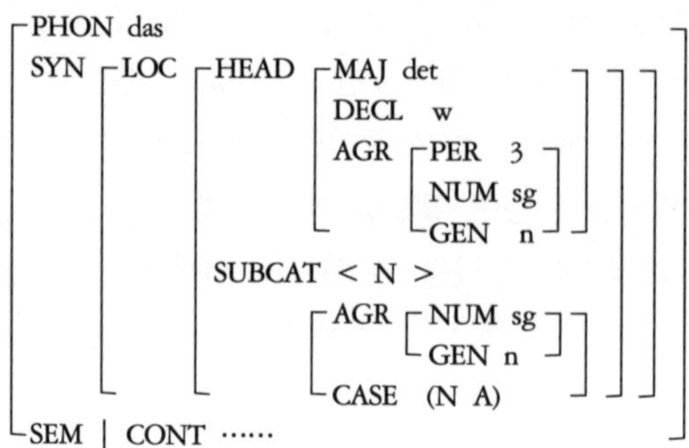

제 12 장 **어휘의미론**

독일어와 영어 감정명사군의 의미관계

I. 서 론

이 연구는 독일어와 영어에 있어 감정명사들간의 다양한 의미관계를 살펴봄으로써 어휘의미차원에서 두 언어의 공통점과 차이점을 밝혀내는 것을 목적으로 한다. 독일어 감정명사 부류의 어휘의미에 관한 선행연구로는 Mel′cuk·Wanner(1996)가 대표적인데, 이들의 연구에서는 성분분석 방법론에 기대어 독일어 감정표현 명사 40개(Achtung, Angst, Ärger 외)에 대하여 이들 명사들의 의미관계를 기술하고 있다.

본 연구에서는 의미자질의 일반성 결여라는 한계를 지닌 성분분석 방법론에 대한 대안으로서 제안된 의미망(Semantisches Netzwerk) 개념을 토대로 하여 독일어 감정명사들 상호간의 의미관계를 기술하려 한다. 이를 위해서, Mel′cuk·Wanner(1996)에서 논의된 명사 40개 중에서 사용 빈도수가 상대적으로 높은 것으로 평가된[1] 30개의 독일어 감정명사군과 그에 대응하는 영어 감정명사군에 대한 어휘정보들을 독일어 어휘의미망인 게르마넷(GermaNet)[2]과 영어 워드넷(WordNet)으로부터 추출한다. 이렇게

---

[1] 감정명사들의 빈도수는 Leipzig 대학에서 수행된 독일어 어휘집 Wortschatz에 대한 연구성과의 하나로 구축된 웹사이트(http://wortschatz.uni-leipzig.de/)로부터 추출했다. 이에 대한 상세한 논의는 II절에서 이루어진다.

추출된 두 언어의 감정명사군에 속하는 개별명사들간의 의미관계를 상호 비교함으로써 두 언어의 공통점과 차이점을 밝혀내려는 것이다. 두 언어의 의미망에는 개별 어휘가 갖는 의미적 다의성과 그 어휘의 동의어와, 상위어 그리고 하위어 등에 대한 정보들이 포함되어 있다.

이 장은 다음과 같은 구성을 갖는다. 제Ⅱ절에서는 독일어 감정명사들의 사용 빈도수에 대해 살펴봄으로써 연구범위를 확정함과 동시에 어휘 의미망의 일반적인 속성에 대해 논의한다. 제Ⅲ절에서는 독일어와 영어의 감정명사들 상호간의 의미관계를 상위어·하위어 관계를 중심으로 정리하여 두 언어간의 공통점과 차이점을 설명하고 두 언어의 감정명사류에 있어서의 어휘의미론적인 차이가 의미분화의 정도에 연유함을 밝힌다. 이를 위해 '의미적 거리'와 '의미적 경로'라는 개념을 도입하고 세부적으로 '노여움(Ärger)'과 '두려움(Angst)'의 의미장을 비교분석한다. 마지막으로 제Ⅳ절에서는 앞선 여러 절에서의 논의를 종합하고 남은 문제에 대해 살펴본다.

Ⅱ. 감정명사들의 사용빈도와 어휘 의미망의 설계구조

앞서 서론에서 언급한 바와 같이, Mel′cuk·Wanner(1996)가 독일어 감정명사 부류의 어휘의미에 관한 대표적인 선행연구인데,3) 이들은 다음

---

2) 튀빙엔대학에서 구축한 게르마넷은 1996년부터 연구를 시작하고 1998년도에 유럽의 여러 언어의 어휘의미망을 공동으로 구축하는 것을 목표로 하는 대형 국제공동 프로젝트인 EuroNet Ⅱ 프로젝트의 일환으로 수행되어 1차 개발이 1999년도에 완료된 어휘의미망이다. 제2차 게르마넷 프로젝트는 1999년 9월부터 2001년 12월까지 연구가 수행되었는데 연구가 종료되기 한달 전인 2001년 10월 말까지는 명사 27,824개의 동의어집합(어휘의미 혹은 개념), 동사 8,810개의 동의어집합 그리고 형용사 5,141개 및 부사 2개 등 총 41,777개 어휘에 대한 의미정보가 의미망의 형식으로 데이터베이스화되어 있다.

3) 독일어 감정명사에 대한 다른 선행연구로는 Bresson et al.(1998)과 Weigand(1998)이 있는데, 이들은 각각 '두려움'과 '노여움'의 어휘장에 대해 성분분석 방법론을 택해 논

(1)에 열거된 40개의 독일어 감정명사를 분석대상으로 삼았다.

<table>
<tr><td>(1)</td><td>Achtung</td><td>Angst</td><td>Ärger</td></tr>
<tr><td></td><td>Aufregung</td><td>Bedaurn</td><td>Begeisterung</td></tr>
<tr><td></td><td>Eifersucht</td><td>Ekel</td><td>Empörung</td></tr>
<tr><td></td><td>Entsetzen</td><td>Enttäuschung</td><td>Entzücken</td></tr>
<tr><td></td><td>Erregung</td><td>Freude</td><td>Furcht</td></tr>
<tr><td></td><td>Groll</td><td>Hass</td><td>Hoffnung</td></tr>
<tr><td></td><td>Leidenschaft</td><td>Liebe</td><td>Mitleid</td></tr>
<tr><td></td><td>Neid</td><td>Panik</td><td>Reue</td></tr>
<tr><td></td><td>Rührung</td><td>Schadenfreude</td><td>Scham</td></tr>
<tr><td></td><td>Scheu</td><td>Schreck</td><td>Staunen</td></tr>
<tr><td></td><td>Trauer</td><td>Verachtung</td><td>Verärgerung</td></tr>
<tr><td></td><td>Verdruss</td><td>Verlegenheit</td><td>Verwunderung</td></tr>
<tr><td></td><td>Verzweifelung</td><td>Wut</td><td>Zorn</td></tr>
<tr><td></td><td>Zuneigung</td><td></td><td></td></tr>
</table>

본 연구에서는 이들 명사들 중에서 사용빈도수가 상대적으로 높은 30개의 명사를 중심으로 영어와의 비교연구를 수행하고자 하며, 이와 관련하여 앞서(주석 2) 언급한 바 있는 독일어 어휘집에 관한 Leipzig 대학의 프로젝트의 성과에 기대어 각 어휘의 사용빈도를 추출한 결과는 아래의 표 (2)와 같다.

(2)

순위	어　휘	빈도수	순위	어　휘	빈도수
1	Liebe	73328	21	Neid	3945
2	Angst	60385	22	Eifersucht	3149
3	Hoffnung	44267	23	Scham	3046
4	Freude	33419	24	Staunen	3029
5	Ärger	15278	25	Zuneigung	2842

의한다. 또한 감정명사에 대한 논의는 아니지만, 국내에서 이민행(1999)에서는 독일어 GermaNet을 독일어 합성어 분석에 이용한 연구가 수행되었으며, 오장근(2003)은 유로워드넷에 기대어 한국어와 독일어를 어휘적 층위에서 비교한다.

6	Leidenschaft	11900	26	Reue	2834
7	Begeisterung	11175	27	Verachtung	2699
8	Wut	10222	28	Scheu	2561
9	Aufregung	9902	29	Verwunderung	2551
10	Furcht	9764	30	Erregung	2509
11	Zorn	9560	31	Bedaurn	2264
12	Enttäuschung	8920	32	Schreck	2230
13	Trauer	7832	33	Verlegenheit	2085
14	Verzweiflung	7633	34	Verärgerung	1991
15	Panik	7080	35	Ekel	1668
16	Empörung	6998	36	Schadenfreude	1560
17	Achtung	5814	37	Rührung	1485
18	Mitleid	5425	38	Groll	1358
19	Entsetzen	5153	39	Entzücken	1234
20	Hass	4022	40	Verdruss	403

위의 표에서 빈도수 순위 30위안에 포함되지만, 독일어 어휘의미망 GermaNet 4.0 판에 그에 대한 어휘정보가 주어져 있지 않은 Staunen 과 Scheu 대신 31위와 32위에 랭크된 Bedauern과 Schreck을 포함시키고 나머지 빈도수 순위 33-40에 해당하는 어휘들, 곧 Verlegenheit, Verärgerung, Ekel, Schadenfreude, Rührung, Groll, Entzücken, Verdruss 등도 앞으로의 논의에서 제외된다. 따라서 이들 독일어 어휘들에 대응되는 영어 감정명사들도 비교분석의 대상이 아니다. 그러므로 본 연구에서 살펴볼 영어 어휘들의 목록은 다음의 (3)과 같다.

(3) affection [Zuneigung]   agitation [Erregung]
  amazement [Verwunderung] anger [Ärger]
  compassion [Mitleid]   contempt [Verachtung]
  despair [Verzweiflung] disappointment [Enttäuschung]
  enthusiasm [Begeisterung] envy [Neid]
  excitement [Aufregung] fear [Angst]
  fright [Furcht]   hatred [Hass]

hope 〔Hoffnung〕	horror 〔Entsetzen〕
indignation 〔Empörung〕	jealousy 〔Eifersucht〕
joy 〔Freude〕	love 〔Liebe〕
panic 〔Panik〕	passion 〔Leidenschaft〕
rage 〔Wut〕	regret 〔Bedauern〕
repentance 〔Reue〕	respect 〔Achtung〕
shame 〔Scham〕	sorrow 〔Trauer〕
terror 〔Schreck〕	wrath 〔Zorn〕

이제, 이 연구에서 방법론으로 채택된 어휘의미망의 설계구조에 대해 살펴보겠다.4) 미국 프린스턴 대학에서 사람의 어휘지식에 관련한 심리언어학적인 연구성과를 반영하여 1985년부터 구축한 영어 데이터베이스가 WordNet이라 불리우는데, 이 어휘의미망은 1990년 첫 판이 완성되었고 그 후에도 수정보완이 계속되고 있는 바 현재는 WordNet 2.0 판이 브라우저를 포함하여 소스까지 웹사이트(http://www.cogsci.princeton.edu/~wn/) 에 공개되어 있다. 이 데이터베이스는 형태상으로 구별되는 영어어휘 152,059개를 담고 있으며, 이 중에서 115,424 개(명사 79,689, 동사 13,508, 형용사 18,563, 부사 3,664)가 의미상으로 구별되는 유형이다.5) 영어 워드넷의 경우, 명사와 동사, 형용사, 부사 등 4가지 품사를 대상으로 데이터베이스를 구성했다. 이처럼 미국에서 개발된 영어를 분석대상으로 한 WordNet이 성공적인 연구성과일 뿐만 아니라, 그 성과물인 어휘적인 데이터베이스가 언어정보처리와 관련된 여러 가지 과제의 수행을 위한 매우 유용한 도구로 평가됨에 따라, 독일어 어휘의미망인 GermaNet이 EuroWordNet6)과 함께 유럽에서 연구개발되기 시작한 것이다. 영어를 대상으로 한 WordNet이든, 독일어를 대상으로 한 GermaNet이든 혹은

---

4) Choi(1995)에서 의미망 Semantisches Netwerk와 관련한 이론적인 토대 및 응용가능성이 심도 있게 논의되고 있다.

5) WorNet 2.0에 대한 통계적 정보는 http://www.cogsci.princeton.edu/~wn/man/wnstats. 7WN.html에서 제공된다.

6) EuroWordNet에 대한 상세한 정보와 연구성과는 웹사이트(http://www.illc.uva.nl/ EuroWordNet/) 상에서 찾아볼 수 있다.

프랑스어, 이태리어, 스페인어를 포함하여 7개 유럽언어를 대상으로 한 EuroWordNet이든, 모든 어휘의미망은 동의어관계 Synonymie와 다의어관계 Polysemie를 두 축으로 하는 행렬식을 토대로 하여 그 의미망이 형성된다. 예를 들어, 명사 Land를 중심으로 한 의미망을 살펴보면, 이 어휘는 다의어 관계에 있는 두 개의 개념(geographisch-politische Einheit, Grundbesitz)로 구성된다(Fellbaum, 1996 : 215).[7] 이 중에서 두 번째 개념으로 쓰이는 Land는 먼저 어휘 Boden과 동의관계에 서게 된다. 그런데, 어휘 Boden도 두 개의 개념(Grundbesitz, Material)을 갖는 바, 그 중 다시 두 번째 개념이 어휘 Erde, Scholle와 동의관계에 있다. Scholle도 두 가지 개념(Material, Fisch)으로 쓰이는데, 여기서 첫 번째 개념이 Boden과 같은 의미를 갖는 것이다. 이러한 여러 어휘들간의 의미관계를 행렬식으로 표현한 것이 아래의 표 (4)이다.

(4)

		Synonymie			Begriff
Poly-semie	Land				{geographisch-politische Einheit}
	Land	Boden			{Grundbesitz}
		Boden	Erde	Scholle	{Material}
				Scholle	{Fisch}

　　위의 표에서 하나의 행에 위치한 어휘들은 동일한 개념을 지시하는 것으로 이해되기 때문에 이들은 공통의 동의어집합(Synset)에 속하는 것으로 간주된다. 그리고 궁극적으로는 이러한 동의어집합들이 모여서 어휘의미망을 구성한다고 할 수 있다. 명사들의 경우 이상에서 논의한 동의어 관계나 다의어 관계 외에도 상위어관계(Hyperonymie)/하위어관계(Hyponymie)도 중요한데, 이들 관계를 통해 어휘들간의 위계관계가 설정되기 때문이다. 아래의

---

7) 여기서 개념 **Begriff**는 워드넷과 게르마넷에서 사용되는 'sense'를 Fellbaum(1996)이 독일어로 번역한 용어이다.

(5)와 (6)에 제시된 그림은 독일어 어휘의미망 GermaNet 4.0으로부터 얻어낸 분석결과로서,[8] 각각 감정명사 'Angst'의 상위어들와 하위어들을 보여준다. 이 분석에 따르면 'Angst'의 직접 상위어는 'Gefühl', 'Emotion' 등을 원소로 하는 동의어 집합이며 간접 상위어는 'Wahrnehmung'이나 '?kognitiver Prozess'이고, 하위어는 'Respekt', 'Terror', 'Horror' 등이다.

(5) Synonyms/Hypernyms of nomen angst
1 sense of angst

Sense 1
Angst, Furcht, Schiss*s, Muffe*s, Muffensausen*s, Bammel*s
    ⇒ Gefühl, Emotion, Empfindung, Gemütsbewegung
        ⇒ Wahrnehmung
            ⇒ ?kognitiver Prozess

(6) Hyponyms of nomen angst
1 sense of angst

Sense 1
Angst, Furcht, Schiss*s, Muffe*s, Muffensausen*s, Bammel*s
    ⇒ Respekt
    ⇒ Terror
    ⇒ Horror
    ⇒ Grauen, Grusel
    ⇒ Lampenfieber
    ⇒ Ängstlichkeit
    ⇒ Befürchtung
    ⇒ Schrecken, Schreck
    ⇒ Panik
    ⇒ Entsetzen

---

8) Unix 환경에서 어휘 *Angst*의 상위어에 대한 정보를 얻기 위해 '*gwn Angst -hypen*'이라는 명령을 내리고 하위어에 대한 정보를 얻기 위해선 '*gwn Angst -hypon*'이라는 명령을 준다.

어휘의미망의 설계구조에 대한 이제까지의 논의를 기초로 하여 다음 절
에서는 독일어와 영어의 감정명사 각 30개의 다양한 의미관계에 대해 살
펴보겠다.

Ⅲ. 감정명사들의 계층적 의미관계 유형

Ⅲ.1. 독일어 감정명사류의 의미관계

이 절에서는 독일어 어휘의미망 GermaNet 4.0을 기반으로, 독일어 감
정명사 부류와 관련된 여러 가지 의미관계를 다룬다. GermaNet에서는 영
어의 WordNet에서와 마찬가지로 명사들에 대해서 아래의 표 (7)에 제시
된 7가지 의미관계 중 해당 어휘와 관련성 있는 의미관계에 대한 정보를
모두 제공한다.

(7)

관 계	정 의	예
동의어관계 (Synonymie)	동일한 의미를 가짐	Gefühl → Emotion
반의어관계 (Antonymie)	반대의미를 가짐	Freude → Trauer
동위어관계 (Ko-Hyponymie)	공통의 직접 상위어를 가짐	Teetasse → Kaffeetasse
상위어관계 (Hyperonymie)	개념으로부터 상위어로	Wagen → Radfahrzeug
하위어관계 (Hyponymie)	개념으로부터 하위어로	Tasse → Teetasse
부분관계 (Meronymie)	전체로부터 부분으로	Wagen → Autositz
전체관계 (Holonymie)	부분으로부터 전체로	Henkel → Tasse

예를 들어, 명사 'Situation'은 상위어를 갖지 않은 최상위에 속하는 명사이기 때문에 이 명사에 대해서는 상위어 정보가 제공되지 않는다. 이 명사처럼 상위어를 갖지 않는, 곧 독일어 명사 의미망 내에서 가장 높은 위치를 차지하는 명사들은 15개가 있는 것으로 간주된다. 이들을 열거하면 다음의 (8)과 같다(Schulte, 2003 : 61).

(8) Attribut   Besitz   Kognitiver Prozess
    Kognitives Objekt   Lebewesen   Mittel
    Nahrung   Ort   Physis
    Sache   Situation   Struktur
    Substanz   Zeit   Zustand

이들 최상위에 위치한 개념들은 상위어를 갖지 않기 때문에, 정의에 따라 또한 동위어도 갖지 않으므로, 이들에 대한 동위어도 존재하지 않는다.

감정명사 30개의 분석과 관련해서 우리는 가능한 의미관계를 모두 살펴보기보다는 제한적으로 상위어관계와 하위어관계에 대해서만 논의하기로 한다. 어휘의미망에서는 일반적으로 아래의 (9)에 제시된 형식을 충족시키는 두 어휘 X와 Y가 있을 때, 어휘 X가 어휘 Y의 하위어로 간주되고, 역으로 어휘 Y는 어휘 X의 상위어로 간주된다.

(9) X ist eine Art von Y
    (= X is a kind of Y)

예를 들자면, 앞 절에서 논의한 바와 같이 명사 'Angst'는 명사 'Gefühl'의 하위어인데, 이 두 명사간에는 위 (9)의 형식에 맞추어 'Angst ist eine Art von Gefühl.'라는 명제가 성립하기 때문이다. 다른 한편, 'Respekt ist eine Art von Angst.'나, 'Terror ist eine Art von Angst.' 그리고 'Horror ist eine Art von Angst.'라는 명제들이 성립함으로써, 명사 'Angst'는 명사 'Respekt', 'Terror'과 'Horror' 등의 상위어가 된다.

이제 이러한 형식틀에 입각해서 독일어 감정명사 30개에 대한 상위어와 하위어를 추출하여 정리하면 다음의 표 (10)과 같다.

(10)

감정명사	상위어	하위어
Liebe	Zuneigung	Vaterlandliebe ; Vorliebe
Angst	Gefühl	Respekt ; Terror ; Panik ; Entsetzen
Hoffnung	Gefühl	Hoffnungsschlimmer ; Hoffnungsstrahl
Freude	Gefühl	Stolz ; Glücksgefühl ; Vergnügen
Ärger	Gefühl	Wut ; Unmut ; Zorn
Leidenschaft	Zuneigung	Frühlingsgefühle ; Hingabe
Begeisterung	Gefühl	Fanatismus ; Enthusiasmus
Wut	Ärger	*
Aufregung	emotionale Angelegtheit	Affekt
Furcht	Gefühl	Respekt ; Terror ; Panik ; Entsetzen
Zorn	Ärger	*
Enttäuschung	Traurigkeit	*
Trauer	Gefühl	Wehmut ; Heimweh
Verzweiflung	Mutlosigkeit	*
Panik	Angst	*
Empörung	Gefühl	*
Achtung	emotionale Haltung	Ansehen ; Hochachtung ; Ehrung
Mitleid	Mitgefühl	Barmherzigkeit
Entsetzen	Angst	*
Hass	Abneigung	*
Neid	Gefühl	Eifersucht
Eifersucht	Neid	*
Scham	Befangenheit	*
Zuneigung	Gefühl	Sympathie ; Leidenschaft ; Liebe
Reue	Bedauern	*
Verachtung	Abneigung	Spott
Verwunderung	Geisteszustand	*
Erregung	Gefühl	*
Bedauern	Gefühl	Reue
Schreck	Angst	*

위 표에서 명확히 드러나는 사실 하나는 독일어의 많은 감정명사들—30
개 중 12개—이 명사 'Gefühl'을 직접 상위어로 갖는다는 점이다. 그리고
이 명사를 직접 상위어로 갖지 않은 대부분의 감정명사들—30개 중 17개
—도 이것을 간접 상위어로 갖는다. 다시 말하여 30개 중 29개의 감정명사
가 명사 'Gefühl'을 상위어로 가지며, 이런 의미에서 명사 'Gefühl'이 대부
분의 독일어 감정명사들의 공통 상위어 gemeinsames Hypernym라고 명
명될 수 있겠다. 공통 상위어인 'Gefühl'과 이 명사를 직접 상위어로 갖지
않는 감정명사들간의 관계는 의미적 경로 semantisches Pfad라는 개념으
로 포착되는데,9) 각 명사들로부터 공통 상위어에 이르는 경로를 몇 가지
만 살펴보면 아래의 (11)과 같이 정리될 수 있다.

(11) Liebe ⇒ Zuneigung ⇒ Gefühl
      Leidenschaft ⇒ Zuneigung ⇒ Gefühl
      Aufregung ⇒ emotionale Angelegtheit ⇒ Angeregtheit ⇒ Gefühl

하나의 의미적 경로상에 위치한 두 개념사이의 거리를 나타내기 위해
심리언어학에서는 일반적으로 의미적 거리(semantische Distanz)라는 용어
를 사용하는데,10) 의미적 거리는 문제의 두 개념사이에 위치한 가지의 수
로 측정된다. 따라서 (11)에 제시된 경로를 토대로 평가해 볼 때, 명사
'Liebe'와 'Gefühl' 간의 의미적 거리와 'Leidenschaft'와 'Gefühl' 간의 거
리는 2가 되겠다. 외에 'Aufregung'에서 'Gefühl'에 이르는 경로는 의미적
거리가 3으로 나타나 있다. 다음절에서는 이러한 '의미적 거리'라는 개념에
기대어 영어의 감정명사와의 비교를 시도할 것이다.

한편, 직접적이든 간접적이든 명사 'Gefühl'을 상위어로 갖지 않는 감정
명사는 'Verwunderung'뿐이다. 이 명사는 아래의 분석결과가 보여주듯이
최상위 명사를 'Zustand'로 갖는 것이 특징이고 이들간의 의미적 거리는 3

---

9) Kubota(2002 : 94)에서는 '계층적 경로(Hierarchical Path)'라는 개념이 대신 사용되고 이
   에 대한 예로서 skirt → clothing → thing이 언급된다.
10) Semantic distance is a psychological construct that has been used to locate concepts along
    various dimensions of meaning(Schvaneveldt, Durso & Mukherji, 1982).

이다.

> **(12)** Synonyms/Hypernyms of nomen verwunderung
>
> 1 sense of verwunderung
>
> Sense 1
> Verwunderung, Erstaunen
>   ⇒ geistiger Zustand, Geisteszustand
>   ⇒ ?kognitiver Zustand
>   ⇒ Zustand

이제 하위어 관계에 대해 살펴보자면, 우리가 논의하고 있는 독일어 감정명사들 중 절반에 가까운―30개 중 14개―어휘가 하위어를 갖지 않는, 곧 의미망에서 최하위의 위치를 차지하는 개념들이다. 앞서 표 (10)에서는 이러한 어휘들은 「하위어」 열에 '*' 값이 기재되어 있다. 이러한 사실은 영어와 비교해 볼 때 독일어에 특유한 특성으로 이해된다. 두 언어가 왜 이런 차이를 보이는지에 대해서는 Ⅲ.3절에서 비교적인 관점하에 구체적으로 논의가 이루어질 것이다.

Ⅲ.2. 영어 감정명사류의 의미관계

영어 어휘의미망 WordNet 2.0을 토대로 하여 이 절에서는 영어 감정명사 부류와 관련된 상위어·하위어 관계를 다룬다. 독일어의 경우와 마찬가지로, WordNet에서도 명사부류에 대해 '동의어관계', '반의어관계', '상위어관계', '하위어관계', '동위어관계', '전체관계' 그리고 '부분관계'에 대한 정보들이 제공된다. 이제 앞서 (9)에 제시된 형식틀을 따라서 영어 감정명사 30개에 대한 상위어와 하위어를 추출하여 정리한 것이 다음의 표 (13)이다.

(13)

감정명사	상위어	하위어
love	emotion	worship ; ardor ; loyalty
fear	emotion	horror ; panic ; scare
hope	anticipation	*
joy	emotion	exultation ; excitement
anger	emotion	rage ; indignation
passion	feeling	infatuation ; ardor
enthusiasm	feeling	eagerness ; exuberance
rage	anger	wrath ; lividity
excitement	joy	thrill ; intoxication
fright	emotion	horror ; panic ; scare
wrath	rage	*
disappointment	dissatisfaction	frustration
sorrow	sadness	grief ; self-pity
despair	feeling	hopelessness ; resignation ; pessimism
panic	fear	red scare
indignation	anger	dudgeon
respect	affection	*
compassion	sympathy	tenderness ; mercy
horror	fear	*
hatred	emotion	abhorrence ; hostility
envy	resentment	jealousy
jealousy	envy	*
shame	feeling	self-disgust ; embarrassment
affection	feeling	attachment ; respect
repentance	compunction	*
contempt	dislike	*
amazement	feeling	wonder ; surprise
agitation	feeling	uprest ; stir ; tumult
regret	sadness	attrition ; compunction
terror	fear	*

우리는 위의 표를 통해 영어 감정명사류에 속하는 다수―30개 중 13개
―의 감정명사들이 'emotion'이나 'feeling'을 상위어로 갖는다는 사실과 함
께 영어에서는 두 개념이 동의어가 아니라 서로 구분된다는 사실을 확인할
수 있다. 아래의 (14)에 제시된 WordNet 2.0의 분석결과는 명사 'feeling'
이 'emotion'의 상위어라는 점을 분명하게 보여준다.

(14)

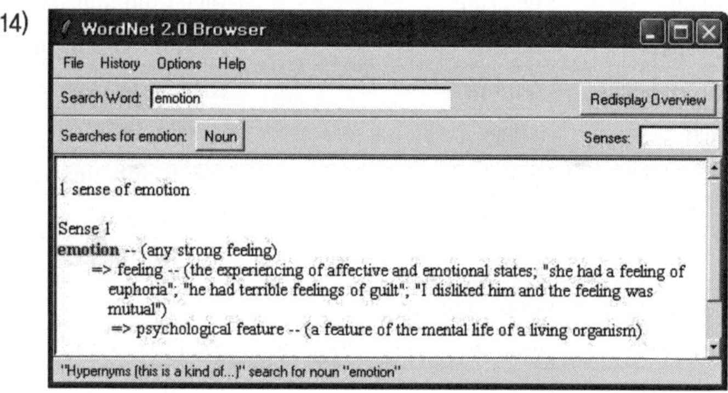

따라서 명사 'emotion'을 (직접) 상위어로 갖는 어휘들은 모두 'feeling'
을 간접 상위어로 하는 셈인데, 'emotion'이나 'feeling'을 (직접) 상위어로
갖는 명사들 외에 나머지 어휘들이 모두 'feeling'을 간접 상위어로 가지므
로 영어에서는 'feeling'이 감정명사들의 공통 상위어로 기능한다고 할 수
있다. 독일어에서 예외로 간주되었던 'Verwunderung'의 영어 대응어인
'amazement'도 다음 (15)에 제시된 분석결과를 통해 확인할 수 있듯이
'feeling'을 상위어로 갖는다.

(15) 1 sense of amazement

Sense 1
astonishment, amazement ―(the feeling that accompanies something
extremely surprising ; "he looked at me in astonishment")
    ⇒ feeling ―(the experiencing of affective and emotional
        states ; "she had a feeling of euphoria" ; "he had terrible

feelings of guilt" ; "I disliked him and the feeling was mutual")

⇒ psychological feature ―(a feature of the mental life of a living organism)

여기서 몇 개의 어휘에 대해 그것들의 공통 상위어 'feeling'에 이르는 의미적 경로와 의미적 거리를 살펴보자.

(16)

어 휘	의미적 경로	의미적 거리
love	love ⇒ emotion ⇒ feeling	2
passion	passion ⇒ feeling	1
excitement	excitement ⇒ joy ⇒ emotion ⇒ feeling	3

위의 표에 제시된 의미적 경로들을 앞서 (12)에 정리되어 있는 독일어의 그것들과 비교하여 보면, 두 언어의 감정어휘들이 공통 상위어에 다다르는 경로가 상당한 차이를 보인다는 점을 알 수 있다. 왜 이러한 차이가 나타나는지에 대해서는 다음절에서 포괄적으로 논의하기로 하자. 영어 감정명사들의 경우, 하위어를 가진 어휘들이 상대적으로 많다. 표 (13)에 의하면, 30개 감정명사 중 22개가 하위어를 가지고, 'hope'와 'wrath' 등 8개만이 영어 의미망에서 가장 하위의 위치를 차지하는 개념들로 간주된다. 이런 관점에서 보아도 영어는 독일어와 차이가 난다.

Ⅲ.3. 두 언어의 비교

이 절에서는 독일어와 영어 감정명사류의 계층구조와 관련하여 몇 가지 차이점에 대해 상세히 논의한다. 이를 위해 개별 감정명사로부터 공통 상위어까지의 '의미적 거리'가 두 언어에서 얼마나 다른지를 살펴볼 필요가 있다. 아래의 표 (17)과 (18)은 각각 독일어와 영어 감정명사들의 의미적 거리를 정리한 것이다.

(17)

감정명사	의미적 거리	의미적 경로
Liebe	2	Liebe ⇒ Zuneigung ⇒ Gefühl
Angst	1	Angst ⇒ Gefühl
Hoffnung	1	Hoffnung ⇒ Gefühl
Freude	1	Freude ⇒ Gefühl
Ärger	1	Ärger ⇒ Gefühl
Leidenschaft	2	Leidenschaft ⇒ Zuneigung ⇒ Gefühl
Begeisterung	1	Begeisterung ⇒ Gefühl
Wut	2	Wut ⇒ Ärger ⇒ Gefühl
Aufregung	3	Aufregung ⇒ emotionale Angelegtheit ⇒ Angeregtheit ⇒ Gefühl
Furcht	1	Furcht ⇒ Gefühl
Zorn	2	Zorn ⇒ Ärger ⇒ Gefühl
Enttäuschung	3	Enttäuschung ⇒ Traurigkeit ⇒ Unglücklichkeit ⇒ Gefühl
Trauer	1	Trauer ⇒ Gefühl
Verzweiflung	2	Verzweiflung ⇒ Mutlosigkeit ⇒ Gefühl
Panik	2	Panik ⇒ Angst ⇒ Gefühl
Empörung	1	Empörung ⇒ Gefühl
Achtung	2	Achtung ⇒ emotionale Haltung ⇒ Gefühl
Mitleid	2	Mitleid ⇒ Mitgefühl ⇒ Gefühl
Entsetzen	2	Entsetzen ⇒ Angst ⇒ Gefühl
Hass	2	Hass ⇒ Abneigung ⇒ Gefühl
Neid	1	Neid ⇒ Gefühl
Eifersucht	1	Eifersucht ⇒ Neid ⇒ Gefühl
Scham	2	Scham ⇒ Befangenheit ⇒ Gefühl
Zuneigung	1	Zuneigung ⇒ Gefühl
Reue	2	Reue ⇒ Bedauern ⇒ Gefühl
Verachtung	2	Verachtung ⇒ Abneigung ⇒ Gefühl
Verwunderung	1	Verwunderung ⇒ Gefühl
Erregung	1	Erregung ⇒ Gefühl
Bedauern	1	Bedauern ⇒ Gefühl
Schreck	2	Schreck ⇒ Angst ⇒ Gefühl

(18)

감정명사	의미적 거리	의미적 경로
love	2	love ⇒ emotion ⇒ feeling
fear	2	fear ⇒ emotion ⇒ feeling
hope	3	hope ⇒ anticipation ⇒ expectation ⇒ feeling
joy	2	joy ⇒ emotion ⇒ feeling
anger	2	anger ⇒ emotion ⇒ feeling
passion	1	passion ⇒ feeling
enthusiasm	1	enthusiasm ⇒ feeling
rage	3	rage ⇒ anger ⇒ emotion ⇒ feeling
excitement	3	excitement ⇒ joy ⇒ emotion ⇒ feeling
fright	2	fright ⇒ emotion ⇒ feeling
wrath	3	wrath ⇒ anger ⇒ emotion ⇒ feeling
disappointment	5	disappointment ⇒ dissatisfaction ⇒ discontentment ⇒ longing ⇒ desire ⇒ feeling
sorrow	2	sorrow ⇒ sadness ⇒ feeling
despair	1	despair ⇒ feeling
panic	3	panic ⇒ fear ⇒ emotion ⇒ feeling
indignation	3	indignation ⇒ anger ⇒ emotion ⇒ feeling
respect	2	respect ⇒ affection ⇒ feeling
compassion	2	compassion ⇒ sympathy ⇒ feeling
horror	3	panic ⇒ fear ⇒ emotion ⇒ feeling
hatred	2	hatred ⇒ emotion ⇒ feeling
envy	5	envy ⇒ resentment ⇒ hostility ⇒ hate ⇒ emotion ⇒ feeling
jealousy	6	jealousy ⇒ envy ⇒ resentment ⇒ hostility ⇒ hate ⇒ emotion ⇒ feeling
shame	1	shame ⇒ feeling
affection	1	affection ⇒ feeling
repentance	3	repentance ⇒ compunction ⇒ sorrow ⇒ feeling
contempt	2	contempt ⇒ dislike ⇒ feeling
amazement	1	amazement ⇒ feeling
agitation	1	agitation ⇒ feeling
regret	2	regret ⇒ sadness ⇒ feeling
terror	3	terror ⇒ fear ⇒ emotion ⇒ feeling

위의 두 개의 표를 토대로 하여 독일어와 영어 감정명사류의 의미적 거리를 비교해 보면 아래의 (19)와 같이 두 언어가 상당한 차이를 보임을 알 수 있다.

(19)

언 어	어휘수	의미적 거리의 총합	평 균
독일어	30	36	1.2
영 어	30	72	2.4

이러한 사실은 독일어가 영어와 비교하여 감정명사류에 있어서는 의미가 상대적으로 덜 분화되었다는 점을 시사한다. 영어의 감정명사들이 독일어에 비해 의미분화가 더 이루어졌다는 사실은 앞 절에서 논의한 바대로 영어의 감정명사들이 독일어보다 하위어를 더 많이 가진다는 사실에 의해서도 뒷받침된다고 할 수 있다. 영어의 경우 하위어를 가진 감정명사가 22개인 반면 독일어는 16개만이 하위어를 갖는 것으로 분석되었다. 또한 독일어의 감정명사들이 영어에 비해 상대적으로 다의적인 의미를 덜 지닌다는 사실도 독일어의 의미분화가 덜 진전되었음을 입증하는 또 다른 증거라고 할 수 있다. 두 언어의 다의성의 차이는 아래의 표를 통해 확인해 볼 수 있는데 영어가 독일어와 비교해 볼 때 2배에 가까운 정도의 다의적인 쓰임을 허용한다.

(20)

언 어	어휘수	다의적 개념의 총합	평 균
독일어	29	45	1.55
영 어	30	89	2.97

이와 관련하여 예를 하나 들자면, 동일한 의미를 지니는 것으로 간주되는 독일어와 영어 감정명사 'Aufregung'과 'excitement'는 각 의미망으로 추출한 의미정보에 따르면 다의성에서 큰 차이를 보인다. 독일어 'Aufregung'은 'Aufregung'과 'Aufsehen'을 상위어로 가지는 두 개의 개

넘으로 구성된 다의어인 반면, 영어의 'excitement'는 'exhilaration', 'inflammation', 'excitation'과 'agitation'을 상위어로 가지는 네 개의 개념으로 구성된 다의어이다.

이처럼 감정명사류 전체를 대상으로 하여 두 언어를 비교해 보았을 때 의미분화라는 관점에서 두 언어가 많은 차이를 나타냄을 확인할 수 있는데, 좀더 폭을 넓혀 특정한 어휘장을 대상으로 분석을 할 경우 두 언어간의 계층구조에 있어 차이를 보임을 분명히 알 수 있다. 이제 '분노'의 어휘장과 '두려움'의 어휘장을 중심으로 두 언어의 의미적 계층구조가 어떠한 차이를 보이는지 검토해 보자. 이제까지 논의한 감정명사들 중에서 '노여움'의 어휘장에 속하는 독일어와 영어의 어휘들은 각각 (21a)와 (21b)에 정리되어 있으며, '두려움'의 어휘장에 속하는 독일어와 영어의 어휘들은 각각 (22a)와 (22b)에 정리되어 있다.

(21) a. Ärger, Wut, Zorn, Empörung
      b. anger, rage, wrath, indignation
(22) a. Angst, Furcht, Panik, Entsetzen, Schreck
      b. fear, fright, panic, horror, terror

독일어와 영어의 '노여움' 의미망은 각각 아래의 (23a)와 (23b)와 같이 표상되는데, 이들의 계층구조를 비교해 보면 독일어에서는 영어의 대응표현인 'indignation'과 달리 'Empörung'이 'Ärger'의 하위어가 아니라 명사 'Gefühl'을 상위어로 하는 동위어임을 알 수 있다. 또한 대응표현들이, 곧 'Zorn'과 'Wut'가 동위관계에 서게 되는 독일어와 달리, 영어에서는 'wrath'가 'rage'의 하위어로 분류됨을 확인할 수 있다.

(23) a.

Gefühl, Emotion		
Ärger		Empörung
Wut	Zorn	

b.

anger	
rage	indignation
wrath	

한편, 독일어와 영어에서 '두려움'의 의미망은 각각 아래의 (24a)와 (24b)와 같은데, 이들의 계층구조를 비교해 보면 독일어에서는 'Entsetzen', 'Panik'과 'Schreck'이 'Angst'를 상위어로 하면서 서로간에 동위어관계를 형성하는 반면, 'Panik'과 'Schreck'에 대한 영어의 대응표현들인 'panic'과 'terror'가 동일한 의미로 쓰임을 확인할 수 있다.

(24) a.

Angst, Furcht		
Entsetzen	Panik	Schreck

b.

fear, fright	
horror	panic, terror

이상의 논의를 통해 우리는 독일어와 영어의 감정명사류가 큰 의미분화라는 관점에서 보아 상당한 정도의 차이를 보일 뿐만 아니라, '노여움'과 '두려움'의 어휘장 등 개별 어휘영역에서도 계층구조상 일정한 차이를 보인다는 사실을 확인할 수 있었다.

IV. 결 론

본 연구는 어휘적 자료은행인 GermaNet 4.0과 WordNet 2.0을 토대로 독일어와 영어의 감정명사들의 여러 가지 의미관계를 분석하여 두 언어의 어휘의미론적인 공통점과 차이점을 밝히는 것으로 목표로 하여 수행되었다. 이 연구의 성과는 다음과 같은 몇 가지 사실로 정리될 수 있다.

(25) a. 독일어와 영어의 감정명사류는 동일한 의미를 가지는 'Gefühl'과 'emotion'을 공통 상위어로 한다.
  b. 독일어는 영어에 비해 개별 감정명사로부터 공통 상위어에 이르는 '의미적인 거리'가 절반 수준에 지나지 않은 것으로 분석되는데, 이 사실은 감정명사류에 관한 한 독일어가 영어보다 의미분화가 덜 이루어짐

을 의미한다.
c. 독일어의 감정명사들 중 하위어를 갖지 않는 어휘들이 영어의 두 배에 근접하는데, 이 사실도 마찬가지로 독일어 감정명사류가 영어에 비해 의미분화가 덜 되었다는 사실을 뒷받침한다.
d. 독일어와 영어의 '노여움'과 '두려움'의 어휘장을 비교해 볼 때, 두 언어가 계층구조에 있어 차이를 보인다.

어휘 의미망에 관한 대조언어학적인 연구를 통해 위 (25)에 제시된 몇 가지 새로운 사실들이 밝혀지긴 했지만, '감정명사류에 관한 한, 독일어가 영어보다 의미분화의 정도가 약하다.'는 본 연구의 주장이 설득력을 얻기 위해서는 한국어를11) 비롯한 다른 언어와의 비교연구에 의한 뒷받침이 있어야 한다. 또한 어휘의미망적인 의미분석의 한계로서 일반적으로 지적되는 바, 특정한 의미관계를 이루는 개별 어휘들간의 의미차이를 어떻게 기술할 것인가에 대해서도 심화된 논의가 따라야 할 것이다. 예를 들어 우리가 살펴 본 '노여움'의 의미장에 속하는 여러 어휘들간의 미세한 의미차이를 어떻게 밝혀낼 수 있는지에 대한 논의가 필요하다는 얘기이다. 이런 문제와 관련해서는 다시 성분분석 방법을 적용하는 것이 타당할 것이다.

---

11) 한국어 명사 어휘망에 대한 최초의 연구로 문유진(1996)을 들 수 있다.

제 13 장 대조음운론

독일어와 한국어에서의 초점투사[1]

I. 대상과 문제제기

이 장에서는 의미론과 음운론의 교차영역에 속하는 현상에 대한 문제를 다룬다. 좀더 정확히 말하자면 한국어와 독일어에서의 초점투사를 대조적인 시각에서 고찰한다. 초점투사 현상은 한편으로는 정보구조, 그리고 다른 한편으로는 문장의 논항구조와 관계된다. 그러므로 논의의 중점은 언어보편소(Sprachuniversalien)에 대한 고려 하에 두 언어에서 초점투사와 논항구조의 상호작용을 논하는 데 두게 될 것이다.

이제 예를 하나 살펴보자. 예문에서 핵강세를 담고 있는 어휘는 대문자로 표기하였다.[2]

(1) Gestern hat Maria Fritz ins KINO mitgenommen.

---

1) 이 장은 독일문학 86집(2003년 간행)에 게재된 "Fokusprojektion im Deutschen und Koreanischen"을 우리말로 옮긴 것이다. 원본은 필자가 2002년 8월부터 이듬해 7월까지 하버드대에서 연구년을 보내는 동안 하버드-옌칭 연구소로부터 재정적인 지원을 받아 집필한 연구성과이다(방문학자 프로그램 2002-2003). 이 논문의 번역을 위해 수고해 준 박사과정의 양 현 군에게 깊이 감사한다.

2) 초점영역 내에서 운율적으로 가장 강한 강세를 본 연구에서는 핵강세라고 명명한다.

발화 (1)은 (2)의 질문 모두에 적합한 답변이라고 볼 수 있다(Bader 1996).

    (2) a. Was geschah?
         b. Was war gestern los?
         c. Was hat Maria gestern mit Fritz gemacht?

어떤 발화가 강세위치의 변화 없이 다양한 질문문맥 속에 들어갈 수 있을 때, 초점투사를 논하게 된다. 초점투사(Fokusprojektion)라는 개념은 초점구조와 관련하여 체계적인 중의성을 허용하는 현상을 말한다(Uhmann, 1988).

다음 예에서 볼 수 있듯이, 한국어에도 역시 초점투사 현상이 나타난다.[3]

    (3) 마리아에게 선물을 주었어.
    (4) a. 무엇을 마리아에게 주었니?
         b. 무엇을 했니?

발화 (3)은 (4a)와 (4b) 모두에 대해 적절한 대답으로 기능할 수 있다. 이 시점에서 한국어의 초점투사를 논하는 것이 도대체 의미가 있는 일일지 의문을 가지게 될 수 있는데, 왜냐하면 한국어는 잘 알려져 있듯이 영어처럼 음조나 억양과 같은 초분절적인 속성들이 분명히 표현되는 언어가 아니기 때문이다. 따라서 이 장의 주제 설정에 대한 정당성의 증명이 요구된다. 그러나 분명히 다음 예들은 한국어에서도 강세부여가 정보구조의 실현에 있어 중요한 역할을 한다는 사실에 대해 충분한 증거를 제

---

3) 한국어 문자체계 한글 Hangul을 로마자화시키는 작업에는 "Yale Romanization System"을 사용하였다. 본 연구에서 사용된 약어는 다음과 같다.
AKK : Akkusativ BER : Berichtsendung DAT : Dativ DEK : Deklarativ FM : Fugenmorphem HON : Honoratives Suffix INT : Interrogativ KOP : Kopula NOM : Nominativ PRÄD : Prädikativ RM : Markierer für Relativsätze PRÄS : Präsens PRÄT : Präteritum TOP : Topik

공한다.4)

    (5) a. 누가 학생회장이 되었니?
       b. 〔F **찬수가**〕학생회장이 됩니다.
    (6) a. 찬수가 무엇을 합니까?
       b. 찬수가 〔F **학생회장**이 됩니다〕.

이 대화를 보면 (5a)에 대한 대답에서는 주어 '찬수가'에 초점강세가, (6a)에 대한 대답에서는 술어 '학생회장이'에 초점강세가 있으며, 이는 두 답변의 주파수 분석을 통해 확인된 바 있다. 두 답변의 확연한 대조는 한국어에서도 강세설정이 (좁은) 초점영역의 표지를 위해 동원될 수 있다는 결론을 시사한다.

본 연구에서 필자는 두 가지 목적을 추구한다. 첫째, 독일어와 한국어에서 초점투사와 관련한 규칙성을 찾아낸다. 둘째, 두 언어의 공통점과 차이점을 표명한다.

연구대상은 단언문과 평서문으로 한정한다.5) 연구의 이론적 토대로서는 논항구조적 접근방식을 취한다(Selkirk, 1995 / Uhmann, 1991).

본 장은 다음과 같이 구성된다. 제Ⅱ절에서는 정보구조의 개념을 짤막하게 논의하고 정보구조와 강세부여의 관계를 기술한다. 제Ⅲ절에서는 논항구조에 기반한 초점투사 이론들을 비판적으로 고찰한다. 제Ⅳ절에서는 독일어와 한국어의 초점투사 현상에 보다 관심을 집중시켜, 두 언어의 해당 자료들을 상세히 분석한다. 제Ⅴ절에서는 마지막으로 공통점과 차이점을 총괄작성하고, 해결되지 않은 문제들에 대해 논의한다.

---

4) 최재웅·이민행(1999)는 한국어의 강세관련 초점이론 제시를 최초로 시도하였다. 이에 비해 Kim·Lee(2001)은 한국어에서 초점투사 실현의 다양한 방식을 찾아내고자 하는 시도를 감행하였다. 일본어에 대해서는 Heycock(1994)와 Fry·Kaufmann(1998)이 초점투사의 형태통사론 지향적인 접근방식을 표명하고자 하였다.

5) 독일어 자료는 해당 문헌에서 추출하였다. Uhmann(1991), Jacobs(1988) 등 참조. 이에 반해 118개의 문답 시퀀스로 된 한국어 자료는 필자가 구성하였다. 이 자료는 표준한국어를 구사하는 방송국의 남녀 아나운서들에게 읽게 하고 그것을 녹취한 것이다. 한국어 자료의 분석은 현재 박사과정 학생인 유 정 양의 도움을 받았다.

Ⅱ. 정보구조와 강세부여

이 절에서는 몇 가지 주요 관련 개념들을 논하고 정보구조와 초점의 실현 사이의 관계를 설명한다. 우선 정보구조 개념부터 시작하도록 하자. Jacobs(1988)를 따라, 필자는 정보구조가 초점/배경-구성으로 이해되어야 한다고 본다. 이 견해에 따르면 하나의 발화는 두 가지 정보단위, 즉 초점[6]과 배경으로 이루어진다. 일반적으로 발화의 초점 부분은 주어진 문맥에서 새로운 정보를 담고 있는, 의미적으로 부각되는 요소와 관계된다. 이와는 반대로 배경 부분은 전제되어 있거나 이미 알려진 정보를 담고 있는, 의미적으로 부각되지 않는 요소들을 포괄한다(Martin, 1999).

초점/배경-구성으로서 발화를 두 정보부분으로 분할하는 것은, 특정 발화문맥에서 가능한 대안적 초점위치 설정들 중 오직 하나만 선택이 된다는 의미에서, 주어진 발화를 가능한 대안들과 관계짓게 된다(Jacobs, 1988).[7] 지금까지 언급한 바에 따라, 하나의 발화는 발화문맥에 따라 정보구조의 층위에서 다양한 해석 가능성을 가질 수 있다는 것이 분명해진다. 초점투사를 보여주는 예를 하나 살펴보자.

(7) Der Spieler hat dem Schiedsrichter den BALL gegeben.

발화 (7)은 (8)의 두 가지 질문 모두에 적절한 답변으로 쓰일 수 있다.

(8) a. Was geschah?
     b. Was hat der Spieler dem Schiedsrichter gegeben?

질문 (8a)와 (8b)에 각각 상응하여 (7)은 (9a), (9b)와 같은 가능한 정

---

6) 초점이라는 용어의 사용은 해당 문헌에서 실질적으로 통일되어 있지 못하다. 최소한 세 가지의 상이한 초점 개념이 알려져 있다. 의미 초점, 대조 초점, 심리 초점이 그것이다. Gundel(1999)와 최재웅 · 이민행(1999) 참조.

7) 좀더 구체적으로, Maienborn은 발화의 배경이 대안집합을 한정짓고, 초점은 이 대안집합 중 선택된 옵션이 되는 것이라고 주장한다.

보구조를 갖는다.

> **(9)** a. Fokus = Der Spieler hat dem Schiedsrichter den Ball gegeben
>   Hintergrund = 〔 〕
>   b. Fokus = den Ball
>   Hintergrund = Der Spieler hat dem Schiedsrichter
>   irgendetwas gegeben

(7)이 질문 (8a)에 답변을 하는 문맥에서는 표현 전체인 *Der Spieler hat dem Schiedstichter den Ball gegeben*이 초점이 된다. 대안으로서는 담화 내에 등장하는 모든 주제에 관한 발화들이 고려대상이 될 수 있다. 예를 들어 *Der Torwart hat den Elfmeter gehalten, Der Trainer hat die Eckfahne aus ihrer Verankerung gerissen* 또는 *Das Spiel ist abgesagt worden* 등이다. 질문 (8b)의 문맥에서는 *den Ball*이라는 구성성분이 초점이 된다. 이 경우 대안이 될 수 있는 답변은 다음과 같을 것이다. *ein Feuerzeug, den Vereinswimpel, die Wasserflasche* 등 (Maienborn, 1996 : 81).

음운론적으로 보면 초점은 강세부여를 통해 표시된다. 일반적인 규칙에 따르면 주 강세는 초점화된 구성성분 내에 있는 하나의 단어에 오게 된다. 달리 말하면, 초점영역에 속하는 모든 표현들에 실질적으로 강세가 부여되는 것은 아니라는 것이다. 그래서 생기는 의문은, (9a)와 같이 복합적인 단위가 초점이 될 때는 어디에 주 강세가 놓이게 되는가 하는 것이다. 예를 들어 발화 (7)이 질문 (8a)의 답변이 되는 문맥에서는 발화 (7) 전체가 새로운 정보로 간주되고, 따라서 의미론적으로 초점이 된다. 그러나 음운론적으로는 발화 내의 한 단어, 즉 *Ball*에 초점이 실현된다. 이 단어는 Fuchs(1976)의 용어를 따라 '초점표지(Fokusexponent)'라고 부르며 발화 (7) 전체가 초점영역으로 간주된다. 바로 이러한 초점영역과 초점표지의 관계가 초점투사의 문제가 된다. 관점에 따라 초점투사는 초점표지의 유효범위를 결정하는 것과 관련될 수도 있고(청자의 관점), 의미론적으로 미리 정해진 초점영역 내에서 초점표지를 규정하는 것, 달리 말하면 핵강세의 음운론적인 실현과 관련될 수도 있다(화자의 관점). 지금 위에서 소개한 분류에 상응하여, 이제까지 두 가지 중요한 접근방식이 제안된 바 있다. 이러한 초점투사 관련 해결책 제안들에 대해 다음 절에서 논의할 것이다.

Ⅲ. 초점투사와 논항구조

Selkirk(1995)에 의하면 초점영역의 확장은 본질적으로 논항구조와 관련된 특정 규칙을 따르게 된다. 초점표지의 유효영역을 산출하기 위해, Selkirk는 두 가지 규칙을 제시한다(Reich, 2003).

> (10) ⅰ. 구(Phrase)의 핵심어의 F-표지는 구의 F-표지를 허가한다.
>   ⅱ. 핵심어의 내적 논항의 F-표지는 핵심어의 F-표지를 허가한다.

이제 위의 규칙이 앞에서 논의된 발화 (7)에 어떻게 적용될 수 있는지 살펴보자. 우선 초점표지 *Ball*이 f-표지되어 있으므로 명사구 *den Ball*이 첫 번째 규칙에 따라 f-표지된다. 다음으로 내적 논항 *den Ball*이 f-표지되어 있으므로 두 번째 규칙에 따라 핵심어 *gegeben*이 f-표지된다. 그 다음에 핵심어 *gegeben*이 f-표지되어 있으므로 첫 번째 규칙에 따라 동사구 *dem Schiedsrichter den Ball gegeben*이 f-표지된다. 다음 단계로 상위의 핵심어 *hat*가 f-표지된다. 그 다음에 조동사구(AUXP) *hat dem Schiedsrichter den Ball gegeben*이 다시금 두 번째 규칙에 따라 f-표지된다. 마지막으로 발화 전체 *Der Spieler hat dem Schiedsrichter den Ball gegeben*이 첫 번째 규칙에 따라 f-표지된다. 이로써 어떻게 초점표지 *Ball*의 초점자질 f가 발화 전체에 투사되는지 설명될 수 있으며, 그 결과는 다음과 같이 표상된다.

(11) [F [NP Der Spieler] [AUXP [AUX hat]f
       [VP [NP dem Schiedsrichter] [NP den [N Ball]f]f [V gegeben]f]f]f].

규칙 (10i)와 (10ii)는 왜 (12a)의 경우 발화가 질문 (12b)에 대한 답변
이면 발화 전체에 초점투사가 허용되지 않는지를 예측해 낼 수 있다.

(12) a. Der SPIELER hat dem Schiedsrichter den Ball gegeben.
      b. Wer hat dem Schiedsrichter den Ball gegeben?

이 예에서는 좁은 초점이 문제가 된다. 우선 f-표지된 초점표지 *Spieler*
가 해당 구의 핵심어(Head)이므로 명사구 *der Spieler*가 첫 번째 규칙
(10i)에 따라 f-표지된다. 하지만 더 이상의 초점투사는 일어나지 않는데,
왜냐하면 명사구 *der Spieler*가 전체 발화의 핵심어도 아니고 내적 논항
도 아니기 때문이다. 그러나 위에서 제시된 Selkirk의 규칙은 과잉생성의
문제를 일으킬 수 있다는 점에서, 충분히 제한적이질 못하다. 예를 하나
살펴보는 것이 이 문제점을 논하는 데 도움이 될 듯하다.

(13) a. Der Spieler hat dem SCHIEDSRICHTER den Ball gegeben.
      b. Wem hat der Spieler den Ball gegeben?

발화 (13a)가 질문 (13b)에 대한 답변이라고 가정하면, 여기서 다시금
좁은 초점이 문제가 된다. (14)의 표상은 초점표지 *Schiedsrichter*에서
출발하는 초점투사의 과정을 보여준다.

(14) [F [Der Spieler] [[hat]f [[dem [SCHIEDSRICHTER]f]f
                            [den Ball] [gegeben]f]f]f]f].

(14)에서 명백해지듯이, 발화 전체로의 초점투사가 충분히 가능하다.
그러나 이러한 결과는 전혀 바람직하지 못한데, 왜냐하면 이미 언급했듯이

좁은 초점이 문제가 되기 때문이다. 문제는 Selkirk이 특정 논항은 다른 논항보다 초점표지가 되기에 더 적합하다는 사실을 계산에 넣지 않았다는 데 있다. Selkirk의 접근방식은 (10i)과 (10ii)를 통해 유도되는 회귀적인 초점구조의 해석과 관련하여 명료성의 부재로 인해 비판을 받았다(Rooth, 1985 참조).

지금까지 기술한 Selkirk의 접근방식은 음운론적인 '초점 상관요소(Fokuskorrelat)', 즉 초점표지로부터 출발하여 그 가능한 유효범위를 산출해야 한다는 점에서 청자-중심 모형으로 분류될 수 있을 것이다. 이에 반해 Uhmann(1988·1991)은 정반대의 시각을 취하고 화자-중심 모형을 제시한다. Uhmann의 고찰에 토대가 되는 것도 역시 논항구조로써 초점투사에 대한 설명이 가능하다는 가정이다. Uhmann은 초점영역에 속하는 모든 표현들에 실질적으로 강세가 부여되는 것은 아니라는 관찰에서 출발하여, 복합적인 통합체에서 초점표지가 어떻게 산출되는가라는 질문에 대답하고자 한다. 이 질문에 대한 답으로서, Uhmann은 강세를 특정 구성성분에 두는 두 가지 규칙을 제시한다(Uhmann, 1991).[8]

> **(15)** i. 술어/논항 구조에 대한 초점투사규칙
> α가 β의 논항인 구조 $[_F \cdots \alpha \cdots \beta \cdots]$ 또는 $[_F \cdots \beta \cdots \alpha \cdots]$에서, α가 가장 오른쪽에 위치한 β의 내부 논항이면 α는 초점표지로 기능한다.
> ii. 수식어/핵심어 구조에 대한 초점투사규칙
> β가 구의 핵심어이고 α가 수식어인 구조 $[_F \cdots \alpha \cdots \beta \cdots]$ 또는 $[_F \cdots \beta \cdots \alpha \cdots]$에서, 두 구성성분 α와 β 중 뒤에 오는 것이 항상 초점표지이다.

(13a)와 같이 하나 이상의 내부 논항을 갖는 구문에서 Uhmann의 접근방식은 Selkirk의 그것과는 달리 과잉생성의 문제가 발생하지 않는다. 이는 술어/논항 구조와 관련된 (15i)의 규칙이 Selkirk의 해당 규칙, 즉 (10ii)에 비해 우월함을 보여준다. 수식어/핵심어 구조의 초점투사는

---

8) 이하부터 초점영역은 F가 표기된 각괄호로 표시한다.

Uhmann의 규칙 (15ii)가 관장하며, 이 규칙을 통해 각각 질문 (16c)에 대한 대답으로 기능하는 (16a)와 (16b)의 초점투사가 설명될 수 있다.

(16) a. [F einen vermögenden RECHTANWALT]
      b. [F einen Rechtsanwalt mit VERMÖGEN]
      c. Wen willst du mal heiraten?

위 예에서는 한편으로 형용사 *vermögenden*과 명사 *Rechtsanwalt* 사이, 다른 한편으로 명사 *Rechtsanwalt*와 전치사구 *mit Vermögen* 사이의 수식어/핵심어 구조가 문제된다. 규칙 (15ii)에 따라 두 가지 경우 모두 두 구성성분 중 뒤에 오는 것, 즉 *Rechtsanwalt*와 *mit Vermögen*이 초점표지가 된다. 그러나 Uhmann식 접근의 약점을 보여주는 몇 가지 경험적 관찰이 있다. 이 경우 심리동사가 나타나는 구문이 문제가 된다. 다음 자료를 살펴보자(Lee, 1996).

(17) a. [F weil die Kinder ihre Mutter ÄRGERN]
      b. [F weil das Museum die Besucher BEEINDRUCKTE]
      c. [F weil der Dozent die Studenten von seiner Theorie ÜBERZEUGTE]

(17a)-(17c) 모두 (18)에 대한 대답으로 볼 수 있는 문맥에서는, 규칙 (15i)의 예견과는 달리 동사가 발화의 초점표지가 된다.

(18) Warum bist du so wütend?

Lee(1996)에서 지적한 바와 같이, 특정 경우에는 초점표지의 변경이 일어나는 것으로 보인다. 여전히 의문으로 남는 것은, 위에서 열거한 구문들과 관련하여 Uhmann의 접근방식을 수정하지 않고 유지할 수 있는가하는 문제이다. 다음 절에서 그 해결책을 논할 것이다.

Ⅳ. 언어대조로 본 초점투사

대체적으로, 앞 절에서 논의한 바와 같이 논항구조의 하위부류가 초점 영역내의 초점표지 선정에 영향을 미친다는 것에 동의할 것이다. 필자가 논항구조에 토대를 둔 Selkirk과 Uhmann의 접근방식 중 하나를 선택해야 했을 때는 후자로 결정했는데, 이는 Uhmann의 화자-지향적 제안이 외국어로서 독일어를 배우는 이들에게도 매우 유용하기 때문이다.

그러나 논항구조의 분류에 있어서는 Uhmann의 수식어/핵심어 구조를 주어/핵심어 구조와 좀더 좁은 의미의 수식어/핵심어 구조로 나누는 것이 의미가 있을 것 같다. 그 근거는 주어와 초점화의 관계가 상당한 주의를 요한다는데 있다. 달리 말하면, 주어/수식어 구조는 초점할당에 있어 특수한 행동을 보인다. 이하의 내용에서 우리는 독일어와 한국어가 얼마나 공통점과 차이점을 보이는지를 논항구조의 분류유형별로 검토할 것이다.

술어/논항 구조에 있어서는 Uhmann의 해당 규칙이 독일어와 한국어 모두에서 쓰일 수 있다. 이 규칙에 따라 가장 오른쪽에 있는 내적 논항이 초점표지로 기능한다. 다음 한국어 대화는 이 규칙이 여기서도 유효함을 보여준다.

> **(19)**　a. 누가 새로운 일이 있습니까?
> 　　　　b. 예, 수미가 **석사학위**를 받습니다.

대답 (19b)에서는 단언문 '수미가 석사학위를 받습니다'가 주어진 문맥에서 초점영역이다. 〈그림 1〉을 보면 목적어(내적 논항) '석사학위'를 이 가장 높은 주파수를 갖고 있음을 알 수 있다.9) F0-곡선은 직접목적어에서 상승하고 그 후에 하강한다. 그러니까 핵강세는 직접목적어에 있다. 따라서 내적 논항 '석사학위'를 이 초점표지로 기능한다.

---

9) Praat 4.0.4로 작성한 그림에서 세로축은 Hz단위의 주파수를, 가로축은 시간을 나타낸다. 이 프로그램은 'The Summer Institute of Linguistics'에서 개발되었으며 웹사이트 http://www.praat.org/에서 다운받을 수 있다.

<그림 1>

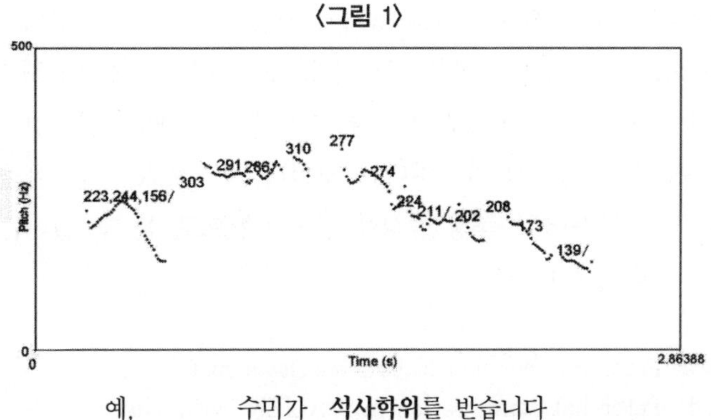

예,   수미가 **석사학위**를 받습니다

 술어/논항 구조와 관련해서는 아직 해결되어야 할 문제가 있는데, ärgern, beeindrucken, überzeugen, beneiden 등과 같은 심리적인 술어가 들어 있는 구문들의 특정 행동을 적절하게 설명해내는 것이다. 앞절에서 들었던 예를 보자.

 (20) a. Warum bist du so wütend?
       b. [F weil die Kinder ihre Mutter ÄRGERN]

 술어/논항 구조에 적용되는 규칙에 따라 제일 오른쪽에 있는 내적 논항이 초점화되어야 할 것이다. 이에 대한 해결책이 될 수 있는 것은, 모든 심리동사가 하나의 내적 논항을 내포하고 있고 또 '*감정명사 + 주다*'의 형태를 가진 기능동사구문으로 환원가능하다고 가정하는 것이다.10) 이러한 발상에 따라 위의 해당 동사들은 그 심층구조에 다음과 같은 대응물을 가져야 한다.

 (21) a. Ärger geben(ärgern)
       b. Eindruck geben(beeindrucken)
       c. Überzeugung geben(überzeugen)

---

10) Chomsky(1993)에서는 비능격unergative 동사에 대한 제안을 하는데, 모든 비능격 동사는 '기능동사 + 명사'의 형태로 환원이 가능하다고 주장한다. 예를 들어 영어 동사 lunch는 'have + lunch'로 분석된다.

심리동사의 어휘적 의미 해체(Dekomposition)를 가정하는 방법을 받아들이면 Uhmann의 규칙을 수정할 필요가 없다. 그리고 또한 이 해결책의 장점이 될 수 있는 것은, 새로운 가정을 추가하지 않아도 위와 같이 문제가 되는 경우에 대한 설명이 가능하다는 것이다. 이외에도 다음 예들은 방향 부사어와 위치 부사어도 특정 동사에서는 논항으로 볼 수 있다는 사실에 대한 증거가 되는 듯하다.

(22) a. Peter ist über den FLUSS geschwommen.
      b. Peter hat seine Ferien in ITALIEN verbracht.

이 예에서는 부사어가 초점화되어 있는데, 이는 부사어가 술어에 대한 수식어로 간주된다면 기대할 수 없을 일이다.

이제 수식어/핵심어 구조의 초점투사로 넘어가자. 앞서 논의하였듯이 수식어/핵심어 구조에 있어 독일어에서는 오른쪽에 있는 구성성분이 초점 표지이다. 이에 대한 예를 들면 :

(23) a. Was hast du eingekauft?
      b. [F Flüssiges LENOR].
      c. [F Lenor FLÜSSIG].

이에 반해 한국어에서는 다음 예가 보여주듯이 핵심어에 강세가 부여된다.

(24) a. 민수가 수민에게 무엇을 선물했지?
      b. [F 비싼 **책**을]   선물했어요.
      c. [F 비싼 **책**을 한 권] 선물했어요.

위의 예들에는 명사 '책을'과 그 수식어 사이의 관계가 나타나 있다. 자료들은 모두 핵심어가 초점화됨을 보여주고 있다. 이러한 상황은 동사와 그 수식어의 관계에서도 유효하다. 다음 예와 〈그림 2〉의 그 주파수 분석이 이를 명백히 보여준다.

(25) a. 민수가 어제 무엇을 했지?
　　　b. 〔F 집에서 쉬었어요.〕

〈그림 2〉

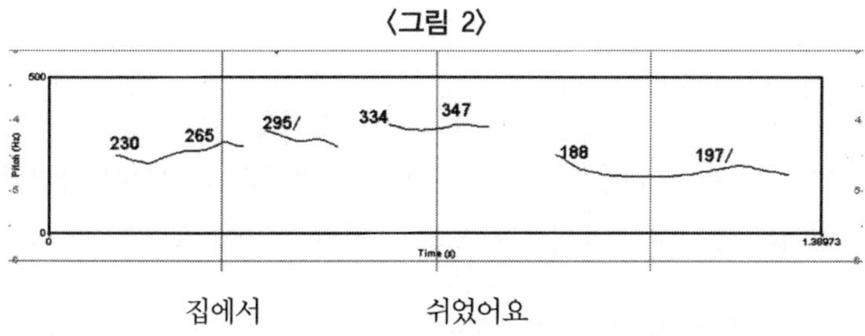

위의 〈그림 2〉를 보면 핵강세가 핵심어 '쉬었어요'에 있음을 알 수 있다. 지금부터는 주어에 잠시 눈을 돌리고자 한다. 주지의 사실과 같이 주어는 초점화와 관련하여 서술어에 대해 일관적인 관계를 보이지 않는다는 특성이 있다. 몇 가지 예를 살펴보자.

(26) a. 〔F Die Schüler sind INTELLIGENT〕.
　　　b. 〔F Weil der Mensch ERRÖTET〕.(Rosengren 1991 : 182)
(27) 〔F Die SCHÜLER streiken heute〕.

(26a), (26b)의 예에는 개체층위술어(Individuenprädikate)가 나타나 있고, (27)에는 무대층위술어(Stadienprädikate)가 등장한다. (26a), (26b)와 (27)의 대조는 술어가 갖고 있는 의미론적 속성이 초점표지의 위치를 결정하는데 중요한 역할을 수행함을 보여준다.

다음으로 (28)은 흥미로운 사례유형을 보여준다.

(28) 〔F weil PETER ankommt〕.

(28)의 예에는 능격(ergative) 동사가 등장한다. 주어/능격 술어 구조에서는 주어에 강세가 떨어진다는 것을 볼 수 있다. 이에 대해서는 능격구문의 주어는 내적 논항으로 간주된다고 설명을 할 수 있을 것이다.

이제 한국어의 상황을 보자. 우선 첫째로 한국어에서도 주어가 능격 술어에 비해 초점화에 있어 우위를 점한다는 사실을 확인할 수 있다. 이는 다음 대화에서 볼 수 있다.

(29) a. 저기 멀리 모이는 게 무얼까?
     b. 〔F **사람**이 오는데요.〕

무대층위술어의 경우에는 강세가 주어에 놓인다는 규칙성이 발견되는데, 이는 독일어와 동일하다. 다음 예가 이 확언의 기술에 도움이 될 것이다.

(30) a. 무슨 일입니까?
     b. 〔F **종우**가 요리합니다〕.
(31) a. 여기 무슨 일입니까?
     b. 〔F **성아**가 매맞습니다〕.

다음 〈그림 3〉을 보면 명백히 주어 '성아가'가 초점화됨을 알 수 있다.

〈그림 3〉

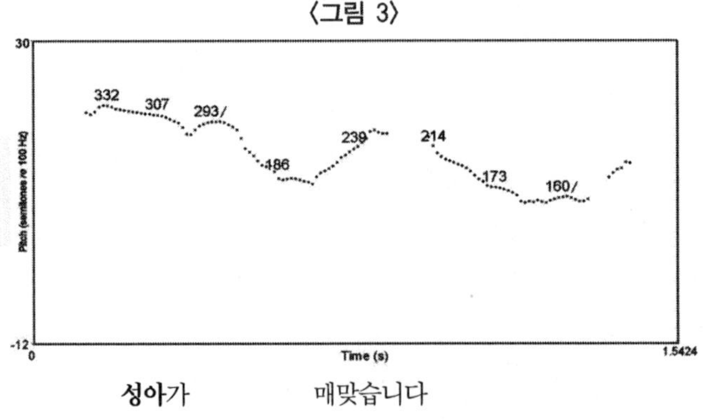

다음 이어지는 내용에서는 주어와 개체층위술어의 관계에 있어 한국어가 독일어에 비해 특수성을 보이는 예들을 선별하여 드러내 보이고자 한다.

(32) a. 대화가 교훈적이었습니까?
     b. 예, 〔F **찬우**는 우둔합니다〕.

　(32)에서는 개체층위술어 우둔하- 가 나타나 있다. 이 때 〈그림 4〉에 나타나 있는 바와 같이 주어에 강세가 부여된다.

〈그림 4〉

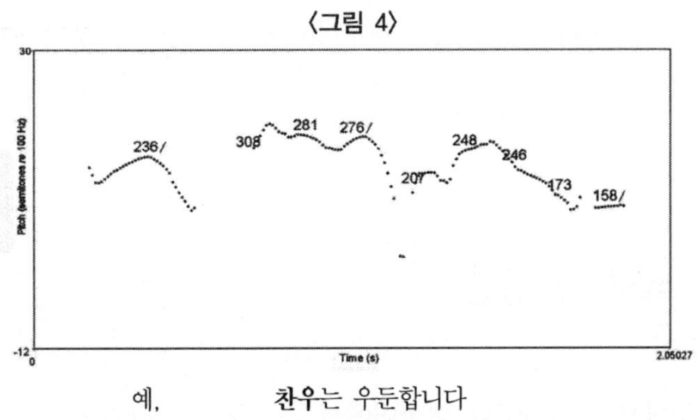

예,　　　　찬우는 우둔합니다

　한국어에서 개체층위술어가 들어간 발화가 갖는 특수한 속성에 대해 납득할만한 설명을 해내기 위해서는, 개체층위술어가 일반적으로 총칭적인(generisch) 해석을 강요한다는 것 그리고 이로부터 해당 발화는 초점-배경 구성보다 화제-논평 구조로 해석되게 된다는 관찰이 원용될 수 있을 듯하다. 이러한 고찰은 위 예의 주어가 화제형태소(Topikmorphem) '-는'으로 표지된다는 사실로써 뒷받침된다. 나아가 단계/개체층위의 대조를 정언적인(thetisch) 혹은 범주적인(kategorisch) 문장강세구조 사이의 대조적 성격과 관련지어 볼 수도 있을 것이다(Drubig, 1992 / Jäger, 1997).

　마지막으로 능격 구문에 대해 논의하도록 한다. 한국어는 능격 구문의 경우 독일어와 아무런 차이점을 보이지 않으며, 이는 다음 예에서 볼 수 있다.

(33) 〔F **기차가** 도착해요.〕

　(33)에서는 능격 동사 '도착하'가 등장하는 발화가 문제된다. 이 예에서는 핵강세가 주어에 놓이게 되는데, 이는 독일어에서도 마찬가지이다.

　이제까지 우리는 독일어와 한국어에서 주어의 행동이 초점투사와 관련하여 술어의 하위분류유형들과 밀접하게 연관된다는 사실을 논의하였다. 지금까지의 논의를 통해 이제 명확해진 사실은, 주어에 특수위상이 부여되어야 한다는 것이다. 비록 Uhmann의 접근방식에서는 주어를 일반적으로 수식어로 보고 따라서 무표지의 경우(일반적으로) 강세를 부여하지 않지만 말이다.

V. 요약 및 전망

본 연구에서는 독일어와 한국어에서 초점투사의 규칙성을 논항구조적 접근방식에 기반하여 관찰하고자 시도하였다. 이 때 적절한 결과를 얻기 위해서는 논항구조의 세 가지 주요 유형, 즉 술어/논항 구조, 수식어/핵심어 구조, 주어/술어 구조에서 출발할 필요가 있음을 주장하였다. 이 고찰의 주요 목적은 두 언어의 공통점과 차이점을 드러내는 것이었다. 이미 앞 절에서 명백해진 바와 같이, 두 언어는 초점투사의 문제와 관련하여 공통점과 차이점을 보인다. 그 결과는 표 (34)와 같이 요약할 수 있다.

(34)

논항구조 유형	초점표지		비교 결과
	독일어	한국어	
술어/논항 구조	논항	논항	동일함
수식어/핵심어 구조	마지막 구성성분	핵심어	다름
주어/술어 구조 (개체층위술어)	술어	주어	다름
주어/술어 구조 (무대층위술어)	주어	주어	동일함
주어/술어 구조 (능격 술어)	주어	주어	동일함

이제까지의 고찰을 통해, 최소한 각 단일언어 간의 공통점이 초점투사의 영역에도 나타난다는 사실을 확인할 수 있었다.

본 연구의 결과가 *auch*/도, *nur*/만, *sogar*/조차와 같은 두 언어의 초점 불변화사가 나타나는 구문에도 적용될 수 있는가하는 문제는 여전히 좀더 연구되어야 할 사항으로 남는다.

제14장 대조의미론

결과구문의 의미표상 방법[1]

I. 현상과 이슈

잘 알려진 바와 같이, 전형적인 결과구문은 원인 행위를 가리키는 문장과 그 행위의 결과 상태를 가리키는 XP로 구성되어 있다. 예를 들어 보자.

(1) a. Mary painted the door 〔black〕.
     b. 메리는 금속을 〔납작하게〕 두들겼다.
     c. Sie streicht die Tür 〔schwarz〕.

문장 (1a)에서 'Mary painted the door'라는 문장은 원인 행위를 가리키고 'black'이라는 술어, 즉 결과술어는 그 행위의 영향을 받은 대상인 'door'의 결과 상태를 가리킨다. 달리 말하면, 문장 (1a)는 의미적으로 문이 페인트칠의 결과로서 검게 되었음을 함의하고 있다.

한국어와 독일어에서는 다양한 통사 형태들이 이러한 원인-결과 관계를 표

1) 이 장은 필자가 대표저자로 집필한 영어 논문 "Licensing Conditions and Event Structure of Resultatives—A Comparative Study between Korean and German"(Harvard Studies on Korean Linguistics Vol. 10)을 우리말로 번역한 것이다. 공동저자들(김수라 · 이익환)의 동의를 얻어 여기에 싣는다. 저자들은 Brandise 대학의 Joan Maling교수에게 본 논문 전체에 걸친 여러 가지 유익한 논평에 감사드리는 바이다. 번역을 위해 수고해 준 박사과정의 양 현 군에게 감사한다.

현하는데 사용된다. 다음 예를 보라(J.B. Kim, 1999 / Wechsler · Noh, 2001).

(2) a. 그는 〔어른으로〕 성장했다.
　　 b. 메리는 콩을 〔가루로〕 빻았다.
　　 c. 그는 〔신발이 닳게〕 달렸다.
(3) a. Er schneidet die Wurst in Scheiben.
　　 b. Es regenete die Wäsche nass.
　　 c. Die Jogger liefen den Rasen platt.

　제Ⅱ절에서는 두 언어에서 어떤 통사구조가 사용가능한지를 살펴볼 것이다. 이것이 본 연구에서 제기되는 첫 번째 이슈이다. 많은 언어학 문헌들에서 결과구문의 허가조건에 대해 활발한 논의가 있어 왔다. 그 중 하나는 Simpson(1983)이 관찰해 낸 '직접목적어 제약(Direct Object Restriction)'이다. 이 조건에 따르면 결과술어는 오직 직접목적어만을 서술한다. 위에서 논의된 (1a)의 경우 술어 *black*은 목적어 *door*를 서술한다. 이외에 결과술어와 주문장의 상적 속성을 논하는 다른 조건들이 있다. 제Ⅲ절에서는 이러한 허가조건에 대한 이슈를 자세히 다룬다. 결과구문의 의미적 속성들을 조명해내기 위한 최근의 시도들은 대개 사건구조를 이용해 왔다. Wunderlich(2000)에 의하면 의미론적 관점에서 결과구문에는 두 가지 유형, 즉 약 결과구문(weak resultatives)과 강 결과구문(strong resultatives)이 있다. 제Ⅳ절에서 우리는 템플릿에 기반한 Wunderlich(2000)의 접근방법에 반론을 제기하고, 결과구문의 의미적 함의관계를 포착하기 위해 신(新) 데이비슨학파(neo-Davidsonian)의 이론적 틀을 확장하는 분석방법을 제안한다.

Ⅱ. 통사적 분류

　이 절에서는 한국어와 독일어 결과구문의 통사적 분포를 검토할 것이다. 이를 위해 우리는 Wechsler · Noh(2001)의 분류를 받아들이고, 한국어와 독일어 사이의 차이점을 포착하고자 할 것이다. 우리는 우선 위 저자들의 입장을 따라 언어보편적으로 세 가지 유형의 결과구문이 구분가능하다고 가정한다. 이 세 유형은 '결과문(resultative clauses)', '결과 이차 술어(resultative secondary predicates)', '예외격 결과구문(ECM resultatives)'이다. 이에 대한 예들은 다음과 같다.

(4) **결과문**
John hammered the metal consequently, resulting in the metal becoming flat.

(5) **결과 이차 술어**
John hammered the metal flat.

(6) **예외격 결과구문**
We yelled ourselves hoarse.

첫 번째 유형의 경우 원인 사건과 결과 사건이 각각 독립적인 문장을 통해 전달될 수 있다. 두 번째 유형은 모문장 동사의 의미적 논항이 결과술어의 주어가 되는 구조이다. 세 번째 유형의 특성은 결과술어의 주어가 모문장 술어의 의미적 논항이 아니라는 사실에 있다.

위에서 논의한 분류에 기반하여, 이제 한국어 자료를 살펴보자.

(7) a. 그는 메리를 〔침이 마르게〕 칭찬했다.(Kim, 1999)
   b. 그는 〔신발이 닳게〕 달렸다.(Wechsler · Noh, 2001)
   c. 샌디가 고기를 〔뼈가 흐물어지게〕 삶았다.(Kim · Maling, 1997)
(8) a. 그는 쇠를 〔평평하게〕 쳤다.
   b. 메리는 탁자를 〔깨끗하게〕 닦았다.
   c. 메리는 콩을 〔가루로〕 빻았다.

(7a)-(7c)의 예들은 '결과문' 유형을, (8a)-(8c)의 예들은 '결과 이차술어' 유형을 보여준다. 그러나 J.B. Kim(1999)가 지적하였고 Wechsler · Noh(2001)이 동의한 바 있듯이, 한국어에는 ECM 유형은 나타나지 않는다.[2] Wechsler와 Noh는 ECM 유형의 부재를 애초에 한국어에는 ECM

구문이 없다는 사실로써 설명한다. 요컨대 한국어 결과구문은 그 통사적 실현에 있어 두 가지의 유형이 있으며 두 유형은 독립적인 결과 사건인가 아니면 결과 상태를 지시하는 술어구가 있는가에 따라 구분된다.

이제 독일어 결과구문으로 눈을 돌려보자. 예는 다음과 같다.

(9) a. Er streichelte die Katze ; folglich, die Katze schlief.
     b. Er streichelte die Katze, bis die Katze schlief.
(10) a. Er streichelte die Katze schläfrig
     b. Er schneidet die Wurst in Scheiben.
(11) a. Die Jogger liefen den Rasen platt.
     b. Die Gäste tranken den Weinkeller leer.
     c. Es regenete die Wäsche nass.

위의 예에서 분명히 볼 수 있듯이 독일어에서는 모든 유형의 결과구문이 허용된다. 예문 (9)는 '결과문' 유형에, 예문 (10)은 '결과 이차술어' 유형에 속한다. 마지막으로 예문 (11)이 'ECM' 유형에 해당된다. ECM 유형과 관련하여, 독일어에서도 영어에서와 마찬가지로 이차 술어의 주어가 모문장 동사로부터 할당받은 격을 갖는다는 사실은 짚고 넘어갈 필요가 있다. 예를 들어 (11a)에서 이차 술어 'platt'의 주어인 'den Rasen'은 모문장 동사 'liefen'으로부터 4격을 할당받는다. 그러나 (11c)의 'regnen'같은 비인칭 동사를 보면 문제가 발생한다. 사실 영가 동사(zero place verb)는 4격을 할당할 수가 없다. 우리가 아는 한 격할당 과정에 대한 설명은 존재하지 않는다.

이 절에서는 한국어와 독일어 결과구문의 통사적 유형론에 대해 논의하였다. 결과구문의 표층구조를 보는 것만으로는 어떤 문장들이 결과구문으로 해석가능한지 예측하는데 충분치 못하다. 이 문제를 해결하기 위해서는

---

2) (7b)의 예와 관련하여, Joan Maling은 그것이 ECM 유형의 결과구문에 속한다는 입장을 취한다. Joan Maling의 주장은 결과술어의 주어가 모문장 술어의 의미적 논항이 되지 않는다는 것이다. 그러나 우리는 해당 예가 ECM 구문이 아니라고 보는데, 결과술어의 주어가 Joan Maling이 언급했듯 ACC로 표지된다기보다는 NOM으로 표지되기 때문이다. Jun, Jongsup et. al.. (2002) 참조.

결과구문의 보다 상세한 허가조건을 이해해야만 하는데, 이것이 다음 절의 이슈가 된다.

Ⅲ. 허가조건

이 절에서의 관심사는 결과구문에 대한 통사적·의미적 허가조건이다. 논의의 초점은 한국어와 독일어 사이의 유사점과 차이점에 맞춰질 것이다. 우선 기존 문헌들에서 제안된 여러 가지 제약들을 살펴보도록 한다. 결과구문에 관한 허가조건을 논의함에 있어, Simpson(1983)과 Levin·Rappaport-Hovav(1995)에서 제안된 'Direct Object Restriction(DOR)' 은 첫 번째로 살펴볼 만하다. DOR은 결과술어가 그 하위에 위치하는 명사구를 서술해야만 한다는 내용이다. 영어에서 타동사가 이끄는 결과구문 및 자동사에 기반하면서도 결과 XP가 직접적으로 그 주어를 서술하는 것을 허용하지 않는 결과구문이 DOR의 동인이 된다(Levin·Rappaport-Hovav, 2001). 이제 중요한 질문은 'DOR이 한국어와 독일어에서도 작용하는가?'라는 문제이다. 이 질문에 대한 답을 찾아내기 위해, 우선 한국어의 몇몇 예를 보자.

> **(12)** a. 그는 〔눈이 아프게〕 울었다.(J.B. Kim, 1999)
> b. 〔머리가 쭈뼛서게〕 괴물이 내게 다가왔다.(Wechlser·Noh, 2001)
> c. 샌디가 고기를 〔뼈가 흐물어지게〕 삶았다.(Kim·Maling, 1997)

(12)의 예들은 결과술어가 서술하는 명사구가 주어, 사격목적어, 목적어 어느 것이건 될 수 있음을 명백히 보여 주며, 이 사실은 Kim·Maling (1997), Kim(1999), Wechsler·Noh(2001)에서 지적한 바 있다. 이러한 관찰은 다음과 같은 진술로 이어진다. DOR은 한국어 결과구문에는, 최소한

‘결과문’ 유형에는 유효하지 않다. 나아가 DOR은 몇몇 경우 ‘결과 술어 (resultative predicates)’ 유형에도 적용이 불가능한 것으로 보인다. (2a)에서 보았던 예문을 여기 (13)에서 다시 한번 살펴보자.

(13) 그는 〔어른으로〕 성장했다.

여기서 문제가 제기된다. 독일어는 어떤가? 이 질문과 관련해서는 Kaufmann(1995)가 답을 제공한다. Kaufmann의 분석에 따르면, 독일어의 결과구문 형태에는 모문장 동사에 반드시 하위범주화되지는 않는 4격 목적어를 서술하는 결과술어가 등장한다(Kaufmann, 1995 : 415). 이에 대한 예는 다음과 같다.

(14) a. Karl isst seinen Teller leer.
      b. *Karl isst seinen Teller.
(15) a. Marianne schreibt ihren Füller leer.
      b. *Marianne schreibt ihren Füller.

(14b)와 (15b)의 각 문장에서 4격 목적어는 모문장 동사의 논항이 아님을 볼 수 있다. 이는 재귀대명사가 나오는 다음 예에서도 마찬가지이다 (Müller, 2002).

(16) Er läuft sich müde.

(16)의 재귀대명사 ‘sich’는 결과술어 ‘müde’가 서술하는 명사구이지만, 모문장 동사의 논항은 아니다. (17)의 문장은 더욱 명백히 결과술어구가 주어를 서술할 수 있음을 보여준다.

(17) Die Butter schmilzt 〔zu einer Pfütze〕.

위에서 논의한 예들은 DOR이 독일어 결과구문에 유효하지 않다는 증거를 확연히 제시한다. 요컨대 지금까지의 기술에서 명백히 볼 수 있듯이,

한국어도 독일어도 DOR을 지키지 않는다.

두 번째로 검토할 허가조건은 Goldberg(1995)와 Wechsler(1997)에서 제안된 '대상역 영향성 제약(Affected Theme Restriction, ATR)'이다. ATR에 의하면, 결과구문은 반드시 모문장 동사의 '영향 받은 대상' 논항을 서술해야만 한다. 일반적으로 '영향 받은 대상'이란 모문장 동사가 기술하는 사건에 의해 상태나 위치의 변화를 겪게 되는 동사 논항으로 정의된다. 이 제약은 결과술어구가 전형적인 타동사와 이동 양태 동사(verbs of manner of motion)의 주어를 서술하게 되는 경우를 보장해 준다(Levin·Rappaport-Hovav, 2001). 이 제약은 DOR의 예외들을 설명하는데 매우 유용하다.

(18) a. John ran/walked/danced [into the room].
      b. She danced/swam [free of her captors].
                              —Levin/Rappaport‑Hovav 1995
(19) a. The wise men followed the star [out of Bethlehem].
      b. The sailors managed to catch a breeze and ride it [clear of the rocks].
                                          —Wechsler 1997

(18)-(19)의 이동 동사가 들어 있는 결과구문은 DOR에 대한 예외로 간주되는데, 이 경우들에서는 결과술어구가 주어를 서술하기 때문이다.3) 그러나 이 주어들은 위의 정의에 따라 영향 받은 대상으로 볼 수 있으며 따라서 Wechsler(1997)에서 지적한 바와 같이 이런 종류의 결과구문들도 ATR은 지킬 수 있다. 이제 한국어와 독일어를 살펴보자. J.B. Kim(1999)에서 다음과 같은 예를 들어 주장하듯이, 한국어에서는 ATR이 그다지 잘 작용하지 않는 듯하다.

---

3) (18)과 (19)의 예와 관련하여 Joan Maling은 해당 예문들이 결과구문으로 분류되어야 하는가에 대해 의문을 표시했다. 그러나 우리는 의미론적 관점을 취한다. Joan Maling이 지적했듯이 우리가 의미론적 관점을 따름으로써 게르만어와 로만어 사이의 차이점에 대해 설명해내지 못함은 문제로 남는다. Napoli, D.J.(1992) 참조.

  (20) a. 그는 [옷에서 김이 나게] 뛰었다.
          b. 그는 [발에 물집이 생기게] 걸었다.

이 문장들은—J.B. Kim의 주장대로—결과술어구가 위치 논항을 서술하는 경우들을 보여줌으로써 ATR에 반(反)하는 논거가 된다. 그러나 우리가 ATR의 적용범위를 다소 느슨하게 설정해서 '대상성(themehood)'은 배제하고 '영향성(affectedness)'만을 고수한다면, ATR이 어떤 의미에서는 유효하다고 인정할 수도 있을 것이다. 이러한 관찰은 ATR을 '논항 영향성 제약 (Affected Argument Restriction, AAR)'로 다시 설정해야 함을 제안한다. 최소한 한국어에서는 AAR에 대한 예외는 없는 것으로 보인다. 한국어와 달리 독일어에서는 ATR뿐 아니라 AAR에 대한 반례도 형성이 가능하다.

  (21) a. Es schneite [weisse Häubchen auf die Zaunpfähle].
          b. Es regnete [den Zeltplatz matschig].

위의 예들은 독일어에는 결과술어구가 전혀 논항이 아닌 요소를 서술하는 경우도 있음을 보여준다. 지금까지의 ATR에 대한 논의는 한국어와 독일어에서 ATR이 결과구문의 형성에 대한 제약으로 기능할만한 자격을 갖추지 못했다는 결론에 이르게 된다.

세 번째의 조건으로서 '무대층위 술어 제약(Stage Level Predicate Restriction, SLPR)'이 검토되어야 할 것이다. SLPR은 결과술어가 항상 무대층위 술어라는 내용이다(Gumiel Molina et al., 1999 / Boas, 2000). 위에서 기술한 몇몇 한국어와 독일어 예들이 여기서 각각 (22)와 (23)으로 다시 한번 반복되었는데, 이 예들이 이 조건의 논거가 된다.

  (22) a. 그는 쇠를 [평평하게] 쳤다.(= (8a))
          b. 그는 [눈이 아프게] 울었다.(= (12a))
  (23) a. Marianne schreibt ihren Füller leer.(= (15a))
          b. Er läuft sich müde.(= (16))

독일어 형용사 'leer'와 'müde', 한국어 형용사 '평평하-'와 '아프-'는 분명

히 무대층위 술어이다. 그러나 다음에서 볼 수 있듯이, 결과술어로 기능하
는 전치사구 또한 무대층위 술어로 분류될 수 있는지는 분명하지가 못하다.

> **(24)** a. 메리는 콩을 〔가루로〕 빻았다.(= (2b))
>   b. Er schneidet die Wurst 〔in Scheiben〕.(= (3a))

오히려 결과술어의 경우 어떤 중의성이 발견되었을 때에 SLPR라는 제
약에 의거하여 무대층위 해석을 선택해야 한다고 가정하는 것이 합리적인
방법일 듯하다.

기존 문헌들에서, 원인 사건의 상적 유형에 대한 제약이 Pustejovsky
(1991) 이래로 논의되어 왔다. 이 제약에 의하면 결과구문의 원인 하위사
건은 '과정(process)' 유형을 포함해야만 한다. 이 허가조건을 포괄하는 방
향으로, 다음 절에서 우리는 결과구문의 사건구조를 적합하게 표상하는 새
로운 모형을 제시할 것이다.

IV. 결과구문의 사건구조

최근 들어 몇몇 연구자들이 결과구문의 사건구조에 관심을 가져왔다
(e.g., Pustejovsky, 1991 / Rapp, 1997 / Winkler 1997 / Wunderlich 2000 /
Rappaport Hovav · Levin 1998 · 2001 등등). 이 연구자들과 우리는 결과구문
이 행위(activity)와 상태변화(change of states) 하위사건으로 구성된 복합
사건구조의 성격을 가진 완성(accomplishment) 사건구조와 연관되어 있다
는 기본가정을 공유한다. 우리가 여기서 언급할 문제는, 결과구문의 사건
구조적 표상을 모형화시키는 최적의 방법이 무엇이냐는 것이다. 이 질문에
대한 해답을 모색하기 위해 우리는 우선 템플릿 기반 모형을 비판적으로
검토할 것이다. Wunderlich(2000)은 어휘해체 문법(Lexical Decomposition

Grammar, LDG)의 틀 안에서 결과구문을 사건의미론적으로 표상하는 방법을 선보인다. 이를 위해 Wunderlich는 Washio(1997)을 따라 두 가지 유형의 결과구문, 즉 약결과구문과 강결과구문을 가정한다. 강결과구문은 '결과 이차술어' 유형에 해당되는데, Wechsler(1997)에서 지적되었듯이 동사 의미에 동사의 행위에 대한 결과로 인해 피행위자가 처하게 될 상태의 종류가 내포되어 있다는 점에서 그러하다. 이와는 반대로, 약 결과구문에서는 동사 의미와 결과술어가 서로 완전히 독립적이며 따라서 이 유형은 한국어의 '결과문' 유형 그리고 독일어와 영어의 'ECM' 유형에 해당된다.

이러한 분류를 고려하여 Wunderlich는 의미표상을 위한 두 템플릿을 다음과 같이 제안한다.

(25) **약 결과구문**(Weak resultatives) :
$$\lambda y \cdots \lambda s \text{ VERB}(\cdots,y)(s) \Rightarrow \lambda Q \lambda y \cdots \lambda s \{\text{VERB}(\cdots,y) \ \& \ Q(y)\}(s)$$
(26) **강 결과구문**(Strong resultatives) :
$$\cdots \lambda s \text{ VERB}(\cdots)(s) \Rightarrow \lambda Q \lambda z \cdots \lambda s \{\text{VERB}(\cdots) \ \& \ \text{BECOME } Q(z)\}(s)$$

한편으로 '약 결과구문'의 템플릿은 술어 Q가 동사의 최하위 논항을 서술하도록 덧붙여지는 것을 허용하여 그 유형에 속하는 결과구문들의 의미적 속성을 반영한다. 다른 한편 '강 결과구문'의 템플릿은 BECOME Q(z)가 새로운 논항을 서술하도록 덧붙여지는 것을 허용하여 그 유형에 속하는 결과구문들의 의미적 속성을 반영한다. 해당 템플릿에 기반한 두 표상은 다음과 같다.

(27) a. The children ran the lawn flat.
 b. $\lambda Q \lambda z \lambda x \lambda s \{\text{RUN}(x) \ \& \ \text{BECOME } Q(z)\}(s)$, $Q(z) = \text{FLAT}(z)$
(28) a. Peter cut the meat into slices.
 b. $\lambda Q \lambda y \lambda x \lambda s \{\text{CUT}(x,y) \ \& \ Q(y)\}(s)$, $Q(y) = \text{CHANGE(IN-SLICES}(y))$

사건구조 템플릿을 통해 결과구문을 다루는 Wunderlich의 방법은 결과구문의 일반적 속성을 포착하지 못한다는 단점을 가지고 있다. 첫째, 위에서 선보인 이른바 '의미형태(semantic forms, SFs)' 원인-결과 관계, 즉 첫 번째 사건이 그 행위의 결과로서 어떤 대상이나 인물을 두 번째 사건에서 다른 상태나 위치가 되게끔 야기하는 관계를 따름으로써 발생하는 '시간적 선행성 함의'를 명시화하지 못한다. 둘째, 위 의미형식들은 두 번째 하위사건의 '결과 의미역(RESULT)' 함의를 예측하는 데 실패한다. 앞으로 전개될 내용에서 제안 및 주장하게 될 이 함의는 결과구문을 '사역구문'이나 '목적구문'과 같은 다른 종류의 구문들과 구분짓는 데 있어 결정적인 역할을 한다고 알려져 있다. 한국어의 예를 검토해 보자.

> **(29)** a. 어머니가 〔아들이 공부하게〕 했다.
> b. 미미는 〔저녁식사에 먹게〕 빵을 구웠다.
> c. 메리는 탁자를 〔깨끗하게〕 닦았다.(= (8b))

(29a)는 사역구문, (29b)는 목적구문, (29c)는 결과구문이다. 이 문장들은 모두 동사 어간에 똑같은 접미형태소 '-게'가 붙는다는 특성을 갖고 있다. 사역구문과 전형적인 결과구문 사이의 핵심적인 차이점은 이차 하위사건의 사건구조에 근거한다. 사역구문의 이차 하위사건은 행위를 지시하는 반면, 결과구문의 이차 하위사건은 상태와 연관된다. 똑같은 형태의 설명이 목적구문과 결과구문 사이의 차이에도 적용될 수 있다. 그러나 사역구문과 목적구문 사이의 차이는 모문장 동사의 의미적 속성의 차이에 있다. 사역구문의 경우 사역동사가 사용되고, 반면 목적구문에는 행위동사가 나타난다. 이제까지의 관찰은 우리가 Wunderlich의 입장과는 달리 '결과'상태의 존재를 밝혀낼 수 있으려면 하위사건의 사건구조를 명시적으로 표상해야 함을 제안한다. 더 나아가 결과구문과 '정도 부가어(degree adjunctive)' 구문을 구분지어야 할 필요도 있는데, 아래에서 볼 수 있듯이 후자의 이차술어 역시 접미사 '-게'를 취하기 때문이다.

> **(30)** a. 네가 〔눈물나게〕 그립다.
> b. 그녀는 〔누구나가 첫눈에 반하게〕 예뻤다.

이 예들은 그 일차 하위사건은 상태를 지시하고 이차 하위사건은 행위와 연관되어 있음을 보여준다. 요컨대, 결과상태의 존재가 밝혀져야만 복합 사건이 결과구문으로 해석될 수 있다. 이러한 요구는 다음과 같이 형식화가 가능하다.

(31) **결과 식별 요건(Requirement on Result Identification)**
모든 결과구문의 사건구조에는 최소한 하나의 결과의미역이 나타나야 한다.

이제, 우리는 사건구조적 관점에서 여러 구문형태들 사이의 차이점을 자연스럽게 포착하기 위해 신 데이비슨학파의 이론적 틀을 적용해야 함을 제안한다. 잘 알려진 바와 같이 신 데이비슨학파의 사건구조 분석은 특정 부사어를 취하는 문장과 해당 부사어가 없는 동일한 문장 간의 함의관계와 관련한 예측가능성에서 동기를 찾는다. 예를 들어 (32a)는 (32b)-(32d)를 함의한다.

(32) a. John cut the bred slowly in the kitchen.
　　　b. John cut the bread slowly.
　　　c. John cut the bread in the kitchen.
　　　d. John cut the bread.

신 데이비슨학파의 이론적 틀에서 볼 때(Higginbotham, 1989 / Parsons, 1990 등등), (32a)는 (33)의 표상을 갖게 될 것이다. 이 표상에서는 논항을 의미역과 사건 사이의 이항관계(two-place relation)로 설정한다.

(33) e(Cutting(e) & Actor(John, e) & Patient(the bread,e) & Slow(e)
　　　& In(the kitchen, e))

신 데이비슨학파식 접근방법을 따르면 결과구문(34a)의 표상은 (34b)와 같을 것이다.

(34) a. Mary wiped the table clean.
      b. e(Wiping(e) & Actor(Mary, e) & Theme(the table, e)) &
         e_2(Clean(e_2) & Theme(the table, e_2))

그러나 (34b)의 사건구조는 (34a) 문장에 담긴 인과관계를 포착하기에 충분치 못하다. 대안으로서, 우리는 하위사건이 전체 사건에 대해 갖는 의미역 관계가 이원 술어(binary pradicates)에 의해 설명될 수 있는 형태의 표상을 제안한다. 따라서, (34a)의 문장은 (35)와 같이 이해될 수 있을 것이다.

(35) e(Wipe-cleaning(e) & e_1 [Cause(e_1,e) & Wiping(e_1) & Actor
      (Mary, e_1) & Theme(the table, e_1)] & e_2 [Result (e_2,e) &
      Clean(e_2) & Theme(the table, e_2)])

위의 표상에서 복합 술어 'wipe-clean'이 지시하는 사건은 전체 사건 'e' 로 간주된다. 이러한 계열의 작업은 특히 독일어와 관련하여 최근 수많은 연구자들에 의해 제안된(e.g. Müller, 2002 / Lüdling, 2001 등등) 결과구문의 복합 술어적 접근방법(complex predicate approach)과 양립할 수 있다. 복합 술어적 접근방법은 독일어에서 분리동사(particle verbs)가 결과구문과 의미적 행동에 있어 비슷한 양상을 보인다는 관찰로 인해 설득력을 얻는다. 예를 들어보자.

(36) a. dass Karl das Klavier kaputtschlägt
      b. dass Max die Tür fertigstreicht

위 문장들은 명백히 결과구문적인 해석을 갖는다. 이제 우리는 여기서 기술된 모형을 하위사건들 사이의 시간적 관계가 표상에 포함되도록 확장할 필요가 있다. 통제 정보포장이론(Lee·Lee 2000을 볼 것)과 같은 담화의미론의 입장에서, 시간적 선행성을 표현하는 'e_1 > e_2'와 같은 문장을 추가하면 될 듯하다. 따라서, 우리는 다음과 같은 최종 표상을 얻게 된다.

(37) e(Wipe-clean(e) & e_1 [Cause(e_1,e) & Wiping(e_1) & Actor(Mary,
  e_1) & Theme(the table, e_1)] & e_2 [Result (e_2,e) & Clean(e_2) &
  Theme(the table, e_2)] & $e_1 > e_2$)

우리의 이론적 틀에서는 사건구조를 표상하기 위한 통합적 접근방법을
추구하며 따라서 Washio(1997)이나 Wunderlich(2000)적인 의미에서의 약
유형과 강유형 간의 구분은 하지 않는다. 예를 들어 다른 유형에 속하는
독일어 문장들은 다음과 같이 표상을 갖는 것으로 본다.

(38) a. Die Jogger liefen den Rasen platt. (= (3c))
  b. e(run-flat(e) & e_1 [Cause(e_1,e) & Running(e_1) & Actor
  (Jogger, e_1) & Locative(the lawn, e_1)] & e_2 [Result (e_2,e) &
  Theme(the lawn, e_2)] & Flat(e_2) & $e_1 > e_2$)
(39) a. Er schneidet die Wurst in Scheiben. (= (3a))
  b. e(cut-into.slices(e) & e_1 [Cause(e_1,e) & Cutting(e_1) & Actor
  (he, e_1) & Theme(the sausage, e_1)] & e_2 [Result (e_2,e) &
  Into.Slices(e_2) & Theme(the sausage, e_2)] & $e_1 > e_2$)

이 절에서 우리는 템플릿 기반 의미론 틀에 대해 논의하였고 그 결점들
을 드러내 보였다. 그에 대한 대안적 방법으로서 우리는 신 데이비슨학파
의 이론적 틀을 논의하고 결과구문의 하위사건들 사이의 시간적 관계 및
인과관계를 구현할 수 있는 방법을 제시하였다.
마지막으로, 우리가 합성성의 문제를 이 장에서 해결하지 못한 체 앞으
로의 과제로 남겨놓으려 한다.

V. 결 론

전형적인 결과구문은 원인 행위를 가리키는 문장과 행위의 결과를 가리

키는 XP로 구성된다고 알려져 있다. 본 장의 주된 관심사는 대조언어학적 관점에서 결과구문의 통사적·의미적 속성들을 조명하는 것이었다. 여기서 우리는 두 언어 사이의 유사점과 차이점에 초점을 맞췄다. 이에 대해, 우리는 세 가지 주요 문제를 제기하였다. 첫 번째 문제, 한국어 결과구문과 독일어 결과구문이 통사적으로 얼마나 다른가? 두 번째 문제, 결과구문의 형성에 있어 두 언어 각각 어떠한 허가조건이 관여하는가? 마지막으로, 어떠한 사건의미론적 표상이 결과구문에 적합한가?

첫 번째 문제에 해답을 구하기 위해 우리는 Wechsler·Noh(2001)에서 제안된 통사적 분류에 기반하여 두 언어 결과구문 분포의 기술을 시도했다. 두 번째 문제에 관해서는, '직접목적어 제약', '대상역 영향성 제약'(Goldberg, 1995 / Wechsler, 1997), '무대층위 술어 제약'(Gumiel Molina et al., 1999 / Boas, 2000)의 세 가지 허가조건을 검토하였다. 세 번째 문제와 관련하여 우리는 두 종류의 의미적 템플릿이 언어 보편적으로 결과구문의 의미적 속성을 충분히 포착할 수 있을 것이라는 Wunderlich(2000)의 제안에 대한 반론을 제기하였다. 대신 우리는 신 데이비슨학파의 사건구조의 입장을 주장하였다. 그러나 우리는 합성성의 문제는 다루지 않았다.

제15장 대조문법론

통사관계 기술의 다양성

I. 서 론

어떤 문장에서든 그 안의 모든 언어표현은 다른 언어표현들과 서로 긴밀한 관계를 가진다. 달리 말하자면 한 문장 내에서 어떤 표현도 고립되어 있지 않다. 이 사실을 고려하기 위하여 전통적으로 문법이론에서는 구성관계(Konstituenz)와 의존관계(Dependenz)라는 개념들을 사용하고 있다. 각 문법이론은 이 두 가지 개념의 기술을 위하여 독자적인 방법론들을 채택하고 있다. 구성관계의 직접적인 기술에 주안점을 두는가 아니면 의존관계의 직접적인 기술에 주안점을 두는가는 문법이론에 따라 달라진다.

의존관계에 관한 한 다음과 같은 질문들이 중요시된다. 첫째, 의존관계 개념을 초이론적으로 정의할 수 있는 기준을 어떻게 찾을 수 있는가? 둘째, 언어현상들의 기술에 있어서 의존관계개념을 어떻게 유용하게 사용할 수 있는가? 필자는 위의 첫 물음을 근본주의적인 문제라고, 두 번째 물음을 실용적인 문제라고 이름붙인다. 의존문법론자 자신들은 주로 근본주의적인 문제에 천착한다. 연구성과로서 그것들을 통하여 언어적인 표현들 간의 내적인 관계들에 대한 새로운 인식을 얻게 된 다양한 의존관계에 대한 검사방법들을 그들은 고안해낸다. 이와 반대로 생성문법과 범주문법론자들은 오히려 실용적인 문제에 몰두한다. 그들은 각자의 이론이 갖고 있는 기술력(Beschreibungskraft)의 제약을 위한 새로운 방법들과 원리들을 만들어낸다. 근본주의적인 문제에 관련하여 그들은 의존관계에 대한 이론내적인 개념설정을 시도한다. 문법이론들은 문장이나 구내의 구성관계에 있는 각 구성성분간에 성립하는 의존관계들을 기술하기 위하여 독자적인 개념들을 사용한다. 비교적 새로운 문법이론들인 원리와 매개변수이론(PPT), 어휘기능문법이론(LFG), 일반구구조문법(GPSG)에서 채택하고 있는 핵계층 이론은 구성관계와 의존관계를 핵심어관계라는 개념으로써 설명한다. 이 경우에 구성관계는 명시적으로 기술되는 반면 의존관계는 암묵적으로 표현되어진다. 의존문법은 의존소-지배소 관계개념을 사용하는데, 여기에서 의존관계가 명시적으로, 구성관계는 암묵적으로 표현된다. 범주문법은 수식사-수식대상 관계를 설정하여 구성관계와 의존관계를 모두 명시적으로 기술한다.

　본 장에서는 여러 문법이론들에서 사용되는 이러한 개념정의들을 살펴보고 그들 상호간의 연관관계를 밝히고자 한다. 이를 통해 여러 개념들에 대한 올바른 이해와 독일어 통사론의 교육에 기여할 수 있으리라고 기대한다.

Ⅱ. 핵계층 이론

　핵계층 이론의 바탕이 되는 핵계층 도식(X-bar Schema)은 다음과 같다.

(1)　a. X^2 ─→ 〔수식어1〕〔수식어2〕 ⋯ X^1
　　　b. X^1 ─→ 〔보충어1〕〔보충어2〕 ⋯ X^0

여기에서 X는 어휘적인 범주들인 N(명사), V(동사), A(형용사)와 P(전치사)와 기능범주들인 I(굴절어미), D(관사)를 가리킨다.[1] 이 도식에 따라서 문장 내의 단어들과 표현들은 세 가지 종류의 상대적인 범주 곧 핵심어, 수식어나 보충어로 구분되어진다.[2] 도식 (1a)는 X^2-층위의 표현이 X^1-층위의 핵심어 표현과 그것의 수식어들로 구성된다는 것을 의미한다. 이러한 구성관계 외에 핵심어와 수식어들간에 의존관계도 성립한다. 도식 (1b)는 X^1-층위의 표현이 X^0-층위의 핵심어 표현과 그것의 보충어들로 구성된다는 것을 보여주는데 여기서도 핵심어와 보충어들 간에는 의존관계가 성립한다. 위의 도식에서 눈에 띄이는 것은 핵심어가 X^0-층위뿐 아니라 X^1-층위에서도 나타난다는 사실인데 X^0-층위에서는 어휘적인 핵심어로서 X^1-층위에서는 투사된 핵심어로서 나타난다.

(1a)와 (1b)에 제시된 핵계층 도식의 한 가지 특성은 그 도식이 부분적인 표현들 간의 순서에 대해서 아무런 얘기도 하지 않는다는 점이다. 곧 구나 단어들의 순서는 언어에 따라 다르거나 통사적인 범주에 따라 다른 것으로서 원리와 매개변수 이론의 경우 핵심어 매개변수에 의해 정해진다.[3] 이제 개별적인 개념들에 주의를 돌려본다.

핵계층 이론에서는 모든 통사적인 구성체가 내심적이다. Bloomfield에 의하면 결과표현의 통사범주가 그것의 직접구성성분들 중의 하나 혹은 그 이상의 구성성분의 통사범주와 동일할 경우에 하나의 통사적인 구성체는 내심적이다. 예를 들어 (2)와 같은 문장도 Bloomfield와 달리 핵계층 이

---

1) 원리와 매개변수이론에서는 굴절어미(Infl)범주가 문장의 시제에 관한 정보와 주어와 정동사간의 일치에 관한 자질들을 지니는 것으로 가정된다. 그런데 굴절어미 범주가 일치자질들을 지니고 있다는 가정은 다시 그 이론에서 동사가 주어를 하위범주화지 않는다는 가정에 근거를 둔다. 그래서 굴절소 범주에 대한 그러한 특성화는 이론내적인 문제이다. 보다 일반적인 목적을 위해서 필자는 굴절어미 범주를 시제범주(Tempus)와 일치범주(AGR)로 나누는 Pollock(1987)의 입장을 따르겠다. 언어 중에는 일치범주가 중요하지 않는 언어가 있기 때문이다.

2) 영어권의 용어인 "specifier"가 독일어로는 "Spezifizierer"나 "Spezifikator"로 번역된다. 이 논문에서는 Vennemann의 용어인 Spezifikator와의 혼동을 피하기 위하여 Spezifizierer를 사용한다.

3) 핵심어라는 개념이 Bloomfield(1933)에서 중심적인 역할을 하는 한 핵계층 이론도 Bloomfield에 연원한다고 할 수 있다.

론에서는 내심적인 것으로 간주된다.

(2) Ein Auto fährt

핵계층 이론에 따르자면 문장 (2)에서 *Ein Auto*는 수식어이고 동사 *fährt*가 핵심어이다.

이제 보충어 개념이 무엇인지 살펴본다. 보충어는 하나의 특정한 어휘적인 단어에 의해 어휘부 안에 하위범주화되는 표현이다. 예를 들어 문장 (3)에서 전치사구 *auf seine Familie*는 보충어인데, 왜냐하면 그것이 동사 *wartet*에 의해 어휘부 안에서 하위범주화되기 때문이다.

(3) Hans wartet mit Geduld auf seine Freundin

이 예문 (3)에서 전치사구 *mit Geduld*는 하위범주화되지 않기 때문에 보충어가 아니다. 핵심어도 아니고 보충어도 아닌 표현들은 수식어로 불린다. 바로 이 정의에 의해 문장 내에서 주어가 정동사에 대해 보충어가 아니고 수식어인 것이 분명하다. 왜냐하면 주어는 문장의 핵심어도 아니고 하위범주화되지도 않기 때문이다. 이러한 일반적인 정의에 따라서 수식어는 X^1-층위의 핵심어 옆에, 보충어는 X^0-층위의 핵심어 옆에 나타난다. 이제 몇 가지 예를 들어 수식어-핵심어/핵심어-보충어 관계를 설명한다.

(4) Das Auto fährt schnell.

(4)에서 *schnell*은 핵심어인 동사 *fährt*에 대한 수식어이다.

(5) Hans liebt Maria.

(5)에서 *liebt*는 핵심어이고 *Maria*는 보충어이다.

(6) Hans wohnt in München

(6)에서 *in*이 핵심어이고 *München*이 보충어이다.

(7) Das kleine Mädchen ist kiug.

(7)에서 *das*는 핵심어 *kleine Mädchen*에 대한 수식어이고 *kleine*는 핵심어 *Mädchen*에 대한 수식어이다.4)

(8) Fritz gab der Frau das Buch, das das Kind gesehen hatte.

문장 (8)에서 관계문장 *das das Kind gesehen hatte*는 핵심어 *das Buch*에 대한 수식어이다.

(9) , da das Mädchen dem Kind den Teller gegeben hat.

(9)에서 조동사 *hat*는 핵심어이고 *dem Keid den Teller gegeben*이 그것의 보충어이다.

Ⅲ. 의존문법에서의 지배소-의존소 관계

지배소/의존소의 용어들은 그의 통사론을 의존통사론으로 구상하였던 Tesniere(1959)에서 처음으로 사용되었다. Tesniere에 따르면 모든 단어는 한 문장의 부분으로서 기능하는 한 사전에서처럼 더이상 고립되어 있는 것이 아니다. 각 단어와 그것에 이웃하는 단어들 간에는 하나의 의존관계

---

4) Vennemann · Harlow(1977 : 249)에서 관사가 명사구의 핵심어로 간주된다. Haider(1988)와 Olsen(1989)와 같은, 명사구에 대한 최근의 연구에서도 관사가 명사에 대한 핵심어로 분석된다. 이 예에서 das가 핵심어이고 kleine Mädchen이 보족어이다. 그러한 이론들에서 전통적인 명사구가 관사구로 간주되고 그 이론들은 관사구 분석입장으로 불린다.

가 성립한다. 의존문법에서는 특정한 통사범주에 속하는 단어들이 특정한
다른 통사범주의 단어들에 의하여 채워져야 하는 빈자리들을 가지는 것으
로 간주된다. 이때 후자가 의존소, 전자가 지배소라 명명된다. 달리 표현
하여, 지배소는 그것의 의존소들을 지배하고 의존소는 지배소에 의존한다.

Tesniere 자신은 의존관계의 결정을 위한 연산적인 기준의 제시를 포
기함으로써 Vennemann(1977 : 270)이 비판하듯이 몇 가지 나쁜 결과를
초래한다.5) 어떤 구성성분이 지배소이고 어떤 구성성분이 의존소인가의
결정을 위하여 수많은 의존문법관계문헌에서 무수한 방법들을 사용하여
일반적으로 유효한 결정적인 기준을 형식화하려고 시도한다. 의존관계개
념 내지 결합과 개념의 정의를 위한 다양한 시도들 중 어떤 것도 오늘날
까지 자기입장을 관철시킬 수 없었다.6) 필자 자신이 이 와중에 개입할 생
각이 전혀 없다. 그 대신 몇 가지 예를 들어서 사람들이 어떻게 언어적인
표현들을 의존이론의 틀 안에서 기술할 수 있는지를 보이고자 한다. 여기
서의 기술은 Hayes(1964)와 Matthews(1981)에 근간을 둔다. 다음의 예들
을 보자.

(10) Der Mann liebt seine Frau.
(11) Er ist seinem Vater ähnlich.
(12) seine Teilnahme an dem Wettwerb
(13) auf dem neuen Dache

위 문장 (10)에서 동사 *liebt*는 문장을 형성하기 위해서 1격과 4격 명사
를 요구한다. 이 예에서 동사 *liebt*가 지배소로 두 명사가 의존소로 불린
다. (11)에서 형용사 *ähnlich*는 명사 *Vater*를 지배한다. (12)에서 명사
*Teilnahme*가 지배소이고 전치사 *an*이 의존소이다. (13)에서 전치사 *auf*

---

5) Vennemann에 따르면 의존관계상 보충어들이 상황어들보다 동사에 더 가깝고 보충어
   들과 상황어들 내에서 각 그룹간에 위계관계가 성립한다는 사실을 형식화하는 것을
   Tesniere가 소홀히 한 것이다.
6) 이런 맥락에서 Jacobs(1987)는 "결합가난삽"(Valenzmisere)이라는 비판적 개념을 사용
   한다.

는 명사 *Dache*를 지배한다.[7] 의존관계를 표현하기 위하여 의존수형도가 사용되는데, 다음의 (14)에 보여진 수형도는 위의 예문 (10)의 모든 의존 관계를 표현하고 있다.

(14)

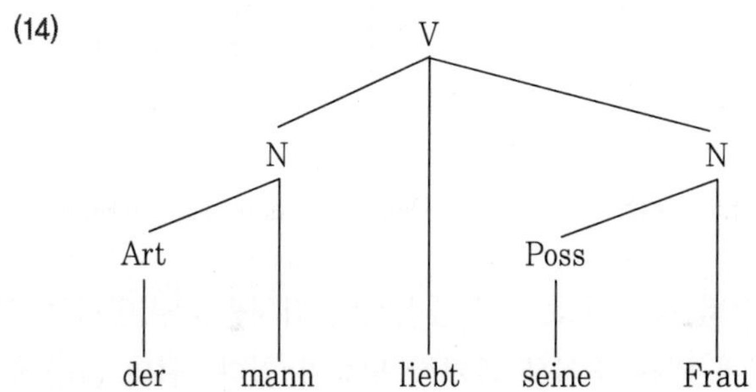

의존 수형도(14)에서 /나 \로 나타내어진 가지들이 의존관계를 표현하고 있는데, 각 가지의 상위교점이 하위교점을 지배하는 것으로 되어 있다. (14)에서 주목할 점은 동사 *liebt*가 전체 명사구 *der Mann*이나 *seine Frau*를 지배하는 것이 아니라 명사 *Mann*이나 *Frau*만을 지배한다는 사실이다. 이러한 류의 의존문법의 약점은 Vennemann·Jacobs(1982 : 100)에서 지적되어 있듯이, 구성성분구조에 대한 명시성을 결여하고 있고 그럼으로써 복합적인 부분표현에 대한 분류를 시도하지 않는다는 점이다. (14)에서 관사와 명사간에, 소유대명사와 명사간에도 의존관계가 성립한다. 이 경우 명사가 관사와 소유대명사에 대한 지배소로서 간주된다. 이 밖에 부가적인 형용사와 명사간에, 형용사와 부사간에, 그리고 부사들 상호간에도 의존관계가 성립하는데 아래의 예문과 그에 대한 의존 수형도가 그러한 의존관계들을 잘 보여준다.

(15) Karl spricht sehr gutes Deutsch äußerst schnell.

---

7) 이와는 달리 Tesniere(1969 : 364ff.)는 전치사를 지배소가 아닌 전이소(Translativ)로 간주한다. 예를 들어 다음의 예에서 전이소 von이 Alfred라는 명사를 형용사나 부사로 전이시킨다고 할 수 있다.
(예) Peter erhielt das Buch von Alfred.

(16)

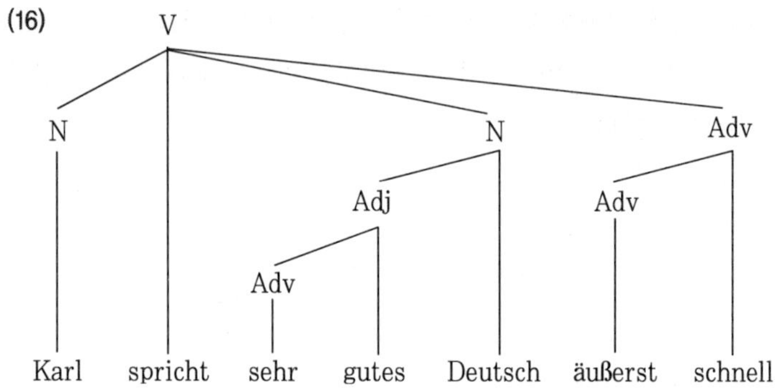

　여기에서 다시 한번 동사가 문장의 중심적인 위치를 차지한다는 의존문법이론의 근본가정에 대해 주의를 환기할 필요가 있다. 위의 (16)에서 보듯이 한편으로 동사와 명사간의 관계와 다른 한편으로 동사와 부사간의 관계가 아무런 차이를 나타내지 않는 것은 Hays가 제안하고 이 글에서 논의하고 있는 의존수형도가 갖는 문제점이다(Vennemann·Jacobs, 1982).

　이제 핵계층 이론과 의존이론의 기본적인 생각들을 비교해보자. 지금까지의 논의에 의해, 수식어-핵심어/핵심어-보충어관계와 지배소-의존소-관계 사이에 어떤 병렬성이 존재한다는 사실이 분명해졌다. 일반화시켜 얘기하자면, 핵계층 이론의 의미에서 모든 핵심어는 지배소이다. 보다 세분화하자면, 수식어-핵심어-관계가 성립한 경우 핵심어가 지배소로, 수식어는 의존소로 간주된다. 핵심어-보충어-관계의 경우에는 보충어가 의존소로, 핵심어가 지배소로 여겨진다. 그러나 접속사의 처리에서 두 이론간에 차이가 보여진다. Tesniere는 *dass, als, wenn*과 같은 접속사와 관계대명사를 전이소(Translativ)로 간주하는데, 그들의 기능은 특정한 통사범주의 한 표현을 다른 통사범주로 전이시키는 것이다.

(17) Ich glaube, dass es so geht.
(18) Die, die die Bäume beschädigen, werden belohnt.

핵계층 이론에서 접속사와 관계대명사는 핵심어인 문장에 대한 수식어

로서 여겨진다. 한편 und나 oder와 같은 등위접속사의 경우 의존이론에서
는 다른 접속사들과 구분하여 연접사(Junktiv)로 취급한다. 이 연접사들은
동일한 통사범주들 사이에 나타난다. 그래서 하나의 연접사는 두 개의 명
사구 사이에서(예: *Die Menschen fürchten Hunger und Tod*), 두 개의 동사구
사이에서(예: *Gib mir den Rhabarbar oder schneid ihn selbst*) 혹은 두 개의
형용사구 사이에서(예: *ein alter und weiser Mann*) 나타난다. 아직까지 등
위접속사들을 핵계층 이론에 의해 다룬 연구는 없다. 그런데 이 접속사들
이 독자적인 어휘기재항을 가지고 각기 특정한 표현들을 하위범주화할 수
있기 때문에 등위접속사들도 핵심어로 간주 될 수 있겠다. 물론 이때 그것
들이 명사구들을, 형용사구들을, 전치사구들을, 혹은 문장들을 결합시키느
냐에 따라서 und^1, und^2, und^3, und^4 등으로 여러 유형의 접속사 범주를
설정해야 할 것이다. 정리해서 표현하면, und, oder 등과 같은 등위접속
사들은 핵계층 이론에서 핵심어로, 그것들에 의해 결합되어지는 표현들은
보충어로 간주될 수 있다.[8] 이에 따라 (19), (20)의 소위 'gapping'-구조
는 일종의 생략현상(Ellipse)으로 처리될 수 있겠다. 문장 내에서 어떤 문
법범주가 생략되었는가하는 것은 접속사의 어휘적인 속성에 비추어 예측
할 수가 있다.

(19) Anna trinkt Wasser und Peter Wein.
(20) Hans kann Englisch sprechen und Peter Russisch.

Ⅳ. 범주문법의 수식사-수식대상 관계

각 구성성분들간의 의존관계를 범주문법이론의 틀 안에서 Vennemann

---

8) 여기에서는 Jacobs(1982 : 67ff.)에서 형식화되어 있는 자질이 명세화된 범주 문법을 사
용한다.

(1977)과 Vennemann·Harlow(1977)는 수식하는 표현인 수식사(Spezifikator)와 수식받는 표현인 수식대상(Spezifikat)간의 관계로 파악한다. 이 절에서는 바로 Vennemann의 수식사-수식대상-관계를 예를 들어 구체적으로 살펴보고자 한다. Vennemann의 이론이 하나의 새로운 구성성분으로 합하여지는 두 개나 그 이상의 구성성분들이 단순하게 동등한 위치에 서는 게 아니라 하나의 위계적인 구조에 속한다고 본 점에서 핵계층 이론이나 의존문법이론과 견해를 같이한다.

수식어-핵심어/핵심어-보충어 관계나 지배소-의존소 관계 대신에 Vennemann은 위계화된 구성성분들 간의 범주적인 조합을 모두 수식사-수식대상 관계로 분석한다. 수식사와 수식대상의 개념들은 핵심어, 보충어와 부가어(Attribut)의 정의에 토대를 둔다. 이들 상호간의 구분과 관련하여 하나의 형식적인 정의를 부여하기 위하여 Vennemann·Harlow(1977)은 다시금 범주문법을 끌어들인다. 범주문법에서는 언어적인 표현들의 두 가지 기본적인 범주적인 조합가능성, 곧 두 가지 유형의 술어-논항-관계가 가정된다.

(21) i. X/Y * Y ─→ X, 이때 X = Y.
      ii. X/Y * Y ─→ X, 이때 X =/= Y.

위 도식의 X나 Y는 c(보통명사), n(고유명사나 명사구) 혹은 v(동사) 등의 기본범주이거나 이 기본범주들로부터 유도된 v/n(자동사), c/c(형용사), n/c(관사) 등등의 유도범주이다. 일반적으로 범주문법에서 X/Y범주의 표현은 Y범주의 표현과 결합하여 그 결과범주로서 X를 내놓는다. 위 (21i)과 (21ii)에서 보는 바와 같이 X와 Y가 동일한가, 상이한가에 따라서 두 가지 조합규칙도식이 도출된다. (21i)에서는 X/X 유형의 범주와 X범주간의 결합을 나타내는데 이 경우 X/X 범주를 가진 표현이 부가어로, X범주를 가진 표현이 핵심어로 정의된다. (21ii)에서는 X와 Y가 동일하지 않는 X/Y 유형의 범주와 Y범주간이 결합하여 X범주가 결과되는 것을 보인다. 이 경우 X/Y범주를 가진 구성성분이 핵심어로, Y범주의 구성성분이 보충어로 정의된다. (21)에서 부분표현들간의 순서는 확정되어 있지 않다. 이 어순은 언어마다 범주마다 다를 수 있고 임의적일 수도 있다. 이제 수식사 -수식대상 관계의 정의를 살펴보자. 한 표현이 다른 표현의 부가어나 보충어일 경우 후자는 전자에 대한 수식사이고 후자는 전자의 수식대상이다. 보다 명시적으로 형식화해서 우리는 두 가지 유형의 수식사-수식대상 관계를 구분할 수 있다. 한 가지 유형은 부가어-핵심어-관계로서의 수식사-수식대상 관계인데 이 경우 부가어가 수식사가 되고 핵심어가 수식대상이 된다. 다른 유형은 핵심어-보충어관계로서의 수식사-수식대상 관계이며 이때 핵심어가 수식대상이고 보충어가 수식사이다. 후에 이 관계들을 다시 언급할 때 지칭을 용이하게 하기 위해, 여기서 두 번째 유형의 수식사-수식대상 관계를 수식관계 1(Spezifikationsrelation 1)로, 첫 번째 유형의 수식사-수식대상 관계를 수식관계 2(Spezifikationsrelation 2)로 명명하겠다.

우리는 지금까지의 일반적인 논의를 다음의 예들을 들어 구체화해 볼 수 있다. 예문 (22)-(27)에서는 수식관계 1이, 예문 (28)-(32)에서는 수식관계 2가 나타나 있다.

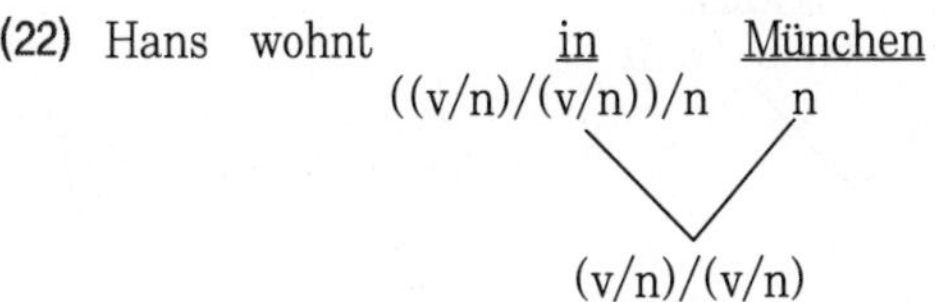

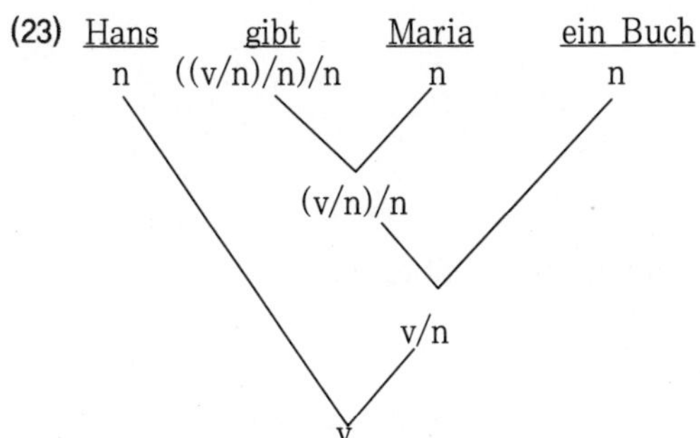

(24)
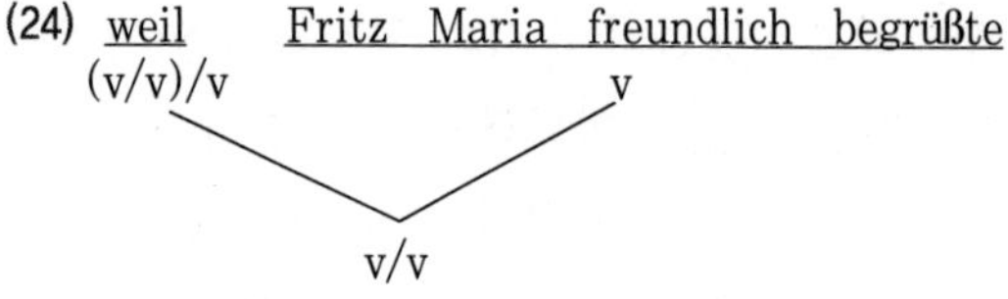

(25)
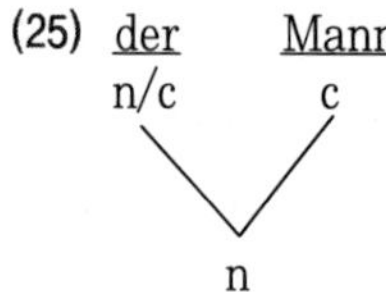

(26)
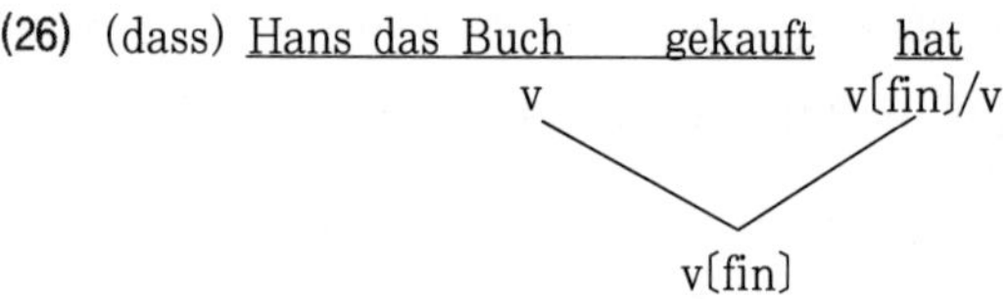

(27)
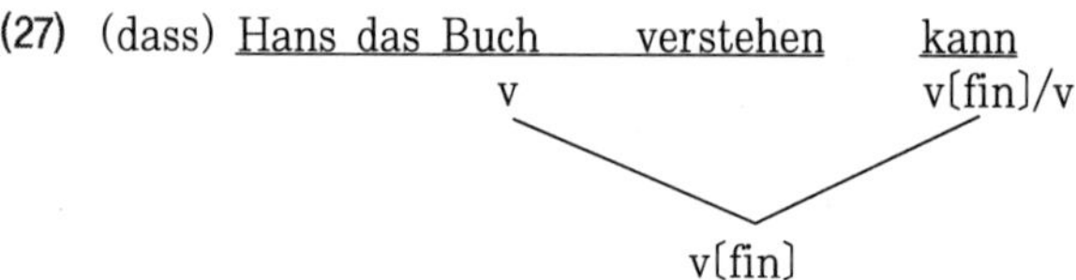

(28)
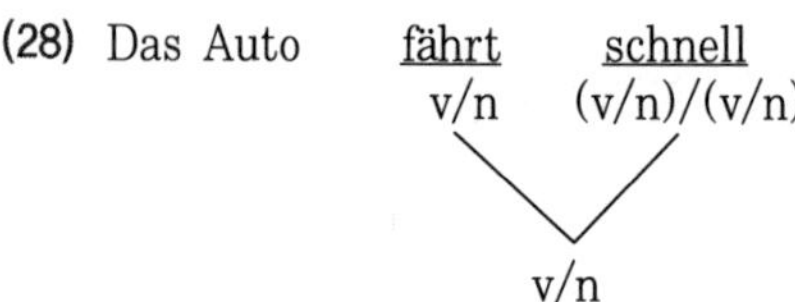

(29)
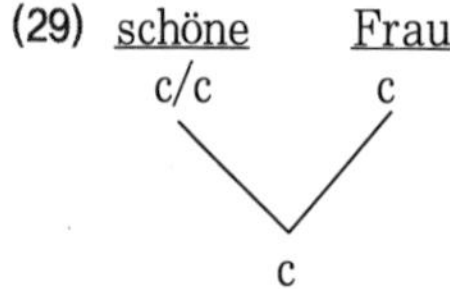

(30)
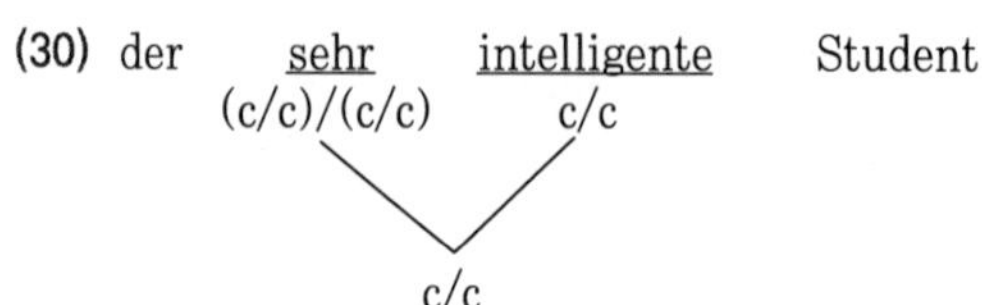

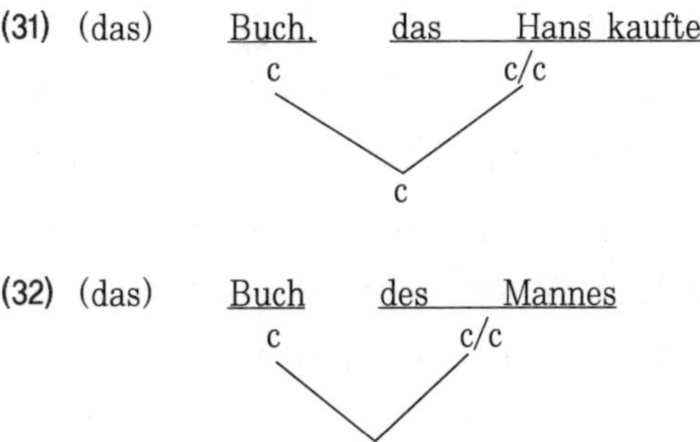

위에서 구체화된 수식관계들을 Vennemann(1977)과 Vennemann·
Harlow(1977)에 제시된 바와 같이 나열해 보면 다음의 표 (33)과 같다.[9]

(33)

수식사	수식대상	수식관계의 유형
주어, 목적어	동사	수식관계 1
부사	동사	수식관계 2
본동사	조동사	수식관계 1
본동사	화법조동사	수식관계 1
보통명사	관사	수식관계 1
형용사	보통명사	수식관계 2
관계문장	보통명사	수식관계 2
2격명사구	보통명사	수식관계 2
부사	형용사	수식관계 2
명사구	전치사	수식관계 1
핵문장	접속사	수식관계 1

이제 수식관계 1, 수식관계 2와 핵계층 이론 간의 관계를 살펴보자. 몇
몇 예외가 있긴 하지만 수식관계 1은 핵계층 이론에서의 핵심어-보충어
관계에 상응하고 수식관계 2는 핵계층 이론에서의 수식어-핵심어 관계에
상응한다. 주어와 동사간의 관계와 관사와 명사간의 관계는 예외에 속한

---

9) Vennemann(1974 : 345)과 Krifka(1983 : 15) 참조.

다. 주어와 동사간의 관계의 경우 핵계층 이론에서는 수식어-핵심어 관계로 간주되는데 수식이론에서는 수식관계 1로 파악된다. 수식이론에서 수식관계 1로 간주되는 관사와 명사간의 관계의 경우 전통적인 핵계층 이론에서는 관사가 핵심어인 명사의 수식어로 여겨졌는데, 최근에 관사를 핵심어로, 명사를 보충어로 파악해야 한다는 주장이 대두된 터이다. 이 입장에 설 경우 앞서 논의한 일반화가 관사와 명사간의 관계에도 그대로 적용된다고 할 수 있다.

V. 결 론

앞선 여러 절에서 논의한 바를 요약하는 의미에서 핵계층 이론, 의존문법이론과 범주문법이론에서 쓰이는 다양한 개념들 간의 상호 관계를 도표로 나타내면 다음의 (34)와 같다. 이 경우 앞서의 논의 가운데 예외로서 언급된 표현들 내의 관계는 제외된다.

(34)

수식어-핵심어 의존소-지배소 수식사-수식대상 (수식관계 2)	핵계층 이론 의존문법 범주문법	보충어-핵심어 의존소-지배소 수식사-수식대상 (수식관계 1)

끝맺음을 대신하여, 수식관계와 대립되는 개념인 공수식관계(Kospezifi-kationsrelation)이라는 개념을 소개하고자 한다. 보통 우리가 한 언어의 자유어순에 대해 얘기하면 그것은 바로 상호간에 수식관계에 있지 않는 표현들에 국한된 진술이다. 이러한 관찰이 바로 새로운 개념을 도입하게 된 동기이다. 그것이 문장이든 하나의 구이든 한 표현내에 특정한 부분 표현들

간에 수식관계와 다른 관계가 성립한다. 다음의 예를 보자.

(35) a. dass Hans gestern wegen der Erkrankung nicht in die Schule
         gegangen ist,
      b. dass Maria dem Kind das Buch gab,
      c. lange, schöne, blonde Haare

위 (35a)에서 표현들 *gestern, wegen der Erkrankung, in die Schule* 간에는 수식관계가 성립하지 않는다. (35b)에서 *Hans, dem Kind, das Buch* 간에 수식관계가 성립하지 않는다. (35c)에서 *lange, schöne, blonde* 간에 수식관계가 성립하지 않는다. (35a), (35b), (35c)안의 해당 표현들이 공통점으로 가지고 있는 것은, 그 그룹 안의 모든 요소가 각각 하나의 수식대상과−곧 (35a)에서 *gegangen*, (35b)에서 *gibt*, (35c)에서 *Haare*−수식관계에 있다는 사실이다. 한 표현 내에서 공통의 수식대상을 가지면서 통사범주가 동일한 부분 표현들간에 성립하는 관계가 바로 공수식관계이다. 어순과 관련한, Greenberg이래 이제까지의 보편연구 (Universalienforschung)는 사실상 모두 수식관계에 관한 것이고 자유어순에 대한 거의 모든 논의는 공수식관계에 관한 것이므로 수식관계와 공수식관계를 명시적으로 구별짓는 것은 상당히 의미 있는 일이라고 할 수 있다.

<h2>참고문헌 ■■■</h2>

강정구. 1997. 한국어와 독일어 부문장의 시제 비교 연구,『1997년도 독어독문학 학술대회 자료집』, 21-29, 한국독어독문학회.

권성호. 1998.『교육공학의 탐구』, 양서원.

노용균. 1998. Coordination as adjunction. ms. 한국언어정보학회 발표 논문.

멀티미디어 교육지원센터. 1997. 사이버 에듀케이션을 통한 교육정보화 실현,『멀티미디어 교육』창간호, 멀티미디어 교육지원센터.

문미선. 1997. 독어의 미래시제와 담화표상,『독일문학』63집, 273-294.

문유진. 1996.『의미론적 어휘개념에 기반한 한국어 명사 WordNet의 설계와 구축』, 서울대학교 컴퓨터공학과 박사학위논문.

박여성 · 이민행. 1998. 대화행위개념과 열차좌석 예약대화의 분석,『1998년도 한국인지과학회 학술발표대회논문집』, 57-61.

박혜은 · 이민행. 1999. 대화행위의 연쇄관계와 대화흐름에 대하여 -『일정협의 대화』를 중심으로,『인지과학』10(2), 27-34.

서상규 · 이민행 · 남윤진. 1998. 말뭉치 구축 방법론에 대한 연구,『21세기 세종계획 - 국어 기초자료 구축』, 341-445, 문화관광부.

송경안. 1993. 자연언어 분석전략과 LPSG,『어학교육』22집, 57-75, 전남대학교 어학 연구소.

신수송. 1988.『현대독어학』, 서울 : 교육과학사.

신수송. 1998. 조어형성에 관한 의미론적 고찰,『어학연구』34(1), 1-31, 서울대 어학연구소.

신수송 · 이민행. 1984. 현대독일어의 분석에 나타난 GB이론의 몇 가지 문제점들,『언어』9(2), 한국언어학회.

오예옥. 1994. 독일어 형태 · 통사적 합성파생어 구조 연구,『언어』15호, 충남대학교 어학연구소.

오장근. 1999. 광고의 전략적 이해,『독어학』1집, 287-311, 한국독어학회.

오장근. 2003. 유로워드넷 기반의 어휘 데이터베이스 활용을 위한 한국어-독일어 ILI 대응 방법론 연구,『독어학』6권, 323-344.

유시택. 2001. 독일어에서 어간형성소로서의 Schwa. 『외국어로서의 독일어』 8집,
195-224.

이민행. 1994. 국어와 독일어의 대조통사론과 기계번역—격정보와 시제정보 표현의 대
조성을 중심으로,『독일문학』 51집, 480-507, 한국독어독문학회.

이민행. 1996. 독일어 시제체계의 분류기준에 대한 비판적 논의—부정법과 간접화법의
시제의미 해석과 관련하여,『독일문학』 37(1), 303-321.

이민행. 1999. 독일어 어휘부에 대한 연구,『독일문학』 69집, 308-331.

이민행. 2001. 독일어 담화상에서의 시간정보 표상에 관한 연구—통제 정보포장이론의
틀 안에서,『독일문학』 79집, 354-375.

이민행. 2005.『전산 통사 · 의미론』, 서울 : 도서출판 역락.

이민행 · 김성묵. 1992. 국어의 교착성과 형태소 분석기의 구현,『제 4회 한글 및 한국
어 정보처리 학술발표 논문집』, 105-117, 정보과학회.

이병찬. 1990.『의존문법의 이해』. 서울 : 세기문화사.

이예식. 1999. 어휘의미론과 다의어의 의미 분석, 강범모 외 저,『형식의미론과 한국
어 기술』, 552-592, 한신문화사.

이익환 · 이민행. 1998. 지시적 표현과 정보구조의 해석을 위한 인지적 모형,『언어』
23.1, 65-85, 한국언어학회.

이익환 · 이민행. 2004.『심리동사의 의미, 통사구조와 연결이론 연구—한국어, 영어와
독일어의 대조연구』, (재)언어교육연구, 최종연구보고서.

이익환 · 이민행. 2005.『심리동사의 의미론』, 서울 : 도서출판 역락.

정재현. 1990.『현대독일어 UND-등위접속구문에 대한 연구』, 서울대 박사학위논문.

정재현. 1996. 독일어 관사의 한정성에 대한 연구—한국어와 관련하여,『독일문학』
37(2), 373-394.

조동섭 · 송경안. 1998. 독일어 교육을 위한 기본문형의 통계적 연구,『독일언어문학』
10집, 65-89.

조자경. 1997. 선형구구조문법에 의한 독일어 문장분석,『독일언어문학』 8집, 43-67,
독일언어문학 연구회.

지광신. 1994. 독일어와 한국어의 어순 비교—유형학적 고찰,『독일문학』 54집, 한국
독어독문학회.

지광신. 1997. 독일어의 문장강세에 관한 연구,『독일문학』 64집, 433-454, 한국독어
독문학회.

최병진. 1998. 독일어 형태정보습득의 전산언어학적 접근,『독일언어문학』 9집, 165-
191.

최승권. 1995. 한국어-독일어 자동번역, 『독일문학』 37(1), 한국독어독문학회.

최재웅·이민행. 1999. 초점, 강범모 외 저, 『현대의미론과 한국어 기술』, 157-205, 한신문화사.

하수권. 1999. E-Mail을 활용하는 독일어 수업 모형 연구, 『독일어문학』 9집, 491-524, 독일어문학회.

Abney, S. 1987. *The English Noun Phrase in its Sentential Aspect*. Ph.D Thesis, MIT.

Akmajian, A., S. Steele and T. Wasow. 1979. The category AUX in universal. grammar. *Linguistic Inquiry* 10 : 1-64.

Allen, J. 1984. Towards a general theory of action and time. *Artificial Intelligence* 23 : 123-154.

Allen, J. 1995. *Natural Language Understanding*. Second Edition. The Benjamin and Cummings Publishing Company.

Almeida, M. J. 1988. *Reasoning about the temporal structure of narratives*. Ph.D Thesis, State University of New York at Buffalo.

Anderson, L. 1982. The 'Perfect' as a Universal and as a Language-Particular Category. In. *Tense-Aspect. Between Semantics and Pragmatics*, ed., P.J. Hopper. 227-264. Amsterdam and Philadelphia : Benjamins.

Androutsoulos, I. and G. D. Ritchie and P. Thanisch. 1995. Natural Language Interfaces to Databases—An Introduction. *Natural Language Engineering* 11 : 29-81.

Androutsoulos, I. and G. D. Ritchie and P. Thanisch 1998. *Time, Tense and Aspect in Natural Language Database Interfaces*. Research Paper. University of Edinburgh.

Atkinson, R.C. and R. M. Shiffrin. 1968. Human memory. A proposed system and its control processes. *The psychology of learning and motivation : advances in research and theory* 2 : 89-195. Academic Press.

Austin, J. L. 1962. *How To Do Things With Words*, 2nd 1975. Oxford. Clarendon Press.—Übersetzung. *Zur Theorie der Sprechakte*. Stuttgart. Reclam. 1972.

Baddeley, A. 1990. *Human Memory—Theory and Practice*. Allyn and Bacon.

Baker, M. 1988. *Incorporation : A Theory of Grammatical Function Changing.* University of Chicago Press.

Ballweg, J. 1988. *Die Semantik der deutschen Tempusformen. Eine indirekte Analyse im Rahmen einer temporal erweiterten Aussagenlogik.* Düsseldorf.

Barg, P. and M. Walther. 1998. Processing Unknown Words in HPSG. *Proceedings of COLING-ACL'98* : 91-95. Montreal.

Bartsch, R. und Th. Vennemann. 1972. *Semantic Structures : a study in the relation between semantics and syntax.* Frankfurt am Main.

Bas. 1997. *Bayerisches Archiv für Sprachsignale.* Verbmobil 12.1–VM 121, Universität München.

Bäuerle, R. 1979. *Temporale Deixis und temporale Frage.* Ergebnisse und Methoden moderner Sprachwissenschaft 5. Tübingen : Narr.

Bäuerle, R. 1987. *Ereignisse und Repräsentationen.* LILOG-Report 43, IBM Deutschland GmbH.

Bäuerle, R. and A. v. Stechow. 1980. Finite and non-finite temporal constructions in German. In *Time, tense, and quantifiers,* eds. Ch. Rohrer. Proceedings of the Stuttgart Conference on the Logic of Tense and Quantifiers. 375-421. Tübingen.

Baumgart, M. 1992. *Die Sprache der Anzeigenwerbung—eine linguistische Analyse aktuellen Werbenslogans.* Heidelberg : Physica-Verlag.

Baumgärtner, K. 1970. Konstituenz und Dependenz. In *Vorschläge für eine strukturale Grammatik des Deutschen,* ed. H. Steger. 52-77. Darmstadt.

Beaver, D. 2000. *The Optimization of Discourse.* Ms., Stanford.

Belletti, A. and L. Rizzi. 1988. Psych-Verbs. *Natural Language and Linguistic Theory* 6 : 291-352.

Bieler, K. H. 1981. *Deutsche Verben im Kontext—1000 Verben mit Beispielsätzen.* München : Hueber.

Bird, G. H. 1997. Explicature, Impliciture, and Implicature. In *Pragmatik. Implikaturen und Sprechakte,* ed. E. Rolf. 72-91. Opladen : Westdeutscher Verlag.

Blum B. 1995. *Interactice Media Essentials for Success.* Ziff-Davis Press.

Blutner, R. 2000. Some Aspects of Optimality in Natural Language Interpretation. *Journal of Semantics* 17 : 189-216.

Boas, H.-Ch. 2000. *Resultative constructions in English and German.* Ph.D. Thesis, The University of North Carolina at Chapel Hill.

Boehlen, M.H. 1995. *Temporal Database System Implementations.* Ms. Aalborg University.

Borsley, R. D. 1994. In defence of coordinate structures. *Linguistic Analysis* 24 : 218-246.

Bouma, G. 1988. Modifiers and specifiers in categorial unification grammar. *Linguistics* 26 : 21-46.

Brady, M. and R. Berwick (eds). 1982. *Computational Models of Discourse.* MIT-Press. Cambridge, Mass.

Brennan et. al. 1987. A Centering approach to pronouns. *Proceedings of the 25th Annual Meeting of the ACL* : 155-162. Stanford.

Bresnan, J. (ed). 1982. *The Mental Representation of Grammatical Relations.* Cambridge Mass.

Bresnan, J. and J. M. Kanerva. 1989. Locative Inversion in Chichewa. A Case Study of Factorization in Grammar. *Linguistic Inquiry* 20 : 1-50.

Bresson, D. and D. Dobrovol'skij. 1998. Semantik und Syntax der 'ANGST'-Ausdrücke. Versuch einer integrativen mehrsprachlichen Analyse. In *Abstrakte Nomina. Vorarbeiten zu ihrer Erfassung in einem zweisprachigen syntagmatischen Wörterbuch,* eds. Bresson and Kubczak. 163-186. Tübingen. Gunter Narr Verlag.

Büring, D. 1992. *Linking . Dekomposition—Theta-Rollen—Argumentstruktur.* Gabel Verlag.

Bußmann, H. 1990. *Lexikon der Sprachwissenschaft.* 2.Auflage. Stuttgart.

Chafe, W. 1976. Givenness, contrastiveness, definiteness, subjects, topics, and point of view. In *Subject and topic,* ed. Ch. N. Li. 25-55. New York. Associated Press.

Choi, Byung-Jin. 1995. *Vererbungsbasierte semantische Repräsentation für maschinelle Wörterbucher.* Frankfurt et al.. Peter Lang. Chomsky, N. 1981. Lectures on Government and Binding. Dordrecht.

Chomsky, N. 1986. *Barriers*. The MIT Press, Cambridge, Mass.

Chomsky, N. 1989. Some Notes on the Economy of Derivation and Representation. In *Principles and Parameters in Comparative Grammar*, ed. R. Freidin. MIT Press.

Chomsky, N. 1993. A minimalist program for linguistic theory. In *The View from Building 20*, eds. K. Hale and S. J. Keyser. Cambridge, MA. MIT Press.

Chomsky, N. 1995. The Minimalist Program. The MIT Press, Cambridge, Mass.

Chomsky, N. and H. Lasnik. 1991. Principles and Parameters Theory. In *Syntax. An International Handbook of Contemporary Research*, eds. J. Jacobs, A. von Stechow, W. Sternefeld, and T. Vennemann. Walter de Gruyter.

Comrie, B. 1976. *Aspect*. Cambridge. Cambridge University Press.

Comrie, B. 1985. *Tense*. Cambridge. Cambridge University Press.

Cook, G. 1994. Incorporating the reader. Two analysis combining stylistics and schema theory. In *Discourse and literature*. Oxford University.

Cordes, R., R. Kruse, H. Langendörfer, and H. Rust 1988. *Prolog—Eine methodische Einführung*. Vieweg.

Cortes, C. 1997. Zur Textfunktion des Tempus und der deiktischen und anaphorischen Temporaladverbien. In *Temporale Bedeutungen— Temporale Relationen*, eds. H. Quintin et. al. 205-224. Stauffenburg Verlag.

Croft, W. 1993. Case Marking and the Semantics of Mental Verb. In *Semantics and the Lexicon*, eds. J. Pustejovsky. Kluwer Academic Publishers. 55-72.

Crouch, R. S. and S. G. Pulman. 1993. Time and Modality in a Natural Language Interfaces to a Planning System. *Artificial Intelligence* 63 : 265-304.

Culicover, P.-W. and R. Jackendoff 1997. Semantic subordination despite syntactic coordination. *Linguistic Inquiry* 28(2) : 195-217.

Davidson, D. 1969. The Individuation of Events. In N. Rescher ed., Essays in

Honor of Carl G. Hempel, Reidel, Dordrecht, 216.

den Besten, Hans and Jerold A. Edmondson. 1983. The Verbal Complex in Continental West Germanic. In *On the Formal Syntax of the Westgermania*, ed. W. Abraham, Werner. 155 ff.

Dietrich, R. 1998. Poetische Gebilde in Werbetexten. 『독일학 연구』 7집 : 43-75. 서울대 독일학 연구소.

Dowty, D. R. 1979. *Word meaning and Montague grammar*. Dordrecht : Reidel.

Dowty, D. R. 1986. The Effects of Aspectual Class on the Temporal Structure of Discourse. Semantics or Pragmatics? *Linguistics and Philosophy* 9 : 37-61.

Dowty, D. R. 1991. Thematic proto-roles and argument selection. *Language* 67 : 547-619.

Drach, E. 1937. *Grundgedanken der deutschen Satzlehre*. Frankfurt.

Drubig, H. 1992. Zur Frage der grammatischen Repräsentation thetischer und kategorischer Satze. In *Informationsstruktur und Grammatik*, ed. J. Jacobs. 142-195. Opladen : Westdeutscher Verlag.

DUDEN. 1984. *Grammatik der deutschen Gegenwartssprache*. DUDEN-Band 4. Duden Verlag.

Dunkel, P. ed. 1991. *Computer-Assisted Language Learning and Testing*. Research Issues and Practice. Newbury House.

Ehrich, V. and H. Vater. 1989. Das Perfekt im Dänischen und im Deutschen. In *Tempus-Aspekt-Modus. Die lexikalischen und grammatischen Formen in den germanischen Sprachen*, eds. Abraham and Jansseneds. 103-132. Tübingen : Niemeyer.

Ehrich, V. and H. Vater (eds). 1988. *Temporalsemantik. Beiträge zur Linguistik der Zeitreferenz*. Tübingen : Niemeyer.

Eisenberg, P. 1989. *Grundriß der deutschen Grammatik*. 2. Auflage. Stuttgar. J. B. Metzler.

Engelberg, S. 2000. *Verben, Ereignisse und das Lexikon*. Niemeyer Verlag.

Fabricius-Hansen, C. 1986. *Tempus fugit. Über die Interpretation temporaler Strukturen im Deutschen*. Düsseldorf.Schwann.

Fabricius-Hansen, C. 1993. Tempus. In *Handbuch Semantik*, eds. A. v. Stechow and Wunderlch. Berlin.

Fanselow, G. 1986. *Konfigurationalität—Untersuchungen zur Universalgrammatik am Beispiel des Deutschen.* Tübingen.

Fanselow, G. 1992. Ergative Verben und die Struktur des deutschen Mittelfelds. In *Deutsche Syntax,* ed. L. Hoffmann. 276-303, Berlin. de Gruyter.

Farkas, D. A. 1986. On the syntactic Position of focus in Hungarian. *Natural Language and Linguistic Theory* 4 : 77-96.

Feldweg, H. 1997. GermaNet—ein lexikalisch-semantisches Netz für das Deutsche. In *Lexikalische Semantik aus kognitiver Sicht— Perspektiven im Spannungsfeld linguistischer und psychologischer Modellierungen,* eds. P. Ludewig and B. Geurts. Tübingen : Gunter Narr Verlag.

Fellbaum, C. 1990. English Verbs as a Semantic Net. *International Journal of Lexicography* 3(4) : 278-301.

Fellbaum, 1996. WordNet. Ein semantisches Netz als Bedeutung- stheorie. In *Bedeutung, Konzepte, Bedeutungskonzepte,* eds. Grabowski, J. and T. Herrmann and G. Harras. 211-230. Opladen. Westdeut- scher Verlag.

Fillmore, C. F. 1968. The Case for Case. In Universals in linguistic Theory, eds. E. Bach and R. T. Harms. 1-88. New York.

Flader, D. 1974. Pragmatische Aspekte von Werbeslogans. In *Linguistische Pragmatik,* ed. D. Wunderlich. 341-376. Frankfurt and Main : Suhrkamp.

Fleischer, W. and I. Barz 1992. *Wortbildung der deutschen Gegenwartssprache.* Niemeyer Verlag.

Frey, W. 1988. Rythmische und tonale Struktur der Intonationsphrase. In *Intonationsforschungen,* ed. H. Altmann. 41-62. Tübingen. Niemeyer.

Frey, W. 1993. *Syntaktische Bedingungen für die Interpretation über Bindung, implizite Argumente und Skopus.* studia grammatica XXXV. Berlin : Akademie-Verlag.

Fritz, T. 1994. *Die Botschaft der Markenartikel.* Tübingen. Stauffenburg.

Fry, J. and S. Kaufmann. 1998. Information Packaging in Japanese. In *Proceedings of the Joint Conference on Formal Grammar, Head-Driven Phrase Structure Grammar, and Categorial Grammar FHCG-98.* 55-65. Saarbrücken, Germany.

Fuchs, A. 1976. 'Normaler' und 'kontrastiver' Akzent. *Lingua* 38 : 293-312.

Gazdar, G. und C. Mellish 1989. Natural Language Processing in Prolog. Wokingham.

Gazdar, G., E. Klein., G. Pullum and I. Sag 1985. *Generalized Phrase Structure Grammar.* Oxford. Blackwell.

Gazdar, G., G. Pullum, and I. Sag. 1982. Auxiliaries and Related Phenomena in a Restrictive Theory. *Language* 58 : 591-638.

Glatz, D. 2001. Zur Ereignisstruktur von Kommunikationsverben. In *Kommunikationsverben—Konzeptuelle Ordnung und semantische Repräsentation,* ed. G. Harras. 33-59. Tübingen : Gunter Narr Verlag.

Gochet and Louis 1988. *From standard Logic to Logic Programming.* John Wiley and Sons.

Goldberg, A. 1995. *Constructions. A Construction Grammar Approach to Argument Structure.* The University of Chicago Press.

Green, G. M. and J. L. Morgan. 2001. Practical Guide to Syntactic Analysis. 2nd edition. CSLI. Stanford University.

Greenberg, J. H. 1966. Some Universals of Grammar with Particular Reference to the Order of Meaningful Elements. In *Universals of Language,* ed. J. H. Greenberg. 2nd ed. Cambridge, Mass.

Grewendorf, G. 1983. Reflexivierung in deutschen AcI-Konstruktionen - Kein transformationsgrammatisches Dilemma mehr. GAGL 23 : 120-196.

Grewendorf, G. 1988. *Aspekte der deutschen Syntax—Eine Rektions-Bindungs-Analyse.* Tübingen : Gunter Narr Verlag.

Grice, H. P. 1968. Logic and Conversation. Kap. II and III and V. Deutsch übersetzt teilweise In Handlung, *Kommunikation, Bedeutung,* ed. G. Meggle. 1979, Frankfurt and Main : Suhrkamp.

Grice, M., and R. Benzmüller. 1997. *Transcribing German intonation with*

GToBI. http://www.coli.uni-sb.de/phonetik/projects/Tobi/gtobi.html.

Grimshaw, J. 1990. *Argument Structure.* The MIT Press.

Grosz, B and C. Sidner. 1986. Attention, Intentions, and the structure of discourse. *Computational Linguistics* 12 : 175-204.

Grosz, B. et. al. 1983. Providing a unified account of definite noun phrases in discourse. In *Proceedings of the 21st Annual Meeting of the ACL.* 44-50.

Grosz, B. et. al. 1995. Centering. A Framework for Modeling the Local Coherence of Discourse. *Computational Linguistics* 203-225.

Gumiel Molina, S. and I. Nieto Herranz, and I. Prez Jimnez. 1999. Some Remarks on De-adjectival Verbs and Resultative Secondary Predicates. *Catalan working papers in linguistics* 7 : 107-124.

Gundel, J. K. 1999. On Different Kinds of Focus. In *Focus. Linguistic, Cognitive, and Computational Perspectives,* eds. O. Bosch and R. van der Sandt. 293-305. Cambridge. Cambridge University Press.

Haapalainen, M. and A. Majorin. 1994. *GERTWOL. Ein System zur automatischen Wortformerkennung deutscher Wörter.* Lingsoft, Inc.

Haegeman, L. 1991. *Introduction to Government and Binding Theory.* Blackwell.

Haider, H. 1988. Die Struktur der deutschen NP. *Zeitschrift für Sprachwissenschaft* 7(1) : 32-59.

Hamp, B. 1997. *Semantics of the German Future Form in Discourse—A DRT-based Approach.* Ms. Univ. Tübingen.

Hamp, B. and H. Feldweg 1997. GermaNet—a Lexical-Semantic Net for German. In *Proceedings of the ACL and EACL-97 workshop Automatic Information Extraction and Building of Lexical Semantic Resources for NLP Applications.* Madrid.

Han, H.-S. 1987. *The Configurational Structure of the Korean Language.* Seoul.

Hausser, R. 1994. *Grundlagen der Computerlinguistik.* ms.

Hausser, R. ed. 1996. *Linguistische Verifiaktion. Dokumentationen zur Ersten Morpholympics* 1994. Niemeyer Verlag.

Hawkins, J. 1978. *Definitness and Indefinitness. A Study in Reference and*

Grammaticality Prediction. London : Croom Helm.

Hays, D. G. 1964. Dependency Theory. A Formalism and Some Observations. *Language* 40 : 511-525.

Heidolph, K. E. and W. Flamig and W. Motsch (Autorenkollektiv). 1984. *Grundzüge einer deutschen Grammatik*. 2. Auflage. Berlin.

Heim, I. 1991. Artikel und Definitheit. In Handbuch Semantik. An International Handbook of Contemporary Research, eds. A. von Stechow and D. Wunderlich. 487-535. Berlin : Walter de Gruyter.

Heinich, R., M. Molenda, J. D. Russell, and S. E. Smaldino. 1996. *Instructional media and the new technologies for learning*. 5th ed.. Englewood Cliffs, Prentice Hall.

Helbig, G and J. Buscha. 1986. *Deutsche Grammatik*. Leipzig. Enziklopädie Leipzig Verlag.

Hendriks, P. and H. de Hoop 2001. Optimality Theoretic Semantics. *Linguistics and Philosophy* 24 : 1-32.

Hennig, M. 1997. Die Darstellung des Tempussystems in deutschen Grammatiken. *Deutsch als Fremdsprache* 34 : 220-227.

Hetland, J. 1993. Über Argumentstruktur, Fokus und Satzadverbiale. *In Satz und Illokution*. Bd. 2, eds. M. Reis. and I. Rosengren. 109-125. Tübingen : Niemeyer.

Heycock, C. 1994. Focus Projection in Japanese. In *Proceedings NELS* 24, ed M. Gonzalez. 157-171. GLSA, University of Massachusetts at Amherst.

Higginbotham, J. 1989. Elucidation of Meaning. *Linguistics and Philosophy* 12 : 465-517.

Hinrichs, E. W. 1986. Temporal Anaphora in Discourses of English. *Linguistics and Philosophy* 9 : 63-82.

Hitzeman, J. and M. Moens, and C. Grover 1995. Algorithms for analysing the temporal structure of discourse. In *Proceedings of the 7th Conference of the European Chapter of the Association for Computational Linguistics* : 253-260.

Hobbs, H. R. 1979. Coherence and Coreference. *Cognitive Science* 3 : 67-90.

Hong, Minpyo. 2002. A Sketch of an Optimality Theoretic Account of

Anaphora Resolution in Korean. In *Proceedings of the 3rd Conference of the Korean Society for Language and Information* : 10-38.

Horvath, J. 1981. *Aspects of Hungarian Syntax and the Theory of Grammar.* Ph.D. Thesis. UCLA.

Huber, W. and W. Kummer. 1974. *Transformationelle Syntax des Deutschen.* München.

Hwang, Chung Hee and L. K. Schubert. 1992. Tense trees as the 'fine structure' of discourse. In *Proceedings of the 30th ACL* : 232-240.

Härtl, H. 2001. *CAUSE und CHANGE. Thematische Relationen und Ereignisstrukturen in Konzeptualisierung und Grammatikalisierung.* studia grammatica 50. Akademie Verlag.

Höhle, Tilman N. 1978. *Lexikalistische Syntax. Die Aktiv-Passiv-Relation und andere Infinitkonstruktionen.* Tübingen : Niemeyer.

Jacobs, J. 1982. *Syntax und Semantik der Negation im Deutschen.* Müchnen.

Jacobs, J. 1987. *Kontra Valenz.* Ms. München.

Jacobs, J. 1988. Fokus and Hintergrund-Gliederung und Grammatik. In *Intonationsforschungen*, ed. H. Altmann. 89-134. Tübingen : Niemeyer.

Jacobs, J. 1991a. Focus ambiguities. *Journal of Semantics* 8 : 1-36.

Jacobs, J. 1991b. Negation. In *Handbuch Semantik. An International Handbook of Contemporary Research.* eds. A. von Stechow and D. Wunderlich. Berlin : Walter de Gruyter.

Jacobs, J. 1992. Neutral stress and the Position of Heads. In *Informationsstruktur und Grammatik*, ed. J. Jacobs. 220-244. Opladen : Westedeutscher Verlag.

Jacobs, J. 1993. Integration. In *Wortstellung und Informationsstruktur*, ed. M. Reis. 64-116. Tübingen : Niemeyer.

Jacobs, J. 1994. Informational Autonomy. In *Proceedings of a conference in celebration of the 10th anniversary of the Journal of Semantics*, eds. Bosch et. al. 113-132.

Jacobs, J. 1999. Informational Autonomy. In Focus. *Linguistic, Cognitive, and*

        Computational Perspectives, eds. O. Bosch and R. van der Sandt. 56-81. Cambridge. Cambridge University Press.

Jakobson, R. 1960. Linguistics and Poetics. In *Style in Language*, ed. T. A. Sebeok. 350-377. MIT Press.

Jekat, S., A. Klein, E. Meier, I. Maleck, M. Mast, and J. Quantz. 1995. *Dialogue Acts in VERBMOBIL*. Verbmobil Report 65, Universität Hamburg, DFKI Saarbrücken, Universität Erlangen, TU Berlin.

Jo, Mi-Jeong. 1986. *Fixed Word Order and the Theory of the Pre-Verbal Focus Position in Korean*. Ph.D. Thesis. Univ. of Washington.

Jun, Jongsup, J. Maling and Soowon Kim. 2002. Case-marking of duration adverbials revisited. In *Selected Papers from the 12th International Conference on Korean Linguistics*, eds. Hee-Don Ahn and N. Kim. 323-335. Seoul. Kyong Jin Munhwasa.

Kager, R. 1999. *Optimality Theory*. Cambridge : Cambridge University Press.

Kameyama, M., R. Passonneau and M. Poesio, 1993. Temporal centering. In *Proceedings of the 31st Annual Meeting of the Association of Computational Linguistics*. 70-77. , Columbus, Ohio.

Kamp, H. and U. Reyle. 1993. *From Discourse to Logic*. Dordrecht : Kluwer.

Kang, Jung-Goo. 1996. *Consecutio Temporum, Aspekt und Transparente LF*. Ph.D. Thesis. Univ. Tübingen.

Kaufmann, I. 1995. The Semantic Function of Non-Thematic Arguments in German. In *Process in Argument Structure*, eds. M. Butt et al. 15-37. SfS-Report-06-95. University of Tübingen.

Khan, B. (ed.). 1997. *Web-Based Instruction*. Englewood Cliffs.

Kim, A. Hyun-Oak. 1985. *The Grammar of Focus of Korean Syntax and its typological Implications*. Ph.D. Thesis. Univ. of South. California.

Kim, Jong-Bok. 1999. A Comparative Analysis between Korean and English Resultative Constructions. *Language Research* 35(1) : 57-90.

Kim, Jong-Bok and Minhaeng Lee. 2001. Realizations of Information Structure and its Projection in Korean. In *Harvard Studies in Korean Linguistics* 9 : 463-473. Seoul : Hanshin Publishing.

Kim, Soowon, and J. Maling. 1997. A Crosslinguistics Perspective on Resultative Formation. In *Texas Linguistic Forum 38. The*

Syntax and Semantics of Predication : 189-204. Austin, Texas. University of Texas Department of Linguistics.

Kiss, E. K. 1981. Structural relations in Hungarian, a 'free' word order language. *Linguistic Inquiry* 12 : 185-213.

Klein, J. 1997. Kategorien der Unterhaltsamkeit. Grundlagen einer Theorie der Untersuchung mit kritischem Rückgriff auf Grice. In *Pragmatik—Implikaturen und Sprechakte*, ed. E. Rolf. 176-188. Opladen : Westdeutscher Verlag.

Klein, K. and. S. Kutscher. 2002. Psych-Verbs and Lexical Economy. In *Theorie des Lexikons—Arbeiten des Sonderforschungsbereichs 282*, Nr. 122.

Klein, W. and Ch. von Stutterheim. 1992. Textstruktur und referentielle Bewegung. *Zeitschrift für Literaturwissenschaft und Linguistik* 86 : 67-92.

Klein, W. and H. Vater. 1998. The Perfect in English and German. In Typology of Verbal Categories, eds. Kulikov and Vater. 215-235. Tübingen : Niemeyer.

Klein, W. 1992. Tempus, Aspekt und Zeitadverbien. *Kognitionswissenschaft* 2 : 107-118.

Klein, W. 1994. *Time in Language*. London-New York : Routledge..

Kohrt, M. 1976. *Koordinationsreduktion und Verbstellung in einer generativen Grammatik des Deutschen*. Tübingen.

Krifka, M. 1983. *Zur semantische und pragmatischen Motivation syntaktischen Regularitäten—Eine Studie zur Wortstellung und Wortstellung- sveränderung im Swahili*. München.

Krifka, M. 1984. *Fokus, Topik, syntaktische Struktur und semantische Interpretation*. ms. Univ. München.

Kubota, T. 2002. Lexical Richness and Semantic Loading Capacity of Nouns. In *English Corpus Linguistics in Japan*, eds. Saito, T. and J. Nakamura and S. Yamazaki. 93-110. Amsterdam-New York : Rodopi.

Kunsmann, P. 1973. Verbale Gefüge. *Transformationsgrammatische Unter- suchungen im Deutschen und Englischen*. München. Hueber.

Kunze, C. 2001. Fortentwicklungen des lexikalisch-semantischen Wortnetzes GermaNet. Vortrag am 26. November 2001 am IMS Stuttgart.

Lapointe, S. G. 1980. A lexicalanalysis of the English auxiliary verb system. In *Lexical Grammar*, eds. T. Hoekstra, H. van der Hulst, and M. Moortgat. 215 - 54. Dordrecht : Foris.

Lascarides, A. 1991. The Progressive and the Imperfective Paradox. *Synthese* 87(6) : 401-447. Dordrecht : Kluwer.

Lascarides, A. 1992. Knowledge, Causality and Temporal Representation. *Linguistics* 30(5) : 941-973. Walter de Gruyter, Berlin, New York.

Lascarides, A. and N. Asher 1993. Temporal Interpretation, Discourse Relations and Commonsense Entailment. *Linguistics and Philosophy* 165 : 437-493.

Lee, H.-S. 1991. *Tense, Aspect, and Modality. A Discourse-Pragmatic Analysis of Verbal Affixes in Korean from a Typological Persepective.* PhD Thesis, University of California at Los Angeles.

Lee, Ik-Hwan, and Minhaeng Lee. 1999. On the Anaphora Resolution in Korean Dialogues. *Harvard Studies in Korean Linguistics* 8 : 490-501.

Lee, Ik-Hwan, and Minhaeng Lee. 2000. Anaphora Resolution and Discourse Structure. A Controlled Information Packaging Approach. *Language and Information* 41 : 67-82.

Lee, Minhaeng. 1986. *Ein RBT-basierter Ansatz zur Beschreibung der Wortstellung von Verben im deutschen Mittelfeld, ms.* Universität München.

Lee, Minhaeng. 1992a. *Kontrastive Syntax und maschinelle Sprachanalyse im Rahmen einer Unifikationsgrammatik−Untersuchungen zum Deutschen und Koreanischen.* Frankfurt a. M.

Lee, Minhaeng. 1992b. Configurationality Parameter in Korean and its Computational Implication−An HPSG Approach. In *Language, Information and Computation*, ed. C. Lee and B.-M. Kang. 206-217. Seoul : Hanshin Publishing.

Lee, Minhaeng 1999. Ein Ansatz zur Auflösung der Diskursanaphern—im Rahmen der Theorie der kontrollierten Informationsverpackung. In *Koreanische Zeitschrift für Germanistik* 40(4) : 135-159.

Lehner, C. 1988. *Metaprogrammierung am Beispiel von Koordination.* ms. Univrsität München.

· Lehner, C. 1990. *Prolog und Linguistik.* München.

Levin, B. 1993. *English Verb Classes and Alternations. A Preliminary Investigation.* Chicago. University of Chicago Press.

Levin, B. and M. Rappaport Hovav. 1995. *Unaccusativity. At the Syntax-Lexical Semantics Interface.* Number 26 in Linguistic Inquiry Monographs. MIT Press.

Levin, B. and M. Rappaport Hovav. 2001. An Event Structure Account of English Resultatives. *Language* 77 : 766-797.

Levinson, St. C. 1990. *Pragmatik.* Tübingen. Niemeyer. Dt. Überstzung von Levinson1983, Pragmatics. Cambridge University Press.

Liedtke, F. 1995. Das Gesagte und das Nicht-Gesagte. Zur Definition von Implikaturen. In *Implikaturen,* ed. F. Liedtke. 19-46. Tübingen : Niemeyer.

Lloyd, J. W. 1984. *Foundations of Logic Programming.* Springer-Verlag.

Lohnstein, H. 1996. *Formale Semantik und Natürliche Sprache.* Westdeutscher Verlag.

Lyons, Ch. 1999. *Definiteness.* Cambridge University Press.

Löbner, S. 1988. Ansätze zu einer integralen semantischen Theorie von Tempus, Aspekt und Aktionsarten. In *Temporalsemantik. Beiträge zur Linguistik der Zeitreferenz,* eds. V. Ehlich, and H. Vater. 163-191. Tübingen : Niemeyer.

Lötscher, A. 1994. Satzsemantik und Zeitschemata. In *Sprachsystem und Sprachgebrauch.* Teil I, eds. U. Engel, and P. Grebe. 248-272. Düsseldorf : Schwann.

Lüdeling, A. 2001. *On Particle Verbs and Similar Constructions in German.* CSLI Publications, Stanford.

Maienborn, C. 1996. *Situation und Lokation. Die Bedutung lokaler Adjunkte von Verbalprojektionen.* Tübingen. Stauffenburg.

Maier and Warren. 1988. *Computing with Logic*. The Benjamin and Cummings Publishing Company, Inc.

Mann, W. and S. Thomson 1987. *Rhetorical structure theory : a theory of text organization*. Maria del Rey, California. Information Sciences Institute, USC.

Mater, E. 1983. *Rückläufiges Wörterbuch der deutschen Gegenwartssparche*. Finken Verlag.

Matthews, P. 1981. *Syntax*. Cambridge.

McEnery, T. and A. Wilson. 1996. *Corpus Linguistics*. Edinburgh University Press.

Mel'cuk, I. and L. Wanner 1996. Lexical Functions and Lexical Inheritance for Emotion Lexemes in German. In *Lexical Functions in Lexicography and Natural Language Processing*, ed. L. Wanner. 209-278. Amsterdam and Philadelphia. Benjamins.

Miklitz, G. 1998. Internet für Deutschlehrer und Studierende : Lernforum Deutsch, eine Web-Site für den interkulturellen Dialog. *Zeitschrift für Interkulturellen Fremdsprachen Unterricht*.

Moens, M. and M. J. Steedman. 1986. *Temporal Information and Natural Language Processing*. Research Paper EUCCS and RP-2. University of Edinburgh.

Molnar, V. 1991. *Das TOPIK im Deutschen und im Ungarischen*, Stockholm, Sweden.

Mugler, A. 1988. *Tempus und Aspekt als Zeitbeziehungen*. München.

Myrkin, V. 1994. Zum Gebrauch des detuschen Präteritums. *Deutsch als Fremdsprache* 31 : 168-169.

Müller, S. 2002. *Complex Predicates Verbal Complexes, Resultative Constructions, and Particle Verbs in German*. CSLI Publications. Stanford, CA.

Napoli, D. J. 1992. Secondary Resultative Predicates in Italian. *Journal of Linguistics* 28 : 53-90.

Neuner, G and H. Hunfeld 1993. *Methoden des fremdsprachlichen Deutschunterrichts*. Langenscheidt. 이광숙 / 이성만 역 『외국어로서의 독일어 교수방법론』 1996, 한국문화사.

Oh, Jang-Geun. 1999. *Das strategische Textverstehen. Theoretische Grundlagen, Methode und Anwendung des strategischen Textverstehens.* Ph.D. Thesis. Univ. Münster.

Olsen, S. 1982. On the Syntactic Description of German. Topological Fields vs. X-bar Theory. In *Sprachtheorie und angewandte Linguistik,* ed. W. Welte. Tübingen.

Olsen, S. 1986. *Wortbildung im Deutschen.* Alfred Kröner Verlag.

Olsen, S. 1989. Das Possessivum. Pronomen, Determination oder Adjektiv? *Linguistische Berichte* 120 : 120-153.

Oversteegen 1988. Temporal Adverbials in the Two Track Theory of Time. In *Temporalsemantik. Beiträge zur Linguistik der Zeitreferenz,* eds. V. Ehlich, and H. Vater. 129-162. Tübingen : Niemeyer.

Park, J.-G. 1981. *Probleme der kontrastiven Deutschen und Koreanischen Grammatik.* München.

Parsons, T. 1989. The Progressive in English. Events, States and Processes. *Linguistics and Philosophy* 12 : 213-241.

Parsons, T. 1990. *Events in the Semantics of English. A Study in Subatomic Semantics.* Cambridge : MIT Press.

Partee, B. 1994. Nominal and Temporal Anaphora. *Linguistics and Philosophy* 3 : 243-286.

Pereira, F.-C. N. und S.-M. Shieber 1987. *Prolog and Natural-language Analysis.* CSLI Lecture Notes Nr. 10. Stanford University.

Pereira, F.-C.N. and D. Warren 1980. Definite clause grammars for natural language analysis—a survey of the formalism and a comparison with augmented transition networks. *Artificial Intelligence* 13 : 231-278.

Perry, Th. A. (ed.) 1980. Evidence and Argumentation in Linguistics. Berlin : Walter de Gruyter.

Piaget, J. 1974. *Die Bildung des Zeitbegriffs beim Kinde.* Suhrkamp.

Plass, J. L. 1998. Design and Evaluation of the User Interface of Foreign Language Multimedia Software. A Cognitive Approach. *Language Learning and Technology* 2(1) : 35-45.

Pollard, C. und Ivan A. Sag 1988. *An Information-Based Theory of Agreement.*

CSLI Report. Stanford University.

Pollok, J. Y. 1989. Verb Movement, Universal Grammar, and the Structure of IP. *Linguistic Inquiry* 20 : 364-424.

Preuß, S. 1987. GPSG-Syntax für ein Fragment des Deutschen. KIT-IAB 20. TU-Berlin.

Primus, B. 1994. *Cases and Thematic Roles.* ms. University of Munich.

Primus, B. 2002. *Proto-roles and case selection in Optimaliy Theory.* Arbeiten des SFB 282. Theorie des Lexikons Nr. 122.

Prince, A. and P. Smolensky 1993. *Optimality Theory. Constraint Interaction in Generative Grammar.* Ms. Rutgers University, New Brunswick and University of Colorado, Boulder.

Pullum, G. K., and D. Wilson. 1977. Autonomous syntax and the analysis of auxiliaries. *Language* 53 : 741-88.

Pustejovsky, J. 1991. The syntax of event structure. In *Lexical and Conceptual Semantics*, eds. B. Levin and S. Pinker. 47-82. Blackwell.

Pustejovsky, J. 1995. *The Generative Lexicon.* Cambridge, MA : MIT Press.

Quintin, H. and N. Margarete and G. Stephanie. 1997. *Temporale Bedeutungen, Temporale Relationen.* Stauffenberg Verlag.

Quirk, R., S. Greenbaum, G. Leech, and J. Svartvik. 1990. *A Comprehensive Grammar of the English Language.* London and New York : Longman.

Rapp, I. 1997. *Partizipien und semantische Struktur. Zu passivischen Konstruktionen mit dem 3. Status.* Tbingen : Stauffenburg Verlag.

Reichenbach, H. 1947. *Elements of Symbolic Logic.* New York : Macmill.

Reyle, U. 1987. *Zeit und Aspekt bei der Verarbeitung natürlicher Sprachen..* LILOG-REPORT 9. IBM Deutschland.

Richter, R. 1998. Interkulturelles Lernen via Internet? *Zeitschrift für Interkulturellen Fremdsprachenunterricht* 3. 2.

Rochemont, M. 1985. *Focus in Generative Grammar.* Amsterdam : John Benjamins.

Rolf, E. 1997. *Illokutionäre Kräfte.* Oplade : Westdeutscher Verlag.

Rooth, M. 1985. *Associations with Focus*. Ph.D Thesis, University of Massachusetts, Amherst.

Rooth, M. 1996. Focus. In *The Handbook of Contemporary Semantic Theory*, ed. S. Lappin. Blackwell.

Rosengren, I. 1991. Zur Fokus-Hintergrund-Gliederung im Deklarativsatz und im w-Interrogativsatz. In *Fragesätze und Fragen*, ed. M. Reis, and I. Rosengren. 175-200. Tübingen. Niemeyer.

Rosengren, I. 1993. Wahlfreiheit mit Konsequenzen. Scrambling, Topikalisierung und FHG im Dienste der Informationsstrukt- uierung. In *Wortstellung und Informationsstruktur*, ed. M. Reis. 251-312. Tübingen : Niemeyer.

Römer, R. 1976. *Die Sprache der Anzeigenwerbung*. Düsseldorf : Schwann.

Schalk, W. and H. Thoma and P. Strahlendorf. 1998. *Jahrbuch der Werbung 1998—In Deutschalnd, Österreich und der Schweiz*. Düsseldorf : Econ.

Schiller, A. 1992. *Derivationsmorphologie in einem Übersetzungssystem*. IWBS Report 235. IBM Deutschland.

Schmitz, B. and S., Melanie 1997. *Dialogue Acts in VERBMOBIL-2*. Verbmobil Report 204, DFKI Saarbrücken, Universität Stuttgart, TU Berlin, Universität des Saarlandes.

Schumacher, H. Hrsg. 1986. *Verben in Feldern. Valenzwörterbuch zur Syntax und Semantik deutscher Verben*. Berlin, New York. Walter de Gruyter.

Schvaneveldt, R. W., F. T. Durso, and B. R. Mukherji. 1982. Semantic distance effects in categorization tasks. *Journal of Experimental Psychology. Learning, Memory, and Cognition* 8 : 1-15.

Schwarz, M. 2000. *Indirekte Anaphern in Texten. Studien zur domänengebundenen Referenz und Kohärenz im Deutschen*. Tübingen : Max Niemeyer Verlag.

Searle, J. R. 1969. *Speech Acts. An Essay in the Philosophy of Language*. Cambridge. Übersetzung. Sprechakte. Frankfurt and Main. Suhrkamp. 1971.

Sedogbo, C. 1985. A meta grammar for handling coordination in logic grammars. In *Natural Language Understanding and Logic Programming*, eds. V. Dahl and P. Saint-Dizier. 153-163.

Selkirk, E. 1984. *Phonology and Syntax. The relation between sound and structure*. Cambridge.

Selkirk, E. 1995. Sentence Prosody. Intonation, Stress, and Phasing. In *Handbook of Phonological Theory*, ed. J. A. Goldsmith. 550-569. Cambridge : Blackwell.

Shieber, S.-M. 1987. *Unification and Grammatical Theory*. CSLI Report. Stanford University.

Shin, Hyo-Shik. 1991. *Kasus als Funktionale Kategorie*. Ph.D. Thesis. Universität Regensburg.

Simpson, J. 1983. Resultatives. In *Papers in Lexical Functional Grammar*, eds. L. Levin, M. Rappaport, and A. Zaenen. 143-157. Bloomington, Indiana. Indiana University Linguistics Club.

Sommers, H. L. 1987. *Valency and Case in Computational Linguistics*. Edinburgh.

Sowa, J. F. 1993. Lexical Structures and Conceptual Structures. In *Semantics and the Lexicon*, ed. J. Pustejovsky. 223-262. Netherlands : Kluwer Academic Publishers.

Sowinski, B. 1998. *Werbung*. Tübingen. Niemeyer.

Sproat, R. 1992. *Morphology and Computation*. Cambridge and MA.

Stabler, E.-P. 1992. *The Logical Approach to Syntax*. Cambridge/Mass. The MIT Press.

Stechow, A. v. and W. Sternefeld. 1987. *Bausteine syntaktischen Wissens*. Wiesbaden.

Stechow, A.v. 1990. *Morphologie und Syntax*. Arbeitspapier Nr.16 der Fachgruppe Sprachwissenschaft. Universität Konstanz.

Steiner, P. 1996. Anforderungen und Probleme beim Taggen deutscher Zeitungstexte. In *Lexikon und Text*, eds. Feldweg, H. and E. Hinrichs. Niemeyer Verlag.

Steinitz, R. 1992. Durative und inchoative Prädikate und die Adverbialkomplemente von Verben. In *Deutsche Syntax. Ansichten und Aussichten*, ed. Lüdger Hoffmann. 187-205. Berlin : Walter de

Grutyer.

Stepanowa, M.D. and W. Fleisher 1985. *Grundzüge der deutschen Wortbildung.* Leipzig : VEB Bibliographisches Institut.

Steube, A. 1988. Zeitverlaufsstrukturen. In *Temporalsemantik*, eds. V. Ehrich, and H. Vater. 192-219, Niemeyer.

Stillings. et al. 1995. *Cognitive Science.* An Introduction. MIT Press.

Stowell, T. 1981. *Origins of Phrase Structure.* Ph.D. Thesis, MIT, Cambridge, MA.

Strube, M. and U. Hahn 1996. Functional Centering. *ACL* '96 : 270-277.

Tanaka, K. 1994. *Advertising Language—A Pragmatic Approach to Advertisements in Britain and Japan.* London and New York. Routledge.

Tesnière, L. 1969. *Elémemts de syntaxe structurale.* 2. Auflage. Paris. Deutsche Übersetzung von U. Engel. *Grundzüge der strukturalen Syntax.* Stuttgart. 1980.

Thieroff, R. 1992. *Das finite Verb im Deutschen. Tempus-Modus-Distanz.* Tübingen. Narr.

Thrane, T. 1980. *Referential-semantic analysis. Aspects of a theory of linguistic reference.* Cambridge. University Press.

Tiersch, C. L. 1978. *Topics in German Syntax.* Ph.D. Thesis. MIT.

Tokizaki, H. 1999. English prosody and the topic and nominative alternation in Japanese. Paper read at the 73rd annual meeting of the Linguistic Society of America .

Toman, J. (ed.). 1985. *Studies in German Grammar.* Studies in Generative Grammar 21. Dordrecht : Foris Publications.

Toman, J. 1983. *Wortsyntax.* Max Niemeyer Verlag.

Tompson, E. 1998. The temporal structure of discourse. the syntax and semantics of temporal then. *Natural Language and Linguistic Theory* 17 : 123-160.

Uhmann, S. 1988. Akzenttöne, Grenztöne und Fokussilben. In *Intonationsforschungen*, ed. H. Altmann. 65-87. Tübingen : Niemeyer.

Uhmann, S. 1991. *Fokusphonologie.* Tübingen : Niemeyer.

Ullmer-Ehrich, V. 1976. *Zur Syntax und Semantik von Substantivierungen im Deutschen.* Scriptor-Verlag.

Vallduvi, E. 1990. *The informational component.* Ph.D. Thesis. University of Pennsylvania.

Vallduvi, E. 1994a. Updates, Files, and Focus-Ground. In *Proceedings of a conference in celebration of the 10th anniversary of the Journal of Semantics,* eds. Bosch et. al. 649-658.

Vallduvi, E. 1994b. The Dynamics of Information Packaging. In *Integrating Information Structure into Constraint-Based Categorial Approaches,* ed. E. Engdahl. 4-26. HCRC Publications, University of Edinburgh.

van der Elst, G. and M. Habermann. 1997. *Syntaktische Analyse.* Sechste, neubearbeitete Auflage. Verlag Palm and Enke.

van Eynde, F. 1998. Tense, Aspect and Negation. In *Linguistic Specifications for Typed Feature Structure Formalisms,* eds. F. van Eynde and P. Schmidt. European Commission.

van Riemsdijk, H. 1980. *The Case of German Adjectives.* ms. University of Amsterdam.

van Voorst, J. 1992. The Aspectual Semantics of Psychological Verbs. *Linguistics and Philodophy* 15(1) : 65-92.

Vater, H. 1979. *Determinantien. Teil 1. Abgrenzung, Syntax.* Trier. L.A.U.T. Sprachwissenschaft 3, S. 19-42.

Vater, H. 1983. Zum deutschen Tempussystem. In *Festschrift für Laurits Saltveit zum 70. Geburstag am 31, Dezember 1983,* eds. Askedal, J. O., C. Christensen, A. Findreng, and O. Leibukt. 201-214. Oslo and Bergen and Troms. Universitetsforlaget.

Vater, H. 1986. *Einführung in die Referenzsemantik.* Köln. Universität Köln.

Vendler, Z. 1967. *Linguistics in Philosophy.* Ithaca. Cornell University Press.

Vennemann, Th. 1972. Categorial Grammar and the Order of Meaningful Elements. In *Linguistics Studies Offered to Joseph Greenberg on the Occasion of His Sixtieth Birthday,* ed. A. Julland. Saratoga, California.

Vennemann, Th. 1973. Warum gibt es Syntax? *Zeitschrift für Germanistische Linguistik* 1 : 257-283.

Vennemann, Th. 1977. Konstituenz und Dependenz in einingen neueren

Grammatiktheorien. *Sprachwissenschaft* 2 : 259-301.

Vennemann, Th. 1987. Tempora und Zeitrelation im Standarddeutschen. *Sprachwissenschaft* 12 : 234-249.

Vennemann, Th. and J. Jacobs. 1982. *Sprache und Grammatik*. Darmstadt.

Vennemann, Th. and R. Harlow. 1977. Categorial grammar and constituent basic VX serialization. *Theoretical Linguistics* 4 : 227-254.

Vikner, Sten. 1997. V-to-I movement and inflection for person in all tenses. In *The new comparative syntax*, ed. Liliane Haegeman. 189 - 213. London and New York. Longman. 20s

Vlach, F. 1993. Temporal Adverbials, Tenses and the Perfect. *Linguistics and Philosophy* 16 : 231-283.

von Stechow, A. and S. Uhmann 1984. On the focus. pitch accent relation. *GAGL* 25 : 223-263.

Voyles, Joseph B. 1978. German as an SOV language. In. Linguistische Berichte 54.

Vögeding, J. 1981. *Das Halbsuffix "-frei".* Zur Theorie der Wortbildung. Gunter Narr Verlag Tübingen.

Wahlster, W. 1997. *VERBMOBIL. Erkennung, Analyse, Transfer, Generierung und Synthese von Spontansprache.* Verbmobil Report 198. DFKI GmbH, Saarbrücken.

Wanner, A. 1999. *Verbklassifizierung und aspektuelle Alternationen im Englischen.* Niemeyer Verlag.

Washio, Ryuichi. 1997. Resultatives, Compositionality andLanguage Variation. *Journal of East Asian Linguistics* 6 : 1-49.

Webber, B.L. 1988. Tense as Discourse Anaphor. *Computational Linguistics* 14 : 61-73.

Wechsler, S. and Bokyung, Noh 2001. On resultative predicates and clauses. parallels between Korean and English. *Language Sciences* 23 : 391-423.

Weigand, E. 1998. The Vocabulary of Emotion. In. E. Weigand 1998. *Contrastive Lexical Semantics.* 45-65. John Benjamins Publishing Company.

Weinrich, H. 1971. *Tempus. Besprochene und erzählte Welt.* 2. Auflage. Stuttgart.

Winkler, S. 1997. *Focus and secondary predication*. New York et al.. Mouton de Gruyter.

Wunderlich, D. 1970. *Tempus und Zeitreferenz im Deutschen*. Hueber.

Wunderlich, D. 1997. Cause and the Structure of Verbs. *Linguistics Inquiry* 28(1) : 17-68.

Wunderlich, D. 2000. Predicate composition and argument extension as general options. In *Lexicon in Focus*, eds. B. Stiebels and D. Wunderlich. 247-270. Berlin. Akademie Verlag. studia grammatica 45.

Zeller, J. 1994. *Die Syntax des Tempus. Zur struktuellen Repräsentation temporaler Ausdrücke*. Opladen. Westdeutscher Verlag.

Zifonun, G and L. Hoffmann and B. Strecker. 1997. *Grammatik der deutschen Sprache*. Walter de Gruyter.

Zwart, Jan-Wouter. 1997. The Germanic SOV languages and the Universal Base Hypothesis. In *The New Comparative Syntax*, ed. Liliane Haegeman.

Ⅰ. 논증절차 평가양식

주 제		언어현상		제 안 자	
분석논문				출판연도	
가 설		대 립 가 설			
긍정적 증 거		긍정적 증 거			
부정적 증 거		부정적 증 거			
분석 예					
논 증 평 가			성과 유형	발 견	
				발 명	

II. 원전의 출처 및 제목

제 1 장 **통사론**

Lee, Minhaeng(1986), *Ein RBT-basierter Ansatz zur Beschreibung der Wortstellung von Verben im deutschen Mittelfeld*, ms. Universität München.

제 2 장 **의미론**

이민행(2005), 독일어 심리동사 구문의 의미표상 연구, 『독일문학』 93집, 342-361.

제 3 장 **대화분석**

이민행(2001), 독일어의 대명사와 한정표현에 관한 연구, 『독일문학』 77집, 344-370.

제 4 장 **담화의미론**

이민행(2002), 담화상에서의 시간관계 결정 요소들의 상호작용에 관한 연구, 『독일문학』 84집, 468-488.

제 5 장 **음운론**

이민행(1997), 독일어 자유초점 구문에서의 초점표지 결정원리에 대하여, 『인문과학』 78집, 353-374. 연세대학교.

제 6 장 **전산통사론**

이민행(1998) 독일어 등위접속구문의 기계적인 분석, 『독일언어문학』 9집, 135-163.

제 7 장 **전산형태론**

이민행(1999), 독일어의 어휘부에 대한 연구, 『독일문학』 69집, 308-331.

제 8 장 **기계번역**

이민행(1994), 국어와 독일어의 대조통사론과 기계번역－격정보와 시제정보 표현의 대조성을 중심으로, 『독일문학』 51집, 480-507.

제9장　광고언어학

이민행(2000), 광고카피와 대화함축.『독일언어문학』13집, 53-68.

제10장　독어교육

이민행(1999), 멀티미디어를 이용한 독일어 교육,『독일언어문학』11집, 71-93.

제11장　보편문법론

이민행(1995), 보편문법과 언어학적 상상력－독일어와 국어, 영어의 문장구조 대조분석,『말』20집, 33-55, 연세대학교.

제12장　어휘의미론

이민행(2004), 독일어와 영어의 감정명사들의 의미관계에 대한 연구,『독일문학』89집, 322-342.

제13장　대조음운론

Lee, Minhaeng(2003), Fokusprojektion im Deutschen und Koreanischen. *Koreanische Zeitschrift für Germanistik* 86 : 209-230.

제14장　대조의미론

Lee, Minhaeng, Soora Kim, and Ik-Hwan Lee(2004), Licensing Conditions and Event Structure of Resultatives－A Comparative Study between Korean and German. *Harvard Studies in Korean Linguistics* 10 : 129-143.

제15장　대조문법론

이민행(1993), 문법이론들내에서의 통사적인 관계에 대한 다양한 기술에 대하여,『제주대학교 논문집』37집 : 65-78, 제주대학교.

ㄴ

노여움 268, 285
논증담화 213
논증이론 209, 215
논증이론적 접근 213
논항 영향성 제약 314
논항구조 59, 68, 69, 122, 135, 289,
　　294
논항전승 181
능격 동사 301

ㄷ

다매체성 228
다의성 268, 284
다의어관계 272
단기기억 228
단언발화 212
달성 동작상 63
담화 단위 96
담화 불변화사 90
담화관계 103
담화관계 해석제약 114
담화구조 95, 113
담화의미론 78, 92
대상격 함의 128
대상역 영향성 제약 313
대상주 61
대조연구 203
대화격률 215
대화분석 93

대화이론 215
대화함축 215, 216
대화함축 이론 209
대화행위 연쇄 80
대화행위 흐름 78
대화행위(Dialogakte) 80
독일어 교육 223
동사복합체 35
동시성(Gelichzeitigkeit) 104, 108
동위어관계 278, 286
동의어 268
동의어 집합 273
동의어관계 272, 278
동작상 62, 103
동작상 해석제약 114
두려움 285
뒤섞기 264
등위접속구문 139, 159, 255
등위접속구조 186

ㄹ

리듬격자 125

ㅁ

매개변수 105
멀티미디어 223, 228, 230
메타 문장분석기 160
메타프로그래밍 139, 156
메타프로그램 154
명령발화 212

저자 이민행(李民行)

leemh@yonsei.ac.kr
http://www.coling.info/

- 서울대학교 인문대학 독어독문학과 졸업(학사, 1982)
  - -전공 : 독어독문학, 부전공 : 경제학
- 서울대학교 대학원 독어독문학과 졸업(석사, 1984)
  - -전공 : 독어학
- 독일 뮌헨대학교 대학원 졸업(박사, 1991)
  - -전공 : 독어독문학부내 이론언어학, 부전공 : 독어독문학부내 독어학, 논리학
- 미국 Harvard 대학, Harvard-Yenching 연구소, Visiting Scholar(2002-2003)
- 국립 제주대학교 독어독문과 조교수(1992-1995)
- 연세대학교 문과대학 독어독문학과 조교수, 부교수, 교수(1995-현재)
- 한국언어정보학회 총무
- 문화관광부 지원 제1회-3회 국어정보화 아카데미 조직위원장 역임
- 한국독어독문학회 홍보, 국제 상임이사 역임
- 한국언어학회 홍보 상임이사 역임
- 『언어와 정보』, 『어학연구』, 『독일언어문학』 편집위원 역임

현재
- 연세대학교 문과대학 부학장
- 연세대학교 언어정보연구원 부원장
- 연세대학교 대학원 협동과정 언어정보학 전공 주임교수
- 『언어정보와 사전편찬』 편집위원장, 『독어학』, 『독일언어문학』, 『외국어로서의 독일어』 편집위원

주요논저
- 저서 『전산 통사·의미론』(도서출판 역락, 2005)
  『심리동사의 의미론』(공저, 도서출판 역락, 2005)
  『Kontrastive Syntax und Maschinelle Sprachanalyse im Rahmen einer Unifikationsgrammatik <대조통사론과 컴퓨터에 의한 언어분석-통합문법의 틀안에서>』(Peter Lang 출판사, 1992)
  『형식의미론과 한국어기술』(공저, 한신문화사, 1999)
  『인지과학 : 마음, 언어, 기계』(공저, 학지사, 2000)
- 역서 『새로운 의미론』(공역, 한국문화사, 1999)
  『전산언어학의 기초』(공역, 한국문화사, 2002)
- 논문 "Development of a Multilingual Information Retrieval and Check System Based on Database Semantics," In : LDV-FORUM - Zeitschrift für Computerlinguistik und Sprachtechnologie 16(2). (공저자 : 장석진·이기용·최기선 외)
  "Anaphora Resolution and Discourse Structure : A Controlled Information Packaging Approach," In : Language and Information 4(1) (공저자 : 이익환)
  「독일어 심리동사 구문의 의미표상 연구」, 독일문학 93
  「광고카피와 대화함축」, 독일언어문학 13
  등 40여 편

독어학 연구 방법론 ■ ■ ■
– 인문학적 발견의 변증법

인 쇄 2005년 10월 24일
발 행 2005년 10월 31일
저 자 이 민 행
펴낸이 이 대 현
편 집 권 분 옥
펴낸곳 도서출판 역락
　　　　서울 성동구 성수2가 3동 301-80 (주)지시코 별관 3층
　　　　전화 • 3409-2058, 3409-2060 / FAX • 3409-2059
　　　　홈페이지 • http://www.youkrack.com
　　　　이메일 • youkrack@hanmail.net
　　　　등록 • 1999년 4월 19일 제303-2002-000014호

정 가 20,000원
ISBN   89-5556-411-2-93700

■ 잘못된 책은 교환해 드립니다.